# 行政記録と
# 統計制度の理論

インド統計改革の最前線から

岡部純一

日本経済評論社

# はしがき

　現代世界の統計的実践は行政記録の利用をめぐって大きな混迷と変革の時代を迎えている．広義の統計学，すなわち統計の生産と利用の一般理論にとって，それは一種の「パラダイム転換」に匹敵する状況変化である．その混迷の本質が何たるか，それは単発の論文ではとても表現できない．それは，地味で思索的なこの理論書でまとめて表現する必要があった．しかも，この難解な問題を少しでも具体的に分析し説明するために，欧米との対照においてインド一国の統計改革の最前線を1つの巨大事例として取り上げる必要があった．

　本書は，インド統計評議会元メンバーの故 J. Roy 氏（元インド統計研究所），故 Nikilesh Battacharya 氏（元インド統計研究所），森本治樹氏（元大阪市立大学）から多くを学んだ．そして何より V.K. Ramachandran 氏（元インド統計研究所），Madhura Swaminathan 氏（インド統計研究所）をはじめとする Foundation for Agrarian Studies（FAS）の共同研究者との研究成果を多く含んでいる．日本側共同研究参加メンバーである宇佐美好文氏（元大阪府立大学），金子治平氏（神戸大学），坂田大輔氏（総務省）には支援と重要な示唆を得た．また，本書第4章〜第6章の基礎となった英文旧著 Okabe and Bakshi（2016）に経済統計学会賞を賜った経済統計学会会員諸氏との長年にわたる研究交流がなければ本書はありえなかっただろう．

　本書の出版は，園信太郎氏（北海道大学）から，本研究の価値を認めていただき，英文旧著の内容に筆者が以前から考えていた理論的バックグラウンドを加え日本向け理論書を刊行するよう励ましていただいたのがきっかけである．そして，岡部洋實氏（北海道大学），高木真吾氏（北海道大学）には時間を割いて本書の原稿を読んでいただき貴重な示唆をいただいた．心より感謝申し上げたい．

　最後に筆者の学部生・大学院生時代から指導をいただいた故是永純弘氏（元北海道大学）には，ものごとを最後まで考え抜く姿勢を貫くことを学んだ．本

書は氏の影響がなければ完成まで辿り着くことすらできなかった．

岡 部 純 一

# 目次

はしがき

序論 …………………………………………………………………………… 1

第1章　官僚制的組織と業務統計の基礎概念
　　　　―行政記録と統計制度の研究序説― ………………………………… 13

　1．はじめに　13
　2．組織を記録する統計　15
　3．他者ではなく自己を対象にした統計　26
　4．業務統計の統計対象と統計目的　28
　5．「業務についての統計」と「第二義統計」の区別　29
　6．業務統計の信頼性・正確性　35
　7．官僚制的組織を測るということ　42
　8．組織と社会の葛藤：統計実践の新たな地平　53
　9．業務統計の情報公開　55
　10．小括　58

第2章　行政記録と統計制度の内外の研究動向
　　　　―「レジスターベースの統計制度」をめぐって― ………………… 59

　1．はじめに　59
　2．レジスターベースの統計制度：ヨーロッパでの議論　60
　3．行政記録と統計制度の比較体制論　68
　4．ヨーロッパとインドの行政記録と統計制度論　75

第3章　インドの官僚制度と行政統計 ……………………………………… 87

1. 問題の背景　87
2. インド統計評議会の統計改革構想　87
3. インド統計評議会の統計制度分析　96
4. 小括　111

第4章　インドにおける新しい統計領域
　　　　―村落パンチャヤト統計制度の構築―……………………………………… 117

1. 本章の課題と方法　117
2. パンチャヤトのデータニーズ　125
3. 村落パンチャヤト域内に実在する既存データの供給構造　162
4. インドにおける新しい統計領域　191
5. 小括　211
　付表　西ベンガル州のアクティビティ・マッピング　215

第5章　インド村落における住民基本リスト構築の可能性…………… 229

第6章　インド村落からみた途上国出生登録の課題
　　　　―ミクロレベルの検証―…………………………………………………… 249

1. はじめに　249
2. 世界の出生登録の現状　250
3. インドの出生登録制度　252
4. 出生登録の評価方法　255
5. 検証結果の考察　260
6. 地方分権化と村落出生記録　266
7. 小括　271

第7章　G.v. マイヤーの自己観察概念の再構成 ……………………………… 273

1. はじめに　273
2. マイヤーの集団中心視角と第二義統計理論　275
3. 第二義統計に関する3つの性格規定　285

4. 業務統計理論と将来の社会統計学　301

補論　未観測経済の計測論再論 …………………………………………　305

　　1. はじめに　305
　　2. OECD の『未観測経済計測ハンドブック』　307
　　3. 未観測経済の概念　310
　　4. 未観測経済の計測　323
　　5. 結論　341

終章　結論 ……………………………………………………………………　347


　参考文献　361
　巻末資料　372
　あとがき　393
　初出一覧　397
　索引　399

# 序論

　本書は，インドの統計改革の研究を通して，行政記録と統計制度の理論を追求するものである．行政記録と統計制度の理論とは，行政記録の統計的利用にいかなる可能性と課題があるか，そして，統計制度において行政記録がいかなる役割を果たすか，その問題を理論的に定式化するものである．

　20世紀はセンサスや標本調査の世紀であったといっても過言ではない．センサスと標本調査は様々な公式統計の供給源として主役の座を占めると考えられていた．ところが20世紀後半から今世紀にかけて，センサスと標本調査中心の統計制度が部分的に行き詰まり，電算化された行政記録から作成された第二義統計中心の新たな統計制度が注目を集めている．ヨーロッパとりわけ北欧諸国とその周辺諸国からは，すでに個人，事業所，住宅等のデータベースに転換された行政記録を情報基盤に統計制度を再構築した国々が登場しているからである．それゆえ，統計制度における行政記録の役割というと，今日，世界の多くの統計家は，このヨーロッパの新動向を思い浮かべるかもしれない．だが，世界の研究動向は単線的でない．というのは，その一方で，本書が研究するインドのように，統計制度の基盤をなす行政記録が深刻な劣化に晒され，そのことを統計改革の最大の課題とする国が存在するからである．いずれの国々においても統計制度における行政記録の役割が，今日，統計家の大きな関心事になっていることはたしかである．日本もその例外ではない．日本政府は，2007年改正統計法の下に策定された「公的統計の整備に関する基本的な計画」のなかで，行政記録情報の統計的利用の推進を将来計画のひとつに据えている．そのため，われわれ統計利用者は，行政記録の統計的利用について研究するために，行政記録とそれを生産する行政機関の官僚制的組織の実態をこれまで以上

に精密かつ厳密に研究しなければならない段階に入っている．統計利用のために詳細なメタデータの公開が求められる現代において，行政記録だから無批判に利用できるなどということは到底認められるものではない．もし，行政記録を生産する行政活動の実態がブラックボックス化し，統計利用者の目の届かないものとなれば，第二義統計の信頼性，正確性を批判的に研究することは不可能になる．それは民主主義社会の健全な統計利用に重大な支障となるであろう．

本書は，インドの統計制度改革を研究することによって，社会科学に基礎をおく行政記録・業務統計の理論について筆者がこれまで考えてきたことを中間的に総括し，課題提起するものである．その理論とは，行政記録という一見何の変哲もないデータに特有の難解きわまりない論理構造を解明し，行政記録の統計的利用と，統計制度におけるその役割を再検討するものである．

一般に，統計情報の主要な二大源泉（統計原情報）は(a)政府または民間組織の業務記録か(b)全数調査・標本調査に二分されるといわれている．国民経済計算などの複雑な加工統計といえども，その主要データソースを遡れば結局この(a)，(b)どちらかあるいは両方の情報源に辿り着く．日本では，(a)のソースから得られる統計を「業務統計」[1]，(b)のソースから得られる統計を「調査統計」と呼んで区別[2]している[3]．「行政記録」(administrative records)と

---

[1] 日本語文献における「業務統計」概念は，政府業務統計だけでなく民間業務統計を含む概念であるから，そのデータソースとしては政府の行政記録だけでなく民間組織の「業務記録」も想定されている．だが欧米では「業務統計」に相当する用語が必ずしも定着していない．最近，United Nations Economic Commission for Europe（2011, pp. 1-2）は，'administrative source' という概念に公共部門のデータソースだけでなく民間部門のデータソースを含めることを提案している．この概念は日本語圏の「業務記録」に相当する概念である．'administrative source' という伝統的な『狭義の』用語法は公共部門の非統計的ソースのみを指していたが，より広義の用語法は民間のソースを含むものである．この広義の用語法はヨーロッパ統計家会議が採択した 'administrative data' の定義と整合的である……」．

[2] ただし，「業務統計」と「調査統計」の境界は一般に考えられているほど単純なものではない．実際，本書第4章では，インド村落内の統計ソースのなかに，両者の性格を兼ね備えた中間的な統計形態が存在することが明らかとなる．すでに，森（1992）の研究で明らかにされているように，調査統計と業務統計の中間には調査論理の違いに応じて統計形態の様々なスペクトルが存在することは留意すべきである．

[3] 上杉（1960a），大屋（1960），大屋（1995）159頁参照．日本ではこの用語法は統計学から他の社会科学分野にも波及している．西尾勝（1990, 292頁および1993, 243

は，政府組織の業務記録であり，行政記録から得られた統計は政府業務統計と呼ばれている．インドでは「政府業務統計」を「行政統計」(administrative statistics) と呼ぶことがあるが，本書では両者を同義語として扱う．統計制度における行政記録の役割を研究するためには，政府および民間組織の業務統計とは一体何なのか，あらためて問い直す必要がある．業務統計の一般規定を問うことが本書第1章の課題である．本書において統計制度とは統計の生産と利用に関わる人間の生活過程の諸実践，すなわち統計的実践の全体をさすものとする．

　筆者はこれまでインドの統計制度という特殊なテーマの研究に取り組んできた．本書第3章から第6章はその成果である．そのうち第4章から第6章のベースとなった研究は，すでに共著書 Okabe, Jun-ichi and Bakshi, Aparajita (2016), *A New Statistical Domain in India: An Enquiry into Village Panchayat Databases*, Tulika Books, New Delhi, としてインドの読者向けに英文で公刊した．この共著本は地方分権化したインドの草の根レベルの地方政治，地方行政関係者を読者として明確に意識し，地方分権化した地域社会で統計的実践に携わる彼らに少しでも役に立つものを書こうと，ただそれだけを考えて書き上げた．インドの地方統計制度の最大の課題は，基礎自治体レベルに実在する既存の行政記録の統計的利用を研究することであった．旧著はその研究に大半の紙面を割いた．それにもかかわらず，この研究の導きの糸となった理論および研究方法論については，旧著で必要最小限しか言及しなかった．この共著本にまとめられた研究は，もとより統計的研究のバックグラウンドのちがう日本とインドの研究者の共同研究であったため，取り組むべき研究課題が同じであっても，背後にある理論的関心ははじめから完全に一致していたわけではなかった．インドの統計学は早くから英米の影響を受け，また旧ソ連の影響も受けて独自

---

頁）参照．本書第7章で詳述するように，今日の日本語文献における業務統計を調査統計から概念的に区別し，「第二義統計」(sekundäre Statistik) として性格規定することによって，日本の現代業務統計理論の枠組みを規定した最初の統計学者は，ドイツ社会統計学の創始者 G.v. マイヤーである（Mayr 1914, S. 55-56）．日本にはこのように業務統計の概念規定に関する優れた先行研究がある反面，第2章でみるように，電算化された行政記録の第二義統計への転用についての技術及び組織管理の研究面で，近年，欧米諸国に相当立ち遅れている．

の発展を遂げた．インドは，P.C. マハラノビス以来，全国標本調査の理論と実践において，日本より長い歴史を有する反面[4]，統計制度における行政記録の役割それ自体があらためてクローズアップされたのは21世紀に入ってからである．日本はドイツ社会統計学の創始者 G.v. マイヤーの第二義統計論の影響などを受けながら行政記録，（政府）業務統計に関する幾つかの先駆的な理論研究がある[5]．また，地方行政記録，地方統計制度の発達史は日本の方がやや歴史が長い．筆者のインド側共同研究者は，農村研究には造詣が深いが，行政記録，地方統計制度の研究者ではないため，研究の構想と方法，叙述の理論的枠組みはすべて筆者が提案した[6]．彼らはそれを尊重してくれたし，出版の最終段階にはその意図を十分に理解して，筆者が思いつかなかった章別編成の変更まで提案してくれたほどである．だが，彼らは，筆者がなぜそのような問題設定の仕方をするのか，日本や欧米の研究史のバックグラウンドを熟知しているわけではないし，筆者が業務統計の理論および研究方法について日本語ですでに幾つか刊行したものがあることすら知らない．それは日本語圏の研究蓄積を英語圏に紹介する努力を怠っている筆者や日本の研究者の責任でもある．したがって共著本では，共著者に対しても，インドや英語圏の読者に対しても，日本語圏の理論研究のバックグラウンドに立ち入った参照はできなかった．

　しかし，その後，日本語圏の研究者とこの共著本の研究成果とその意義について議論するなかで，筆者は，インドの統計制度に関するこの研究のなかに──必ずしも意図したわけではないが──筆者がこれまで考えてきた行政記録，業務統計に関する理論研究がすべて動員され，その内容が如実に反映していることをあらためて自覚せずにはいられなかった．すなわち，インドの統計制度における行政記録の役割に関する研究というこの特殊な研究のなかに，筆

---

4) Ghosh, Maiti, Rao and Sinha (1999).
5) 上杉 (1960a, 1960b)，大屋 (1960)．マイヤーの第二義統計論 (Mayr 1914, S. 55-56) の詳細は本書第7章参照．
6) Jun-ichi Okabe, A Note on New Statistical Domain in Rural India (1)～(5): An Enquiry into Gram Panchayat-Level Databases, *CESSA Working Paper* (Center for Economic and Social Studies in Asia, Department of Economics, Yokohama National University), CESSA WP2015-02, pp. 1-58; CESSA WP2015-03, pp. 1-64; CESSA WP2015-04, pp. 1-54; CESSA WP2015-05, pp. 1-66; CESSA WP2015-06, pp. 1-44, April 2015 <http://www.econ.ynu.ac.jp/cessa/publication/workingpaper.html>.

者がこれまで随所でばらばらに発表してきた業務統計,行政記録の理論的アイデアが,結果的に一塊に結晶化し具体化していることに気がついた.振り返れば,筆者は2000年にインドに渡ってインドの統計制度について研究を開始する直前まで,日本の雇用統計分野の各種業務統計について研究し,その基本問題を理論的に研究していたし(第1章参照),その上,G.v.マイヤーの再評価という形でその研究を統計学史的に位置づけるところまで進んでいたのである(第7章参照).ところが筆者はちょうどその頃,インドの統計改革(第3章参照)の論争シーンと熱気に触れ,インド統計評議会(National Statistical Commission, 2001)[7]の関係者といわば運命的に出会うこととなった.筆者がインドの統計改革に衝撃を受けたのは,2000年当時,インドの統計制度改革の多岐にわたる課題のうち,最も根源的な課題が,統計制度を支える行政統計(administrative statistics:すなわち政府業務統計)とその情報基盤である行政記録の深刻な機能劣化をどう克服するかという問題意識であったという事実である.インド統計評議会は,インドの行政記録,行政統計(政府業務統計)が,調査統計に代替する第二義統計を供給し,国民経済計算に推計データを提供し,各種標本調査に標本フレームを提供することを広範に確認した上で,その行政記録,行政統計が深刻な機能劣化に陥っていることを実証的に示した.統計制度のこの基盤劣化こそが現代インドの統計制度の根本問題であると主張したのである.一方,「地域開発基礎統計に関する政府専門委員会」(本書第4章で「BSLLD専門委員会」として取り上げる)は,逆に,地方分権下の農村地域における統計データ収集システムの末端レベルに,優れた潜在的可能性を秘めた多くの行政記録が未整理のまま眠っていることを発見し,そのような行政記録を拠りどころに,地方分権に基づく地方統計制度の構築を図るよう提言した.このような統計問題はオープンな議論を好むインド民主主義の政治的風土にたすけられ,内部告発に近い鋭さで自由闊達に議論されていた.業務統計の研究を中間的に総括しようとしていた当時の筆者がインドのこの統計制度改革に興味を持たないはずはなかった.そこで筆者は,この新たな研究テーマを追究するために,インド側研究者たちと国際共同研究をはじめた.国際共同研究の過

---

7) National Statistical Commission (2001).

程で，筆者の研究スタイルは，筆者自らの研究関心からだけではなく，インド社会とインドの若い研究者たちの内発的な関心に寄り添う，参与観察に近い新たな研究スタイルに移行していったのである．旧著の研究（本書第4章，第5章，第6章の研究）はまさにそうしたスタイルの研究の成果であった．以上の経緯を振り返れば，インドの統計制度に関するこの研究のなかに，筆者が2000年以前から考え続けている，業務統計と行政記録の理論とその研究関心が色濃く滲み出て，具体化されていても不思議なことではない．

以上の経緯から，インドや英語圏の読者向けに著した旧著 Okabe and Bakshi (2016)を日本語圏向けに単に書きあらためるだけでなく，旧著で十分表現できなかった日本や欧米の研究史上の理論的バックグラウンドに関する論考を大幅に追加し，問題の全体像を描き出す本書に取りかかる必要が出てきた．そこで本書は，インドの統計制度における行政記録の実際について取り扱った旧著の研究（本書第3章から第6章）に，その研究の導きの糸となった行政記録と統計制度に関する日本や欧米の研究蓄積と理論的バックグラウンド——すなわち，業務統計の基礎概念を提示した本書第1章，行政記録と統計制度に関する欧米や日本の研究動向を概説した第2章，および業務統計，行政記録に関する研究の統計学史的な原点を遡った第7章——を追加して，統計的実践の研究と理論的研究の連関と全体像をわかりやすくすることを目指している．前者と後者を系統的に提示することによって，インドの行政記録，業務統計の研究の意義がよりわかりやすくなるのではないかと考えている．また，インドの読者向けに著した旧著で明らかになったことを，欧米や日本における行政記録と統計制度に関する研究と対比して，より広い視野から問題を定式化できると考えている．

結果的に，本書は，行政記録と統計制度について，第1章，第2章で問題を理論的に定式化し，欧米や日本における研究の理論的バックグラウンドを検討し，それを，第3章から第6章でインドの統計制度改革の諸議論と統計的諸実践を事例に検証するという構成に仕上がった．筆者が2000年以前から考え続け，その後，散発的に発表してきた，行政記録と業務統計に関する理論的研究が統計的実践の場で具体的に何をいわんとしているのか，どういう広がりのある問題を扱おうとしているのか，インド一国の行政記録と統計制度の研究とい

う一塊の具体的な事例を通してより明確になったと考えている．

　今日，ヨーロッパや日本では，行政記録が，第二義統計や標本調査の母集団リストの統計原情報としてその利用価値が再評価され，様々な議論が展開されている．それは，20世紀の世界の調査統計中心の統計制度が崩壊し，部分的に，行政記録をベースとする統計制度へシフトする予兆と言える．だが，第2章でみるように，ヨーロッパや日本での議論は実はまだ問題の入り口にさしかかったばかりで，ある重大な限界をかかえている．その限界とは，行政記録のクオリティを批判的に吟味するためには，行政機関の官僚制的組織それ自身を実証的に観察し科学的に研究しなければならないことはほとんど論理的に必然的な要請であるにもかかわらず，その点に関する本格的な実証研究がほとんど未展開であるということである．それはいささか異様な状況といわなければならない．第2章は，ヨーロッパや日本の議論におけるその明確な論理的空白を批判している．ところが，インドの統計制度改革においてインドの統計家がインド国内において積極的に問おうとしているのはまさにその点であった．すなわち，ヨーロッパや日本で未だ公然とは議論されない問題が，インドではすでに国民的に議論されているのである．それが本書第3章から第6章で描出されるインドの統計改革の基本問題である．すなわち，本書第3章は，インド統計評議会が，行政記録，行政統計の劣化をインドの統計制度が直面する最大の問題として取り上げ，インドの行政統計制度の行き詰まりが，インドの行政制度それ自体の劣化からくる直接的帰結（corollary）であると結論するに至った経緯に注目する．また，1990年代のインド憲法改正による地方分権を画期に，インドでは村落基礎自治体（村落パンチャヤト）レベルに実在する行政的データソースの潜在的可能性が注目されているが，本書第4章，第5章，第6章では，独自のフィールド調査の結果，村落パンチャヤトの行政的データソースの発達もまた，村落行政制度の発達の直接的帰結であることが示される．

　以上から，統計制度における行政記録の役割について理論的に検証するために，本書が，なぜヨーロッパの先進事例ではなく，あえてインドを事例に取り上げるのか，その理由もまた明らかとなる．それは，インドの行政記録がヨーロッパの行政記録よりクオリティが高いからではない．それは，現代インドの統計家が自国の行政記録と行政制度の劣化に苦慮しているために，統計制度に

おける行政記録の本質をめぐり，より広範な関係者を動員して[8]，より深くより高度な議論を展開しているからである．ヨーロッパの統計家の間では，行政記録をベースに統計制度（「レジスターベースの統計制度」──第2章参照）を構築するために，行政記録を第二義統計に転換する，技術上あるいは組織管理上の問題について膨大な研究が蓄積されている反面，当該行政記録を生み出す行政機関の官僚制的組織の実態と内部データについて厳密な実証研究がオープンになることはまれである．行政記録のクオリティを確保するためには，本書第2章でみるように，行政組織のデータ収集プロセスの実際を熟知し，そのプロセスをたえずモニターし続ける必要があるといわれながら[9]，実際にそのような検討結果が統計局から公開されることはまれである．そうした問題は関係者に直接聞けばゴシップとして容易に聞き出せるが，科学的に検証された厳密な議論はなかなか表に出てこない．行政記録のクオリティを批判的に吟味するためには，行政機関の官僚制的組織それ自身を実証的に観察し科学的に研究しなければならないことはほとんど論理的に不可欠の要請だが，ヨーロッパ統計家会議では，その点の議論が尽くされているとは到底いえない．それに対して，インドの統計家は，自国の統計制度の基盤を支える行政記録のクオリティを批判的に検討するために，行政制度の官僚制的組織の事実上の姿を統計的・非統計的に研究し，国民に報告しなければならない状況に否応なく追い込まれているのである．インドでは21世紀に入って，この問題が統計改革の主要課題の1つとして，内部告発に近い鋭さで議論されているのに，その注目すべき出来事が世界的にはあまり知られていない．本書は，行政記録と統計制度に関するヨーロッパの統計家の膨大な研究蓄積を高く評価し尊重しつつも，その限界を批判するために，あえてインドの統計制度改革を取り上げ，問題の全貌をより人類的視点から把握し直そうとするものである．

　補論は，行政記録，政府業務統計に関する諸課題が，マクロレベルの複雑で

---

8) 例えば，インド統計評議会の審議，検討は多分野の国内統計家を巻き込んだきわめて大規模なものであった．同評議会サブグループに招かれた統計専門家だけでも百数十名は下らない．その上，すべての州政府，中央政府省庁に対して，統計生産の基礎的情報の提供が求められ，当事者としての意見・提言まで求められた．その結果，最終レポートは本文だけで700頁を超える膨大なものであった．

9) Hoffmann (1995, 1997).

高度な加工統計のクオリティをも左右する問題であることを示すために，未観測経済と国民経済計算に関する海外の議論を論評する．地下経済・非合法経済やインフォーマル部門など，国家の法律的・行政的枠組みから脱落したマクロレベルの未観測経済の存在は，一国の行政記録，政府業務統計の限界と非常に関係が深い．この補論はインドの統計制度を直接対象とするものではないが[10]，行政記録と統計制度の理論の射程を理解する上で非常に重要な論考である．

センサス，標本調査をソースとする調査統計が，直接的に社会（集団）を対象としてそれを表現する統計であることは周知のことであるが，行政記録をソースに作成された政府業務統計は，まったく次元の異なる2つの対象を同時に表現する両義的な情報である．つまり，行政記録というデータの論理構造は一般に考えられているよりはるかに難解である．なぜなら，行政記録は，
 (i) 直接的に行政組織それ自身，
 (ii) 間接的に行政対象としての社会，
という一見重複するがまったく次元の異なる2つの対象を，通常，同時に表現するからである．行政記録は行政行為の一環として日常的組織系統の内部（イ

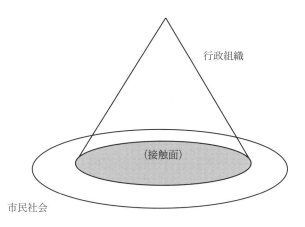

---

10) ただし，この補論のもう1つの主題は，未観測経済をめぐる国連欧州経済委員会周辺のヨーロッパの統計家たちとデリー・グループを中心とする途上国の統計家たちとの研究関心のちがいと対立について論評することである．

メージ図の円錐内部) で生起する現象の記録であるから，それを集計した統計は自ずと(i)「行政組織それ自身」の全体像を一定局面から表現する統計ということになる．行政記録，政府業務統計は，いわば「自己言及的」(self-reflexive) な記録・統計である[11]．だからこそ，第7章でみるように，かつて，G.v. マイヤーはそれを「自己観察」と呼んだ．だが，当然，行政行為は抽象的に自己完結するものではなく，何らかの外部の行政対象（イメージ図の「接触面」）の存在を前提する[12]．それゆえ，われわれは行政記録から(ii)「行政対象としての社会」に関する記録を抽出して，そこから第二義統計と呼ばれる調査統計の代用統計を作成することができる．行政記録，政府業務統計の対象規定はこのように二重性があるが，両者は論理的にまったく次元の異なる対象であるから厳密に区別する必要がある．

　本書がこれから展開する研究は，単に，行政記録，(政府) 業務統計の対象に関するこの単純な規定に基づいて，統計制度における行政記録の役割を明確にすることにすぎない．ところが，この単純な理論的規定が意味する内容は思いもかけず難解で厄介な代物である．本書第1章が示唆するように，この単純な規定について考えれば考えるほど，次から次へと統計研究の新たな理論的課題がパンドラの箱のように湧き出してくる．この難解な理論問題を少しでもわかりやすく具体化するために，インド一国の行政記録と統計制度に関するきわめて多面的な議論を，ひと括りの巨大事例として引き合いに出す必要があったわけである．

　第7章で取り上げるように，ドイツ社会統計学の創始者 G.v. マイヤーがその主著の冒頭で高らかに宣言しようとしたことは，結局のところ，統計学の研究対象は市民社会であり，市民社会の構成員である社会集団 (soziale Masse)

---

11) 第1章でみるように，ここでは，行政記録，業務統計の直接的な対象構造ゆえに客観的に「自己観察」の所産といえるのであって，その利用目的は多様である．自己観察だけが行政記録，業務統計の作成・利用目的である場合はむしろまれである．

12) 「意志は〔α〕自我のまったくなんともきめられていない純粋な無規定性，すなわち，ひたすらおのれのなかへ折れ返る純粋な自己反省，という要素をふくむ．…(中略)…〔β〕自我はまた，区別なき無規定性から区別立てへの移行であり，規定することへの，そして，ある規定されたあり方を内容と対象として定立することへの移行である．…(中略)…〔γ〕意志は，この〔α〕と〔β〕の両契機の一体性である」(Hegel 1821, §5-7, 訳書192-197頁).

を観察する意義が，社会科学にとってあまりにも大きいということである．ところが行政記録，業務統計の研究から鮮明化する研究対象は，市民社会の社会集団，すなわち上記(ii)「行政対象としての社会」だけでなく，行政記録の記録主体である行政機関の官僚制的組織それ自体，すなわち上記(i)「行政組織それ自身」である．行政記録，政府業務統計（行政統計）の整備状況とその利用について研究すると必ず直面する問題は，（業務の記録主体である）組織と（業務の記録対象である）社会との矛盾・葛藤の複雑きわまりない状況である．例えば，本書第4章は，村落の行政組織と村落社会との間のある種の矛盾や葛藤が，村落パンチャヤトの貧困ライン以下世帯（BPL 世帯）リスト，民事登録システム（CRS）の出生登録，村落土地記録等々の行政記録に反映していることを考察しなければならない．組織と社会が何かの理由で無矛盾に一体化するなどということがない限り，近代的な組織と社会（諸個人の集団）の間に「問題はつきもの」である．だから，組織——業務の記録主体(i)——と，社会——業務の記録対象(ii)——とを，慎重に区別して統計問題を設定しなければ，近代社会は適切に研究できないのである．

　組織が物象化[13]し，あたかも社会（諸個人の集団）から遊離した存在であるかのように振る舞うのは国家‐市民社会関係においてだけでなく，現代社会のあらゆる局面において広く日常的に経験される基本問題のひとつである．それは，社会科学の永遠のテーマといっても過言ではない．組織と諸個人（社会集団）との対立は，究極的には社会と諸個人の関係の理解に関わる「社会唯名論」と「社会実在論」という社会科学の伝統的な2つの考え方に発展する．一般に業務統計は上記(i)，すなわち組織それ自身をあたかも実在する一個の個体であるかのように表現・計測するデータである．だが，それは，同時に上記(ii)，すなわち組織の業務対象としての社会（諸個人の集団）の記録を含んだ情報でもある．本書が全体を通じて，両者を厳密に区別するのは，組織と諸個

---

13）物象化した組織と諸個人（社会集団）の相互関係を問題にするひとつの理論的アイディアの萌芽として，渋谷正編・訳，マルクス，エンゲルス『ドイツ・イデオロギー』新日本出版社，62-65 頁，における次の分業理論を参照．「分業は，われわれにただちにつぎのことについての最初の例をしめす．すなわち，……人間自身の行為が，彼にとって，疎遠な対立する力となり，彼がこの力を支配するのではなく，この力が彼を押さえつけるということである」．

人（社会集団）が現代社会では疎遠化し矛盾・葛藤する関係にあることが社会科学の当然の検討課題であると考えるからである．組織と社会の関係を研究することが，社会科学としての統計学にとって究極的なテーマのひとつであるからこそ，上記(i)と(ii)をまず区別するわけである．

# 第1章
# 官僚制的組織と業務統計の基礎概念
―行政記録と統計制度の研究序説―

## 1. はじめに

　コンピュータと通信システムの結合を背景に，組織の活動記録が組織内のデータベースに蓄積される時代が到来した．そのため，内外の統計家の間で，組織内の業務記録，業務統計の利用に注目が集まっている．業務統計は調査統計と共に統計情報の主要な二大源泉のひとつである．行政組織の業務記録が行政記録（administrative records）であり，そこから政府業務統計が作成される．企業等民間組織も自分たちの業務記録から民間業務統計を作成している．次章以降，本書では統計制度における行政記録の役割について研究するが，その前に本章では研究序説として，業務統計とはいかなる性格の統計であり，どのような可能性を秘めた統計であるかについて明らかにしよう．

　業務統計の研究に没頭すると，われわれは，クラインの壺[1]の表裏の反転に似た，ある奇妙な論理空間に囚われることがある．一例として，職安業務統計を使った労働市場の研究を考えてみよう．業務統計を利用するためには，統計のクオリティ，例えば，統計の対象範囲・カバレッジの確認が不可欠である．カバレッジの構造を詳しく検討してゆくと，われわれの研究は徐々に労働市場から離れてゆき，統計作成主体である職安行政の内奥深くに及んでゆく．というのは，業務統計のカバレッジを計測することは，裏を返せば，行政組織の活動とその範囲を計測するということに他ならないからである．だが，行政組織の活動範囲を計測するためには，外部から，すなわち行政対象である労働市場の側から，それをチェックしなければならない．こうして，われわれの研究は，

職安行政組織の内側と外側を，まるでクラインの壺の表裏をなぞるように漂い，行政組織を研究しているのか労働市場を研究しているのか視線が定まらなくなるのである．このような循環論理は，あらゆる業務統計の研究において共通に体験される現象である．

　本章の目的は，このような業務統計特有の論理に着目して業務統計の基礎概念を明確にすることである．従来の研究は，業務統計のこの独自の論理構造を無視していたため，業務統計研究から広がる理論的・実践的地平を十分見渡すことができなかったといわざるを得ない．

　本章は，統計学における盲点と弱点を批判し補うことを通して，業務統計の基礎概念と業務統計の利用論を解明する．本書でいう統計学とは，統計の生産と利用に関する一般理論をさし，数理統計学はその一分野にすぎない．第2章でみるように，業務統計の利用価値について今日もっとも活発に議論されているのは，統計学のうち統計データの形成プロセスに強い関心を寄せる統計学の諸領域においてである．統計学のそれら諸領域には，かつてドイツ社会統計学が依拠した統計実務の理論や，社会科学に基礎をおく統計理論の幾つかの領域が含まれる．とはいえ，業務統計と官僚制的組織の関係を論述する以下の理論展開は，組織理論や科学哲学など，統計学の枠を超えた，別の学問分野からのアプローチと交差してくる．

---

1）下図参照．

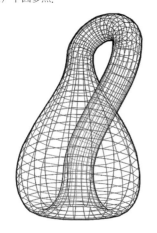

## 2. 組織を記録する統計

### (1) 集団を観察する統計と組織を記録する統計

社会統計といえば,国勢調査や経済センサスに代表されるように,調査機関が機関外部の個人,世帯,企業・事業所等の大集団（社会集団）と,調査票等を介して一時的（あるいは定期的）に接触して得られる「調査統計」とよばれる統計が最も典型的な統計と考えられている.標本調査に基づく統計もそれら大集団を母集団とする限り調査統計の一形態といえる.

それに対して業務統計はあらゆる点で調査統計とは異質な統計である.近年の研究成果によれば,業務統計は,「非統計的目的で確認ないし記録された事件,事象についての業務上の記録や計数から,業務関係の下部機構を調査客体（調査単位または報告単位）として,上意下達の組織系で作る統計」[2]と定義されている.統計学はこれまで統計対象の性質の違い,および統計作成主体が統計の源泉となる記録をどのような形で獲得するか[3]の違いに応じて,業務統計を以下のように形態分類してきた.

〔1〕被調査者としての国民,企業等の届出・申告等にもとづく政府統計
〔2〕申告者からの申告・届出等を前提とせず,官庁自身がその所管業務につ

---

[2] 大屋（1995）159頁.この定義は,調査主体の日常的組織系統の内部で生起する現象を対象にした業務統計を,外部で生起する現象を対象にした調査統計から区別するという従来にない新しい視点を提示している（森1992,115頁参照）.しかしながら,大屋氏も業務統計を「非統計的目的」で作成された統計と規定しており,その点では従来の第二義統計論と同一線上に留まる部分を残している.本章は,業務統計が統計作成系統の組織的側面に制約された統計であるだけでなく,組織それ自体を対象とした統計として概念規定することによって「業務統計＝第二義統計」説を徹底的に乗り越えることを目指している.

[3] 業務統計の本格的な形態分析に最初に取り組み,日本の業務統計研究の基礎を築いたのは上杉正一郎氏の第二義統計論である（上杉1960a,1960b）.上杉氏の形態分類を批判的に再構成した論考として,森（1992）112頁以降,および大屋（1995）154-158頁参照.本稿も,上杉氏が第二義統計の一形態として別に取り上げていた「経済行政官庁が所管事務に関する資料として,法令により,または事実上,監督下におかれている私企業から徴収した報告にもとづく統計」を上の第1形態と第2形態に振り分け,統計報告調整法（当時）の対象となる承認統計も業務統計から除外した.

いて作成した業務記録にもとづく政府統計
〔3〕国家的企業（公社・公団等）の業務記録にもとづいて作成される統計
　——以上が，「政府業務統計」．
〔4〕企業等の民間団体の業務記録にもとづいて作成される統計
　——以上が，「民間業務統計」[4]．

　問題は，これまで統計学が，業務統計に「『統計以外の目的』で作成された統計」という形容矛盾に近い規定を与え，その「第二義統計」としての副次的利用形態のみを一面的にクローズアップしたことである．すなわち，ドイツ社会統計学の創始者 G.v. マイヤー以来，業務統計はしばしば第二義統計（sekundäre Statistik）[5]と性格規定され，「非統計的目的で確認ないし記録された事件，事象についての業務上の記録や計数から」，副次的に作成された統計と理解するのが通説であった．日本の統計学もマイヤーのこの通説に沿って業務統計を研究してきた．ここで「非統計的目的で確認ないし記録された事件，事象についての業務上の記録」とは業務統計の統計原情報である（政府および民間の）「業務記録」のことである．政府業務統計の場合，業務記録とは「行政記録」ということになる．そこには，登録，届出，申告，認可にもとづく記録から，行政が行うサービス，処理事案，所管事務等の活動記録やその他文書に至る多様な記録が含まれる．業務統計は，その統計原情報である業務記録に含まれる社会集団に関する情報がしばしば調査統計の代用統計を作成するために利用されるため，第二義統計とほとんど同義に理解されていたのである．このような通説が普及した理由は，統計データの形成プロセスに強い関心を寄せる伝統的な統計学の理論界において，統計が社会集団の状態および活動を直接表現する数字であるとする通念が非常に根強く働いていたからである．すでにマイヤー自身，「統計学もしくは科学としての統計学とは，社会的な人間生活の状態および現象を，統計的にとらえることのできる社会集団（soziale Masse）としてあらわれる限りで，統計技術によってえた材料にもとづいて解明するこ

---

[4]　大屋祐雪氏は民間業務統計にも注目した（大屋 1995，161-163 頁）．
[5]　第二義統計を第一義統計から最初に概念的に区別したのは G.v. マイヤーである（Mayr 1914, S. 55-57，訳書 138-141 頁参照）．この区別はその後のドイツ社会統計学に引き継がれた（Flaskämper 1949, S. 195-196，訳書 247-248 頁参照）．

とである」[6]と宣言している．そのため，調査統計こそが社会集団を直接観察するものであり，第一義的な統計（primäre Statistik）であると考えられた．それに対して，第二義統計とは，「第一段として統計以外の他の目的で既にえられている社会集団の要素についての確認を，第二段として，この社会集団についての特に統計上の認識を得るために利用する」[7]統計と理解されたのである．

以下でみるように，実際には，業務統計は社会集団を直接表現する数字ではない．したがって，社会集団を語る数字こそが「正統な統計」であるという信念から出発すれば，業務統計が「第二義統計」とよばれ，あたかも統計の亜種のごとく扱われたのも当然のことである．

しかし，業務統計が社会集団を直接表現せずに，何かある「統計以外の目的」で得られた「統計」（という形容矛盾した統計）であるとするならば，その「統計以外の目的」とは一体いかなる目的であろうか？　これは当然問われてしかるべき疑問である．それにもかかわらず，統計学界においてこの単純な問題設定に明確に答えようとする研究はこれまで皆無に近い．業務統計に関する先行研究を参照しても，それは業務記録を利用して集団観察を補足あるいは代替させることに関する研究であって，「統計目的以外の」本来の利用目的とは何かという問題について，それに真正面から取り組んだ研究ではなかった．それでは業務統計のあるがままの姿を直視して，その理論的・実践的価値を評価することができない．

業務統計を作成する「統計以外の目的」，あるいは業務統計の「統計目的」が何かという問いに関して，これまで統計学界で共通理解が成立していない最大の理由は，それを理解する前提となる，業務統計の「統計対象」は何かという問いに共通了解が成立していないからである．業務統計の統計目的を問うためには，その前提として，業務統計の統計対象を問う必要がある．業務統計の統計対象が不明であれば，その統計目的は当然問うことができない．ところが，業務統計の基礎概念を考える上で最大のネックとなっていたのは，これまで業務統計の対象規定がはっきりしていなかったことである．以下で詳しくみるように，業務統計の直接の統計対象はたしかに社会集団ではない．業務統計は

---

6) Mayr, *a.a.O.*, S. 41, 訳書79頁（以下，訳文は必ずしも訳書に従わない）．
7) *Ebenda*, S. 56, 訳書140頁．

間接的に社会集団を対象とすることがあり得るからこそ第二義統計とよばれていたわけだが，業務統計の直接の統計対象は厳密には社会集団でない何ものかである．それが何であるかについて統計学界には共通の理解がなく，誰も明確には答えなかったのである．では，業務統計の直接的な「統計対象」は何であろうか？　先に掲げた4つの形態の業務統計は，総じて，何を対象としていたことになるのであろうか？　だが，その結論はすでに明快である．それは文字通り「業務についての統計」だからである．すなわち，それは直接的には当該組織の活動または業務を対象とした統計である．すなわち，業務統計の直接的な「統計対象」は当該組織の活動または業務である．組織の活動とは当該組織の現実的姿に他ならないから，その意味で，業務統計の直接的な「統計対象」は当該組織であると言い換えてもまちがいではない．なぜなら，業務統計の統計原情報である「業務記録」は，当該組織が日常的組織系統の内部で経験し確認した現象についての未集計の個別記録からなる集合である．それゆえ，その業務記録とそれを集計した業務統計が，当該組織とその活動を対象にしていることは否定し難い事実であり，論理的に自明なことである．いうまでもなく，組織の業務記録は，公開・非公開の別を問わず実在する．業務記録が二次的利用目的に転用されるか否かにかかわらず，業務統計という集計値がもともと対象としている内容にかわりはない．第5節でみるように，業務統計の統計目的は，業務統計の構造に特有なこの統計対象を根拠にはじめて成立する．

　今日では業務統計の作成系統の組織的側面について研究が進み，その結果，業務統計は調査主体の日常的組織系統の内部で生起する現象を対象とした統計であり，その外部で生起する現象を対象とした調査統計と対照的な性格を持つとみなす統計制度論が登場している[8]．調査統計と業務統計を区別するメルク

---

8)　大屋祐雪氏は，「したがって，この社会の一構成分子（あるいは組織体）が他の分子（組織体）に依存することなく，自己の業務遂行上，必要な統計情報を自由に徴集できる系統は，……わたくしはこの系列で作成される統計を『業務統計』とよぶ」と概念規定した（大屋 1995, 154頁）．そして，「調査主体が自己の組織系統の外部にある社会的個体，ないしは内部にあっても日常の業務系統の外部で生起する現象を調査対象に統計調査をおこない，その結果として現象が数量的表現になったもの……これには『調査統計』の呼称がふさわしい」と対照的に概念規定した．調査主体の日常的組織系統の内部で生起する現象を対象とする業務統計を，その外部で生起する現象を対象とする調査統計から区別する，この大屋氏の概念設定はそれまでにない画期的な知見といえる．本書

マールとして，社会集団を直接的に対象とするか間接的に対象とするかという伝統的な区別とはまったく別に，調査対象が調査主体の日常的組織系統の外部にあるか内部にあるかという新しい区別に議論の焦点が移行した意義はきわめて大きい．というのは，後者の区別を受け入れるならば，統計学の理論界は，伝統的な社会集団論から解放されて，業務統計を「統計以外の目的」ではなく，組織それ自体を対象とした特有の統計として性格規定するまで，あと一歩のところまできたことになるからである．業務統計が調査主体の日常的組織系統の内部で生起する現象を対象とした統計であるとするならば，日常的組織系統の内部で生起する現象を集計した統計が，組織それ自体を対象とした統計であることは前述のように論理的に自明なことだからである．

例えば，公共職業安定所（ハローワーク）は，求人票や求職票を受理し，職業斡旋を行うたびに，逐一コンピュータ端末に入力している．入力情報は全国の職業安定所を結んだオンライン・システムによって中央で一括管理され，データベースとしてまとめられている（図1-1）．職安業務統計は職業安定所による職業紹介業務の全貌を（求職申込受理件数，求人受理件数，就職紹介件数，就職件数等々として）一定局面から記録し，日常業務のみならず，政策立案，予算折衝などの基礎資料として，あるいは国民への説明責任を果たすための公開資料として利用している．業務の記録システムがコンピュータのオンライン・システム以前の手作業に依存する組織にあっても，それら業務記録全体が当該組織の活動を記録する情報体系であったことにかわりはない．

先に掲げた業務統計の4形態をひとつひとつ検討しても，業務統計が，事実上，組織活動それ自体を対象とした統計であるという事実が確認できる．「〔2〕申告者からの申告・届出等を前提とせず，官庁自身がその所管業務について作成した業務記録にもとづく政府統計」は，時として官庁業務の成績統計になるほどであるから，明らかに日常的組織活動を対象にしている．「〔1〕被調査者としての国民，企業等の届出・申告等にもとづく政府統計」は，一見すると，日

---

における業務統計の基礎概念は大屋氏のこの知見に部分的に依拠している．だが，業務統計を，日常的組織系統の内部で生起する現象を対象とする統計，と規定した大屋氏も，これまでそこから進んで組織それ自身についての統計的研究という課題を提示したことがなかった．

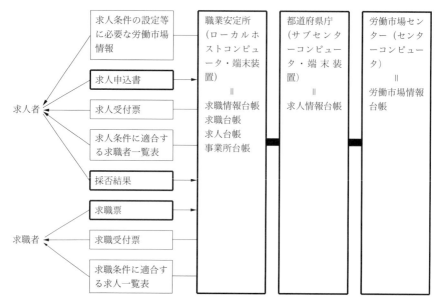

資料：(旧)労働省職業安定局労働市場センター業務室『労働市場センターオンライン・システム』．

図 1-1　職安行政組織の総合的雇用情報システム

常的組織系統の外部で生起する現象を対象とした統計であるかのようにみえる．例えば，人口動態統計は市町村が自分たちの戸籍事務を対象にした統計というよりも，人口動態という行政外部の事象を対象にした統計として，今日でも「基幹統計調査」に含められるほどである[9]．だが，その場合の業務記録（すなわち戸籍）は，自治体が窓口業務で国民と接触を持つことによってはじめて発生する．それは，自治体組織の「窓口」という日常的組織系統の内部と外部の境界点（または最前線）で発生するというだけのことである[10]．それが，当

---

9)　しかも，人口動態の観察を目的として届出様式（出生届，死亡届）の記入事項や調査票（出生票，死亡票など）への転記事項が改変されることもある．この点に関する，丸山博氏と上杉正一郎氏との間の議論については，丸山 (1958) および上杉 (1960a) 参照．

10)　また，調査統計と業務統計の中間には調査論理の違いに応じて統計形態の様々なスペクトルが存在する（森 1992）．本書第4章で言及されるように，インド村落内の村落 ICDS センターは，5年ごとに窓口業務を越えて，村落世帯を全数調査して，彼らの行

該組織の活動を直接対象とした統計であることにかわりはない．「〔3〕国家的企業（公社・公団等）の業務記録にもとづいて作成される統計」や「〔4〕企業等の民間団体の業務記録にもとづいて作成される統計」についても同様のことがいえる．

だが，社会集団を語る数字こそが「正統な統計」であるという信念から出発すると，業務統計が当該組織を対象とした統計であることが明らかであっても，それをあるがままに受け入れることができない．そこで本書は，統計をはじめから「社会集団を語る数字」と決めつけて調査統計固有の枠組みで強引に定義するのをやめて，統計をもっと広く定義し，業務統計を無理なく捉え直すことにする．すなわち，さしあたり，統計は社会現象の特定局面を数量的に表現する数字ということができる[11]．この広い定義を前提とすれば，業務統計は「『統計以外の目的』で作成された統計」という形容矛盾に満ちた統計ではなく，組織活動の特定局面を数量的に表現する統計と捉え直すことができる．例えば，職安業務統計は職安行政の職業紹介業務の全貌を，求職申込受理件数，求人受理件数，就職紹介件数，就職件数等々の特定局面から数量的に表現している．業務統計は組織活動の特定局面を数量的に表現する特殊な統計であるのに対し，調査統計は社会現象の集団的側面を数量的に表現する別の特殊な統計であるにすぎない．

組織を記録する業務統計は，社会集団を観察する調査統計とは統計対象の性質と次元が異なる．なぜなら，組織は単なる社会集団を超えた社会的実体であるかのように機能し，有機的なつながりと内容的な奥行きを持った非集団的な存在，一塊の社会的個体であるかのように振る舞うことがあるからである．まるでそこには「社会唯名論」よりむしろ「社会実在論」が妥当するかのようにみえる．組織そのものは，組織活動が対象とする組織外部の社会集団に対してはもとより，組織を直接担っている組織内部の社会集団（組織構成員）に対してすら，相対的に自律した論理（いわゆる「組織の論理」）で動くことがある．組織が管理事務部門（間接部門）や資産を持つ場合はなおさらである[12]．

---

政記録である村落調査レジスター（village survey register）を全面改訂している．
11)「統計とは，社会経済過程の特定局面を，総量的かまたは代表的に表現する数字である」（木村1992，47頁）．

## (2) 業務統計は実査の過程を欠いた統計ではない

　従来，業務統計は実査の過程を欠いた統計であると考えられてきた．しかし，この見解もまた調査統計の枠組みに業務統計を無理やり押し込もうとするこれまでの通念から派生した弊害のひとつである．業務統計はあくまで組織活動を対象とした実査の所産である．ただし業務統計は，組織活動の個々の要素，つまり組織が経験する事象・出来事を順次記録して，これを1年，1カ月，1日という期間でカウント（例えば求職申込受理件数，求人受理件数等々）する「動態的統計調査」という特殊な形態の統計調査を源泉としている場合が多い[13]．

---

12) 伝統的な社会集団論の批判に端緒を開いたのは内海庫一郎氏である．内海氏は，「統計学と経済学における『実際的関心』……との間にひどい断層があるのを気にして，両者をもっと融合させ，統一させ」るために，「学説史からではなくて，対象の分析から」社会統計学の集団論を批判した（内海 1963）．内海氏は，集団観察を批判して，「組織＝構成体」を対象とした「社会測量」を提唱した（内海 1975，87頁）．「企業の会社組織は，たしかに一つの社会的，経済的な量（価値→利潤）をはかっているが，それはその企業という個体（組織体）の数量的規定なのであって，その諸性質は決してそれを構成する個人の属性には還元できない，より高次の質をそなえたものなのである．このような人間＝単位＝個体からその集団の個体＝構成（組織）体への転化の頂点に立つものは，その社会に一つしかない構成体，たとえば近代国家の権力機構とか，国営企業とか，中央銀行等々という個体＝構成体なのであって，たとえば権力機構の収支，すなわち財政は，この権力機構という個体の数量的属性なのであって，それを何らかの集団の属性の総和としてとらえなおすとすると，それはもう財政という統一的な数量的規定性ではなくなってしまう」（同上書90頁）．内海氏は「業務記録」についても触れている（同上書88頁）が，本格的な論究には及んでいない．内海氏の集団論批判に対して，大橋隆憲氏は社会集団が，方法過程におけるたんなる抽象的形成物ではなく「歴史的過程そのものが客観的に抽象した『実体』であり，集団なる特殊形態をもち，特殊な機能をもつ社会的存在である」とさらに批判している（大橋・野村 1963，42頁）．本稿の以下の展開は，内海氏の集団論批判を一面で継承しながら，大橋氏の見解を同時に取り入れ，社会集団（市民社会）と「組織＝構成体」との対立・葛藤を軸とする問題設定を提起することになる．アトミックな個人や企業から構成される市民社会を単純に「組織＝構成体」に還元して理解してしまうと，そのような対立・葛藤がかえってぼやけてしまうからである．なお，内海氏にはじまる集団論批判は，木村太郎氏の統計史研究によって新たな裏づけを得ている（木村 1992）．

13) 「静態的統計調査」，「動態的統計調査」の概念規定は，木村（1992）第4章参照．ただし，事象・出来事の集合（「動態的集団」）を対象とした「動態的統計調査」は組織活動を記録する諸形態のひとつに過ぎない．すなわち，業務統計が常に「動態的統計調査」の所産であるというわけではない．本書第7章で述べるように，統計目的以外の他の動機から行われる「静態的統計調査」も存在し，そのような形態で作成される業務統計も存在する．

## 第1章 官僚制的組織と業務統計の基礎概念

　動態的統計調査とは,「調査主体が合目的に報告系統を編成し,報告様式を統一することによって,当該組織内に経常的あるいは臨時的に統計情報化過程を構成すること」[14],すなわち業務記録システムを企画・設計し,作動させることである.業務記録の集計形態は,一定期間内の件数というフロー形式の集計形態をとる場合も,一定時点の累計(例えば,雇用保険資格の取得・喪失件数というフロー形式ではなく月末被保険者総数)というストック形式の集計形態をとる場合もある.また,事象の標識和(例えば,雇用保険の支給件数ではなく支給総額)や標識平均(例えば,求人申込件数ではなく求人平均賃金)に重点を置いた集計形態をとることもある.だが,それらはあくまでも集計の形態であって動態的統計調査の調査形態ではない.

　とはいえ,業務統計が常に「動態的統計調査」の所産であるというわけではない.本書第7章で述べるように,「統計目的以外」の他の動機からおこなわれる「静態的統計調査」も存在し,そのような形態で作成される業務統計も存在する[15].これとは対照的に,調査統計の作成過程は,つねに――例えば国勢調査のように――時点(10月1日等々)や時期を固定して社会集団を観察する「静態的統計調査」という形態の統計調査から作成される.

　このように,業務統計という呼称は,調査統計と違って実査の過程を欠いた統計であるという誤解を招くので,その点留意する必要がある(内容に即して区別するなら,「集団観察統計」と「組織記録統計」など別の用語法を検討し

---

14) 大屋(1995)154頁.ただし,大屋氏はこの「統計情報化過程」を調査や実査とはみなさない.「統計的記録は……実情を知るために,調査を企画し,実査にもとづいて作成された数字ではない」(同上書160頁).同様に,上杉氏も業務統計を実査の過程を欠いた統計と考えている.「間接大量観察法は大量観察の技術過程の主要部分としての材料収集過程を欠くために,……」(上杉1960a,2頁).本書が,業務統計の作成過程を,記録・実査の過程として特に注目するのは,業務統計の企画・実査過程に対して,調査統計と同様に吟味・批判を加えることが可能であり,かつその必要があると考えるからである.

15) 第7章でみるように,G.v.マイヤーは,行政活動の業務目的に付随した静態的統計調査(「同時的に存在する社会要素の総在高について,一回あるいは定期的に繰り返して行う観察」)の例として,行政による「有権者,ある種の納税義務者,兵役義務者等々」の確認調査をあげている(Mayr 1914, S. 217).マイヤーによると,行政活動が「社会集団とその要素を官庁的なやり方で確認する機会」は「継続的に(fortlaufend)続く」だけでなく「時々(von Zeit zu Zeit)到来する」と説明している(*Ebenda*, S. 217).

た方がよいだろう）．

### (3) 官僚制組識を記録する統計

　とはいえ，一般に組織を表現するのは業務統計だけであり，調査統計は組織をまったく表現しないかというとそうではない．たとえば，マイヤーによると，集団観察の対象となる社会集団は，無関係に併存する要素の集まりではなく，特殊な社会的諸関係からなる社会圏（soziale Kreise）のなかの人間集団である．しかもその社会圏は「未だに組織されていないが，共通の利害に立つものの事実上のサークルから，強固に構成された国家的共同体に至るまでの」強弱様々な度合いで社会化されている[16]．今日では，人間集団のみならず，企業や事業所の集団もまた複雑な産業組織・経済制度（一種の社会圏）に取り込まれている．したがって，調査統計もまた社会集団の観察を介して間接的に強弱様々に組織化された社会制度に言及する情報であり，また，組織や社会制度と関連づけられた調査統計こそが，社会科学的に有意義な統計であるとすらいえる．実際，特定の社会組織の関係者集団を対象に集団観察を実施し，これによって社会組織の実態を浮き立たせるという試みは，のちに第7節～第8節でみるようにきわめて重要な意味を持つことがある．このように，組織と社会集団は時としてコインの表裏のように不可分の関係にあり区別しにくいようにみえる．

　しかし，強弱様々な度合いで組織化された社会制度のうち，業務統計が記録する社会制度は，実は，限定的なタイプである．それは，高度に組織化されたある特殊な組織であって，広義の組織一般ではない．というのは，組織が経験する事象・出来事を経常的，定期的に記録するためには，その前提として当該組織が自己を経常的，定期的に記録する一貫した記録システムを保持することが不可欠だからである[17]．このような記録システムを経常的に維持するためには，M.ウェーバーが官僚制的組織（bürokratische Organisation）とよんだ高度に組織化された社会組織の成立が必要条件となる．ウェーバーは，その作動が客観的に定められた計算可能な規則（berechenbare Regeln）と，上下の指揮命

---

16) Mayr, a.a.O., S. 3, 訳書6頁．
17) 例えば，「動態集団に対して単に統計上の理由だけで，観察機関を継続的に常置することは一般にきわめて困難であろう」（Mayr, a.a.O., S. 81, 訳書196頁）．

令系統とによって非人格的に規律された専門「機関」(Apparat)を指して官僚制的組織と呼んだ[18]．このような官僚制的組織は，あらゆる種類の最終的な決定・処分・指令を文書によって確定し，記録保存する[19]．そこにおいてはじめて業務を経常的，定期的に記録し，計算可能にするシステムが実現するのである．すなわち，業務記録，業務統計が成立するのである．通常，家族や零細企業，緩やかに組織された市民ネットワークにおいては，このような「精密な」記録システムを経常的に維持することは困難である．

　本書では，ウェーバー同様，官僚制的組織という概念を，官庁であるか私企業であるかの別を問わず共通に妥当する概念として使用する[20]．このように業務統計は官僚制的組織という特殊な組織を直接記録した統計であるのに対して，調査統計は社会集団の観察を介して間接的に組織に言及するに過ぎない．

　資本主義社会は一面で市民社会であり，個人，世帯を構成要素とする社会集団や，企業・団体等の法人を構成要素とする社会集団を主要な担い手として成り立っている．社会経済を社会集団を介して観察した結果数値が調査統計である．したがって，統計学が伝統的に社会集団に一面的に固執し，調査統計を原点に発達してきたのも社会体制上十分根拠があるといわなければならない．しかしながら，他方で，現代の資本主義社会は，企業・産業組織や行政組織によって，きわめて複雑に組織された社会である．公的な組織であれ，私的な組織であれ[21]，ホワイトカラー層を担い手として，官僚制的組織の事務管理部門が発達すると，組織の経験・成果を経常的あるいは定期的に記録するシステムが確立する．このような官僚制的組織の業務記録システムをよりどころに集計

---

18) Weber (1921-1922), S. 603-612, 650-678, 訳書 3-142 頁（ただし，訳文は必ずしも訳書に従わない）．
19) 「官庁に勤務する官吏の総体は，それに対応する物財や文書の設備と合して，『役所』(Büro)（これは私的経営ではしばしば『事務所』(Kontor) と呼ばれる）を形成する」(*Ebenda*, S. 651, 訳書 61 頁)．
20) 「国家的な役所の仕事と私経済的な事務所の仕事とが内面的にまったく異なったものであるという考えは，ヨーロッパ的，大陸的なものであって，アメリカ人にはまったく無縁である」(*Ebenda*, S. 651, 訳書 61 頁)．実際，アメリカ行政学は経営学の組織理論から学びながら，「完全なるアメリカ化をとげ，自家製の学となった」(西尾 1990, 67 頁)．
21) 「協業はあくまでも資本主義的生産様式の基本形態 (die Grundform) である」(Marx 1867, S. 355)．

された，官僚制的組織に関する数量的記録が業務統計である．現代の資本主義社会を分析し実践的な課題を解決するのに，このような業務記録，業務統計を活用し，社会制度を研究する意義はますます大きくなっている．

それにもかかわらず，今日の統計学は，調査統計一辺倒の理論体系をいまだに乗り越えたとはいえない．業務統計が組織活動を記録しているというこの当たり前の事実を真正面から直視しない限り，業務統計研究が統計学に及ぼす理論上のインパクトとそこから開かれる統計利用の新たな可能性について理解できないのである．

### 3. 他者ではなく自己を対象にした統計

前節の考察から明らかなように，業務統計の第1の特徴は，組織活動を直接記録した統計であるという点にある．ここで，事象・出来事を経常的，定期的に記録する業務主体のことを一般に「業務遂行組織」と呼ぶことにしよう．業務統計は業務遂行組織によりその業務遂行組織を対象にした統計である．したがって，業務統計は，何かある他者を対象にした統計ではなく，自己自身を対象にした統計である．すなわち業務統計は「自己観察」(Selbstbeobachtung)の所産である[22]．これが，業務統計の第2の特徴である．第7章でみるように，実は，マイヤーはすでに「自己観察」の所産として業務統計の性格を説明しようとしていたのだが，そのことは後世の統計家には知られていない．自然科学における観察－被観察という論理は業務統計には限定的にしか通用しない．調査者－被調査者という統計学の伝統的な図式もまたここでは限定的にしか適用できない．

---

22) Mayr, *a.a.O.*, S. 70–72, 訳書 175–178 頁．「社会要素の悉皆集団観察は，それを行う動機が統計を得ようとするものであると否かにかかわらず，全て，自己観察(Selbstbeobachtung)であるか，あるいは他人の状態および過程の観察（他者観察〔Fremdbeobachtung〕）であるかそのいずれかである」(Mayr, *a.a.O.*, S. 71, 訳書 176頁)．ところで，自己を対象にするとは，自己を二重化するということである．「人間は他人がいなくとも考えるとか話すとかいう類的機能をはたすことができる．……人間は自己自身を他人の地位におくことができる」(Feuerbach 1841, S. 38, 訳書 48頁)．官僚制的組織もまた業務記録システムによって自分たちを二重化している．

業務統計はまた当該組織に制約を受けながら当該組織を記録する．実際，業務記録の作成方法をめぐり，行政上のニーズと統計上のニーズが対立することがある．たとえば，商品別貿易統計の作成基準となる商品分類の国際標準化をめぐって，今日まで国際統計機関の要求する国際統計分類と，関税行政機関の関税率適用の枠組みとなる商品分類とが必ずしも調和せず対立し合っている[23]．これは，業務統計が当該組織の行政上のニーズに制約を受けながら当該組織を記録しているからである．しかも，業務統計は業務遂行組織を記録するために意識的に設計されているのに，その内容は組織環境や組織体質に意識的，無意識的に制約を受けている．そうした事情は記録結果に如実に反映することがある．例えば，行政組織の対象範囲を多面的に研究すると，当該行政組織による個別行政法規の運用実態と事実上の行為の輪郭が判明することがある（後掲表1-2(A)，(B)参照）．業務統計が補助金行政や徴税行政と不可分であったり，各行政組織の成績評価や予算配分の算定基準であることからくる数字上の不一致・歪みが顕在化することもある．したがって，業務記録が業務対象を捕捉する様態を研究すればするほど，その研究は当該業務遂行組織自身に折り返してゆく．

このように，業務統計は業務遂行組織の活動対象を客体として詳細に記録すればするほどかえって業務主体自身を表現する自己言及的な (self-reflexive) 統計である[24]．ここでの主客の転倒は，本章冒頭でも言及したクラインの壺の表裏の反転に喩えることができる．個人や組織体の文章的記録は，個人や組織

---

[23] 貿易統計の商品分類の国際標準化過程については，工藤（1991）．また，「レジスター・ベースの統計作成システムの最終目標を達成するためには，行政レジスターの行政記録に統計上の必要項目を付加することが必要となる．しかし行政目的の上で不必要な項目の記録について，その信頼性を確保することは困難である．行政レジスターから統計レジスターへの記録の移転は，一方通行であって逆の流通は許されていないから，私見では統計上の必要に基づく行政記録への反作用は法制上可能であるとしても，事実上は困難と考えられる」（工藤1995，85頁）．

[24] 木村太郎氏は業務統計を，「一方で，特定の業務主体が業務取扱対象である事象の発現を件数（「動態的観察単位集団」）で記録した動態統計調査の結果数値と規定しながら〔木村1992，88頁〕，他方で，非集団的存在（業務主体たる政府組織・民間組織自身）の量的属性を記載した一種の社会測量の結果数値と規定している〔木村，前掲書58頁〕．だが，統計対象を記録しながら同時に統計主体自身を表現する自己言及的な統計，これこそまさに業務統計の特徴なのである」（岡部1996，75-76頁）．

体の経験対象を記録したものであると同時に，個人や組織体自身の記録でもある．文章的記録を解釈する時にその作者を無視することはできない．もっぱら作者を理解するだけのために，記録を解釈することもできよう．事情は業務記録やそこから作成された数値情報においてもまったく同様なのである[25]．

## 4. 業務統計の統計対象と統計目的

業務統計の「統計対象」と「統計目的」は厳密に区別する必要がある．なぜなら，業務統計の「統計対象」が業務遂行組織それ自身であることは前節で示したが，業務記録，業務統計の作成・利用目的は様々であり，自己観察だけが目的である場合はむしろまれだからである．実際，業務記録，業務統計の利用方法は次節でみるように多様である．業務統計の——統計対象だけでなく——統計目的までが常に自己観察であると主張するなら，それはむしろ混乱のもととなろう．

一般に，官僚制的組織の業務遂行当事者たちは，業務統計が，その構造上，自己観察の所産であるということ自体，容易に認めようとしない．それはちょうど，自分の経験（この場合は業務記録）のみに基づいて世界を語ろうとする人に，それはあなた自身を語っているにすぎないと指摘することに等しいからである．その上さらに，業務統計の「統計対象」と「統計目的」を混同すると混乱にさらに拍車がかかることになるだろう．

本書が，業務統計を自己観察の所産として説明するのは，業務遂行当事者たちが，業務統計の作成と利用に際して，主観的にいかなる目的意識をいだこうと，彼らが日常的組織系統の内部で生起する現象を対象とする限り，事実上，その業務統計の統計対象は構造的に自己観察とならざるを得ないからである．

---

25) もっとも，程度の差こそあれ，調査統計もまた実施主体を自己言及的に表現する．統計批判は調査統計を通して，「統計の背後にあるもの」（蜷川 1932〔現代語版〕75 頁）を明らかにしてきた．例えば，人口統計のような基礎的な公式統計においても，その標識（調査事項）の規定は「おのずから当時の社会における国家の立場を反映する」（蜷川 1934，66-67 頁）．しかし，政府調査統計の作成者にとって「国家の立場」の反映はしばしばバイアスとなるが，政府業務統計の作成者にとってはその国家が統計対象となる．その点が調査統計と業務統計の決定的な違いを表している．

彼らはその客観的な構造から抜けられない．それに対して，業務統計の作成・利用目的，すなわち統計目的は様々であり，第二義統計としての利用はまさにその一形態である．

## 5.「業務についての統計」と「第二義統計」の区別

以上の考察から，業務統計とは，本来，公的・私的な官僚制的組織が自己の組織活動を特定局面から数量的に計測するために，確認ないし記録された事件，事象についての業務上の記録や計数から作成された自己言及的な統計ということになる．それでは，業務記録，業務統計の作成・利用目的，すなわち統計目的にはいかなるものがあるだろうか．

### (1)「業務についての統計」としての本来的利用形態

まず，業務記録，業務統計が自己観察の所産であるということ，すなわちそれらの対象が業務遂行組織それ自身であるという本来の性格から，業務記録，業務統計が業務についての情報としてそのまま利用されるのは当然のことである．これは，業務記録，業務統計の対象規定に直接関連した利用目的という意味で本来的利用形態といえる．実際，行政学や経営学などの組織科学の分野では，業務記録，業務統計が組織のパフォーマンスを表現するという理解が一般的である．第7節でみるように，例えば，行政学者西尾勝氏は，H.A.サイモンの組織科学に倣って統計情報を分類し，業務統計の多くが，第一次的には業務が適切に遂行されているかどうかを点検し確認するための「成績評価情報」として記録され整理されていることに注目している[26]．西尾氏の統計情報論は行政組織の日常的な統計利用の姿をよく示している．行政組織は行政記録を個票データの集合として利用するだけでなく，集計データとしても利用するというのである．行政学が，行政組織の業務統計を行政のパフォーマンスを示す「成績評価情報」と考えているということは，行政学もまた——本書と同様に——業務統計を行政組織それ自身を対象とした「業務についての統計」と

---

26) 西尾（1990）292頁，西尾（1993）243頁．

理解していることになる[27]．そのような理解は行政学に限られたことではない．財政学，公会計研究においても，行政組織の予算と決算を評価する業績評価情報の一部として行政記録，業務統計の利用が研究されている[28]．近年，行政記録，業務統計は，行政評価・政策評価を目的とした業績測定の評価指標として一定の役割を期待されている[29]．民間企業の経営手法を行政現場に導入して公共部門の活性化を目指す「ニュー・パブリック・マネジメント」（NPM）を標榜して，1980年代後半以降内外で，中央政府や地方自治体に関する定量的な行政評価・政策評価が求められている．これによって行政パフォーマンスの向上が図られるばかりでなく，行政の説明責任が果たされると信じられている．日本でも無数の自治体が急速に行政評価に取り組み，総務省行政評価局も「行政機関が行う政策の評価に関する法律」の施行に伴い政策評価結果を公表するようになっている．行政評価および政策評価とは「行政機関（あるいは公共機関）の活動を客観的に評価する」取り組みのことである[30]．「行政それ自身」を表現する業務統計は行政活動の「アウトプット指標」（事業量の指標）として不可欠な情報であるから，行政評価・政策評価の評価指標作成に重要な役割を果たすのは当然のことである．だが，第7節でみるように行政評価・政策評価に関連する情報は，第二義統計の作成に利用される情報に比べて，内容的に格段に多様でかつ複雑なものとなる．

## (2) 副次的な利用諸形態

業務統計にはそれ以外にも様々な副次的利用形態がある．まず，企業や事業所などの組織単位の集団観察に対して，各組織の回答者は当該組織の諸属性を調査票に記入する際に，部内に保有する業務記録，業務統計を参照し，そこから転記するという手続きをとることが多い．これは，業務の記録システムが発達した官僚制的巨大企業組織を調査単位とする調査において特にいえることで

---

27) ただし，業務統計を業務遂行組織の自己観察を目的に利用するということは，もっと一般的な統計目的を意味する．第7節でみるように，行政管理上の行政能率の追求を目的とした「成績評価」に限定されるものではない．
28) 関口（2016）．
29) 古川（2000），梅田他（2004）参照．
30) 梅田他（2004）．

## 第1章 官僚制的組織と業務統計の基礎概念

ある．したがって現代資本主義の有力組織を対象とした調査統計を底辺から支えているのは，実は，当該組織がそれぞれ保有する民間業務記録，業務統計ということになる．

また，組織の収支や資産・負債に関する記録が社会経済統計に転用される場合もある．財政統計が代表的である．日本銀行の勘定統計も金融統計として利用されることがある．日銀券発行高等は，それ自体としては社会集団ではないのである[31]．

しかし，業務統計の副次的利用形態としてもっともよく知られているのは，集団観察を補足・代替するために，当該業務記録，当該業務統計から社会集団の状態および活動に関する記録，統計が選択・転記・再集計・加工され「第二義統計」が作成される場合である．例えば，市区町村は，出生届，死亡届を人口動態調査票に転記し，人口動態統計の基礎データを提供している．業務統計が，調査統計の代用統計である「第二義統計」と理解されることが多いのはまさにこの副次的利用形態のためである．これまで，統計家はそこだけを取り上げて業務統計を第二義統計としてしか理解しないという誤認を続けてきたのである．だが，「第二義統計」の作成はあくまでも業務記録，業務統計の多様な利用形態のなかの一形態にすぎない．その意味で，「第二義統計」は「業務についての統計」から概念的に区別する必要がある．

「第二義統計」は，業務統計という集計値を調査統計の代用にそのまま転用した単純なものとは限らない．また，「第二義統計」は，必ずしも，統計原情報として必要な個別データ（個票的データ）群を業務記録のなかから単純に抽出・転記・集計して生産されるものとは限らない．近年ヨーロッパで盛んに研究されている「レジスターベースの統計制度」（第2章参照）においては，業務記録（とりわけ行政記録）を第二義統計の統計原情報に転換する様々な方法が研究されている．北欧諸国の統計局は，個人，住宅，事業所等々に関する夥しい数の行政記録を個別行政機関から受け入れ，それを整理・編集[32]して各種

---

31) 「社会経済過程における非集団的存在・現象が，統計対象領域としてもつ領域はいちじるしく大きい．具体的には，日銀券の発券高，独占企業の生産高，財政統計等々を包含する」（木村 1992, 58頁）．
32) デンマークのレジスターベースの統計作成にあたっては「行政レジスターの記録の時

のデータベースに変換している[33]．デンマーク統計局は，各データベースを個体識別番号によってリンク可能な状態で保管している[34]．国連欧州経済委員会は，第二義統計の統計原情報としてこのように新たに形成されたデータベースのことを「統計レジスター（statistical register）」とよんでいる[35]．統計レジスターは複数の行政記録をミクロレベルでマッチングして補完・合成し，整理・編集した上で構築されるデータベースである．行政記録を調査統計の統計原情報とミクロレベルでリンクさせる試みもある．したがって，特定の行政記録が特定の統計レジスターと必ずしもつねに1対1で対応するとは限らない．その統計レジスターの部分集合だけを構成することもある．しかも各行政記録は複雑な編集をへて統計レジスターを形成することがある．本書第5章ではインド村落における複数の行政記録やセンサスの住民リストをミクロレベルでマッチングして補完・合成して住民基本リストを構築する方法を検証する．このように実際上の理由からみても，「業務についての統計」と「第二義統計」は概念的に区別する必要がある．

また，業務記録の個人，事業所等のリストは，センサスや標本調査の調査対象者リストや標本フレームを供給することを通して調査統計の生産に間接的に寄与することがある．そのように得られた調査統計はふつう第二義統計とはいわないが，業務記録（行政記録）の活用例として注目に値する．本書第3章では，インドの標本調査が行政記録をベースとした標本フレームの劣化によって危機に瀕している事態を取り上げる．

官僚制的組織の行為は抽象的に自己完結するものではなく，何らかの業務対象の存在を前提とすることは明らかである．実際，組織は窓口業務の一環として（すなわち前述した「日常的組織系統の内部と外部の境界点」で）個々の市

---

点は，行政システムにおける時間的な遅速が一様でないため補正が必要である」．また「しばしば困難な作業を伴うが，異なる源泉から得られた同一の対象に関する記録を比較し調整する必要がある」（工藤 1995，85 頁）．

33) 工藤（1990）は，本書でいう第二義統計の統計原情報となる新たな統計的データベースを，行政目的のための行政記録から区別して，「レジスター記録」とよんだ．国連欧州経済委員会は，それを「統計レジスター（statistical register）」とよんでいる（UNECE 2011, pp. 59ff．

34) Thygesen (1995).

35) UNECE (2011), pp. 59ff.

民や取引先と何らかの接触を持ち業務の対象にするから，それが業務記録に反映される．例えば，職業安定所は窓口で個々の求職者や求人と接触を持ち，個々の求職票，求人票をオンライン・システムに入力するだけでなく，それらの情報に基づいて職業紹介や各種相談等の様々な行政目的を果たすわけだが，個々の求職票，求人票情報には職業安定所の業務とは相対的に独立に存在する求職者や求人の厳然たる現実的生活過程[36]が反映されていることはたしかである．オンライン・システム内のそれら求職者や求人のデータベース（職安業務記録）は職業安定所の業務対象として日常的組織系統の外部に実在する市民社会（社会集団）を間接的に反映している．このように社会集団と常時接触する機関が作成する業務記録，業務統計のなかには，特定の社会集団の一部あるいは全部を的確に記録した情報も数多く存在する．それゆえ，社会集団を観察する代用統計としての「第二義統計」が，調査統計に比べて一概に不正確だとはいえない．「信頼度についていうならば，第二義統計はそれに対応する第一義統計よりも信頼できることもあるし，その逆の場合もある」[37]．むしろ「業務統計の作成を根拠づける個別業務法規の強制力は，調査統計による把握の困難な領域や統計項目についての統計作成を可能にする」[38]ケースも少なくない．したがって，主要な政府公式統計を行政記録から作成しようという，デンマーク等の北欧諸国の試みが，今日国際的に注目を集めている．デンマークのレジスターベースの統計制度は，一国の調査統計を本節でいう「第二義統計」で代替させる試みである[39]．

### (3) 業務記録，業務統計の直接的な対象と間接的な対象

以上のように，業務記録，業務統計は業務遂行組織である官僚制的組織の自

---

36) 渋谷正編・訳，カール・マルクス，フリードリッヒ・エンゲルス『ドイツ・イデオロギー』新日本出版社，39-41頁．「困難は，資料の考察および整理に――その資料が過去の時代のであれ，現代のであれ――，現実的な叙述に取りかかるときにようやくはじまる．これらの困難の除去は，けっしてここではあたえられることができない諸前提，むしろ各時代の諸個人の現実的生活過程および行動の研究からはじめて明らかとなる諸前提によって条件づけられる」．
37) Flaskämper *a.a.O.*, S. 185, 訳書250頁．
38) 森（1992）109頁．
39) Thygesen（1995），工藤（1989）．

己観察から作成される自己言及的な情報であるのに，その利用形態は多様である．すでに序論で行政記録，政府業務統計に関連して述べたように，一般に業務記録，業務統計は，直接，間接にまったく次元の異なる2つの対象を同時に表現する両義的な情報だからである．調査統計は外部の客体としての何らかの社会（集団）を対象にそれを表現する目的で作成される統計であることは明らかなのに，業務記録および業務統計は，

(i) 直接的に業務遂行組織それ自身，
(ii) 間接的に業務対象としての社会，

というまったく次元の異なる2つの対象を，通常，同時に表現することができるからである．これこそが，組織の業務記録，業務統計の論理構造の難解なところである．すでに述べたように，業務記録は業務遂行組織の「日常的組織系統の内部で生起する現象」を対象にした記録，すなわち業務の一環としてその活動範囲内で確認された諸事象の記録であるから，それを集計した統計は自ずと「(i)業務遂行組織それ自身」の全体像を一定側面から表現することになる．だからこそ業務記録，業務統計は「自己言及的」(self-reflexive) な情報なのである．その一方で，通常，官僚制的組織の業務は抽象的に自己完結するものではなく，何らかの業務対象と関係することもまた自明なことである．だからこそ，われわれは業務記録から「(ii)業務対象としての社会」すなわち業務対象集団に関する記録を抽出し，第二義統計などの様々な統計を作成することができるのである．業務統計の対象規定はこのように両義的であり二重性があるが，両者は論理的にまったく次元の異なる対象であるから厳密に区別する必要がある．本書の今後の考察から明らかになるように，業務遂行組織である官僚制的組織と社会が無矛盾に完全に一体化するなどということを一般的に期待することはできない．それゆえ，業務記録，業務統計を利用する場合，業務遂行組織(i)と業務対象としての社会(ii)を慎重に区別して両者の論理的関係を意識して問題を立てる必要がある．

　問題は，これまで統計家や統計理論家が，業務記録，業務統計をもっぱら第二義統計の情報源としてのみ扱い，業務遂行組織である官僚制的組織それ自身を対象とする情報として扱うことがほとんどなかったということである．レジスターベースの統計制度に関する近年のヨーロッパの指導的政府統計家の関心

も，業務記録（行政記録）のなかから調査統計が対象とする社会集団と類似の社会集団（業務対象集団とりわけ行政対象集団）の記録を抽出し，「(ii)業務対象としての社会」の統計を作成する試みに集中している．ヨーロッパで議論されているレジスターベースの統計制度は，業務記録（行政記録）から「(i)業務遂行組織（である行政組織）それ自身」を計測することが課題とはなっていない．ところが，行政学や経営学などの組織科学の分野では，業務記録，業務統計が組織のパフォーマンスを表現する数字であるという理解が一般的なのである．

## 6. 業務統計の信頼性・正確性

業務統計とは公的・私的な官僚制的組織が自己の組織活動を特定局面から数量的に計測した統計であるとする上述の規定から，業務統計の真実性の条件もまた明らかとなる．すなわち，業務統計の真実性は，業務遂行組織が自分達の組識活動をどのような局面から，どの程度正確に記録しているかという問題に帰着する．

ところで，統計データの形成プロセスを研究する日本の統計理論家は，これまで統計作成プロセスを視野におさめて，統計の真実性を吟味・批判する，独自の体系を持っていた．この体系に従うと，統計の吟味・批判のために，統計作成のプロセスは，便宜上，2つの段階に区分される．すなわち，第1の段階は，統計作成の企画・準備のプロセスである．統計作成者の理論的構想を，具体的な観察内容に変換する一連の作業を観察事象の確定と呼ぶとしよう．確定された観察事象が統計利用者の統計利用目的にどの程度マッチしているか，この点が統計の信頼性と呼ばれる問題である．これに対して，第2の段階は，確定された観察事象を実際に計測・カウントし，統計表を作成するまでのプロセスである．確定された観察事象が統計作成者の技術的・社会的制約のもとで，どの程度正確に計測・カウントされるか，これが統計の正確性と呼ばれる問題である．したがって，統計の真実性は，信頼性と正確性という2要因によって確保される．

ただし，以上の一般論は，統計の真実性概念を，わざと抽象的に抜き出した

ものである．というのは，これまで統計の真実性概念はもっぱら調査統計のみを念頭に置いて組み立てられていた．観察される社会集団の単位（調査単位），標識（調査事項），時，場所の規定が「集団観察の4要素」と呼ばれ，これが統計利用者の統計利用目的に論理的にどの程度マッチしているか，そしてこの社会集団がどの程度正確に計測・カウントされているか，というまさにこの点が吟味の焦点であった．このような真実性の吟味方法は調査統計にとっては有効であった．だが，問題は，それが統計一般の真実性を吟味する唯一の核心と考えられてきたことである[40]．業務統計は本来，社会集団を直接観察する統計ではないから，統計に関する従来の真実性概念をそのまま応用しても混乱しか生まない．そこで，真実性概念から調査統計に関わる特殊性を捨象して一般化し，あらためて業務統計の真実性概念を問い直さなければならない．

### (1) 業務統計の信頼性

すでに述べたように，業務遂行組織が自己を経常的，定期的に記録するためには，報告系統を編成し，報告様式を統一することによって，組織内に経常的な記録システムを構築しなければならない．この記録システムを企画・設計するためには，組織の活動をいかなる事象・出来事の集合として記録したらよいか，また，報告様式はいかなる内容に統一したらよいか，つまり観察事象を確定しなければならない．記録システムを企画・設計する理論的構想は組織目的に制約される．行政組織の場合，組織目的は職業安定法などの個別行政法規その他に規定される．業務統計の信頼性の評価とは，このような観察事象の確定によって組織の活動がどのような側面から記録され，それが組織内外の統計利用者の利用ニーズにどの程度マッチしているかを吟味・検討することである．例えば，職業安定所は職業紹介業務を表現するために，職業紹介件数，就職件数，充足数など，多次元的な記録を作成しているが，組織内外の統計利用者の利用ニーズに応じてそれぞれの記録の利用価値は異なってくる．

---

40) 蜷川虎三氏の統計の真実性吟味の体系は，「集団観察の4要素」の吟味を軸に組み立てられている．蜷川氏の批判統計学の批判力を継承しつつ，それを業務統計に応用可能な体系に作り替えるためには，従来の真実性概念の特殊性を克服する必要がある．蜷川 (1932) 参照．

## (2) 業務統計の正確性

業務統計の正確性とは，確定された組織記録システムが正確に作動し，観察事象が正確に計測・カウントされるかどうかという問題である．「官僚制は純粋にそれ自体としては1つの精密機械なのである」というウェーバーの所説に反して，記録システムを構成する事務担当者や届出・申告者の誤記入，記入漏れ，あるいは集計ミスなどが重なると，業務統計は不正確なものになる．しかし，業務統計の正確性を左右する最大の制約条件は，組織内部の社会関係および組織とその業務対象者との社会関係である．例えば，政府業務統計のなかには行政機関の実績評価に関わる統計が多いから，下部機関が上部機関に対し，あるいは上部機関が財務省や国民に対し，歪曲した実績報告をする場合は業務統計の正確性は損なわれる．税務資料のように国民が行政に対し特定の利害関心を抱き，不正確な申告・届出が行われる場合も同様に正確性が損なわれる．これらの現象は当事者の個別的な利害や怠慢によってだけでなく，社会構造的に発生することがある．それゆえ，組織を記録する業務記録，業務統計が自己観察の所産だからといって，組織に関する情報が常に真実性が高いとは限らない．組織は構造的に自己を偽ったり，業務対象集団の現実から構造的に遊離する（表1-1参照）可能性がある．

このように，組織を記録する業務統計の真実性を制約するのもまた組織それ自体なのである．組織を記録する業務統計は，第1に，当該組織自身を対象とするという意味において，第2に，その真実性が当該組織自体に制約されるという意味において，二重の意味で自己言及的な統計である．

## (3) 第二義統計の真実性

次に，「業務についての統計」との性格の違いを意識しながら，「第二義統計」の真実性を検討しよう．

すでにみたように，業務統計は，本来，当該組織の活動，業務を記録した統計である．したがって，業務記録，業務統計から作成される第二義統計の真実性は，第1段階として，業務記録，業務統計がそもそも当該組織の活動記録として真実性が高いかどうか，すなわち，当該組織の活動をどのような局面についてどのような記録方法で，どの程度正確に記録しているかに左右される．そ

して，第2段階として，それを集団観察のための代用統計に転換させるプロセスが妥当なものであるかどうかに左右される．それゆえ2段階の吟味・検討が必要である．

　もし，第1段階として，行政記録，業務統計の真実性の吟味・検討が完了しているとすれば，それを前提に，第2段階で問題になるのは，社会集団観察のための代用統計（第二義統計）へのその転換プロセスのみである．

　業務記録，業務統計を作成する当該組織が業務上対象とする社会集団のことを「業務対象集団」と呼ぶことにしよう[41]．業務統計が業務対象集団を扱う範囲，内容，記録方法は，当該組織の日常的な活動によって条件づけられる．したがって，業務対象集団の範囲は，外部の統計利用者の観察対象である社会集団の範囲と合致する保証はない．表1-1は雇用保険業務統計の業務対象集団（雇用保険被保険者集団）を「労働力調査」の捉えた雇用者集団と比較対照したものである．雇用保険業務統計が雇用保険行政組織の活動の記録として真実性が高いと仮定すると，表1-1は雇用保険行政自身の活動範囲（雇用者全体の7割程度）を雇用保険被保険者数という一定局面から正確に表現していることになる．雇用保険は，雇用保険法上，一部の適用除外を除いて強制適用が原則であるが[42]，被保険者統計をみる限り，事実上の保険適用範囲に限界があることがわかる．したがって，今日の雇用保険被保険者統計を，第二義統計として雇用者集団に関する雇用統計に転用すると，このようにまず統計対象の範囲に限界が出てくる．次に，雇用形態等の分類方法が雇用保険行政の業務区分に対応し，他の雇用統計の分類方法と異なるなど，調査事項の記録方法ひとつとっ

---

41)　行政の場合，業務対象集団は「行政対象集団」とよばれる．吉田忠編（1995）69頁．
42)　雇用保険は，全産業に対して適用され，労働者が雇用される事業は，全て適用事業となる．ただし，農林水産の事業であって政令で定めるもの（法人以外の事業主が行う事業であって，常時5人以上の労働者を雇用する事業以外のもの）は，当分の間，暫定的に任意適用事業とされている（雇用保険法附則第2条）．さらに，適用が除外される主な労働者は，○1週間の所定労働時間が20時間未満である者，○同一の事業主に継続して31日以上雇用されることが見込まれない者，○季節的に雇用される者（短期雇用特例被保険者に該当する者を除く）であって，4カ月以内の期間を定めて雇用される者又は1週間の所定労働時間が20時間以上30時間未満である者，○65歳以上に達した日以降に雇用される者（高年齢継続被保険者，短期雇用特例被保険者及び日雇労働被保険者に該当する者を除く），○公務員，○昼間学生，とされている（雇用保険法第6条）．

**表 1-1** 雇用者数と雇用保険被保険者数の対比（2015 年 3 月）

(単位：人)

| | 雇用保険業務統計<br>被保険者数（A） | 「労働力調査」<br>雇用者数（B） | A/B<br>% |
|---|---|---|---|
| 計 | 40,152,072 | 55,800,000 | 72 |
| (産業別) | | | |
| 農林漁業 | 154,189 | 620,000 | 25 |
| 建設業 | 2,308,749 | 4,040,000 | 57 |
| 製造業 | 8,595,313 | 9,970,000 | 86 |
| 情報通信 | 1,643,984 | 1,910,000 | 86 |
| 運輸・郵便 | 2,907,526 | 3,180,000 | 91 |
| 卸売・小売業 | 7,167,120 | 9,560,000 | 75 |
| 金融・保険，不動産業，物品賃貸業 | 2,112,602 | 2,490,000 | 85 |
| サービス業 | 14,214,850 | 20,830,000 | 68 |
| その他 | 243,503 | 290,000 | 84 |
| 公務・分類不能 | 804,236 | 2,900,000 | — |
| (従業者規模別) | | | |
| 4 人以下 | 2,147,258 | 3,820,000 | 56 |
| 5 人～29 人 | 7,132,787 | 11,840,000 | 60 |
| 30 人～99 人 | 7,031,574 | 8,760,000 | 80 |
| 100 人～499 人 | 10,890,723 | 10,480,000 | 104 |
| 500 人以上 | 12,949,730 | 15,340,000 | 84 |
| 官公・従業者規模不詳 | | 5,560,000 | — |

注：雇用保険被保険者数は，「一般」，「高年齢継続」，「短期雇用特例」の各被保険者数の合計．ただし，農林水産の事業であって政令で定めるもの（法人以外の事業主が行う事業であって，常時 5 人以上の労働者を雇用する事業以外のもの）は，当分の間，暫定的に任意適用事業とされている．適用が除外される労働者については雇用保険法第 6 条参照．第 6 条 7 に該当する公務員は適用除外とされている．「サービス業」とは日本標準産業分類第 13 回改定分類大分類 L～R．「その他」とは大分類 C：「鉱業，採石業，砂利採取業」，F：「電気・ガス・熱供給・水道業」．「労働力調査」の従業者規模は，「本社・本店や出張所などを含めた企業全体の従業者総数（パートなども含む）」であるのに対し，雇用保険業務統計の従業者規模とは労働者が雇用される「適用事業」の被保険者数の規模であるため厳密な対比ではない．

出所：厚生労働省職業安定局『雇用保険事業年報』(2014 年度)，総務省統計局「労働力調査」2015 年 3 月を加工．

ても，統計利用者の統計利用目的と必ずしも合致しない．このように，業務対象集団の範囲や内容等が統計利用者のニーズと不一致をきたすと，第二義統計の信頼性はその分損なわれる．このような不一致の検討は，第二義統計の利用に不可欠である[43]．ヨーロッパでは統計局が，「統計レジスター」に使用する

---

43) この数字上の「不一致」は，「誤差」とは異質の概念である．O. モルゲンシュテルンは誤差の分析で，「誤差」(error)・「不正確性」(inaccuracy) と，「相違」(divergency)・

行政記録のクオリティを向上させるために，それを提供する個別行政機関の行政記録システムの内容と業務規則に影響力を行使することが模索されているが，それは容易なことではない[44]．複数の行政機関の行政記録をリンクさせて合成する「統計レジスター」を構築するためには，第二義統計の信頼性の吟味・検討はさらに多元的なものになる．

　統計利用者が正確性の高い第二義統計を利用するためには，その前提条件として，業務統計や業務記録が当該業務遂行組織の外部に正確に提供されていなければならない．レジスターベースの統計制度においては，とりわけ当該業務遂行組織（すなわち個別行政機関）が統計局に業務記録（すなわち行政記録）を的確かつ正確に提供するかどうかが問題である．個別行政機関が正確に情報を提供しないと第二義統計の正確性はその分低下することになる．そして，複数の行政記録をリンクさせて統合し，それらを整理・編集して「統計レジスター」を作成する場合には，その作業プロセスが的確かつ正確なものであるかどうかが，結果としての第二義統計の正確性を左右する．

　だが，ここで留意すべきことは，第1段階（前提条件）としての，行政記録，業務統計の真実性吟味を抜きに，それが何かの社会集団を観察する代用統計（第二義統計）に転換可能かどうかを評価することは不可能に近いということである．すなわち，第二義統計の真実性は，第1段階として，第二義統計の統計原情報である当該行政記録の性格を理解し吟味しなければ評価できないということである．そのためには，行政記録を生産する当該行政機関の官僚制的組織の実態に踏み込んだ実証的な研究が不可避となる．

　第2章でみるように，レジスターベースの統計制度に関して，近年ヨーロッパで盛んに議論されているのは，まさに，業務記録（すなわち行政記録）を第二義統計の新たな統計原情報（「統計レジスター」）に転換する技術上あるいは組織管理上の諸問題に関するものである．だが，現在のところ欧米での議論は

---

　　「不一致」（discrepancy）とを，2つの異なる概念として区別している．ただし，divergency・discrepancyという概念を導出するにあたって，モルゲンシュテルンは，統計の定義の違いによる統計数値の不一致を，同一の統計対象についての業務統計–調査統計間の不一致と混同している（Morgenstern 1963, p. 218, 訳書226頁）．
　44）　Hoffmann (1995).

問題の入り口に立っただけで，ある決定的な限界をかかえているようにみえる．というのは，行政記録の真実性（すなわちデータとしてのクオリティ）[45]を批判的に吟味するためには，以上で考察したように，行政組織のデータ収集プロセスの実態を研究することは論理的に不可避の要請である．それにもかかわらずヨーロッパでは，行政記録を生産する行政機関の官僚制的組織の内実に立ち入った厳密な実証研究がほとんどオープンになっていない．それに対して，第3章でみるように，インドの統計改革では，この必然的な要請が当然のことのように意識され，議論の焦点となっている．インドでの議論と対照してヨーロッパでの議論をみると，その不足は歴然としている．第二義統計が組織を対象とした「業務についての統計」ではなく，集団観察のための代用統計であるから，当該組織の実態分析は不要かというと，そうではない．むしろ，第二義統計の真実性は，第二義統計の根源的な統計原情報である当該業務記録の性格を吟味しなければ評価できない．そして，業務記録に関する研究は，それを生産する当該業務遂行組織（官僚制的組織）の内実に立ち入った実証的な分析なしには不可能である．それは本章の以上の考察から明らかになる論理的帰結である．第二義統計の真実性は，根源的な統計原情報である当該業務記録が当該組織の活動の記録として真実性があるかどうか，すなわち，当該組織の活動をどのような局面についてどのような記録方法で，どの程度正確に記録しているかを研究，吟味しなければ評価できない．第二義統計の作成・利用目的に合致しない業務記録やずさんな業務記録は，そもそも第二義統計の作成に利用でき

---

[45] 一般に統計のクオリティとは，統計データのクオリティ，統計の生産から配布までの過程のクオリティ，さらにその過程を支える統計制度のクオリティの評価のことである（水野谷2006，116頁）．それは統計の生産と利用の過程とそれを支える統計制度を対象としたきわめて多次元的，包括的な価値概念である．それゆえ業務統計，第二義統計のクオリティを問うためにはきわめて多岐にわたる評価項目について議論する必要がある．それは，統計データの内容にとどまらず，統計利用者のアクセスのよさ等，統計の利用に関する議論（統計利用論）を含んでいる（伊藤陽一1999）．しかし，本書では議論の焦点をしぼるために，統計のクオリティの中心的な評価項目である「統計の真実性」とそれを支える統計制度に焦点を当てて，業務統計，第二義統計のクオリティを考察した．なお，本書では英語語彙のニュアンスをそのまま活かすためにデータ・クオリティ（data quality）と外来語表記するが，日本では「データ品質」という訳語が一般的である．

ない．上述のとおり，組織の業務記録は，第1に，直接的には当該組織自身を対象とし，第2に，その真実性が当該組織の実態や状況に制約されるという，二重の意味で自己言及的である．レジスターベースの統計制度の場合，統計局は個別行政機関から提供された行政記録を適切に利用するために，個別行政機関の行政行為の実態に遡及して当該行政記録の資料批判をしなければならない．それをメタデータとして統計利用者に公開しなければならない．次章でみるように，欧米では，以上の検討要請はヨーロッパ内部の懐疑論者からすでに再三指摘されているのに，事実上，この要請は満たされていない．

ところで，第二義統計を吟味した結果，それが社会集団に関する統計として真実性が乏しいことが判明したとしよう．その場合，もとの業務記録，業務統計の価値が直ちに失われるかというと，必ずしもそうではない．むしろ，集団観察のための代用統計（第二義統計）として真実性がいかに低くとも，組織を記録する「業務についての統計」としては，依然，真実性が高いというのが通常である．これこそが「第二義統計」の真実性と「業務についての統計」の真実性との重要な差異である．例えば，雇用保険被保険者統計が雇用者集団に関する雇用統計としていかに不十分なものであっても，あるいは不十分なものであるがゆえに，雇用保険行政の活動内容の表現としては，依然，真実性が高く有効な場合があり得る．このパラドクスの理解こそが，これまでの統計学には決定的に欠けていた点である．これまでの統計学の通念からすると，第二義統計として不十分であるというだけの理由で，「業務についての統計」の本来の価値を，つまりこの社会情報のあるがままの価値を，切り捨て，廃棄することになりかねない．

## 7．官僚制的組織を測るということ

### (1) 業務統計と調査統計の複合的利用：統計制度の二元論

それでは，官僚制的組織を記録する統計として業務統計を活用する場合，業務統計と調査統計の機能・役割の違いと相互関係はどう理解すべきだろうか？本節では，業務統計と調査統計という性格の異なる統計を複合的に利用することによって広がる統計利用の新たな可能性について探求する．ただし，民間業

務統計については資料が乏しいため，本節は単なる資料上の制約から，行政記録に基づく政府業務統計に考察を限定する[46]．

　行政記録によって行政組織を統計的に記述するとは，端的にいえば国家を測るということである．これは一種の「計量国家学」あるいは「計量行政学」である．本章第5節で述べたように，行政記録，業務統計によってわれわれは直接的には政府や地方自治体の行政活動の業務量・業務実績（アウトプット），すなわち行政組織のパフォーマンスを統計的に計測することができる．そのような統計の公開は，市民に行政活動を監視する権利を保障するものであり，行政組織の立場からすれば，そのための説明責任を果たすことを意味する．

　ところが，実際の行政記録と政府業務統計を使って，今日の国家と市民社会の関係を統計的に精密に検証しようとすると，以下にみるように，その関係は法律や行政を媒介として錯綜しており，全体として眺めると，複雑きわまりない矛盾を孕んだ分裂的システムになっていることが多い[47]．そのため，国家を計測するといっても，それはしばしば国家と市民社会の分裂的システムを統計的に表現することにならざるを得ない．本書第3章〜第6章の研究でも，われわれはインドの国家（中央・地方政府）と社会の関係が，矛盾を孕んだ分裂的システムになっている場面にしばしば遭遇する．

　国家と市民社会の関係は，行政組織が保有する業務統計を，当該組織の日常業務と関連する調査統計と比較，照合すれば統計的に表現できる場合がある．具体例をあげよう．図1-2は職業安定行政，雇用保険行政，労災保険行政の活

---

46)　「一国で経常的に作成され，利用されている諸統計を一個のマクロ的な体系（統計体系）としてみた場合，民間企業や業界団体などが作成する諸統計は一つの重要な構成要素をなす．この種の統計は，特に企業がその経営戦略を策定する際の判断材料の提供という点では，政府統計に優るとも劣らない大きな役割を果たしている」（『研究所報』（法政大学日本統計研究所）No. 23（「民間統計」），1997年1月，65頁）．このように，民間業務統計の研究もはじまりつつある．しかし，本章では単に資料的制約から問題を政府業務統計に限定した．

47)　周知のように，ヘーゲルの市民社会論とマルクスのヘーゲル国家論批判はこの対立・矛盾関係に関する問題提起である（Hegel 1821, §182ff; Marx 1843, S. 249）．マルクスはヘーゲル国家論批判において，国家と市民社会の対立・矛盾関係に焦点を当て，また行政の官僚制的組織をも批判対象に据えている（Marx 1843, S. 249）．このような視点から行政概念の検討を試みたものとして田口（1981）1-21頁参照．本書は結果的に，田口のこの試みに1つの統計的な裏付けを提供している．

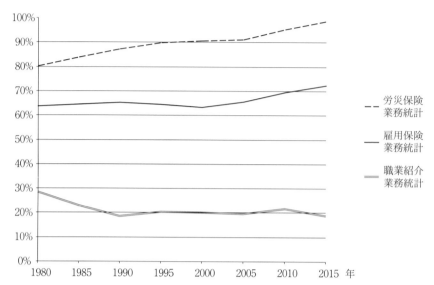

注：労災保険業務統計と雇用保険業務統計の捕捉率の推計値は，各保険適用の被保険労働者数を労働力調査「雇用者」数で割って求めた．雇用保険適用の被保険者は「一般」，「高年齢継続」，「短期雇用特例」．職業紹介業務統計の捕捉率の推計値は，職業安定業務統計による全国年間就職件数（中・高卒新卒就職件数を含む）累計数を，「全国推定入職者数」で割って求めた．「全国推定入職者数」は，岡部（1993）158-159 頁の推計方法，すなわち，（労働力調査「雇用者数」）×雇用保険資格取得者数÷雇用保険被保険者数（一般＋高齢＋特例）で推計した．

出所：厚生労働省労働基準局『労働者災害補償保険事業年報』，厚生労働省職業安定局『雇用保険事業年報』，厚生労働省職業安定局『職業安定業務統計』を計算・加工．

図 1-2　労災保険，雇用保険，職業紹介の各業務統計の捕捉率推計値の年次変化

動実績を単純にカウントするだけでなく，それらの行政が雇用者全体をどの程度カバーしているか相対比率で数値化したものである．職業安定行政については，全国の職業安定所が業務上取り扱う就職件数の総数を，全国労働市場における就職累計件数推計値[48]で除した比率（％）で表現できる．雇用保険行政，労災保険行政については全国被保険者総数を全国雇用者総数（この図では労働力調査「全国雇用者数」統計）で除した比率（％）で表現できる．これらの数値は各行政組織の行政記録から作成，公表された職業紹介業務や保険適用業務の業務量，業務実績に関する業務統計を，雇用者全体に関する調査統計（つま

---

48）　推計方法については岡部（1993）参照．

り労働力調査）と比較照合し，両者を組み合わせることによって算定したものである．統計カテゴリーの対応関係が成り立てば，性別，産業別，あるいは地域別等々について同様の比率が求められる．

この比率は，ある意味で，国家と市民社会の「接触面」の範囲・構造を（図1-3のイメージ図参照）[49]，職業安定行政，雇用保険行政，労災保険行政に関して示した数値である．なぜなら，これらの比率は，雇用という観点からみた市民社会の特定局面（就職件数や雇用者集団）に占める，現実の行政対象の輪郭を相対的に示したものだからである．これを「接触面」と呼ぶのは，行政組織が，職業紹介業務や保険適用業務を通して，行政対象である市民（労働者や企業）と実際に接触しているからである．行政対象は個別行政法規によっても規定されている．だが，しばしば，法や行政の論理と，市民社会の事実上の論理の間には一定の乖離がある．本書補論でみるように，法的には行政対象になってしかるべき社会集団が行政対象から部分的に脱落し，事実上，アングラ化することがある．法的には雇用保険や労災保険の被保険者になってしかるべき雇用者が，市民社会の事実上の論理によって被保険者集団から脱落する場合がその例である．その場合，事実上の行政対象が個別行政法規による制限以上に制限される．20世紀社会主義国の計画経済体制下でも報告制度に載らない

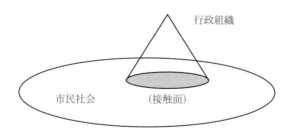

図 1-3　国家と市民社会の接触面（イメージ図）

---

49) このイメージ図は，国家と市民社会の「接触面」の範囲・構造をあえて単純化して示したものである．実際には行政組織の行政対象と市民社会の関係はもっと複雑である．例えば，この図のように行政対象を記録した行政記録が市民社会を過小にカウントするだけでなく，表 1-2(B)のように，何らかの理由で過大に記録している場合もある．いずれにせよ，このイメージ図が象徴的に示そうとしていることは，行政行為と市民社会，あるいは国家と市民社会が遊離した関係にあるという事態である．

闇のアングラ社会が存在したことが知られている．

国家と市民社会の関係はさらに錯綜している．表1-2(A)は，季節労働者の就職経路統計が，職業安定行政の統計と労働組合アンケートとの間で顕著に矛盾する事例を示している．季節労働者は職安の紹介で就職し，かつ職安の紹介で就職していない．同じく，表1-2(B)は職業安定行政の統計と雇用動向調査の入職・離職統計との顕著な矛盾を表している．事業所が離職者として認識していない季節労働者を，職安は離職認定し職業紹介している．これは季節的休

**表1-2(A)** 季節労働者の入職経路

| | 実数(人) | % | | 実数(万人) | % |
|---|---|---|---|---|---|
| 前回に引続き会社依頼 | 1,796 | 57.5 | 「臨時・季節」の就職件数 | 24.9 | 81.4 |
| 職安等の公的機関から紹介 | 11 | 0.4 | 「臨時・季節」の新規就職申込件数 | 30.6 | 100.0 |
| 会社の直接応募(新聞広告など) | 193 | 6.2 | 「北海道労働市場年報」(1980年度). | | |
| 家族，親戚の紹介 | 167 | 5.3 | | | |
| 知人，世話人の紹介 | 752 | 24.1 | | | |
| その他 | 116 | 3.7 | | | |
| N.A. | 87 | 2.8 | | | |
| 計 | 3,122 | 100.0 | | | |

「季節労働者の生活実態調査」(1981.2)．
出所：『北海道季節労働者白書第一集』(北海道季節労働者組合協議会，1981)．
　　　『北海道労働市場年報』(道労働部，1980)より作成．

**表1-2(B)** 北海道季節労働者の産業別入・離職 (1989)

| | 業務統計a | 調査統計A | a/A(%) | 業務統計b | 調査統計B | b/B(%) |
|---|---|---|---|---|---|---|
| 鉱業 | 888 | 1,100 | 80.7 | 2,850 | 3,600 | 79.2 |
| 建設業 | 154,379 | 61,500 | 251.0 | 162,668 | 79,200 | 205.4 |
| 製造業 | 19,908 | 41,400 | 48.1 | 28,317 | 43,200 | 65.5 |
| 運輸・通信業 | 3,514 | 30,400 | 11.6 | 9,169 | 32,200 | 28.5 |
| 卸売・小売，飲食店 | 2,534 | 55,300 | 4.6 | 6,562 | 40,800 | 16.1 |
| サービス業 | 6,164 | 96,300 | 6.4 | 17,240 | 87,300 | 19.7 |

業務統計a：北海道「臨時・季節」求人充足数(職安業務統計)
調査統計A：北海道入職者数(「雇用動向調査」)
業務統計a：北海道離職票交付枚数(短期)(職安業務統計)
調査統計A：北海道離職者数(「雇用動向調査」)
出所：『北海道労働市場年報』(道商工労働観光部，1989)，『雇用動向調査報告』(労働大臣官房政策調査部，1989)より作成．岡部純一「北海道職安業務統計の抽象性」『経済学研究』(北海道大学)第41巻第4号，1992，142-147頁．

業者の所得保障の欠陥を埋めるために，建設業者と職業安定行政が雇用保険の給付実績をめぐって組織的に辻褄合わせを行っている実態を表現している[50]．国家と市民社会の関係が複雑きわまりない分裂的システムになっている状況とは，以上のような事態をさしている．これは極端な事例ではあるが，行政記録や業務統計に反映された国家と市民社会の実際の関係をデータの精密な比較照合から検証すれば，程度の差こそあれ多かれ少なかれこのような状況を含んだ行政分野が散見される．

デンマークのレジスターベースの統計制度においても，異なる源泉から得られた同一対象に関する記録のなかに，最終的にマッチしない対象が残るという問題があり，欠落データの処理問題は１つの障害となっているといわれている[51]．北欧諸国の行政記録のこの種の欠落や不突合は，当該諸国の国家と市民社会の分裂的システムと何か関係があるかもしれない．本書第３章～第６章は，インドを事例に，国家と市民社会の分裂的システムにおける行政記録の欠落や不突合の問題に多く言及することになる．だが，ヨーロッパでは行政記録のこの種の欠落や不突合について，それを生産する行政機関の官僚制的組織の問題として厳密に検証されオープンに議論されることはまれである．

以上のように政府業務統計を調査統計やアンケート等と組み合わせながら複合的に利用すると，官僚制的組織を媒介とした国家と市民社会の相対関係と諸矛盾が統計的に表現される場合がある．

政府業務統計の研究は，このように行政組織それ自体の研究と不可分であるから，行政学と統計学の学際的研究領域である．実際，行政学も業務統計を行政情報として重視している．H.A.サイモンはかつて企業の業務統計情報，特に会計情報が組織管理に利用される用途について聞き取り調査を実施し，それらを，①成績評価情報（score-card information），②注意喚起情報（attention-

---

50) 岡部（1992）参照．
51) 「しばしば困難な作業を伴うが，異なる源泉から得られた同一の対象に関する記録を比較し調整する必要がある．筆者が聴取したところでは，特にこの…(中略)…点について，最終的にマッチできない対象が残るところに問題があるとのことであった」「レジスター・ベースの統計作成にあたっての障害のひとつは，欠落データの処理の問題である．この問題は伝統的な調査やセンサスにおける無回答の処理よりもはるかに複雑な問題を含んでいる」（工藤 1995，85-86 頁）．

directing information），③課題解決情報（problem-solving information）という3類型に区分した[52]．すでに本章第5節で触れたように，西尾（1990，1993）は行政学の観点から，この類型区分を統計情報一般の活用方法の考察に応用している．すなわち，「①成績評価情報とは，業務が適切に遂行されているか否かを点検し確認するために使われる情報である．業務統計の多くは，第一次的にはこの目的のために記録され整理されているものであるが，第二次的には注意喚起情報としても活用される．②注意喚起情報とは，注意を振り向けるべき問題の所在を探知するために使われる情報である．調査統計の多くは，第一次的にはこの目的のために調査し収集されるものであるが，第二次的には政策・施策の効果を確認し評価する成績評価情報として活用される場合もないことはない．③課題解決情報とは，当面する課題の様相とその背景・原因を詳しく分析し，これを解決するためにはどのような方法がありうるのかを模索するために使われる情報である．業務統計情報であれ調査統計情報であれ，恒常的に記録・調査されている統計情報だけではこの課題解決情報としては不十分で，課題解決のためには独自の調査研究が随時におこなわれ，新しい追加情報が収集されるのが通例である」[53]．ここで，業務統計が「第二次的には注意喚起情報としても活用される」とは，集団観察の代用統計（第二義統計）としても活用されるということである．また，調査統計が「第二次的には政策・施策の効果を確認し評価する成績評価情報として活用される」場合とは，行政活動が市民社会に及ぼす政策効果（いわゆる「アウトカム」）を確認・評価するために利用される場合である．業務統計は行政活動の「アウトプット指標」（業務量，業務実績の指標）には使用できるが，それが市民社会に及ぼす政策効果（いわゆる「アウトカム」）の評価指標には必ずしも使用できないからである．

　ここで重要なのは，行政学の統計利用論も，業務統計と調査統計のある種の複合的利用を示唆しているということである．というのは，西尾の統計情報論は，「成績評価情報」としての業務統計が記録する組織を，「注意喚起情報」としての調査統計を使って相対化し，客観的にチェックするという複合的な統計利用を示唆しているからである．実際，先の図1-2，表1-2(A, B)では，業務

---

52) Simon, H.A. et al. (1954).
53) 西尾（1990）292頁，西尾（1993）243頁．

統計が記録する労働行政の輪郭が，関連する雇用者統計やアンケートと比較照合されることによって，組織外部から浮き彫りにされ，チェックされた．もっとも，業務統計と調査統計の複合的利用は，行政実務家が自分たちの「注意喚起情報」を得る目的だけではなく，市民社会の構成員が外部から行政行為を監視する必要からも要請される．業務統計が記録する官僚制的組織を相対化し，チェックするのは，行政組織内部の実務家だけでなく，行政組織外部の市民にとっても別の意味で必要なことである．だから，第2章で述べるように，フィンランドの統計家は，行政記録の積極的な活用は，市民に行政活動を監視する権利を保障する民主主義の基本的な考え方が前提になると説明しているのである．

このように業務統計を官僚制的組織（この場合行政組織）の計測に積極的に活用すると，その一方で調査統計のある機能がクローズアップされてくる．それは業務統計が記録する官僚制的組織を外部から相対化し客観的にチェックする機能である．これは業務統計単体では達成困難な機能である．なぜなら，業務統計は，行政組織の日常的組織系統の内部で生起する現象を対象とするから，同じ業務統計を用いて当該行政組織を外部から相対化し客観的にチェックすることは論理的に不可能なことだからである．それに対して，調査統計は行政組織の日常的組織系統の外部で生起する現象を対象にすることができる[54]．先の図1-3のイメージ図で説明するなら，業務記録，業務統計は行政組織の日常的組織系統である円錐の内部かせいぜい円盤で示した市民社会との「接触面」しか対象にできない．しかし，調査統計は集団観察を通して，「接触面」の外側を取り巻く円盤で示した市民社会について，その全体像を把握することが原理的には可能である．したがって，調査統計は，市民社会（社会集団）を観察するにとどまらず，官僚制的組織を外側から，市民社会を介して客観的に把握するための補足機能を果たすことができる．もっとも，当該業務統計が記録する官僚制的組織を相対化し，チェックするためには，調査統計だけではなく，別

---

54) 調査主体の日常的組織系統の内部で生起する現象を対象とする業務統計を，その外部で生起する現象を対象とする調査統計から区別する大屋（1995）の概念設定は，すでに官僚制的組織を外部から相対化し，チェックするという調査統計の機能を示唆していたといえる．

の行政機関の業務統計を比較対象にすることもできる．例えば，図1-2で示したように，雇用保険の被保険者総数のカバレッジは，労働力調査の雇用者数統計がなくとも，条件次第で，労災保険業務統計の被保険者総数を基準にチェックすることも可能である．北欧諸国のレジスターベースの統計制度においては，異なる行政記録同士のマッチングによって各行政記録の相互チェックが可能となる．第4章では，村落パンチャヤトの未記録の統治対象をチェックする目的で，外部機関とのデータ共有が検討される．

これまで同一の統計対象に対して複数の統計が重複すると，それは統計制度の非効率，不整合と受け取られる傾向があった．たしかに，統計予算の節約や，被調査者負担の軽減は追求されるに越したことはない．しかし，官僚制的組織の業務を外部から客観的にチェックし相対化するために，調査統計の対象をあえて当該組織の業務統計の業務対象集団と重複させた方が統計制度として健全な場合がある．実際，第3章でみるように，インドの統計制度においては，行政組織の行政記録，行政統計（政府業務統計）を外部からチェックするために，幾つかの行政分野でそれとパラレルに対比できる全国規模の標本調査が巧みに設定されている．あらゆる調査統計をレジスターベースの統計で置き換えるという北欧諸国の統計局の試みは，官僚制的組織を外部からチェックする調査統計の機能を不当に放棄する危険すらはらんでいる[55]．この問題は本書の結論であらためて検討する．

### (2) 近年の行政評価・政策評価の問題点

本章第5節でも言及したように，近年，行政記録，業務統計は，行政評価・政策評価を目的とした業績測定の評価指標として一定の役割を期待されている[56]．すでに述べたように，行政評価・政策評価とは行政機関（あるいは公共機関）の活動を客観的に評価する取り組みのことである．日本では「行政機関が行う政策の評価に関する法律」の施行に伴う総務省行政評価局の政策評価が

---

55) 工藤（1995）86頁．「レジスター・ベースの統計を評価し，それを推計のベースとして役立てるためには，補足的なデータを伝統的な調査手法によって収集する必要がある」．
56) 古川（2000），梅田他（2004）参照．

その取り組みの代表といえる．行政記録，政府業務統計は行政組織それ自身を対象とした情報であるから，それらが行政組織のパーフォーマンスを統計的に計測することに直接利用されるのは当然なことである．

　統計による行政評価・政策評価をめぐるこのような試みは，一面で，市民に行政活動を監視する権利を保障しようとするものであり，その限りで民主主義の発達にとって大いに望ましい試みといえる．統計による行政評価・政策評価は行政組織という官僚制的組織を統計的に計測しようという人類史上かつてない問題提起といえる．すでに述べたように，行政学や経営学などの組織科学の分野では，業務記録，業務統計が組織のパーフォーマンスを表現するという理解が一般的だが，統計学にとっては新しい研究課題である．それは統計学のパラダイム転換に匹敵する研究課題のシフトを意味する．今日でも，多くの統計家は，行政記録，政府業務統計を第二義統計の情報源としてしか研究していない．レジスターベースの統計制度に関する近年のヨーロッパの指導的政府統計家も，それらを第二義統計の情報源としてしか考えていない．統計局の統計行政にとって，行政評価・政策評価はあたかも越権行為に近い行為であるというのが現状である．今後，こうした統計行政のあり方も根本的に問い直す必要があるかもしれない．

　だが，統計による行政評価・政策評価は，当初考えられていたほど容易なことではない．実際，「行政評価においては（数値）指標を作るのが難しいというのが定説になりつつある」[57]．その理由は以上の考察から明らかである．すなわち，行政行為は，行政組織と行政対象である市民社会との相互関係のなかでしか評価できない．行政記録，業務統計が行政行為の業務量，業務実績をいかに正確に記録するものであっても，その意味を解釈し評価指標に活用するためには，行政対象である市民社会との相互関係を示す別の様々な関連データとの組み合わせが必要となるからである．ところが以上でみたように，行政組織はしばしば国家と市民社会のきわめて錯綜した分裂的システムのなかで機能している．すなわち行政組織はしばしば市民社会に対して乖離したり（図1-2)，論理矛盾した関係にある（表1-2(A, B)）．組織と社会，すなわちこの場合行

---

57）　梅田他（2004）．

政組織と市民社会は，コインの表裏のように無矛盾に一体化しているのではなく，多かれ少なかれ矛盾・緊張関係のなかにある．それゆえ，行政評価の統計体系を構成することは一層容易ならざる企てとなる．

業務統計を行政組織の「成績評価情報」とみなす行政学の理解は，行政組織それ自身を記録する「業務についての統計」の価値の一面をよく見抜いているが，それと同時に，行政組織の組織管理論的発想に大きく制約され，問題を一面的にしか捉えていないことをよく示している．すなわち，業務統計を「成績評価情報」という論理でしか理解しないのは，行政記録，業務統計の利用可能性を一面的にしか把握していない証といえる．なぜなら，上述のように，実際上，行政組織は国家と市民社会のきわめて複雑で錯綜した関係のなかで機能していることが多いからである．そのため，行政記録，業務統計に基づく行政評価・政策評価は，行政組織の組織管理上の成績評価をはるかに越えた当該社会体制における行政組織の位置付けの評価に発展する可能性がある．それにもかかわらず，もし，われわれが行政記録，業務統計をあえて「成績評価情報」という狭隘な論理でのみ理解しようとするならば，それら情報の持つ含意を著しく誤解し，行政組織の組織管理論上の「行政能率」しかみない一面的な行政評価を横行させることになりかねない．それは，社会体制内に占める行政組織の上述の複雑な位置関係と限界を無視して，行政組織に歪んだ「成績評価」を強いる不当な統計利用になりかねない．例えば，図 1–1 で示した雇用保険行政の活動実績の限界は，雇用保険法の欠陥に加え，市民社会（雇用主企業や雇用者）の反応に大きく依存している．それゆえ行政職員が手分けして雇用主企業にいくら電話をかけて説得しても，事態が一向に改善しないなどということになる．行政組織を評価するためには，行政組織内部の組織管理のみならず行政環境との関係を検討する必要がある．第 4 章でみるように，マハラシュトラ州の村落徴税官（*patwari*）が土地記録の借地人情報を正確に記録できないのは，農地改革をめぐる地主と借地人の利害対立が存続するからである．そうした行政環境が「改善」されない限り，村落徴税官の行政的努力と行政効率だけでは問題は解決しない．その場合，行政記録（土地記録の借地人情報）のずさんさは，行政行為それ自体のずさんだけでなく，むしろ登記を行う農村市民社会の側の利害対立，すなわち行政対象・行政環境の側の問題を忠実に反映したもの

となる．この借地人情報の歪曲した申告の根本的な責任は，その真偽を確認しない徴税官より先にむしろ登記者である農村市民社会の側に帰すべきであろう．その多くは，特定の法律とルールに縛られて機能している徴税官の業務能率や業務努力だけではいかんとも解決できない課題である．この場合，歪曲した行政記録（土地記録の借地人情報）は，登録行政組織の社会構造上の限界を表現している．それゆえ，それを「成績評価情報」として利用するのはお門違いというものである．行政組織の社会構造上の限界を克服するのは，行政組織の行政管理ではなくいわば政権の政策変更問題，すなわち政治の問題に関係してくる．このように，行政記録，業務統計は，行政管理上の業績評価・成績評価，すなわち狭義の行政評価・政策評価だけでなく，行政組織の社会体制内に占める社会構造論上の位相を評価・批判する広義の行政評価・政策評価に利用できる．このように，行政記録，業務統計は「成績評価情報」という単純な情報ではない．広義の行政評価・政策評価と統計利用のあり方を検討するためには，国家と市民社会の複雑な構造について社会科学に基礎をおいた批判的な研究が必要である．そのような広義の行政評価・政策評価——いわば「計量国家学」——は，これまで行政学も統計学も十分成し得なかったことである．そのような科学的な基礎研究がなければ公共政策の具体的姿について市民の科学的で広範な議論は期待できないであろう．

## 8. 組織と社会の葛藤：統計実践の新たな地平

業務統計が対象とする組織と，調査統計が対象とする市民社会（社会集団）とは，時に絡み合い重複し合うのに，本書ではそれを敢えて概念的に区別した．この区別は，業務統計を調査統計と比較照合し，官僚制的組織を外部からチェックし，国家と市民社会の間の分裂的システムを問題にするときにとりわけ重要な概念的区別である．組織と社会集団をどちらか一方に還元して理解するのではなく，互いに概念的に区別しなければ，両者の矛盾・緊張関係を統計的に表現する理論的構想は立てにくい．こうした複合的な統計利用によって，業務統計特有のクラインの壺のような自己言及的な情報構造に，矛盾した亀裂（図 1-2，表 1-2(A, B)参照）がはじめて発見されるのである．

前節は政府業務統計に限って考察したが，一般に業務統計や業務記録，部内文書などによって，公的あるいは私的団体の官僚制的組織を表現した上で，それを関連する統計と対比・チェックすることから開かれる統計的実践の理論的・実践的地平ははかり知れないものがある．

　データ相互の比較照合[58]から，組織（官僚制的組織）と社会（社会集団）の矛盾・葛藤が統計的に記述され，問題の所在が明示される実践的意義はきわめて大きい[59]．なぜなら，業務統計を利用することによって，官僚制的組織内外の被管理集団（市民，職員など）が官僚制的組織を逆管理する可能性が出てくるからである．政治的・社会的条件が整えば，官僚制的組織の業務統計や関連データを利用した議論を起点に，当該組織の権力を組織外部のアウトサイダーが批判したり，組織内部のインサイダーが告発することで[60]，組織を変容・再編させたり，組織を切り崩したりする社会的実践が生まれる可能性がある[61]．われわれの統計的実践は単に社会（社会集団）を観察するという次元を超えて，社会と組織の葛藤を観察し介入する新たな段階に到達しつつある．

---

58) 「このようなデータ不突合は，従来統計学が否定的に克服するよう努めてきた統計誤差と区別すべきである．このデータ不突合は，むしろ調査対象に内在する矛盾を積極的に表示する一つの問題提起的統計指標といえる」（岡部 1992，147 頁）．
59) 事業所の賃金台帳（組織の業務記録）を基礎にした毎月勤労統計調査と，世帯を単位とした労働力調査との間で，労働時間統計に不一致が生ずる理由の1つは，賃金台帳がサービス残業を過小評価している点にあるといわれている．サービス残業をめぐる組織の業務記録と労働者の回答内容との不一致は日本的企業の組織内の矛盾・対立の表現である．ところで，筆者がかつて勤務した大学の教職員組合は，事務組織上層部が秘密裏に構想する事務組織再編案について，（組織率の低い）事務職員全員の自宅に直接アンケートを郵送して回答を募ったことがある．このアンケートに対しては予想外に反響があり多くの情報・意見が寄せられた．公式文書との矛盾・欺瞞が幾つも明らかになった．もし，このようなアンケートを，霞が関の省庁の官僚制的組織中枢で，「行政責任のジレンマ」に悩む職員に実施したらどのような反響があるだろうか．
60) Bartunek and Louis (1996).
61) ウェーバーによると「官僚制はひとたび完全に実施されると，破壊することのもっとも困難な社会形態の一つとなる」(Weber, *a.a.O.*, S. 668, 訳書 115 頁)．だが，官僚制的組織が被管理集団によって逆管理されると，そのような永続的性格は必ずしも自明でなくなる．

## 9. 業務統計の情報公開

　業務統計が官僚制的組織自身を記述した統計であるというこれまでの考察から容易に次の命題が導出される．すなわち，業務統計がひとたび組織外部に公開されると，公開を受けた外部の受け手にとって，その情報全体は，官僚制的組織を「被調査者」に見立てた，特殊な社会調査になる，と．調査統計において組織が組織外部の他者（社会集団）を「被調査者」に据える関係が，業務統計ではちょうど対称的に立場が逆転する．その場合，官僚制的組織は社会を調査・管理するのではなく，社会に調査・管理される立場に立つ．

　ところが，ウェーバーも指摘しているように「官僚制的行政は，その傾向からすれば，つねに，公開禁止をもってする行政である．官僚制はできるだけその知識と行為を批判からかくまうものである」．知識と行為を秘密にすることによって，官僚制度は自分たちの権力的地位をいっそう優位に保つことができる[62]．その場合，われわれは官僚制的組織に観察対象に対するように向き合うだけでなく，権力に対するように向き合う立場に立たされる．実際，広範な領域で業務記録，業務統計の非公開と独占が厳しく保持されている．業務記録，業務統計の非公開には，業務遂行上あるいはプライバシー保護という観点から，合理的根拠が主張される場合もある．しかし，非公開の根拠が乏しい広範な領域で，業務統計は公開されていない．すでに述べたように，官僚制的組織の業務記録全体は複雑きわまりない矛盾した異様な姿をとることがあるから，これを公開することはいわば組織の恥部を外部に晒すことになりかねない．公開を受ける側が，はじめから官僚制的組織を複雑で矛盾した組織環境に置かれた不条理な存在として冷静に受け止めるならば建設的で長期的な議論も可能となるであろう．しかし，ウェーバーのように官僚制的組織を合理的で権威ある組織と思い込んで業務記録，業務統計の錯綜した姿を目の当たりにすると，あまりにも落差が大きく，直ちに性急な非難とスキャンダルを喚起することになりか

---

62) Weber, *a.a.O.*, S. 671-673, 訳書122-126頁.「プロイセンの官庁統計は，一般に権力の座にある官僚制の意図を害わないものだけを公表する」(*Ebenda*, S. 672, 訳書123頁).

ねない．したがって，情報公開制度が形式上いくら進行しても，重要な行政記録の公開に抵抗し，公開制度を骨抜きにしようとする官僚制的組織の傾向は非常に根深いものとなる．そのため，業務記録，業務統計の公開をめぐる国家と市民社会の緊張は外見以上に深刻である．民間業務統計は当該組織によって私的に所有されているという理由から，その公開禁止はさらに厳しくなる[63]．

　だが，業務統計を公開するための純技術的条件は整いはじめている．組織内のネットワークとデータベースが拡充し，業務記録が検索・集計を自在に行えるデータベース形式で保管されることによって，業務統計を外部のニーズに合わせてしかるべき形で提供することが純技術的には可能となりつつある．職業安定所に設置されるオンライン・システムの端末の前に座ると，職員は簡単な操作手順で指定する事項について検索・集計を実行し，行政組織の全体像を様々な角度から浮き上がらせることができる．業務記録が書類の山として各部署に分散していた時代には，簡単な集計だけでも大変な作業を要した．第4章で言及するようにインドにおいても，例えば，これまで紙媒体であった村落土地記録が電子媒体情報に移行するのに伴って，不明瞭な農村土地所有関係についてこれまでにないデータ利用が純技術的には可能となりつつある．

　また，業務の記録システムは，コンピュータ化すると，不透明な媒介を伴わない単純なシステムに変わる．業務の記録システムに直接関与している無数の社会集団，つまり届出・申告者や末端職員は，自分たちの手渡す入力データの形式から，背後のデータベースの構造が透視できる．例えば，職業安定所の無数の求人・求職者及び窓口職員は，オンライン・システムに入力するOCR形式の求人票・求職票を手に取れば，どのようなコードと数値が個別データとして記録され，どのような検索・集計が可能か容易に推測できるのである．

　一方，市民社会の成熟に伴って，個人情報に関する自己決定権が強く要求される時代が到来している．個人情報がこのようなコンピュータシステムに取り

---

63) 「権力の手段としての『秘密』もまた，官庁の文書におけるよりも，何といっても企業家の原簿においてずっと確実に保持されている．だからこそ，資本主義的時代における，経済生活に与える官庁の影響力はごく狭い枠内に限られ，この〔経済〕領域における国家の施策は，きわめてしばしば，予測されない思いもよらぬ方向にそれてしまうか，あるいは，利害関係者たちの，仕事にたいするすぐれた専門知識によって骨抜きにされてしまうのである」(*Ebenda*, S. 673, 同上訳書126頁)．

込まれる傾向は，管理社会の兆候として危険な一面を持っている．業務記録に含まれる個人や企業の個別情報は本人たちが調査されることを意識しないうちに収集されることがある．業務記録を利用して市民社会を管理・支配し，あるいは人権侵害にまで及ぶ可能性を指摘する論者もいる．また，個別情報が本人の知らないうちに組織外に漏洩するというリスクも高まっている．そのため，業務記録の個別情報に関しても自己決定権が要求され，組織内部情報を外部からコントロールするという要請が当然でくる．

届出・申告者や職員などの組織関係者とまったく無関係な組織情報はありえない．業務統計も調査統計と同様，詳細に細分化された統計項目が要求されると，たとえ集計値といえども個体情報の識別の危険は増大する．したがって，業務統計を公開する前提として，組織関係者のプライバシーや秘密に立ち入った情報の秘匿範囲を確定し保護する必要がある．業務記録に含まれる組織関係者の個別情報の秘匿保証について，倫理的基準と秘匿技術の研究は統計学の課題となっている．公開目的のはっきりしない情報公開はむしろ有害である．

だが，業務統計は，個人や企業などの個別情報を源泉とする場合であっても，あくまで官僚制的組織の活動を記録する集計値である．それが開示されるということは，官僚制的組織を「被調査者」に見立てた社会調査が可能になるということである．このことは今まで統計学界ですら無視されてきたため，本章で新たに再確認された．業務統計を官僚制的組織の逆管理の手段に利用する必要性が高まれば，業務統計の公開に明確な公共目的が伴うことになる．行政活動，行政手続への市民・住民の直接参加が要求されると，情報公開制度は不可欠の条件となる．企業の業務記録も，企業と労働組合，顧客・投資家，関係住民との社会的・政治的関係次第で公開要求が高まる局面があり得る[64]．

このように，官僚制的組織を外部（あるいは内部）から統制する手段として，市民が業務統計を公開請求するためには，組織記録を必要以上に秘匿しようとする官僚制的組織の組織利害に対して，議会・監視団体等，あるいは関連団体と連携しながら政治的に対抗し，公開目的をはっきりさせ，秘匿情報の範囲を明示した上で，組織関係者を政治的圧力や不当なスキャンダルから保護し，彼

---

64) 福島原発事故に伴う東京電力に対する情報公開要求などがその一例である．

らと協力しながら情報公開を実現させるという複雑な過程が必要となる．

## 10. 小括

　以上で，業務統計とは，政府および民間の官僚制的組織が自己の組織活動を特定局面から数量的に計測するために，確認ないし記録された事件，事象についての業務上の記録や計数から作成された自己言及的な統計であるということが確認された．以上の理論的考察は，統計制度における行政記録（政府業務記録）の役割を検討する次章以降の研究の理論的基礎となるものである．

　これまで統計学は業務統計を集団観察の代用統計（第二義統計）として一面的にしか取り扱ってこなかった．そのため，社会科学にとって理論的・実践的に価値ある情報の巨大な地下水脈をなしている業務統計の本来の価値が不当に軽視されてきた．官僚制的組織の計測のために業務統計が利用され，社会制度分析に活かされることは少なかった．しかし統計学が，企業や国家の権力の病根を透視できるほど深く体制の中枢に浸透した問題を捉えられるようになるために，そして，組織（官僚制的組織）と社会（社会集団）の矛盾・葛藤を観察し，それを研究するために，業務統計の研究は避けて通るわけにはいかない．業務統計は開示そのものが深刻な社会的緊張の圏内にあるからその研究は非常に厳しく困難である．これは統計学の将来にとって重要な研究フロンティアといえる．業務統計の研究によって，統計学は近代の官僚制的組織（官僚制的行政と経営）の統計的研究という人類史の永続的な課題と直接向き合う新たな段階に入ったといえる．

　ただし，本章は資料上の制約から，民間業務統計を十分に扱えなかった．企業組織・資本の内部で機能する業務統計の検討という重大な研究課題を残している．それはむしろ本書全体の大きな限界と認めざるを得ない．

# 第2章
# 行政記録と統計制度の内外の研究動向
――「レジスターベースの統計制度」をめぐって――

## 1. はじめに

　すでに，第1章で明らかになったように，業務統計のうち行政記録（政府業務記録）を統計原情報とし，それを加工・集計して得られる統計が政府業務統計である．本章では行政記録の統計的利用に焦点を絞って，行政記録と統計制度に関する内外の主要な研究動向を概説し，現状と課題を鮮明にしたい．

　政府業務統計の利用価値は，行政記録の形成プロセスを制約する技術的条件だけでなく，組織的・社会的諸条件を研究しなければ評価できない．行政記録は行政行為の一環として形成されるため，行政組織の体質と行政環境に制約されるからである．日本では統計データ形成の社会的文脈に注目する統計理論家の間で，政府業務統計の利用価値について早くから先駆的研究が存在する[1]．しかし，これまで統計学界で行政記録，業務統計の利用価値に関する大規模な議論は行われなかった．第1に，数理統計学は統計解析の数理研究に課題が集中するため，業務統計の特殊なデータ形成プロセスに遡及する体系的な議論が立てにくい．第2に，統計データ形成プロセスに注目する統計理論家の間ですら，調査統計こそが主要な統計形態であり，統計の主要なデータソースは直接的な集団観察であるという通念が伝統的に非常に根強い．たしかに20世紀はセンサスや標本調査が著しく発達した世紀である．まさに調査統計の世紀であったといっても過言ではない．そのため業務統計を調査統計の代用（「第二

---

1) 上杉（1960a, 1960b），大屋（1960）．

義統計」）として概念規定した G.v. マイヤー以降，その理論的継承者たちが業務統計を副次的な統計として軽視したことは否めない[2]．第 3 に，政府業務統計は行政組織外部の研究者にとって容易ならざる研究対象である．政府業務統計の研究を深化させるためには行政組織の内部記録の利用に精通した当該組織内の統計実務家からの問題提起が非常に重要である．しかしこれまで統計実務家からそのような内発的な問題提起は少なかった．

## 2. レジスターベースの統計制度：ヨーロッパでの議論

ところが 20 世紀末になって統計学界は大きな転換期を迎えた．統計予算の制約や調査環境の変容によって調査統計の生産がむずかしくなるなか，ヨーロッパの統計実務家が，電算化された行政記録システムから統計を生産する道を模索しはじめたからである．ヨーロッパのこの新しい統計制度は，レジスターベース（register-based）の統計制度として世界の統計家から注目され，その情報基盤である行政記録の利用について，実務的な議論が交わされている．

それらの国々は個票的データの保護を条件に，個人，住宅，事業所等々に関する各種行政記録・行政レジスターを行政機関から受け入れ，それらを整理・編集して「統計レジスター」（statistical register）とよばれるデータベースに変換している．各データベースは個体識別番号によってリンク可能な状態で保管されている[3]．統計レジスターは特定の単一の行政記録から構築されるだけでなく，複数の行政記録をミクロレベルでマッチングして合成されることもある．レジスターベースのこの統計制度は国家的規模のデータウエアハウスといえる[4]．

それらの国々の統計局は統計レジスターをベースに各種センサスをはじめ多くの公式統計を生産している[5]．国連欧州経済委員会は 2007 年に『北欧諸国

---

[2] 本書第 1 章，第 7 章参照．
[3] Thygesen (1995).
[4] 工藤（1989）は，早くから北欧のこの「レジスターベースの統計制度」を日本に紹介している．最近では伊藤伸介（2017）が多くのヒアリング調査を実施している．
[5] 行政記録はまた，「統計レジスター」の構築に利用されるだけでなく，しばしばセンサスや標本調査の調査リストや標本フレームの構築に利用される．

のレジスターベース統計』[6]という報告書を発表し，デンマーク，フィンランド，ノルウェー，スウェーデンの経験をレジスターベースの社会・人口統計に関する先進的な取り組みとして紹介した．同報告書によると，デンマークは，1981年に世界ではじめてレジスターをベースに各種センサスを実施した国であり[7]，1990年にフィンランドがそれに続いたとされる[8]．オランダのように伝統的な調査統計とレジスターベースセンサスの混合を図る国もある．ドイツ統計局もレジスターを併用した新しい人口センサスに向けて実験を行っている．

　レジスターベース統計を使った欧米の応用研究も年々蓄積されている[9]．近年欧米では，一定の条件下で，統計レジスターを大学や研究機関の研究者に研究目的で使用を認めるケースも増えている[10]．

　このようなレジスターベースの統計制度による行政記録の統計的利用が現在活発に議論されているのは，ヨーロッパ統計家会議（Conference of European Statisticians）である．この会議にはアメリカ合衆国やカナダも参加している．事務局は国連欧州経済委員会統計部である．ヨーロッパ統計家会議は1995年1月に，ジェノバで作業部会 Work Session on Registers and Administrative Records for Social and Demographic Statistics を開催した．この作業部会には国際諸機関と24カ国の代表が参加した．その後，多数の作業部会，セミナーが開催され今日に至っている．ヨーロッパ統計家会議の議論は，国際統計協会

---

6) UNECE (2007).
7) デンマーク統計局は，レジスターベース統計のクオリティを維持するためにレジスターのカバレッジや正確性を継続的にチェックしている．結果は良好といわれている．ただ，レジスターベースの労働力データを標本調査ベースの労働力データと個人番号を介して試験的に照合したところ，いずれか一方または双方のデータの不備により，9.7%のデータについて産業大分類コードの不照合が報告されている（Poulsen 1999）．だが，ヨーロッパではこのようなデータ不照合に関する研究が開示され，オープンに議論されることがまれである．このようなデータ不照合の原因が，当該行政記録を提供する行政組織の仕組みと実態に遡及して検討され，国民的な議論に付された例が少ない．
8) UNECE (2007), p 6.
9) 岡部（2006）参照．行政記録を利用した縦断的統計データ（longitudinal data）による研究や，複雑なリンケージによって構成されたレジスターベース統計によってこれまで分析しにくかった諸事項について小規模集団や小地域に及ぶ多面的な研究が可能になっている．調査統計の統計原情報を行政記録とミクロレベルでリンクすることによって可能となる様々な統計利用についても研究されている．
10) 伊藤伸介（2017）．

(ISI) などの国際学会を通して，ヨーロッパ以外の諸国にも影響を及ぼしている．国連欧州経済委員会は，2011 年にそうした議論と経験の中間的総括として実務テキスト『政府統計のための行政的なデータソースと第 2 次的なデータソースの利用—原則と実務に関するハンドブック—』[11]をまとめた．

　Harala and Reinikainen（1996）は，フィンランドのレジスターベースの統計制度において，各行政機関から統計局への情報提供が進展した前提として，「市民に行政活動を監視する権利を保障するためにそうした情報はできるだけ公開すべきというのが，フィンランドとスカンジナビア諸国の民主主義の基本的な考え方である」と説明している．個人・法人に関する行政記録情報の統計機関への流れは，調査統計の個票データの場合と同様に，厳密に一方向に規制され，秘匿義務が優先される．

　異なるデータソースから得られた行政記録同士をリンクするキー変数として，共通の個体識別番号は純技術的には有用である．だが，ヨーロッパでもドイツのように個人識別番号による行政記録のリンクに慎重な国もある[12]．

　行政記録のクオリティ（品質）についても議論がある．ILO 統計局の Hoffmann（1995）の問題提起が代表的である．Hoffmann は，ヨーロッパ統計家会議の前述の 1995 年作業部会で，行政記録は行政行為の一環として収集されるから，そのクオリティは必然的に以下の次元で制約を受けると主張した．すなわち，

　a. カバレッジ（coverage）：行政記録が法律上カバーすべき社会集団の範囲と現実の社会集団が一致するとは限らない．各国の「グレー」エコノミーの規模と構造に制約される．

　b. 信頼性（validity, representation and coverage of variables）：行政目的による行政記録は統計利用者の求める変数を有効に記録するようデザインされる

---

11) UNECE (2011). この文書の日本語訳は，浜砂敏郎，西村善博共訳「翻訳資料 S. ヴェイル（Steven Vale：国連欧州経済委員会）編著『政府統計のための行政的なデータソースと第 2 次的なデータソースの利用：原則と実務にかんするハンドブック』」第 1 部および第 2 部，『経済学研究』（九州大学経済学会）第 80 巻第 5・6 合併号，2014，および第 81 巻第 1 号，2014 参照．

12) Szenzenstein (2005). ドイツ連邦統計局は新センサスの実験段階で，氏名，生年月日，出生地などの文字列をキー変数にしてレジスターをリンクする実験を行った．

とは限らない．
  c. 正確性（reliability）：記録された情報が意図した特性を正確に反映するとは限らない．
  d. 速報性（timeliness）：事象や行為が迅速に報告され処理されるとは限らない．
  e. 集計頻度（frequency）：記録を総括し集計する周期が行政処理手順に制約される．
  f. 一貫性（consistency）：行政機関の作業規則やその運用方法が地域間で一貫し，あるいは時系列的に一貫しているとは限らない．

そこで Hoffmann は，行政データのクオリティを確保するために次の対策を講ずるよう提言した．すなわち，(i)行政組織のデータ収集プロセスの実際について熟知し，(ii)しかもそのプロセスをたえずモニターし続け，(iii)統計機関の側から行政データ作成機関に収集データのクオリティ向上の支援を行い，(iv)独立に実施された統計調査を行政記録と対比することによってレジスター統計の精度を評価・修正し，(v)行政データに関する十分な理解を前提に各種統計表の推計方法を確立し，(vi)統計利用者にレジスターベース統計の長所・短所について責任ある説明をすべきである，と勧告している．Hoffmann は，もし統計機関が行政報告システムの内容とその業務規則に影響力を行使し，行政データのクオリティに働きかけられるとしても，このもし(if)は「大きなもし（a big *if*）」であり，「統計機関が行政報告システムの実際の運用や，行政ルールへの公衆の反応を変えるのは難しい」と指摘している[13]．

レジスターベース統計制度の長所・短所については，論者によって評価が分かれる．

フィンランド統計局の Myrskylä（1999）は，レジスターベースの統計制度の長所について，コストを低く抑えられること，報告者負担を軽減できること，既存の行政記録・レジスターを有効活用できること，統計分析の可能性が広がること，毎年データが得られること，小地域や小規模人口集団のデータが得ら

---

13) だが，デンマーク統計局は，行政記録の記録事項やその一貫性について，行政機関と交渉・協力することによって介入を図る，「統合的データ収集」(integrated data collection) 制度を目指している (Poulsen 1999)．

れること，短期の活動・多角的な活動・副次的な活動が捕捉できること，様々なタイプのデータセットとリンクできること，縦断的統計データの作成が容易であること，などの長所を列挙している．その一方で，Myrskylä はレジスターベースの統計制度の第1の短所として，調査統計に比べて設問を自由に追加できず，柔軟性に欠ける点をあげている．実際，Thygesen（1995）もデンマークのレジスターベース統計が「すべての統計ニーズに応えるわけではない」と説明している．「ある種のデータ，とくに世論や生活時間などの『ソフトな』データはそこから得られない」ため，レジスターベースの統計制度はインタビューや郵送調査など他のデータ収集方法で補完されているという．第2の短所として Myrskylä は，統計機関が縦断的統計データファイルなど詳細な個人データを取得することによって，市民のライフヒストリーの全体像を把握し，プライバシーや個人の利害・権利を侵害する監視社会を招く危険性があると，公衆が不安を抱く傾向があると指摘している[14]．行政記録の統計目的への利用は個人・法人情報の目的外使用にあたるため，Harala and Reinikainen（1996）は，市民とのコンセンサスをとるよう注意喚起している．統計法で目的外使用の説明責任を完全に義務付けるのは実際上不可能に近いと示唆している[15]．

　ヨーロッパ統計家会議事務局の Griffin（当時国連欧州経済委員会統計部長）は，退任直前の1999年に，人口センサスに関する彼の論評のなかで，レジスターベースの統計制度に対して懐疑論を打ち出した．彼は，「レジスターベース人口センサス方式は今やセンサスを将来実施する場合に可能な唯一の方式になりつつある」と主張する統計家がいるが，「このタイプの『センサス』は非

---

14) Bender et al.（2001）は，事実上の匿名化が施されたレジスターの個人データについて追加的な情報を持つ侵入者（intruder）が，諸変数の特異な組み合わせから当該諸個人を再識別（re-identification）するリスクを計量し，その確率がゼロでないことを例証している．その場合，匿名化とは単に一定の個体識別変数を匿名化するだけでなく，過剰な時間と費用と労力を費やさない限り個体識別できない「事実上の匿名化」（factual anonymity）が問題になっている．

15) Harala and Reinikainen（1996）は，フィンランド統計局の情報保護は市民から信頼されており，まだ懸念の声は上がっていないが，「市民のこの信頼はほんの些細な出来事で揺らぐであろうし，もしそうなった場合，信頼の回復には相当時間がかかるだろう」と注意を喚起している．

常に特殊な状況にあるごく少数の限られた国でしか実際的でない」と主張した．彼の懐疑論の第1の論拠は，レジスターベース人口センサスが安価に実施できるという通念は幻想にすぎないというものである．安価に実施できるのは，非常に良好な人口登録がすでに確立し，費用をかけてそれを周到に維持する国のみであって，そのような人口登録を確立し維持するには相当費用がかかるという．費用は統計家から登録行政機関に転嫁されるだけ，というのが彼の主張である．

　Griffin の懐疑論の第2の論拠は，行政記録・行政レジスターの利用が容認されるのは，ヨーロッパでも比較的人口動向が安定した国であり，かつ，正常な社会的政治的生活の一部として人口登録がごく普通に受け入れられている国に限られるというものである．それ以外の国々ではプライバシー問題が重大な障壁となるし，民族や宗教等を特定できるレジスターやリストに対する市民の抵抗感も強いという．そうした国々では伝統的な人口センサスを実施する意義はむしろ大きいという．

　Griffin の懐疑論の第3の論拠は，行政記録とレジスターベース統計制度のクオリティに関するものである．彼は，伝統的人口センサスが提供する完全なデータをレジスターに期待するのは幻想にすぎないと主張する．行政家は行政記録・レジスターのクオリティを自分たちが使用するに足る水準に維持できれば十分と考え，住民の側も，例えば，移動のたびに人口登録を変更するなどのインセンティブが働くとは限らない．Griffin は，多くの国々が年次人口推計のために既存レジスターを利用するが，その推計値が伝統的人口センサスの確定値が出るたびに改訂を余儀なくされる事実を指摘した[16]．

　ただし，レジスターベース統計制度論のその後の展開からみて，Griffin の懐疑論のこの第3の批判論拠は必ずしもつねに妥当するとは限らない．行政記録と業務統計のクオリティは，調査統計との比較においてだけではなく，別の行政機関の行政記録，業務統計との比較からもチェック可能である．北欧諸国のレジスターベースの統計制度内部においては，各行政記録，各統計レジスターは個体識別番号によってリンク可能であることが多いから，異なる行政記

---

16) Griffin (1999).

録同士のマッチングによって各行政記録の相互チェックが一定程度可能となる．実際，「行政レジスターの品質問題は1つの行政レジスターを他の行政レジスターや統計情報と照合してはじめて発見されることが多い」といわれている[17]．したがって，レジスターベースの統計制度内部では，たとえ特定の行政機関の行政記録や業務統計に不備や不足があっても，別の行政機関の行政記録のクオリティが高ければそれとリンクさせてチェックしデータを補完することが不可能ではない．だが，その場合でも，双方の行政機関の行政記録のクオリティが共に不十分な時には，やはり Griffin の批判が妥当する可能性がある．

　Griffin の懐疑論は，北欧諸国の経験の重要性を疑うものではないが，その経験があたかもヨーロッパ全域に普遍的に妥当するかのごとき論調に疑問を呈しているのである．

　最近，ヨーロッパ統計家会議もレジスターベース人口センサスの長所だけでなく短所について言及している．短所の1つとして国連欧州経済委員会[18]があげているのは「レジスターベースの特性データが，もっぱら行政目的の情報に依存するという事実」である．「これは分析に使用される変数を制限し，国際比較の可能性を低下させかねない」と指摘している．「それゆえ，例えば，2010年センサスでは，レジスターベースセンサスを実施する幾つかの国々が，彼らのレジスターに欠落している1つか2つの変数を，既存の労働力調査で追加推計することを決定した．労働力調査のミクロデータをウエート付けして母集団推計が行われている」と説明している．また，通学期間や住所変更・国外移動の日付が実際の日付と異なり一貫性がないとか，個人の別々のレジスターにある職場住所データ，職業データ，所得データが相互に照合しない等の問題，また，例えば，雇用者年金データが課税レジスターやビジネスレジスターと同一のビジネスコードを使用して記録されていないため相互にリンクしないとか，会社の住所データが完全に正確ではないため建築物レジスターとうまくリンクしない等の問題がありうると指摘している．世帯構成，エスニシティ，宗教，使用言語，交通手段等のデータ項目がどのレジスターからも入手困難な場合，それら情報項目も標本調査から得る方法があるという．ヨーロッパ統計家会議

---

17)　Thomsen and Holmøy (1998).
18)　UNECE (2015, pp. 27-28). United Nations, Statistics Division (2017, pp. 17-20) 参照.

第2章　行政記録と統計制度の内外の研究動向　　　　　　　　67

はその方法を「複合センサスアプローチ」('combined' census approach）と呼んでいる．

　以上のヨーロッパの新動向，すなわちレジスターベースの統計制度論は，統計学界にきわめて大きな問題を提起している．
　第1に，行政記録と政府業務統計の利用可能性について，統計実務家の側からはじめて本格的に問題提起され，国際的な議論に発展した意義は大きい．それは，電算化された行政記録をベースとした進化した第二義統計制度に関する統計実務家からの注目すべき問題提起である．各国の統計実務家は行政記録の利用経験を蓄積して，行政記録の整備状況と具体的内容に応じたきわめて多面的な議論を展開している．行政記録とそれをベースにした第二義統計の作成に関する議論はこの問題提起を契機に一挙に豊富化した．
　第2に，こうしたヨーロッパの新動向は，何より20世紀の調査統計中心の統計観が崩壊する予兆といえる．これまで副次的な統計として扱われてきた政府の第二義統計が，政府調査統計を補完するどころか一部代替する統計として積極的な役割を演ずる可能性が出てきたからである．たしかに今後21世紀に，北欧福祉国家の一部諸国だけでなくそれ以外の国々にもレジスターベースの統計制度が波及するという展望には懐疑的な見解がある．北欧諸国ですらレジスターベース統計制度がすべての統計ニーズを満たしているわけではない．したがって調査統計中心の統計制度から行政記録を中心とした新たな統計制度に世界の政府統計制度がシフトすると予測するのはきわめてむずかしい．しかし，ヨーロッパの近年の議論から，電算化された行政記録の統計的利用が今後大幅に拡大し，第二義統計が調査統計と比較され，調査統計を部分的に補完する試みが繰り返されることは明らかといってよいだろう．
　しかし，ヨーロッパ統計家会議・国連欧州経済委員会の指導的政府統計家たちのレジスターベース統計制度論は，幾つかの点で決定的な限界がある．
　まず，彼らの議論はもともと統計実務の技術論・組織管理論に限定されているため，それが統計制度と社会制度の大枠をとらえた議論に発展しにくい．そのため上述のGriffinのような，社会制度の大枠をとらえた問題提起はむしろ珍しい．行政記録の統計的利用がなぜ北欧諸国で発達したのか？　欧米の他の

国々や世界の国々にこの議論がどこまで妥当するのか？　統計制度改革の将来戦略に関わるこの重要な問いに答えるためには，当然，各国行政制度や社会制度の発達史の違いに着目しなければならない．世界各国の行政記録の統計的利用に関する議論は，各国の事情を反映して大きく異なるからである．ところが，これまでのところ，そうした問題の大枠に関わる議論が本格的になされたとはいえない．本書第３章のインドの統計改革の検証から明らかになるように，莫大なコストをかけてクオリティの高い行政記録システムとクオリティの高い行政制度を再構築しなければ，レジスターベースの統計制度など到底確立しえない国々も存在する．インドと北欧諸国の両方の特徴を備えた中間的な国々も多数存在する．Griffin の懐疑論はそのことを示唆している．

　だが，ヨーロッパ統計家会議・国連欧州経済委員会の指導的政府統計家たちのレジスターベース統計制度論は，第１章で考察した行政記録と統計制度の理論，すなわち統計制度における行政記録の役割に関する理論に基づいて検証すると，行政記録の利用論として非常に一面的であり，そればかりか，多くの論理的空白と決定的な限界をかかえた不十分な議論といえる[19]．そのことは，第４節で詳しく検討する．その前に，第３節では北欧諸国以外の世界各国と日本における，行政記録と統計制度に関する議論の概要に簡単にふれておこう．

## 3. 行政記録と統計制度の比較体制論

　現在のところレジスターベースの統計制度はヨーロッパの一部地域でしか確立していない．伝統的センサス方式を維持していたイギリスやフランスをはじめ幾つかの国々も，北欧諸国のようなレジスターベース人口センサスへの部分的あるいは全面的移行を検討しているが実行には至っていない．

　冷戦体制崩壊後のヨーロッパの焦眉の課題は，むしろ旧ソ連地域を含む東欧

---

19)　欧米で議論されている行政記録の検討領域は未だ限定的である．ヨーロッパ統計家会議の前述の作業部会の議論は，人口レジスターやビジネス・レジスター（森 2004 参照）など特定領域に集中し，議論が広範な行政分野の行政記録に及んではいない．例えば，第３章で示すように，インド統計評議会が，行政記録の検討領域として，社会・人口統計，企業統計だけでなく，農業統計から通商統計，インフラ統計，金融統計，国際統計に及ぶ広範な領域を検討課題としているのに比べると対照的である．

第2章 行政記録と統計制度の内外の研究動向　　69

の移行経済諸国で統計制度をどう立て直すかという問題であった．国連欧州経済委員会統計部長（当時）の Griffin 自らが，レジスターベース人口センサスに対して前述の懐疑論を唱えたのは，国連欧州経済委員会が直面するこのような課題を反映したものといえる．国連欧州経済委員会は，第二次世界大戦終結以来，東西ヨーロッパ諸国の対話・協調の場であり，冷戦体制崩壊後は，旧ソ連地域を含む東欧の移行経済諸国の統計局への支援・協力にも優先的に取り組んできた．移行経済諸国のなかには，国内や近隣諸国間の紛争で出生率・死亡率の急速な変化を伴う大規模な国内・国家間人口移動を経験した国もあり，そうした国々で伝統的な人口センサスを実施する意義はむしろ大きい．多額の資金を人口センサスに振り向けるよう政治家や市民を説得するのがただでさえ至難の業であるのに，伝統的人口センサスは不要になったなどと一部専門家が根拠希薄な希望を吹聴すると，彼らを説得するのがますますむずかしくなる，と Griffin が警戒したのはそのような状況を意識してのことである[20]．例えば，ハンガリー中央統計局によると，ハンガリーでは人口レジスターの構築が図られているが，「それをセンサス目的に利用するにはまだ初期的段階にすぎない」と説明している[21]．ただ，ロシアでは事業所を調査単位とした統計作成方法として，レジスターベースの統計制度と統計報告制度とが並存し，レジスターベースで作成された事業所統計の捕捉率が統計報告制度によって作成された統計を大きく上回っているという研究がある[22]．

---

20) Griffin (1999).
21) Hungarian Central Statistical Office (1999). ハンガリーには 1990 年まで総人口をカバーする行政レジスターがなく，逆に伝統的センサスがレジスターの作成に利用されていた．
22) 山口 (2003) は，「現在ロシアでは事業所を調査単位とした統計作成方法として，レジスターと統計報告制度とが並存しており，レジスターベースで作成された事業所統計と統計報告制度によって作成された統計との間には数値の大きな誤差がある」と指摘し，その原因を究明している．零細企業の増加，シャドーエコノミーの増長と脱税の広がりなどによって，旧ソ連時代から続く統計報告制度が捕捉する事業所数は，新しく構築された事業所レジスターの 1/10 から 1/2 程度に過ぎなかったという．山口氏はまた一次資料に基づいてソ連の統計報告制度の成立経緯を明らかにし，その中で報告統計を業務統計とも調査統計とも性格の異なる独特の統計形態として性格付けている．もっとも，調査主体の日常的組織系統の内部で生起する現象を対象とする業務統計を，その外部で生起する現象を対象とする調査統計との対照から特徴付けるなら，旧ソ連の報告統計は，

アメリカ合衆国には北欧諸国のような人口レジスターが存在しないため，合衆国センサス局は，内国歳入庁（Internal Revenue Service）の税務申告ファイルや社会保険行政ファイル等の行政記録をベースに「行政記録センサス」（administrative records census）の可能性を検証する試験調査を実施した[23]。Leggier (1999) は，プライバシー保護の観点から，アメリカ合衆国市民が行政記録をセンサス目的で利用することを受け入れるかどうかは未だ流動的であると指摘している．だが，アメリカ合衆国は，センサスの調査対象者リストである地理的住所システムの作成に行政記録を利用している．

アジア地域でも，世帯登録データベース（Household Registration Database）と20％抽出標本調査を併用して人口センサスを実施したシンガポール統計局のように，行政記録の部分的利用を模索する事例が報告されている[24]。

だが，アジア地域には，レジスターベースの統計制度を追求するどころか，行政記録に依存する統計制度の機能不全が問題となり，その克服が課題となっている国々が存在する．本書第3章でみるように，インドでは21世紀に入って統計制度改革がはじまり，そのなかで統計制度における行政記録の役割が本格的に問い直された．独立後インドの統計制度は全国規模の標本調査をコアに発達してきた．そのため，統計制度を基礎から支える行政記録システムの整備についてこれまで十分議論がなされなかった．ところが，2001年に発足したインド統計評議会（National Statistical Commission）は，「ここ数年，行政統計制度は劣化し，今日では幾つかの部門でほとんど崩壊に近い状態にある．劣化

---

計画経済組織の内部に包摂された事業所を報告単位に得られた統計であるから，限りなく業務統計に近い統計形態であったと見るべきであろう．「経済計画の遂行状態を点検し次期経済計画におけるノルマを作成するという過程の中で，統計報告制度が統計の真実性を歪める『水増し報告』を生みだす基盤となった」のもそうした経緯と無関係ではないだろう．現在日本で調査統計と考えられている生産動態統計調査も，戦時経済統制組織では業務統計に近い性格を帯びていた（上杉 1960b 参照）．

23) しかし，1995年試験調査で調査対象地域の行政記録から得られた世帯リストを実査世帯と直接マッチングしたところ，わずか11〜25％程度しか符合しなかったという（Leggieri 1999）．その後，合衆国センサス局は2000年人口センサスと並行して2000年試験調査（Administrative Records Census Experiment 2000）を実施した．この時には，ほとんどの人口を個人単位でカバーすることに成功したと報告されている．だが，この試験調査でも世帯像を行政記録から再構成することに成功しなかった（Judson 2002）．

24) Leow (2001).

は行政統計の基礎，すなわちデータの収集と記録のまさに最初の段階で起きている．…（中略）…行政統計制度全体が立脚する土台部分が瓦解し，インド統計制度の全システムを衰弱させ，その大部分を麻痺させているかのようである．このことが，今日のインドの統計制度が直面する大問題であることは疑いない」[25]と警鐘を発した．そして，「基礎的レベルでの行政統計（Administrative Statistics：政府業務統計）の劣化」[26]こそがインドの統計制度改革の最大の課題であると宣言した．インド統計評議会が警鐘を発しているのは，第二義統計や，国民経済計算の推計データ，標本調査フレームの情報基盤としての各種行政記録の機能不全についてである．

インドの統計家たちもレジスターベースの統計制度を追求するヨーロッパの研究動向を知らないわけではない．第4章で言及する「地域開発基礎統計に関する政府専門委員会」（BSLLD専門委員会）の元委員長 Abhijit Sen 氏は，標本調査へのインドの過剰依存を批判した上で，「世界中でレジストリ（registries）はあらゆるレベルの統計の情報源になっている」と指摘し，「われわれは優れた標本調査システムをインドに構築したが，統計利用に役立つレジストリ・システムを体系的に構築してはいない」と問題提起した[27]．

このようにインドのような開発途上国を視野に入れると，行政記録と統計制度をめぐる世界の研究動向は必ずしも単線的ではない．

日本では，統計審議会（当時）[28]が『統計行政の新中・長期構想』（1995）で，行政記録を統計の作成や母集団名簿の整備に活用するよう提言した．総務庁統計局（当時）はその予備作業として『行政記録に基づき集計された統計の印刷物等による公表状況調査結果』（1998）をまとめた．2007年改正統計法では，新たに，統計作成機関は，行政記録の保有機関に対して，その提供等の協力を要請できる旨（第29条，第30条），協力要請が不調の場合は，総務大臣は保

---

25) National Statistical Commission (2001), para 14.3.10.
26) *Ibid.*, para 2.12.1.
27) Sridhar (2013).
28) 2007年統計法改正により，統計審議会は廃止され，2007年10月より統計委員会が設置された．

有機関に提供や協力を要請できる旨（第 31 条第 1 項）規定され，統計作成への行政記録活用を推進する法的仕組みが部分的に整備された．また，この改正統計法の下に策定された「公的統計の整備に関する基本的な計画」［第 I 期基本計画（2009，21 頁），第 II 期基本計画（2014，17 頁），第 III 期基本計画（2018，23 頁）］[29]は，「統計調査に行政記録情報等を活用することは，近年の統計調査環境の変化への対処，統計精度の維持・向上，報告者の負担軽減や統計作成の簡素・効率化にとって極めて有効である」と宣言し，行政記録情報活用の重要性を強調している．ただ，秘密保持確保の規定を含む法令による制約などから，保有機関が行政記録情報を提供することが困難であるとする合理的理由が存在する場合は，その代替措置として，統計作成機関の費用負担の下に，保有機関が統計作成機関からの要望に応じたオーダーメード集計の形態による集計表の作成を行うことが原則とされた[30]．最近では取り組みを優先度の高いデータに絞って，行政記録情報の利活用を漸次的に進める方針が打ち出された．すなわち，第 III 期基本計画（2018，24 頁）は，内閣府が「財務省の協力を得つつ，所得に関する税情報を賃金動向等の把握のための補完的な情報として活用することを端緒として，研究を進める」という具体的計画を打ち出した．

　また，第 II 期基本計画（2014）以来，「行政記録情報等の統計作成への活用に係る実態調査」（総務省政策統括官）が定期的に実施され，結果が公表されている．この実態調査から，「行政記録情報等を用いて経常的に作成されている統計（業務統計）」（2017 年調査時点で 387 件）と「行政記録情報等を活用している統計調査」（2017 年調査時点で 96 件）についてその概要が公表されている．さらに第 III 期基本計画（2018，33 頁）は，総務省が「e-Stat について，統計作成において使用している行政記録情報に関する項目検索機能を追加する」計画を打ち出した[31]．

---

29) 日本政府（2009，2014，2018）．2007 年改正統計法第 4 条の規定に基づき，日本政府は統計委員会等の審議を踏まえて「公的統計の整備に関する基本的な計画」を作成し閣議決定している．
30) 三菱総合研究所（2016）11-15 頁参照．
31) 統計改革推進会議（2017，18-19 頁）は，「e-Stat に掲載されていない業務統計の掲載の促進を行う」とともに「統計的利活用に即した形での行政記録情報の標準化・電子化を進める」よう提言している．

このように，日本政府も行政記録情報の統計的利用推進をはっきり将来計画に据えている．しかし，内閣府経済社会統計整備推進委員会（2005，24 頁）が以前から指摘しているように，日本では「個別の統計調査において行政記録を活用した統計調査の簡素化が図られている例も見られるものの，総体としてみれば，行政記録の統計への活用は依然として期待されたほどには至っていない」という現状が依然続いている．その背景には「統計の作成に活用される行政記録の側に目的外の使用禁止や秘密の保護といった制度的あるいは運用上の制約がある場合が少なくないこと，行政記録のデータの範囲や内容等に均一性が十分ではなく統計の作成に容易に活用できないといった事情がある」[32]．「公的統計の整備に関する基本的な計画」第Ⅰ期基本計画（2009 年，21 頁）も「諸外国においては，統計作成に行政記録情報等が広く活用されているのに対し，我が国では，他の行政機関等が保有する行政記録情報等を活用している例は極めて少ない．その理由として，行政記録情報等の大半が各行政機関等の許認可や届出等の事務として収集される情報であることから，行政記録情報等の保有機関（以下「保有機関」という）において，収集した情報を本来の収集目的以外に利用させることについて，収集対象である個人や企業からの理解や協力が得られず，結果的に収集業務に支障が生じるのではないかとの危惧を持つことが挙げられている」としている．

　それゆえ，日本はレジスターベース統計制度への移行の可否について議論する段階にまだ入ってない．すなわち，行政記録の統計的利用に関する日本の議論は，ヨーロッパの「先進事例」とは段階が異なるといってよいだろう．だが，行政記録情報の統計的利用の現状把握が，「行政記録情報等の統計作成への活用に係る実態調査」等により網羅的になっており，課題の全体像が次第に浮かび上がっている．だが，行政記録の統計的利用に関する日本の議論のひとつの問題は，行政記録情報の真実性に関する実証的研究，すなわち当該行政機関の官僚制的組織の実態に遡及した当該行政記録の資料批判が非常に不足しているということである．以下第 4 節でみるように，日本の議論にみられるこの限界に関する限り，それは，ヨーロッパ統計家会議・国連欧州経済委員会のレジス

---

32）　各府省統計主管部局長等会議（2003，33-34 頁）も同様の指摘をしている．

ターベース統計制度論の限界と類似している．すでに第1章で考察した行政記録と統計制度の理論から明らかなように，行政記録は，行政組織の自己言及的な情報であるから，行政記録の真実性を検討するために，当該行政組織それ自体を実証的に研究することは論理的に不可欠の要請である．だが，日本ではそのような研究がオープンに議論されることがほとんどない．「行政記録情報等の統計作成への活用に係る実態調査」にも当該行政記録情報の真実性に関する調査項目がまったくない．

さらに，ヨーロッパ同様，日本においても行政記録を行政評価・政策評価に統計的に利用するという課題が，統計行政の一環として検討されることはほとんどない．日本では2002年に「行政機関が行う政策の評価に関する法律」が施行され，そのなかで，行政機関は，その所掌に係る政策について，適時，その政策効果を把握し，これを基礎として，必要性，効率性又は有効性の観点その他当該政策の特性に応じて必要な観点から，自ら評価するとともに，その評価の結果を当該政策に適時反映させなければならない，とされた．また，政策評価は，その客観的かつ厳格な実施の確保を図るため，「政策の特性に応じた合理的な手法を用い，できる限り定量的に把握すること」(同法第3条第2項第1号) とされた．各府省統計主管部局長等会議 (2003, 26頁) は，同法の施行に伴い，「施策の基礎となる統計調査の内容の充実等統計調査の活用を図る必要がある」と問題提起した．行政機関の政策効果を評価するためには，まず，第1に行政機関の行政活動を正確に記録した行政記録が不可欠である．だが，その後，政府の「公的統計の整備に関する基本的な計画」等において，「政策評価への統計の活用」について言及がない．総務省統計局が総務省行政評価局と連携することもない．

以上でみたように世界各国の行政記録の統計的利用に関する研究は，各国の事情を反映して大きく異なっている．各国行政記録の差異は，各国の行政制度，社会体制の差異を反映した比較体制論というべき問題を提起している．例えば，もし日本がドイツの模索するレジスターベースの新センサスを試みても，それは行政制度，社会制度の違いからむずかしい．ドイツ連邦統計局は新センサスのために自治体の人口レジスターを連邦雇用庁の雇用者レジスターとリンクさせる実験をしたが[33]，仮に，日本の住民基本台帳データを，第1章の表1-1で

示した捕捉率の低い雇用保険被保険者データベースとリンクしてもうまくマッチしないだろう．オランダのレジスターベースのセンサスは，雇用データを行政記録とリンクして作成するのではなく，労働力調査の推計値で補完している．北欧諸国とインドの行政記録の状況を両極とすれば，日本の行政記録の状況は，統計分野ごとに事情は異なるとはいえ，本質的にはその両性格を兼ね備えているといえる．

## 4. ヨーロッパとインドの行政記録と統計制度論

　ヨーロッパ統計家会議・国連欧州経済委員会におけるレジスターベースの統計制度に関する研究の膨大な蓄積は，行政記録をベースとした進化した第二義統計制度に関する統計的実践の新たな知見として今後とも継続的な研究が必要である．電算化された行政記録を利用して既存の全数調査や標本調査を補強し，調査統計中心の統計制度を部分的に第二義統計制度に置き換えるという問題関心はそれ自体きわめて健全なものといえる．だが，彼らのレジスターベース統計制度論を，第1章で考察した行政記録と統計制度の理論に基づいて検証すると，現在（2018年）のところ，それは行政記録の統計的な利用可能性についてその一側面しか見ない一面的・限定的な議論といわざるを得ない．そればかりか，肝心な問題について大きな論理的空白を抱えた不十分な議論といわざるを得ない．すでに第1章で明らかになったように，通常，行政機関の行政記録は，

　(i) 直接的に行政組織それ自身，
　(ii) 間接的に行政対象としての社会，

という，一見重複するが次元の異なる二重の対象を同時に表現する両義的な情報である．行政記録の統計的利用は，行政記録特有のこの対象規定を踏まえて議論せざるを得ない．一面で，行政記録は「(i)行政組織それ自身」を対象とした自己観察の所産であるから，それを調査統計やその他データと組み合わせれば行政評価・政策評価の指標を作ることもできる．すでに第1章で述べたよ

---

33) Szenzenstein (2005).

うに，行政学や経営学などの組織科学では，業務記録，業務統計を組織のパフォーマンスを表現する情報と理解するのが一般的である．とはいえ，行政組織の業務は抽象的に自己完結するものではなく，当該社会を行政対象にしているから，他面で，行政記録から「(ii)行政対象としての社会」すなわち行政対象集団（行政対象である市民社会の個人，住宅，企業・事業所等を単位として構成された社会集団）に関する記録を抽出して市民社会に関する第二義統計を生産することもできる．それゆえ行政記録からは，行政評価・政策評価のための統計と集団観察のための代用統計（第二義統計）という，対象規定と統計目的が大きく異なる2種類の異質な統計を生産することができる．ところが，ヨーロッパ統計家会議・国連欧州経済委員会の指導的政府統計家のレジスターベース統計制度論は，次元の異なる二重の対象を同時に記録する行政記録から，もっぱら後者，すなわち「(ii)行政対象としての社会」に関する情報を抽出する第二義統計（レジスターベース統計）を生産することしか視野に入っていない．行政記録を行政評価・政策評価に統計的に利用するという別次元の可能性について彼らの間で議論されることはほとんどない．彼らの言うレジスターベースの統計制度は，行政記録を利用して行政評価・政策評価をする目的で構築される統計制度ではなく，行政記録から第二義統計（レジスターベース統計）を生産し，既存の調査統計を代替・補完する目的で構築される統計制度に他ならない．したがって，彼らのレジスターベースの統計制度論は，行政記録の統計的利用可能性を限定的，一面的に議論しているにすぎない．それは，統計制度における行政記録の二重の役割を踏まえた統合的な議論とはいえない．

とはいえ，ヨーロッパとりわけ北欧諸国のレジスターベースの統計制度が，行政評価・政策評価を目的に構築された統計制度でないから，それら諸国の統計局が，(i)「行政組織それ自身」の全体像を表現する基礎的情報と無関係な立場にいるのかというとけっしてそうではない．上記のように，行政機関の行政記録は，(i)と(ii)という二重の対象を同時に表現する情報であるから，行政記録という情報を取り扱う誰もが，(i)「行政組織それ自身」に関する情報と無関係ではいられない．彼らのレジスターベースの統計制度は，事実上，行政機関の官僚制的組織に関するきわめて精密な内部データを統計局に提供させる契機となっているのである．それら諸国の統計局は，行政機関に行政記録の提供を

求め，行政記録の形成メカニズムを詳査し，行政記録を他の行政記録や調査データと比較照合するなかで，否応なく，行政機関の官僚制的組織と直接向き合う立場に立たされるのである．実際，ノルウェー統計局は次のように述べている．「行政レジスターの品質問題は1つの行政レジスターを他の行政レジスターや統計情報と照合してはじめて発見されることが多い．そのような照合は主として統計目的で行われるため，ノルウェー統計局は行政記録の全システムのクオリティに関して情報を収集し蓄積するという特殊な立場におかれている」[34]．この場合，「行政記録の全システムのクオリティ」に関する情報は，ノルウェーの行政機関の官僚制的組織に関する情報と無関係ではあり得ない．すなわちノルウェー統計局は，この瞬間にノルウェーの行政機関の官僚制的組織と直接向き合い，それを観察する「特殊な立場」に立たされることになる．統計局は官僚制的組織を「被調査者」に見立てた研究を行う社会科学者と類似の立場に立つことになる[35]．しかし，これら諸国の統計家は，行政機関の官僚制的組織に関する膨大な情報を収集し蓄積する特殊な立場にありながら，それら情報を利用して行政評価・政策評価を行うという問題関心を敢えて差し控え，行政機関の官僚制的組織からあたかも無関心に目を背けているかのようである．これが，現在のレジスターベース統計制度論のひとつの特徴である．

　もともと統計制度には行政機関の活動を相対化し客観化する機能も期待される．行政機関の官僚制的組織の業務を外部から相対化しチェックするためには，当該行政機関の行政行為に関する行政記録や業務統計を，それと関連する調査統計や別の行政機関の行政記録，業務統計とあえて重複させた方が制度的に健全な場合がある．その意味で，調査統計を行政記録，レジスターベース統計で代替・補完させようと動くヨーロッパの現在の指導的政府統計家の試みは，もし一面的に進展すれば，官僚制的組織を外側から相対化する調査統計の批判的機能を不当に否定する危険すら孕んでいる．

　では，ヨーロッパ統計家会議・国連欧州経済委員会のレジスターベース統計制度論を「(ii)行政対象としての社会」に関する第二義統計制度論として限定

---

34) Thomsen and Holmøy (1998).
35) 本書第1章第9節は，それを「官僚制的組織を『被調査者』に見立てた，特殊な社会調査」と表現した．

的に理解し，ただその範囲内に限って彼らの試みの積極的意義を好意的に理解しようとするとどうなるだろうか．残念ながら，そのように限定的に評価しようとしても，ヨーロッパ統計家会議・国連欧州経済委員会におけるレジスターベース統計制度論が行政記録の統計的利用について大いに不足をかかえた議論であることに気付かずにはいられない．なぜなら，ヨーロッパ統計家会議・国連欧州経済委員会のレポート類を精査するとわかるように，そこでは，行政記録の真実性に関する実証的研究，すなわち当該行政機関の官僚制的組織の行政行為の実態に遡及した当該行政記録の資料批判が非常に脆弱だからである．第1章で述べたように，第二義統計を生産する目的だけなら行政機関の官僚制的組織の実態を観察・研究する必要がないという考えは明らかに誤解である．第二義統計（「レジスターベース統計」）の真実性，クオリティは，第二義統計の統計原情報である当該行政記録の性格を理解し検証しなければ評価できない．そして，行政記録に関する研究は，それを生産する当該行政機関の官僚制的組織の内実について内部データの評価に踏み込んで実証的に研究することなしに実行不可能である．第1章で明らかになったように，行政組織の行政記録は「自己言及的な」情報だからである．それは，第1に，直接的に当該行政組織自身を対象とした自己観察であり，第2に，その真実性が当該行政組織の組織体質や組織環境に著しく制約されるという，二重の意味で自己言及的な情報だからである．ところが，ヨーロッパでは行政記録を生産する行政機関の官僚制的組織の実態に立ち入った厳密な実証研究がオープンに議論された例はほとんど知られていない．

　すでに述べたように第二義統計の真実性は，第1段階として，行政記録，業務統計がそもそも当該組織の活動記録としてどの程度真実性があるか，すなわち，当該組織の活動をどのような局面からどのような記録方法で，どの程度正確に記録しているか，そして，第2段階として，それを何らかの社会集団を観察する代用統計（第二義統計）に転用可能か，その妥当性如何に左右される．それゆえ2段階の吟味・検討が必要である．すなわち，第二義統計の真実性は，第1段階として，第二義統計の統計原情報である当該行政記録の性格を理解し吟味しなければ評価できない．そのためには，行政記録システムが組織目的の制約の下で，組織の活動をいかなる事象・出来事の集合として記録するよう企

画・設計されているか，それら記録システムが組織内外の利用ニーズにどの程度マッチしているのか，を吟味・検討しなければ評価できない．さらに，その記録システムが正確に作動し，観察事象が正確に計測・カウントされているか，行政組織内部の社会関係および行政組織とその行政対象集団との社会関係によって歪曲された計測・カウント結果になっていないか（例えば，組織内部の下部機関が上部機関に歪曲した実績報告をした結果や，行政対象集団である国民が行政組織に対して虚偽の申告・届出をした結果がデータに反映される事態になっていないか等々）について吟味・検討しなければ評価できない．ずさんな行政記録は，そもそも第二義統計の作成に利用できない．そのため，行政記録を生産する当該行政機関の官僚制的組織の実態に踏み込んだ実証的な研究は不可欠である．第1段階の評価を前提しなければ第2段階の評価，すなわち，それを特定の社会集団に関する代用統計（第二義統計）に転換可能か否かを評価できない．例えば，行政記録が記録する行政対象集団の範囲，内容，記録方法は，当該行政組織の日常的な活動によって制約され条件づけられるから，第二義統計の利用者が知りたがっている社会集団の範囲と合致する保証はない．行政記録が本来何をどう記録しているのかがわからずに，それを代用統計（第二義統計）に転換可能かどうかなぜ評価できようか？

　それゆえ，ヨーロッパ統計家会議・国連欧州経済委員会におけるレジスターベース統計制度論のもうひとつの特徴は，行政記録を社会集団の観察のための代用統計（第二義統計）に転換させるプロセスの妥当性を議論するときに，第二義統計の根源的な統計原情報である行政記録がそもそも当該組織の活動記録として真実性が高いかどうかという評価作業が非常に軽視される傾向があるということである．それらの議論がオープンになることはまれである．すなわち，第二義統計としてのレジスター統計の真実性を評価するための，第1段階の評価，すなわち行政記録，業務統計がそもそも当該行政組織の活動記録としてどの程度真実性があるかに関する十分な議論が欠如し，論理的に空白が大きい．統計局は，行政機関から行政記録を無批判的に取得するわけにはいかない．この論理的空白はデータのクオリティに関する科学的議論の進展を大いに妨げるものである．この論理空白状況はなんとも異様な事態である．

　この問題は，ヨーロッパ内部の指導的政府統計家の間でも，すでに1990年

代から課題となっている．ヨーロッパの指導的統計家は，実は，レジスターベースの統計制度を研究するために，行政記録のデータ形成プロセスを研究しなければならないことを早くから意識していた．第2節で紹介したようにHoffmann（1995）はヨーロッパ統計家会議主催の1995年ジェノバ作業部会において，行政記録が行政行為の一環として収集されるため，行政データのクオリティが必然的に前述の諸次元において制約を受けることを指摘し，行政データのクオリティを確保するために，行政組織のデータ収集プロセスをたえずモニターし続けるよう勧告している．彼は前述のように，「行政組織のデータ収集プロセスの実際について熟知し」，「しかもそのプロセスをたえずモニターし続け」，「独立に実施された統計調査を行政記録と対比することによってレジスター統計の精度を評価・修正し」，「統計利用者にレジスターベース統計の長所・短所に関して責任ある説明をする」よう勧告しているのである．さらに，国連欧州経済委員会とEU統計局共催の2002年作業部会 Work Session on Registers and Administrative Records for Social and Demographic Statistics は，「データ利用者にデータの限界をよく理解してもらい，データ収集とデータ更新の実際について明瞭な説明を与えるために，それぞれの行政記録データセット毎に，品質レポートとメタデータの包括的リストを提供し，また，欠落データの編集処理の効果についても情報提供することが是非とも必要である」[36]とすでに合意している．だが，そのような品質レポートとメタデータを作成するためには，Hoffmann（1995）が指摘したように「行政組織のデータ収集プロセスの実際について熟知し」，しかも「そのプロセスをたえずモニターし続け」なければならない．すなわち，そのようなメタデータは，当該行政機関の官僚制的組織の仕組みと実態を絶えず観察・研究し続けなければ作成できないのである．問題は，その後，そのようなメタデータがヨーロッパの統計局から積極的に公開されてはいないということである．次の第3章でみるインド統計評議会最終レポート（National Statistical Commission 2001）のように，政府業務統計のメタデータが実証的に検証され，国民的にオープンに議論された事例がヨーロッパではほとんど見当たらない．国連欧州経済委員会のハンドブック

---

36) Conference of European Statisticians (2003).

『政府統計のための行政的なデータソースと第 2 次的なデータソースの利用』(2011 年)の第 4 章「共通の諸問題とその解決」もこの問題にはまったく言及していない．このハンドブックの論理的空白は，ヨーロッパ統計家会議・国連欧州経済委員会のレジスターベース統計制度論の現状をまさに象徴したものといえる．本書第 3 章でみるように，インド統計評議会は，行政統計（政府業務統計）制度のクオリティは行政制度それ自体のクオリティからくる直接的帰結（corollary）であると課題を明確に定式化しているのに，国連欧州経済委員会の実務ハンドブックの「世界最先端」の議論では，そうした研究がなかなか開示されないばかりか，問題関心すらないのである．

行政記録の現実の姿を研究するためには，記録システムの仕組みを規定する個別行政法規や諸規則だけでなく，当該行政活動の事実上の姿を研究しなければならないだろう．当該行政機関の当事者から内部情報の提供を受けることも必要である．また，行政活動の事実上の姿を研究するためには，次の第 3 章で取り上げるインド統計評議会が試みたように，政府業務統計をセンサスや標本調査とパラレルに（類似の統計対象の重複を前提とした）対比する必要がある．さらに，当該行政活動の現場や地方統計制度末端で実態調査を実施し，インタビューやミクロレベルのデータ照合を駆使して，行政活動の法律上の（de jure）姿と異なる事実上の（de facto）姿を解明する必要があろう．ヨーロッパ統計家会議の議論のなかには，行政記録のクオリティを検討するそうした研究が，まったくないとはいえない[37]．最近では，イギリスの Office for National Statistics がレジスターベース人口センサスへの移行可能性についてオープンな議論を開始しようとしている[38]．だが，行政記録の内容に立ち入ったオープンな議論は依然としてまれである．

その上，ヨーロッパ統計家会議・国連欧州経済委員会では，統計局と行政機関の情報授受に付随する相互の利害対立についてオープンに議論されることがほとんどない．すでに述べたように，一般に行政記録は，行政組織の自己言及

---

37) 例えば Poulsen (1999)；Office for National Statistics (2017) 参照．
38) https://www.ons.gov.uk/census/censustransformationprogramme/administrativedatacensusproject（阿久津文香「人口センサスにおける行政記録情報の活用について」経済統計学会東北・関東支部例会，2018 年 7 月 7 日から）．

的な情報であるから，統計局は，行政機関と行政記録をデータ共有することによって，行政機関に対してあたかも観察対象に向き合うような立場に立つことは論理的に避けられない．上述のノルウェー統計局の「特殊な立場」すなわち「行政記録の全システムのクオリティに関して情報を収集し蓄積する特殊な立場」に象徴されるように，行政機関の官僚制的組織に対してあたかも観察対象であるかのように直接向き合う立場に立つ．だが，かつてウェーバーが主張したように「官僚制的行政は，その傾向からすれば，つねに，公開禁止をもってする行政である．官僚制はできるだけその知識と行為を批判からかくまうものである」[39]．知識と行為を秘密にすることによって，官僚制的組織は自分たちの権力的地位をいっそう優位に保つことができる．したがって，統計局と行政機関が行政記録を共有しようとすれば，両機関にどのような摩擦やトラブルが発生し，それをどのように解決したらよいか，議論されて然るべきである．ところが，前述の国連欧州経済委員会ハンドブック『政府統計のための行政的なデータソースと第2次的なデータソースの利用』（2011年）はこの問題にも口をつぐみまったくふれていない．このハンドブックは，行政記録からレジスターベース統計への転換プロセスに関する技術と組織管理に関する世界最先端の議論が集約されているはずだが，同ハンドブック第4章「共通の諸問題とその解決」には，そのような摩擦やトラブルに関する言及が一切ない．ましてや，行政記録を生産する行政機関の官僚制的組織の実態に立ち入った研究はこのハンドブックでは関心事にすらなっていない．同ハンドブックは，行政記録の活用による統計予算の節約や被調査者負担の軽減について強調する反面，この肝心の問題には口をつぐみ言及がない．このことは論理の驚くべき空白という他ない．これがヨーロッパ統計家会議・国連欧州経済委員会の指導的政府統計家の議論の現状である．統計局が当該行政機関と波風を立てないため，あるいは第三者である国民と波風を立てない，などの姑息な配慮から敢えて沈黙しているのか，統計局と当該行政機関が一体化しているという内部事情から議論にならないのか，その理由は定かではない．だが，学問的課題あるいは普遍的・人類的課題と，当座の行政的駆け引きを混同して肝心な問題に沈黙すべきではな

---

39) Weber, *a.a.O.*, S. 671-673, 訳書122-126頁．*Ebenda*, S. 672, 訳書123頁も参照．

い．行政記録，業務統計の論理をしっかりと筋道立てて批判的に検討すれば，その論理的空白は誰の目にも明らかになるからである．

以上のように，ヨーロッパにおけるレジスターベースの統計制度は，Griffin が主張するように，良好な行政記録がすでに確立し，費用をかけてそれを周到に維持する非常に特殊な状況にある限られた諸国でしかまだ実際的でない．しかもヨーロッパ統計家会議・国連欧州経済委員会の指導的政府統計家の現時点での議論に関する限り，レジスターベースの統計制度の情報基盤である行政記録を生産する当該行政機関の官僚制的組織の内部データのクオリティ評価に関する実証的議論がほとんどオープンになっていないため，その研究水準は大いに疑問であると言わざるを得ない．

それに対して，21世紀初頭に発足したインド統計評議会の統計改革が行政記録と統計制度の関係を問題にしたものであったことは，国際的にはあまり知られていない．それは明らかに，ヨーロッパの指導的政府統計家のレジスターベース統計制度論の理論的・実践的価値を相対化するものである．なぜなら，インドの統計家の関心は，ヨーロッパの統計家の関心と大いに異なり，政府統計制度の情報基盤である行政記録システムと行政制度の脆弱性に向けられているからである．北欧とその周辺諸国と違って，インドはクオリティの高い行政記録システムと行政制度を構築しなければ，レジスターベースの統計制度など到底成立し得ない国である．インド統計評議会の先決問題はむしろ行政記録システムと行政制度の劣化を食い止めて改善させることであった．そのため，インドでは，ヨーロッパのように，行政記録と統計制度について議論するときに，行政記録を生産する当該行政機関の官僚制的組織の実態に関する議論を軽視することはまったく考えられないことである．それは，誰もが疑問とする問題を無視して論理的空白を残す不当な議論とならざるを得ない．インドの統計家にとって，行政記録と行政制度の現状を批判的に研究することは，統計制度改革の出発点となるのである．

すなわち，次の第3章でみるように，21世紀初頭にインド統計評議会がインド独立後最大級の統計改革提言をまとめたとき，彼らにとってインドの統計制度の直面する最大の課題は，「基礎的レベルにおける行政統計（Administrative Statistics）の劣化（deterioration）」を食い止め改善させることだったのである．「行政統計」とは本書でいう政府業務統計のことである．行政記録の劣化は，調査統計の代用統計（第二義統計）や，標本調査フレームや，国民経済計算推計データ等の情報基盤の衰弱を意味する．それゆえ，インド統計評議会は行政統計（政府業務統計）制度のクオリティは行政制度それ自体のクオリティからくる直接的帰結（corollary）であると課題を定式化したのである．すなわち，インドの指導的統計家は，

　（i）直接的に行政組織それ自身，
　（ii）間接的に行政対象としての社会，

という，二重の対象を表現する行政記録，行政統計を自己言及的な情報（それゆえ'corollary'）と理解した．それゆえ，インド統計評議会は，「(ii)行政対象としての社会」に関する情報を抽出する第二義統計（レジスターベース統計）の生産を議論するときも，行政記録のデータ形成プロセスを検討するために，行政記録を生産する当該行政機関の官僚制的組織（「(i)行政組織それ自身」）の実態を実証的に研究し，内部告発に近い検証内容を公開して国民的議論を喚起した．それと比較すると，ヨーロッパ統計家会議の指導的政府統計家は，第二義統計（レジスターベース統計）の生産を議論するときに，行政記録を生産する当該行政機関の官僚制的組織（「(i)行政組織それ自身」）の内部データのクオリティ評価に関する実証的研究を非常に軽視している．インドの統計家は，統計制度における行政記録の二重の役割を踏まえた両面的・統合的な議論を展開しているのに，ヨーロッパ統計家会議の指導的政府統計家は，行政記録に反映した官僚制的組織（「(i)行政組織それ自身」）に関する実証的研究を不当に軽視した限定的，一面的議論を展開しているのが現状である．

　ヨーロッパとインドの行政記録をめぐる統計的実践の以上の比較制度分析から，世界の多くの統計家が注目するヨーロッパのレジスターベース統計制度論は，特殊な状況にある限られた諸国にしか妥当しないだけでなく，上記のように研究課題の設定の仕方それ自体が非常に一面的で問題の多い議論である．もっとも，本書は，ヨーロッパ統計家会議での各国の議論に研究をあえて限定したため，同じヨーロッパ各国の国内議論の大きな違いについて，検討が十分行き届いていないことを認めざるを得ない．だが，世界各国の統計制度改革の

将来戦略に関わるこの重要な課題を研究するためには，インドを含む，より普遍的・人類的視野からの研究が必要であるということはたしかなようである．

# 第3章
# インドの官僚制度と行政統計

## 1. 問題の背景

　インドの統計制度は，インド独立後，開発計画を支援するために急速に発展を遂げた．P.C. マハラノビスらが開発した大規模標本調査制度とその理論は，第二次世界大戦後の一時期，途上国と世界をリードした．このような実践的課題と統計理論の特殊な結合から「統計学のインド学派」("an Indian school of Statistics")と呼ぶべき独特の統計学も花開いた[1]．ところが近年，インドの政府統計のクオリティに対して，インド国内で懸念の声が高まっている．マスメディアは，肝心の統計情報が不足していること，結果の公表が遅れていること，公表の仕方がめまぐるしく改訂されること，政府統計の数値が別の情報ソースから得られる数値と食い違っていること，統計制度に透明性が欠ける等々，インド統計制度の欠陥を取り上げている[2]．インドの統計制度の機能不全は以前から常態化していた．だが，1990年代のインド経済自由化後の構造転換期に，その問題が一層深刻にとらえられるようになった．

## 2. インド統計評議会の統計改革構想

　インド政府は 2000年1月に11名の著名な学識経験者・指導的統計家で構成される期限付きの審議機関「国家統計評議会（National Statistical Commission：

---

1) Ghosh, Maiti, Rao and Sinha (1999), 坂田 (2012), Rao (2010).
2) National Statistical Commission〔以下 NSC と略〕(2001), para 14.3.25.

NSC)」――インドでは議長である元アンドラ・プラデーシュ州知事 C. Rangarajan の名を取って「Rangarajan 評議会」(Dr. Rangarajan Commission) と通称で知られているが[3]，本書は以下で「インド統計評議会」と呼称する――を設置して，独立後インドの統計制度[4]を全面的に検討し，現状，課題，提言をまとめた．

インド統計評議会の最終レポートは，インド統計制度の現状分析を総括して，次の3つの基本問題に課題を集約した[5]．

(i) 基礎的レベルで行政統計（Administrative Statistics）が劣化（deterioration）している．

(ii) 州政府と中央政府の間の垂直的調整を図る制度的メカニズムが脆弱化している．

(iii) 各省庁と中央統計機構（Central Statistical Organisation：CSO）の間の相互的調整を図る制度的メカニズムも同様に弱体化している．

そして，「このレポートの個々の主題に関する提言は，行政統計の劣化を食い止め改善させるためのものである」[6]と断言した．インド統計評議会がインド統計制度の3つの基本問題の筆頭に「基礎的レベルにおける行政統計の劣化」を上げたのは，インド統計改革の方向性をめぐるインドの統計家たちの1990年代末の議論を反映したものである[7]．インド統計省統計局（Department of Statistics，当時）は，1990年代末に，IMF が提示した経済・財政統計公表のガイドライン SDDS（Special Data Dissemination Standard）をインドに適用する目的で，統計制度近代化プロジェクト（Modernisation Project）を世界銀行の融資を受け入れて実施しようとした[8]．当初，統計局は破綻した行政統計システム

---

3) インド統計省（Ministry of Statistics and Programme Implementation）ホームページでも正式名 'Report of the National Statistical Commission' と並んで 'Report of Dr. Rangarajan Commission' という通称が併用されている．

4) イギリス植民地時代からの長い伝統を持つインド統計制度は，インド独立後，この国の開発計画を支援するために急速に発展を遂げた〔Ghosh, Maiti, Rao and Sinha (1999)，坂田（2012）参照〕．

5) NSC (2001), para. 2.12.1.

6) NSC (2001), para. 2.12.1.

7) インド独立50周年（1997年）を機にインド統計制度の歴史的総括は，すでにインドの統計家の関心事になっていた．例えば，Department of Statistics (1998) 参照．

第3章 インドの官僚制度と行政統計

の代わりに，中央集権的な全国標本調査（National Sample Survey：NSS）を拡大させてそれに置き換える新統計制度を構想した．この構想に異を唱えたのがインド統計評議会であった．インド統計評議会は，「この調査〔全国標本調査（NSS）〕を，弱体化した行政統計制度（failing Administrative Statistical System）に代替させる統計制度案を採用することは，分権的なインド統計制度の現実のシステム上の問題から目を背けることになる」[9]と，統計局の構想を批判した．「統計制度近代化プロジェクトは，統計改革の焦点を，標本調査の拡大から，行政統計制度のシステム上の諸課題（the systemic issues of the Administrative Statistical System）の克服へとシフトさせなければならない」と勧告した．行政統計の劣化を基本問題の筆頭に上げた背景にはそのような議論があったのである．

インド統計評議会の発足を発議したのは全国標本調査機構（National Sample Survey Organisation：当時）自身であった[10]．それでもなお Rath（2002）は，インドの統計制度が全国標本調査に過度に依存している弊害をインド統計評議会は十分取り上げようとしていないと批判している．彼は，「中央集中的な全国標本調査（NSS）は，行政官たちが統計情報を適切に収集し照合するルーチン作業に以前ほど気を払わなくなった，ある種の言い訳になっている」と主張した[11]．

インド統計評議会は，インドの統計制度が生産する統計のクオリティに対するインド国内の懸念の声を取り上げた上で[12]，現行統計制度の欠陥を批判的に検討した[13]．検討の結果，その根本原因は基礎的レベルにおける行政統計の劣

---

8) Workshop on Modernisation of the Statistical System in India（1998）.
9) NSC（2001），paras. 14.3.17, 14.3.20.
10) インド統計評議会の発足を発議したのは全国標本調査機構の拡大に批判的な何らかの対抗勢力ではなく，全国標本調査機構自身であった．インド統計評議会発足を発議する議案を起草し立法府に提出したのは，全国標本調査機構総裁（Director General and Chief Executive Officer）の N.S. Sastry であった．インド統計評議会の事務局長（Secretariat）も全国標本調査機構の局長クラスの指導的統計家を歴任した Vaskar Saha 博士が務めた．
11) Rath（2002），p. 708.
12) NSC（2001），para. 14.3.25.
13) 2000 年 1 月に立法府に提出されたインド統計評議会発足を発議する議案書は，「イン

化にあると結論したのである．

　インド統計評議会は，分野ごとにサブグループを組織して，各分野の指導的政府統計家を含む総勢百数十名に及ぶ専門家を招聘して議論した．すべての州政府，中央政府省庁には統計生産に関する基礎的情報を照会し，担当者の個人的意見・提言まで求めた．統計職員の職員団体や統計官僚 OB にも意見を求めた[14]．同評議会は 2001 年 8 月に解散し，最終レポートを統計局ホームページにすべて公開した[15]．最終レポートは，部門統計ごとに，「現状」(Current Status)，「欠陥」(Deficiencies)，「提言」を体系的にとりまとめ，付属資料を除く本文だけで 700 頁を超える壮大な内容に仕上がった[16]．とりわけ各部門統計の「現状」，「欠陥」に関する叙述は統計制度の内部告発，自己批判というべき内容であった．過去にインドで，これほど包括的かつ詳細な統計制度分析が企てられた前例はない[17]．この最終レポートは本書執筆時の 2018 年時点でも統計局ホームページで公開され，インド統計改革の指針として尊重されている[18]．その後，本評議会の提言を受けて「基幹統計に関して政府から独立に政策を立案し，調整機能を果たし，データ・クオリティ標準の保持を図る，法的に規定された永続的な最高首脳部」として同評議会と同名の審議機関 National

---

　　ド政府は，制度改訂のための是正措置を提言する目的で，現行の統計制度の欠陥を批判的に検討する国家統計評議会の設置を決定した」という宣言ではじまっている（NSC 2001, Ch. 1, Annexes）．
14)　NSC（2001），para. 1.4.1-1.4.10.
15)　NSC（2001），岡部（2003a）．
16)　最終レポートの構成は，第 1 巻として第 1 章 序論，第 2 章 アプローチと概要，第 3 章 提言，そして第 2 巻として第 4 章 農業統計，第 5 章 工業統計，第 6 章 通商統計，第 7 章 サービス部門統計，第 8 章 インフラストラクチュア統計，第 9 章 社会経済統計，第 10 章 金融・対外部門統計，第 11 章 物価統計，第 12 章 法人部門統計，第 13 章 国民経済計算統計，第 14 章 インドの統計制度，と広範に及んでいる．各章ではさらに詳細な部門統計について検討が重ねられた．例えば，第 9 章 社会経済統計は，1. 序 2. 人口統計・地域レベル基礎統計 3. 保健・家族福祉統計 4. 労働・雇用統計 5. 教育統計 6. ジェンダー統計 7. 環境統計 8. 消費調査と生活水準，などである．全項目について「現状」，「欠陥」，「提言」がまとめられている．
17)　1950 年代に R.A. Fisher ら専門家による委員会が全国標本調査（NSS）に限定して検討を行ったとされている（Ministry of Statistics and Programme Implementation 1999, p. 15 参照）．
18)　http://www.mospi.gov.in/report-dr-rangarajan-commission, viewed on 10 January 2018.

Statistical Commission が，議会の立法によりあらためて常設され現在に至っている[19]．開発途上国の統計家が，この最終レポートのように自国統計制度の欠陥についての内部告発に近い検証内容を公開し，それを公式に批判することはまれである．しかも，インド統計評議会ほど広範に政府統計家を動員し，自国の「行政統計制度」を批判的に検証した例は，世界的にもまれであるといわねばならない．

　インド統計評議会がここで問題にしている，「行政統計」（Administrative Statistics）とは政府業務統計のことである[20]．インド統計評議会は行政統計の現状を行政統計の生産過程，すなわちデータ収集過程に遡って批判的に検討した．

> 「統計」（statistics）という用語の起源は，国家を記述するという発想と結びついている．…（中略）…統計的推論は，そもそも基礎データが欠陥だらけで，不正確で，信頼の置けないものであるなら実り多い成果をもたらさないであろう．だからこそわれわれは，あらゆる次元でデータ収集に注目しなければならない[21]．

評議会は最終レポートで，統計のクオリティを，統計の「信憑性」（credibility），「速報性」（timeliness），「適切性」（adequacy）という3基準から一貫して検討を加えたが[22]，その検討は以上のように，「あらゆる次元でデータ収集」

---

19) NSC (2001), para. 2.2.2. 最終レポートでは，'National Commission on Statistics' という別名の機関の常設が提言されていた．
20) 「行政統計——これは一般に州政府によって収集され，法定の行政的な諸報告（returns）や，一般行政の副産物として派生したデータから構成される」（NSC 2001, para. 14.3.1）．
21) NSC (2001), para. 2.1.1.
22) 「インドの統計制度はこの国の広大で分権化した経済について広範かつ多様なデータを捕捉するようたゆまぬ努力を続けている．だが，この統計制度の過去の輝かしい成果にもかかわらず，この制度が生み出す現在のデータのクオリティ（the quality of the data）に懸念の声が高まっている．今日，インド統計制度は，信憑性（credibility），速報性（timeliness），適切性（adequacy）という観点から，その機能・効果に重大な欠陥が見られる」（NSC 2001, para. 1.1.2）．インド統計評議会の7つの検討事項の最初にあげられているのは，「(i)現在の統計制度の欠陥を速報性，正確性（reliability），適切

のプロセス,すなわち統計の生産過程に遡って行われた.この方法論は行政統計の検討においても貫かれた.その結果,評議会は,行政統計のデータ収集過程を検討するために,事実上,行政統計の統計原情報である行政記録とその記録システムを問題にした.「行政統計の全システムは政府部局の記録をベース (record-based) に成り立っている」[23]からである.「劣化は行政統計の基礎,すなわちデータの収集と記録のまさに最初の段階で起きている」[24]と.それゆえ,インド統計評議会が実際に問題にしたのは,政府統計制度の生産物としての行政統計の劣化だけではなく,それら統計制度の情報基盤としての行政記録システムの劣化であった.

それでは,インド統計評議会は行政記録と行政統計(政府業務統計)のデータ構造を論理的にどう理解していたのだろうか.すなわち,

(i) 直接的に行政組織それ自身,

(ii) 間接的に行政対象としての社会,

という一見重複するが論理的にまったく次元の異なる2つの対象を表現する行政記録,業務統計を,(i)と(ii)の両側面から理解していたのか,それともヨーロッパ統計家会議・国連欧州経済委員会の統計家たちのレジスターベース統計制度論のように,その一側面である(ii)からだけ理解していたのだろうか.すでに述べたように,現在のところヨーロッパのレジスターベース統計制度は,行政記録から「(ii)行政対象としての社会」に関する情報を抽出して第二義統計(レジスターベース統計)を生産する統計制度に他ならない.それに対してインド統計評議会はどう考えていたのだろうか.

インド統計評議会は,行政記録,業務統計の生産過程に踏み込んだ批判的検討の結果,「近年,一般に行政制度は劣化している.行政統計制度の行き詰まりは,行政制度のこのような劣化[25]からくるひとつの・直・接・的・帰・結 (corollary)

---

性の観点から批判的に検討すること」(NSC 2001, para. 1.2.2) であった.
23) NSC (2001), para. 14.6.14.
24) NSC (2001), para. 14.3.10.
25) 「行政統計制度の健全性は,政府省庁がその機能を十分実行しているという仮定に依存している.例えば,数値情報とその他情報が諸々の工場から収集されている.そうした情報は,主任工場監督官事務所がそれら工場が工場法およびその他関連法を遵守しているか監視する査察業務の遂行を支援するものである.工場は,主任工場監督官事務所

に他ならない」[26]と結論した．「行政統計制度は，政府の諸法制，諸規制を施行する政府省庁の支援を主目的に発達した行政情報システムであり」[27]，「それゆえその統計は政府省庁の関心を惹き，政府省庁の業務遂行に直接必要なものでなければならない．これら統計収集の定期性，クオリティ，網羅性は，それら政府省庁の業務遂行と密接に絡み合っているため，間接的にしか確保できない．すなわち，行政統計制度のクオリティは，それに関係する政府行政省庁の関心の高さと効果的利用の程度に直接依存する」[28]と説明している．このように，インド統計評議会は，行政記録，業務統計が，当該行政組織の自己言及的な情報であることを，行政統計制度の劣化が行政制度の劣化の「直接的帰結」（corollary）であるという論理で理解していたことになる．政府統計制度を支える行政記録システムの劣化を課題とするインドの指導的統計家は，そのような論理で問題を設定する必要があったのである．

しかも，最終レポートを詳しく見ると，インド統計評議会は，行政記録，業務統計を当該行政組織の自己言及的なデータとして理解するだけでなく，その理解を前提に「(i)行政組織それ自身」を対象とした統計制度を実際に検討しようとした形跡が明確に確認できる．というのは，インド統計評議会発足時の議案書には，「政府や地方公共団体が提供するサービスの範囲を統計的に監査する制度」を検討することが，主要な7つの検討事項の1つに設定されていたからである[29]．同評議会は，それを「統計的監査制度」（statistical audit）と呼

---

に対して，工場法の下で規定された諸規則が定める（工場用届出様式と呼ばれる）各種様式によって関連情報を提出するよう求められている．そして工場が関連情報を提出したことを確認することは，主任工場監督官事務所の責務である．しかし，その事務所が業務の遂行に際して大部分の工場の届出様式を未収集のまま放置しているとき，その主任工場監督官事務所が業務を期待通り遂行していないことは明らかである．工場統計制度が不十分な状態となるのは，主任工場監督官事務所の業務遂行が不十分であることの反映（reflection）にすぎない．近年，一般に行政制度は劣化している．行政統計制度の行き詰まりは，行政制度のこのような劣化からくるひとつの直接的帰結（corollary）に他ならない」（NSC 2001, para. 14.6.5）．

26) NSC (2001), para. 14.6.5，傍点岡部．
27) NSC (2001), para. 14.3.3.
28) NSC (2001), para. 14.3.3.
29) NSC (2001), para. 1.2.2. インド統計評議会はその最終報告書の冒頭で，同評議会の7つの検討事項（Terms of Reference）について次のように謳っていた．すなわち，

んでいた．すなわち評議会は，統計機関が，各種行政の統計ニーズに応じながら，同時にその政策過程を統計的にモニターし評価する「統計的監査制度」を備えた統計制度を構想して，それを検討しようとしていたのである[30]．同評議会はこの構想について，

> 公衆へのサービス提供を目的とするいかなるプロジェクトにおいても，その効果的な実行のためには，プロジェクトの企画立案から，実行，最終評価に至るあらゆる局面で統計が必要となる．通常，プロジェクトを開始するに当たっては，目標を設定しリソースの必要と現状を評価するための基本情報だけでなく，初期条件を記録するベンチマーク調査が実施される．プロジェクトの実行途上では，その進展を点検・監視するための情報収集が必要であるし，プロジェクトのパーフォーマンスを評価し監査してはじめてその活動は完了するはずである．使用される統計的方法はプロジェクトの性格により異なるため，同評議会は，政府が国家的な大規模重要プロジェクトを計画し，点検・監視し，評価する際に，国家統計局の統計専門家を利用するよう提言できるだけで，それ以上一般的な提言をする立場に

---

「(i) 現在の統計制度の欠陥を速報性，信頼性，適切性の観点から批判的に検討すること，
  (ii) 統計制度の欠陥を修正し再構築する提言をおこなうことによって，政府の政策・計画のために，速報性・信頼性のある統計を行政機構各レベルで作成できるようにすること，
  (iii) この国の分散化した統計制度を統一的に発展させることを保証する永続的で効果的な調整メカニズムを提言すること，
  (iv) 統計情報を収集するための既存の法制度を見直すこと，そして速報性，信頼性，適切性のある統計を収集・公表する目的で，法令の必要な箇所について修正案を提示すること，
  (v) 統計省（統計部〔Statistics Wing〕）と政府の他の統計部署における現在の組織を見直すこと，そして，それらの組織が統計サービスの増大と発展に十分対処できるように，必要な職員配置と必要な訓練を提言すること，
  (vi) 政府や地方団体が提供するサービスの範囲を統計的に監査する制度についてそのニーズを検討し，適当な提言をおこなうこと，
  (vii) この国の統計制度を改善する上記以外のあらゆる対策について提言すること」
(NSC 2001, para. 1.2.2).

30) NSC (2001), para. 14.9.1.

ない[31]．

と説明している．これは「(i)行政組織それ自身」を対象に，それを統計的に評価する統計制度に他ならない．この統計的監査制度の課題は，本書第1章で言及したような，国家と市民社会の社会構造上の位置関係を評価検討するような広義の行政評価・政策評価ではなかったかもしれないが，「(i)行政組織それ自身」を対象とした行政記録，業務統計を利用した，何らかの行政評価・政策評価が課題であったようである[32]．

しかし，インド統計評議会がなし得たことはここまでである．同評議会は行政活動を対象にした統計的監査制度の検討を計画しながら，700頁に及ぶ最終レポートで，14.9.1節の上記内容しか言及しなかった．なぜその程度の簡単な報告に終わったのか，その理由は定かではない．だが，統計的監査制度構想はそこで断念されたとみることができる．なぜなら，同レポートは上記言及に続けて「そのかわりに(Instead)，同評議会は，統計のクオリティと統計形成プロセスをコントロールし認証する，より限定された問題を検討した」[33]と追記しているからである．ここで「より限定された問題」とは，行政記録から調査統計の代用統計（第二義統計）や，標本調査の標本フレームや，国民経済計算の推計データを導出する場合のデータ・クオリティの問題である．別言すれば，評議会は，行政記録から「(ii)行政対象としての社会」すなわち行政対象集団（行政対象である市民社会の個人，企業・事業所等を単位として構成された社会集団）に関する記録を抽出して，市民社会に関する第二義統計，標本調査，国民経済計算を生産する場合のデータ・クオリティの問題に分析の焦点を限定せざるを得なくなったのである．それはもはや行政記録から「(i)行政組織それ自身」の優れた行政評価・政策評価指標が構築可能か否かを問うデータ・クオリティの問題ではない．それは，「(ii)行政対象としての社会」を対象とす

---

31) NSC (2001), para. 14.9.1．
32) それは，行政組織と市民社会の位相を社会構造論的に評価・批判する広義の行政評価・政策評価ではなく，単に行政活動の実績評価・成績評価を外部監査するだけの狭義の行政評価・政策評価であった可能性があるが，今となってはその意図がはっきりしない．
33) NSC (2001), para. 14.9.2，傍点岡部．

る行政記録の情報側面にのみに着目して，市民社会に関する第二義統計を再構築しようとするヨーロッパ統計家会議・国連欧州経済委員会のレジスターベース統計制度論の問題設定と，基本的に同じ次元の「限定された問題」である．

### 3. インド統計評議会の統計制度分析

それではインド統計評議会はこの「限定された問題」を具体的にどう分析したのだろうか．評議会は，インドの行政統計（政府業務統計）が次の点で劣化（deterioration）が著しいと理解した．すなわち，行政統計の(a)カバレッジが不全であり，(b)情報利用に遅延が目立ち，(c)統計クオリティが不十分である[34]と．統計制度を支える行政記録，業務統計に関する評議会の検討は，人口レジスターやビジネスレジスターなど特定統計領域に集中したヨーロッパ統計家会議・国連欧州経済委員会の議論と比較して，非常に広範な統計領域に及んでいる．同評議会によると，インドの統計制度を支える主要な行政記録，業務統計の現状と問題点は概略以下の通りである．

#### (1) 人口動態，保健，教育，労働関係の行政統計

インド統計評議会が行政統計の劣化を最も危惧している統計領域は社会経済統計（socio-economic statistics）分野である．そして「この分野にみられるデータの欠陥の多くは，行政統計制度の衰弱に由来する」[35]と結論している．
〈α〉．人口動態に関する行政統計：インドには北欧諸国のような公式の人口登録が存在しない．しかも「出生・死亡登録法，1969」（Registration of Births and Deaths Act, 1969）に基づく民事登録システム（Civil Registration System：CRS）が生産する出生・死亡統計のカバレッジは非常に低水準である．登録官の報告も迅速に上位機関に上がっていない．民事登録本庁（Registrar General of India）が受理する報告の範囲内で推計する限り，最終報告書刊行時点（2001年）で出生件数のわずか53％，死亡件数のわずか48％程度しか登録されていなかっ

---

34) NSC (2001), para. 14.3.3. ここでは(a)カバレッジが不全，(b)情報利用に遅延，を含む行政統計のクオリティ全般の劣化が問題にされていると思われる．
35) NSC (2001), para. 9.1.5.

た[36]．民事登録システムによる出生・死亡登録は，標本登録システム（Sample Registration System：SRS）という標本調査制度とパラレルに対比されているので，この推計が可能となる．これに関しては本書第6章で詳しく検討する．

　最終レポートは，各種第二義統計（この場合，人口動態統計）の真実性を評価するために，当該行政記録，業務統計（この場合，出生・死亡登録と登録統計）がそもそも当該行政組織の活動記録としてどの程度真実性が高いか，すなわち，当該組織の活動をどのような制度の下でどのような局面からどのような記録方法で，どの程度正確に記録しているか，当該行政組織の行政対象集団（この場合，出生・死亡登録）の範囲は，外部の統計利用者の観察対象である社会集団（この場合，人口動態統計の対象としての出生・死亡事象）と合致するか否かに関して「現状」，「欠陥」を詳細にまとめている（NSC 2001 参照）．だがその詳細は本書では省略する（以下同様）[37]．

〈β〉．保健行政統計：インド政府は政府系保健・医療部門について，行政的データから保健統計を収集している．だが，インド統計評議会によると「この情報システムは，非報告，過小報告，変わりやすいカバレッジ，報告受理の遅れ，性別・年齢別データの不在など，様々な問題があるため成功していない」．「ほとんどの政府系病院では患者ケアの記録が非常にずさんな状態にある」という[38]．一方，近年，民間部門は都市部のみならず農村部でかなりの数の保健・医療施設を提供するようになった．それら民間機関について体系的には情報収集がなされていない．そのため，一定地域内の民間保健施設の数すらまったくつかめない状況にある[39]．保健行政統計とパラレルに対比できる全国規模の世帯標本調査はまだ定期的には実施されていない．

〈γ〉．教育行政統計：インド政府は認可されたすべての教育機関から，毎年，在学者と教員数等についてデータを収集している．詳細な統計は，5年から7年毎に，全数調査である全インド学校教育調査（All-India School Educational

---

36) NSC (2001), para. 9.3.27. ただし，民事登録本庁によると，2015年の民事登録システム（CRS）の出生登録率は88.3%，死亡登録率は76.6%まで向上している（Office of the Registrar General, India 2017, pp. 42, 44）．

37) その詳細はNSC (2001), 岡部（2003a, 2003b）参照．

38) NSC (2001), para. 9.3.11.

39) NSC (2001), para. 9.3.18.

Survey）によって収集されている．年次報告から作成される教育統計は，暫定値の公表が2年以内，確定値の公表には6〜7年かかる[40]．インド統計評議会によると，「教育機関の部内記録（在学生レジスター，登校者レジスター，施設レジスター等々）が適切に保管されていないため，記録に基づく情報が常に正しい情報とは限らない」，「データが不正確になるもう1つのやっかいな原因は，報告すべき情報が学校長や行政官の意に添わない場合には，歪んだ情報が報告される傾向があることである．学校教員のポスト数が在学生数に左右されるため，在学生数を水増し報告する学校があとを絶たない」[41]という．全国標本調査（NSS）の登校比率（attendance ratio）データは世帯調査を基礎に算定されているが，学校から得られる在学比率データ（enrolment ratio）とかなり食い違っている[42]．教育行政のデータ収集網は認可された教育機関のみカバーし，無認可の教育機関をカバーしていない．高等教育と専門学校教育に関するデータ収集網も十分確立していない[43]．

〈δ〉．労働行政統計：労働統計収集の主たる担当機関は労働省労働局（Labour Bureau in Ministry of Labour）である．労働局の労働行政統計は主に「組織された部門」（organised sector）の統計であり，「非組織部門」（unorganised sector）は除外されている．インドの労働力の大部分が就業する農業部門とインフォーマル部門（informal sector）についてはほとんどデータが収集されていない．「組織された部門」とは，公的に設定された制度的枠組み（法体系，行政制度，税制など）に従って行われる経済活動部門のことである．労働局は，様々な労働法によって義務付けられた提出文書と，任意提出文書（労働争議，解雇，事業所閉鎖等データ）から統計を収集している．しかし，インド統計評議会は「一般に文書提出の比率は非常に低く，その結果，統計分析や政策策定のために，マクロデータがほとんど使いものにならない状態にある」と結論している．個別労働法が規定する提出文書の提出比率（1998年時点）はほとんど50%以下で，例外は1948年工場法（Factories Act, 1948）と1951年プランテーション

---

40) NSC (2001), para. 9.5.11.
41) NSC (2001), para. 14.3.25.
42) NSC (2001), para. 9.5.6.
43) *Ibid.*

労働法（Plantation Labour Act, 1951）のみであるという．対象事業所から州政府労働局，州政府から中央政府へと向かう情報提出の流れも遅い[44]．

職安業務レジスターも，非組織部門，自営業者，パートタイム雇用者，農業事業所等をカバーしていない．その上，レジスターの管理・更新にも問題がある[45]．しかも，インドでも職業紹介業務の領域で，民間職業紹介機関が一定の役割を果たすようになり，公共職業安定所が職業紹介サービスにおいて果たす役割が低下している[46]．

**(2) 産業，法人企業，金融関係の行政統計**
〈ε〉．工業部門の行政統計：インドには公式の「ビジネスレジスター」（Business Register）が存在しない．インドの工業部門事業所は登録事業所（registered units）と非登録事業所（unregistered units）に区分され，前者からのみ経常的にデータが収集されている．動力を使用する10人以上雇用の製造・修繕業事業所と，動力を使用しない20人以上雇用の製造・修繕業事業所は，1948年工場法の規定により「登録事業所」と規定され，主任工場監督官（Chief Inspector of Factories：CIF）の工場リストに登録が義務付けられている[47]．登録事業所については，毎年，工業年次調査（Annual Survey of Industries：ASI）が実施されている．この調査は，主任工場監督官工場リストを利用して，大規模事業所を全数調査，中・小規模事業所を標本調査している．ところがインド統計評議会は，「(a)主任工場監督官リストに載る資格のある事業所の多くがリストに含まれていない，(b)長期間操業停止している事業所が主任工場監督官リストから除去されずに残っている」[48]などの欠陥を指摘している．評議会は，1994-95年経済センサス追跡調査（Follow-up Surveys of the Economic Census：FuS）の推計値から，1994-95年の登録漏れ事業所数の規模が，工業年次調査（ASI）標本フレーム内の事業所数の最低117％以上，約

---

44) NSC (2001), paras. 9.4.18, 9.4.20.
45) NSC (2001), paras. 9.4.22–9.4.23.
46) NSC (2001), para. 9.4.24.
47) NSC (2001), para. 14.3.25.
48) NSC (2001), para. 5.1.16.

14.5万事業所以上に達し,従業者数では28%以上に達すると推計している[49].評議会は「工業年次調査（ASI）標本フレームから膨大な数の事業所が脱漏している事実から,工場登録の更新に責任がある主任工場監督官の機能とその効果に重大な疑問を提起することができる」としている[50].

その他,小規模近代工業や伝統工業についても監督団体があるが,団体への登録が任意であるなど,登録フレームの内容に問題があるとされている.

〈ζ〉．非工業部門の行政統計：インドでは非工業部門,とりわけ商業・サービス部門に,主任工場監督官（CIF）工場リストに相当する登録メカニズムが存在しない．この部門には情報通信技術の先端分野から,野菜売り,行商,リキシャー引きに至る多様かつ広大なインフォーマル部門が含まれているが,インド行政統計の空白領域になっている．そのため,インド統計評議会は,工業部門や公共部門を含むすべての大規模・中規模事業所を登録する「ビジネスレジスター」の構築を提言している．それ以外の小規模事業所については,経済センサス追跡企業調査（FuS）でカバーするよう提言している．

〈η〉．法人企業に関する行政統計：インドの法人企業とりわけ株式会社に関する統計の作成を主管しているのは企業局（Department of Company Affairs：DCA）である．「1999年3月に実施された調査によると,登録会社のうち会社登録所に1997-98年貸借対照表を提出した会社数は約47%に過ぎない」．このため,インド統計評議会は全登録会社を対象としたセンサスを提言している．一方,海外直接投資の自由化に伴い,かなりの売上げと活動シェアを誇る相当数の企業が,登録リストから漏れているという．

〈θ〉．金融行政統計：中央銀行であるインド準備銀行（Reserve Bank of India：RBI）は,銀行システム〔インド準備銀行自身と市中銀行（Commercial Banks）と協同組合銀行（Co-operative Banks）〕から貸借対照表を収集し,通貨統計や金融統計を作成している．インド統計評議会によると,インド準備銀行が銀行システムから収集するデータは,協同組合銀行の一部データを除き,速報性に優れ正確性が高いという．協同組合銀行はインド銀行システムに不可欠な部門だが[51],数が多く地理的にも分散しているため,農村部からの情報の流入が遅

---

49) NSC (2001), para. 5.1.20.
50) NSC (2001), para. 5.1.19.

延し，詳しい情報が利用できるまで 18〜20 カ月かかるという．また，保険会社，投資機関，中央政府・州政府の開発公庫を含む各種金融関係機関，およびノンバンク金融業者（Non-Banking Financial Companies）については，雑多な情報収集システムが混在し包括的な統計情報システムが確立していない[52]．また，インフォーマルな金融部門，すなわち法人化していない各種金融業者についてはデータ収集がほとんど進んでいない[53]．

### (3) 土地利用に関する行政統計

〈ⅰ〉．インドの農地面積の約 9 割を占めるライヤートワリ地域（当時 18 州・5 連邦直轄地，"temporarily settled States" とよばれる地域）には，詳しい地籍図（cadastral survey maps）と，更新される土地記録と，経常的な村落報告システムがある．この地域では，村落徴税官（*patwari*）とよばれる村落レベルの報告者が，土地利用・灌漑・作付面積に関する情報を現地で収集・記録し，報告する建て前になっている．村落徴税官は，地税徴税行政の末端に位置し，土地記録の管理が主要業務である．だが，インド統計評議会は，「毎年の作付面積記録として，村落徴税官による土地記録システムはほとんど機能停止に近い状態にある」[54]，と指摘している．実際に 1970 年代初頭から，村落徴税官の観察行為（'*girdawari*'）は，村落徴税官に関する業務監視制度〔作物統計改善（Improvement of Crop Statistics：ICS）事業〕によって統計的に監視されている．ICS 制度は標本抽出した一部村落について，村落徴税官の観察行為を統計的に監視する制度である．ICS 制度によると，1999 年までの 4 年間に，監視対象村落のうち作物報告を統計処理機関に提出した村落は約 78％ に過ぎず，期日内に報告した村落は約 45％ に過ぎなかったという[55]．監視対象村落の村落徴税官たちは自分たちの仕事が監視されていることを知っていたにもかかわらず，業務不履行がここまで高水準に達している．

---

51) NSC (2001), para. 10.2.27.
52) NSC (2001), paras. 10.2.37, 10.2.51.
53) NSC (2001), para. 10.3.6.
54) NSC (2001), para. 14.6.1.
55) NSC (2001), para. 4.2.8.

一方，ケララ，オリッサ，西ベンガルの3州（"permanently settled States" とよばれる地域）には，地籍図と土地記録が存在するが村落徴税官（*patwari*）システムが存在しない．アッサムの一部（山岳地帯），アルナチャル・プラデーシュ，マニプル，メガーラヤ，ミゾラム，ナーガランド，シッキム，トリプラの8州，および，連邦直轄地アンダマン＆ニコバル島，ラクシャディープには地籍図も村落徴税官システムも存在しない．

### (4) 国内運輸，インフラに関する行政統計

〈κ〉．国内運輸行政統計：中央集中的に所有される鉄道・航空・船舶については統計収集システムが存在するが，それと対照的に，道路輸送に関するデータベースは非常に乏しい[56]．航空輸送は，国有部門から民間参入部門に移行しているため，商業情報総局は，民間航空会社の空輸貨物に関するデータを把握していない．

〈λ〉．インフラストラクチュアに関する行政統計：インフラ部門のなかで最も急速に成長している電気通信事業部門に関するデータは，業界団体等の統計部によって，毎月または毎年，一定の様式でデータ収集されている[57]．だが，世帯電話加入の詳細，PCおよびインターネット利用者，携帯電話加入者，その他高付加価値サービス利用者等に関して信頼できるデータが不足している．また，この分野には公共部門と共に多数の民間競合企業が参入しているが，民間企業に関する充実したデータ収集システムが不十分である[58]．

電力統計は中央電力機構（Central Electricity Authority：CEA）が作成している．インド統計評議会は，電力統計について，公表が遅いだけでなく，社内自家発電のデータがない，課税を恐れて工場がデータ提供しない，公営企業の民営化に伴いデータ収集がむずかしくなっている，などの問題点を指摘している[59]．

都市住宅，道路・鉄道を含む都市輸送，水道，衛生・下水，街灯，電力供給，

---

56) NSC (2001), para. 6.3.13.
57) NSC (2001), para. 8.3.25.
58) NSC (2001), para. 8.3.27.
59) NSC (2001), para. 8.3.30.

各種通信，空港・航空輸送，学校施設，公共保健施設など都市インフラに関するデータに，単一の包括的なデータソースがない．都市住宅建築に関するデータ収集機関として全国建築機構（National Buildings Organisation）があるが，インドの住宅データの最大の問題点は住宅単位の個票データがないことである．スラム等の住宅情報も不足している[60]．

一方，農村インフラに関するデータも分散しており，単一の包括的なデータソースにまとめられていない[61]．

## (5) 財政統計

⟨μ⟩．財政統計：公共部門の財政統計のうち迅速に集約・公表されているのは中央政府の一般会計等一部データのみである．中央政府の一般会計は，省庁の末端に配置された無数の出納経理課が当該省庁内のそれぞれの経理事務を会計的に処理し，それが当該省庁の主計部で集約され，会計監査院（Controller General of Accounts）がそれらを集約し，編纂・公表している．州政府一般会計も迅速に集約されるが必ずしも公表されていない[62]．政府所有企業も会計監査院が監査してはいるが，公表に時間がかかり，様式も一定していない[63]．

## (6) 貿易統計と国際収支統計

⟨ν⟩．商業情報総局が輸出入申告書から算定している商品の輸出入に関する数値と，インド準備銀行（RBI）が主に認可された外国為替取引ディーラーの報告から算定している国際収支統計の商品輸出入関連データが，相互に食い違っているためその原因が議論されている[64]．商業情報総局は，軍事的品目の取引が貿易統計から除外されていることを別にしても「対外貿易統計の集計に際して何らかの取引が報告されていない可能性を完全に否定することはできないと報告している」[65]．

---

60) NSC (2001), para. 8.3.40.
61) NSC (2001), para. 8.3.55.
62) NSC (2001), paras. 10.8.5–10.8.6.
63) NSC (2001), para. 10.8.22.
64) NSC (2001), para. 10.9.11.
65) NSC (2001), para. 6.2.7.

以上のインド統計評議会の現状分析から,行政統計の現状は部門毎にかなり異なることがわかる.インド行政統計全体が一律に劣化の傾向を辿っているわけではない.一部行政領域には,クオリティと速報性の高い行政統計を生産する部門が存在する.例えば,インド準備銀行の金融統計$\langle\theta\rangle$の一部(市中銀行に関する統計)や,中央政府の一般会計に関する財政統計$\langle\mu\rangle$など,ある限られた行政領域ではクオリティと速報性の高い行政統計が作られている.近年では,民事登録システムの出生・死亡登録$\langle\alpha\rangle$のカバレッジも徐々に向上している.

だが,多くの行政領域では行政組織網の影響圏が縮小(行政記録のカバレッジ・記録内容の縮小)あるいは停滞(行政記録の記録・伝達速度の遅延)している.90年代以降のインド経済自由化によって産業($\langle\varepsilon\rangle$,$\langle\eta\rangle$,$\langle\kappa\rangle$),インフラ($\langle\lambda\rangle$),公共サービス(医療$\langle\beta\rangle$,教育$\langle\gamma\rangle$,労働行政・職業紹介$\langle\delta\rangle$など)の分野で公共部門の影響圏が相対的に縮小し,逆に民間部門の影響力が増大している.行政の監督・許認可業務のあり方も転換し(例えば国際取引の自由化$\langle\nu\rangle$),それに伴って行政組織網が縮小・変容している.行政の権限が公式に制限されたために縮小した行政領域もあるが,個別行政法規で定められた行政対象から当該領域の一部が,事実上,地下経済化,非合法化して記録から脱漏している行政領域もある[66].

一方,インドでは,経済の自由化以前から,農村・農業部門や都市インフラ[67],サービス部門に関する行政組織網が不十分であった.それらの行政領域に関する行政記録はもともと空白領域であったというべきである($\langle\iota\rangle$,$\langle\zeta\rangle$,$\langle\lambda\rangle$).インドでは,経済の自由化が開始される以前から,政府官僚制度の影響圏外に広大な農業経済活動とインフォーマル部門(公的に設定された制度的枠組みの圏外にある経済活動部門)がすでに存在しており,そのような社会制度の下で経済の自由化が進行しているのである.以前から行政組織網が空白状態にある行政領域の行政統計について,それを今更「劣化」と表現するのは適当ではない.

インド統計評議会の分析によると,そうしたなか,現代インド政府の行政組

---

66) 岡部(2003b, 2009).本書補論参照.
67) 岡部(2002).

織は，福祉・労働・農村生活など（$\langle\alpha\rangle$，$\langle\beta\rangle$，$\langle\gamma\rangle$，$\langle\delta\rangle$，$\langle\iota\rangle$）民生部門においてその組織網が部分的に「崩壊寸前の状態」にある．労働行政は労働法で規定された監視業務を果たしていない．インド政府行政組織は農村の土地利用やインフラの状態すら把握していない．こうした民生部門は州政府の管轄領域である[68]．

連邦制の政治体制をとるインドでは州政府行政機関の権限が相対的に大きい．通貨・金融，国際貿易，国際収支，法人企業，鉄道，郵便サービス，電気通信事業などの部門統計は，中央政府行政統計制度（Central Administrative Statistical System）によってデータ収集されるが，それ以外の大半の行政統計は州政府統計制度（State Administrative Statistical System）によってデータ収集される．したがって，行政統計の「劣化問題」の大半は州政府統計制度の問題でもある，といわれている[69]．

インド統計評議会は，「こうした欠陥の幾つかは，高度に統制された初期の社会体制では無視できたかもしれないが，この国が自由化された経済に移行した今日ではもはや無視できなくなっている．政府・民間セクター混合は今や時代の変化を経験している．この国は世界の他地域とも密接に統合されつつある．国民生産の構成はサービス生産に比重を移している．こうした変化はデータの収集・公表にとっても重大な意味を持つことになる」[70]と現状分析した．

だが，行政統計の以上の「劣化」から明らかなことは，インドの幾つかの行

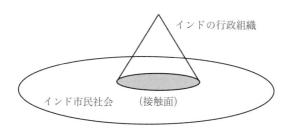

図3-1　市民社会から「遊離」した行政組織

---

68) 岡部（2003b）．
69) NSC（2001），para. 14.6.1.
70) NSC（2001），para. 1.1.2.

政領域で行政組織が市民社会から遊離した一面的・抽象的な機能しか果たしていないという事実である．例えば民事登録システムは国内の出生件数のわずか53％しかカバーできないほど，市民社会から遊離している．主任工場監督官（CIF）は工業部門の登録事業所だけに限定しても多くの事業所や従業者をカバーできないほど，市民社会の工業部門から遊離している．村落徴税官の観察行為は作物統計改善（ICS）事業の業務監視が示すように実際の土地利用から一定程度遊離している．それらのデータは，当該行政領域におけるインドの国家と市民社会の分裂的関係が統計的に表現されたものといえる．インドにおける国家と市民社会の分裂的関係は経済の自由化による公共部門の縮小によって顕著化した領域もあるが，行政領域ごとに状況がかなり異なっている．この分裂的システムはインドの社会体制の性格に関わるもっと根本的な事態である．なぜなら，行政記録，行政統計の幾つかの空白領域から明らかなように，国家と市民社会の分裂的関係は，経済の自由化以前からインドに存在する根本的な傾向だからである．

　これはインドの統計制度にとってきわめて深刻な問題である．なぜなら，第1に，行政記録は，調査統計の代用統計（第二義統計）を生産するための情報基盤である．例えば，インド国土の大半を占めるライヤートワリ地域の農業センサスは，村落徴税官（*patwari*）の土地記録から作成される第二義統計である．第2に，インドでは「行政統計は，センサスと標本調査を効果的に計画するために不可欠である」[71]．工業年次調査（ASI）の標本フレームは，主任工場監督官（CIF）の工場リストをベースにしている．インド準備銀行は民間法人の各種特性値を推計するために，会社登録所（ROCs）の登録会社リストから標本企業を標本抽出している[72]．したがって，こうした標本調査の正確性もまた行政記録の状態に依存している．第3に，インドの行政統計は国民経済計算統計の推計データとしても重要な情報ソースである．したがって，行政統計の精度は国民経済計算の精度をも左右する．

　インド統計評議会の分析でとくに優れている点は，主要な行政統計のクオリティに関する検証が定量的に行われている点である．インド統計評議会は，

---

71) NSC (2001), para. 14.3.2.
72) NSC (2001), para. 12.1.8.

「同一主題に関する複数データの著しい差異を検討する専門委員会」(The Expert Committee to examine wide variations in data sets on the same subjects) の基礎研究に立脚して[73]，センサスや標本調査を幾つかの主要な行政統計とパラレルに（類似の統計対象の重複を前提として）対比し，行政統計の精度を検証している[74]．こうした検証が可能となったのは，インドの統計制度において，幾つかの行政領域で，行政組織の全国レベルの行政統計（政府業務統計）を外部からチェックするために，それとパラレルに対比できる全国レベルの標本調査が，すでに以前からビルトインされているからである．民事登録システム（CRS）の出生・死亡登録は，標本登録システム（SRS）と意図的にパラレルに対比されているからこそ，その登録水準・登録範囲は正確に計測できるのである．主任工場監督官（CIF）の工場リストは経済センサス追跡調査（FuS）の標本推計値と一部対比できるからこそ，登録が義務付けられながら登録漏れになっている事業所数の規模が，工業年次調査（ASI）標本フレーム内の事業所数の最低117%以上，従業者数で28%以上（1994-95年数値）に達すると推計できるのである．村落徴税官の観察行為（'*girdawari*'）も，標本地区に関する作物統計改善（ICS）事業調査によって業務監視されているからこそ，監視対象村落のうち作物報告が統計処理機関に提出された村落が約78%で，期日内に報告された村落が約45%に過ぎない等の現状が統計的にオープンになっているのである[75]．このように，インド統計評議会発足前から，すでにインドの統計制度は，幾つかの行政記録システムについてそのクオリティを批判的に検証できるよう制度設計されていたのである．とりわけ行政記録システムを外部からチェックする標本調査の役割が際立って大きい．インド統計評議会が，行政統計制度を標本調査制度に置き換えるというインド統計局の統計制度近代化プロジェクトの構想に反対して，分立的な統計制度の枠内で，行政統計制度の劣化問題に取り組もうと提言したのは，インドの分権的統計制度の枠内に，行政統計制度をそれとパラレルに分立した標本調査制度によって外部からチェックする仕組みがすでに存在していたからである．

---

73) NSC (2001), para. 5.2.18.
74) Okabe (2003) 参照．
75) NSC (2001), para. 4.2.8.

以上の検証を踏まえて，インド統計評議会は，前述の「限定された問題」，すなわち，行政記録を調査統計の代用統計（第二義統計）や，標本調査の標本フレームや，国民経済計算の推計データに利用する場合のデータ・クオリティの問題を検討した．その結果「ここ数年，行政統計制度は劣化し，今日では幾つかの部門でほとんど崩壊に近い状態にある．劣化は行政統計の基礎，すなわちデータの収集と記録のまさに最初の段階で起きている．このような劣化は今のところ，農業，労働，工業，通商の4部門で報告されている．行政統計制度全体が立脚する土台部分が瓦解し，インド統計制度の全システムを衰弱させ，その大部分を麻痺させているかのようである．このことが，今日のインド統計制度が直面する大問題であることは疑いない」[76]と警鐘を発したのである．

　インドでは北欧諸国のように，統計局が個人，住宅，事業所等に関する行政記録を行政機関から調達して「統計レジスター」を構築するよう試みても，公式の人口登録やビジネスレジスター，住宅データベース等が，劣化しているどころか，そもそも存在しない．現在インドでは，人口登録制度として国民人口レジスター（National Population Register：NPR）を創設するプロジェクトが進行しているが[77]，必ずしも成功していない[78]．また，広大なインフォーマル部門を擁するインドでは，前述のように，たとえ工業部門の登録事業所に限ってもその記録範囲に限界があり，クオリティの高いビジネスレジスターを構築することはむずかしい．ましてや非工業部門，とりわけ商業・サービス部門は，現在，行政記録の空白領域である．したがって，インドでは北欧諸国と違って，

---

76）　NSC（2001），para. 14.3.10.
77）　Okabe and Bakshi（2016），pp. 255-267 は，総合児童発達サービス（Integrated Child Development Services：ICDS）職員が保有する村落調査レジスター（village survey register）など，基礎自治体レベルに実在する行政記録をベースに人口登録をボトムアップ式に構築するアプローチを提唱している．
78）　NPRとは，1955年市民権法と2003年市民権（市民登録と国民IDカード）規則により，地域に常住する全市民を強制的に登録する事業のことである．このプロジェクトの第1段階には，訪問調査による常住人口の登録が必要だが，このプロセスは2011年国勢調査の第1段階調査（住宅リスト作成段階調査）に付帯してすでに完了している．だが，このプロジェクトによる指紋認証情報の収集と市民IDカードの発行についてはインド国内で論争になっている．指紋認証情報の収集権限は，2003年市民権規則には定められていない．また，このプロジェクトは，インド政府識別ID局のプロジェクトと重複する（Okabe and Bakshi 2016, p. 267）．

国勢調査[79]や経済センサスに代替する優れた行政記録はまだ存在しない．それどころか，クオリティの高い経済センサスや農業センサスの全数調査すら未だ確立していないことが課題になっている[80]．したがってインドは，ヨーロッパのようにセンサスを行政記録情報で代替できるか否かが問題になっているのではなく，（国勢調査以外の）農業センサスや経済センサスすら依然未整備の状態にあることが問題なのである．

　そのような現状を飛び越えて，劣化した行政記録をベースにレジスターベースのセンサスを構築しても，使い物にならないデータが生産されだけである．なぜなら，レジスターベースセンサスの失敗例は，すでにインドには幾つか存在するからである．

　すなわち，インドの国土の大半を占めるライヤートワリ地域には，地籍図と土地記録，それを更新する村落徴税官（*patwari*）システムが存在するため，農業経営体（operational holdings）を単位とした農業センサスが村落徴税官の村落土地記録を再集計する操作を通してすでに実施されている．だが，村落土地記録（行政記録）をベースに生産されるこの「レジスターベースの」農業センサスは，すでに土地記録の問題をそのまま反映した非常に歪んだセンサスになっている．それら地域のレジスターベース農業センサスは，むしろ農村の土地所有と農村生産関係の問題を隠蔽する欺瞞的な農業統計を生産しているのである．Okabe and Bakshi (2016, pp. 185, 247–248) が，マハラシュトラ州について明らかにしたように，地主は自分の土地を他人に貸しても，借地人がその土地の所有権を主張することを恐れて，土地記録に実際の借地人氏名を記載しないことが暗黙の慣行になっている．したがって，村落土地記録から農業経営体（実際の耕作者）の正確な記録を引き出すことは事実上不可能なことである．それにもかかわらず，農業センサスは土地所有者の利害から歪んだ土地記録を

---

79) 国勢調査の集計と公表の遅延は，地方行政の現場において依然深刻な問題である（Okabe and Bakshi 2016, p. 198）．
80) Okabe and Bakshi (2016), pp. 199–203．インドでは，経済センサスと農業センサスのデータ・クオリティに限界があるため，結果数値は州レベル以下の小地域区分ではほとんど公表されていない．それに対して国勢調査は，公表の遅延に問題があるとはいえ，県センサスハンドブック（District Census Handbook）に，村落レベルの小地域区分までデータが収録され公表されている．

そのまま再集計し，土地の貸借関係の実態を隠蔽し，現実の農業経営体（耕作者）ではなく，土地所有者（あるいは地主）を単位とした欺瞞的で不正確な統計を生産し，それをあたかも農業経営体の統計であるかのように平然と公表しているのである．本来なら農業センサスは土地記録行政の外部で実施され，村落土地記録のあり方を外部から客観的にチェックする機能を果たすべきだが，・レ・ジ・ス・タ・ー・ベ・ー・ス農業センサスは，行政記録（村落土地記録）に無批判に依拠しているためにそれも不可能である．それゆえインド統計評議会は，20％抽出の大規模な世帯標本調査を全国一律で実施するよう提言している．たしかにこのセンサスを土地記録の再集計で済ますことができれば，実施予算と被調査者負担は大幅に削減される．だが，このセンサスが使い物にならなくなることで農村社会の土地利用・土地所有構造の実態が把握できなくなり，地域農業政策や農地改革に甚大な情報損失をもたらしている．本来なら，・レ・ジ・ス・タ・ー・ベ・ー・ス農業センサスを実施する前に，土地記録行政の改革が必要だが，土地記録と地税徴税行政はインド農村社会の利害対立の政治的緊張が集中する領域であり，容易に手の付けられない「聖域」と化しているのである[81]．

　工業年次調査や全インド学校教育調査なども，農業センサスほど欺瞞的であるかどうかは別として，情報基盤である行政記録が劣化しているために，同様に不正確なセンサス・標本調査[82]になっている．

---

81) Okabe and Bakshi (2016), pp. 186-187, 248 は，マハラシュトラ州の事例から次のことを明らかにした．すなわちマハラシュトラ州が定めた，Bombay Village Panchayats Act, 1958 の，村落パンチャヤト担当業務表（Village List）には「農地改革事業の実行支援」が含まれている．しかも，Bombay Village Panchayats Act, 1958 の 2003 年修正法によって，法律上，村落パンチャヤト域内の村落徴税官を含むすべての政府関係出先機関職員が，村落パンチャヤトのコントロール下に入った．そのため，村落パンチャヤトが農地改革事業の一環として村落徴税官の土地記録に介入し，借地人情報等に関する歪んだ記載内容に修正を迫ることは法律的には不可能でない．村落住民自治が拡大すればその可能性は高まる．もしも，一方で，現行の農業センサスの村落データが開示され，他方で，村落パンチャヤトが村落土地記録を点検・検証できるようになれば，両者を照合できるはずである．しかしながら，マハラシュトラ州では村落土地記録を管轄する地税徴税行政の地方官僚は，パンチャヤトのコントロール下に入るどころか，パンチャヤトと二重権力状態で並存し，パンチャヤトの担当業務を事実上侵食しているのが現状である．マハラシュトラ州政府もパンチャヤト関連州法を，事実上，骨抜きにしようとしている（Okabe and Bakshi 2016, pp. 67, 80-81）．

82) 工業年次調査は，現在，主任工場監督官（CIF）の工場リストを使用して，従業者規

## 4．小括

　このように，行政記録システムと行政制度の脆弱さに悩むインドにとって，行政記録，業務統計を生産する当該行政機関の官僚制的組織の内部データの評価に踏み込んだ実証的研究を回避してレジスターベースの統計制度構想を議論することは，誰もが疑問とする問題を無視して論理的空白を残す，許容しがたい不当な議論といわざるを得ない．ところがヨーロッパのレジスターベース統計制度論では当該行政機関の官僚制的組織の実態に踏み込んだ実証的議論，すなわちその行政行為の実態に遡及した当該行政記録の資料批判が，まさに議論の空白領域になっているのである．その結果，レジスター統計のクオリティ，真実性がオープンには議論されていない．レジスターベース統計の真実性，クオリティは，第二義統計の根源的な統計原情報である当該行政記録のデータ・クオリティを検証しなければ評価できない．そして，行政記録のクオリティを検証するためには，当該行政機関の官僚制的組織の実態に立ち入った実証的研究なしには実行不可能である．そのような大きな論理的空白を伴うヨーロッパ統計家会議・国連欧州経済委員会のレジスターベース統計制度論はインドではほとんど役に立たない．それはインドの行政記録システムのクオリティが北欧諸国等の行政記録システムのそれと比較して各段に低水準だからではない．むしろ，ヨーロッパのレジスターベース統計制度論において，当該国の官僚制的組織の実態に遡及した当該行政記録の資料批判がインドと比較して各段に貧弱だからである．そのため双方の議論が噛み合わないのである．

　以上より，インド統計評議会は，(i)直接的に行政組織それ自身，(ii)間接的に行政対象としての社会，という論理的にまったく次元の異なる2つの対象を表現する行政記録，業務統計を，(i)と(ii)の両面から検討せざるを得ない状況に追い込まれている．すなわち，レジスターベースの統計制度論を追求する，ヨーロッパ，とりわけヨーロッパ統計家会議・国連欧州経済委員会の統計家たちのように，行政記録，業務統計から吟味不十分な第二義統計（レジスター統

---

　模100人以上の登録事業所を全数調査，それ以下の登録事業所を標本調査している．

計)を生産しようとする一面的な議論を超え出て,両面的な視野から行政記録,業務統計(行政統計)を検討せざるを得ない状況に置かれているのである.たしかに,「(i)行政組織それ自身」を対象に行政記録から行政評価・政策評価の諸指標を追求する統計的監査制度構想は課題提起だけに終わり,断念された.その結果,インド統計評議会もまた「(ii)行政対象としての社会」を対象とする行政記録の情報側面に着目して市民社会に関する第二義統計を研究するヨーロッパ統計家会議・国連欧州経済委員会の統計家たちと,基本的に同次元の「限定された問題」に議論をしぼった.しかし,インド統計評議会は,行政記録,業務統計を当該行政組織の自己言及的な情報('corollary')として分析して,その結果,政府統計制度の情報基盤である行政記録システムと行政制度の脆弱性について内部告発する方向に向かったのである.

　これはインドの統計制度特有の伝統的な問題関心であり,インド統計評議会の発足前からあった問題関心である.すでに述べたように,インド統計制度内部には,幾つかの行政領域で,行政統計(政府業務統計)を外部から客観的にチェックするために,それとパラレルに対比できる全国レベルの標本調査がすでに,意図的にビルトインされている.インド統計評議会が,行政統計制度を標本調査制度に一元的に置き換えるのではなく,分権的な統計制度の枠内で,行政統計制度の劣化問題に取り組むよう提言したのは,インドの幾つかの行政領域で,行政統計制度と標本調査制度を意図的に並立させる統計制度——例えば,民事登録システム(CRS)と標本登録システム(SRS),主任工場監督官(CIF)工場記録システムと経済センサス追跡調査(FuS),村落徴税官土地記録システムと作物統計改善(ICS)監視制度等——が実在していたからである.

　このような分権的な統計制度ゆえに,インド統計評議会は,標本調査等を幾つかの主要な行政統計と(類似の統計対象の重複を前提に)パラレルに対比し,行政記録を生産する当該行政機関の官僚制的組織の内部データの解釈に立ち入った実証的議論を展開し,内部告発に近い検証内容を公開することができたのである.このような統計的実践がオープンにされ国民的に議論されることはヨーロッパではまれなことである.

　だが,この検証結果はインド統計評議会にとって非常に悩ましい内容であった.というのは,この検証結果は,誰の目にも明らかに行政制度の劣化を暴露

するものであったからである．インドの行政記録，業務統計は，(ii)行政対象としての社会に関する情報である以前に，(i)直接的に行政組織それ自身を，同時に表現している．例えば，民事登録システムの出生・死亡登録統計は，登録対象であるインド全域の人口動態を統計対象にする以前に，インド全国の10万人に及ぶ登録官たちの登録組織網それ自体を直接の対象とした業務統計である．教育行政統計は認可された全国の学校を統計対象にする以前に，教育行政の日常的監督範囲を直接の対象とした業務統計である．主任工場監督官の工場リストは「登録事業所」を対象とするリストである以前に，主任工場監督官の影響圏を直接に表現するリストである．土地記録は，村落の土地所有を対象とする以前に，村落徴税官（patwari）の地税徴税行政を直接の対象とした行政記録である．電力統計は社会の電力需給が統計対象である以前に，中央電力機構（CEA）それ自体が直接の統計対象である．商業情報総局の貿易統計は，貿易活動が統計対象である以前に，税関業務を直接の対象とした業務統計である，等々．このような記録を集計して得られた行政統計は，おのずと当該行政全体の輪郭を観察する統計である．それゆえ，このような行政統計は，市民社会を対象とした第二義統計，すなわち「(ii)行政対象としての社会」を対象としたデータとしてはクオリティが低くても，「(i)行政組織それ自身」を対象とするデータとしては，逆に，クオリティが高く正確であるかもしれない．「(i)行政組織それ自身」を対象とするデータは，インドの官僚制度を一個の統計対象に見立てた調査・分析を可能にする精密なデータとなり得るからである．それら行政記録をベースとした第二義統計，標本調査，国民経済計算の劣化の背後に，それら行政制度の劣化が，データ上明らかとなる．それこそが根本問題であることは誰の目にも明らかである．

　すでに述べたように，インド統計評議会が行政制度の劣化として統計的に観察している事態は，行政組織が市民社会から一定程度遊離した一面的・抽象的で歪んだ機能しか果たさないという事態である．それは，いわば国家と市民社会の分裂的関係の統計的表現である．こうした分裂的関係はインド経済の自由化によって一時的に深刻化しているが，経済の自由化以前からインドに存在する根本的傾向である．

　ところが，行政制度の劣化は，インド統計評議会の扱える課題をはるかに超

えた難問として残された．行政統計の劣化が行政制度の直接的帰結（'corollary'）であるならば，行政制度のラジカルな改革なくして行政統計の改善はむずかしい．行政制度の改革は行政組織の社会体制内に占める位相・役割の転換を伴うから，行政組織管理の問題を超えた政権の政策変更に関わる政治問題でもある．ところが，評議会が提言できたのは統計制度の改革提言，すなわち統計制度の行政管理（Administration of Indian Statistical System）の改革提言に止まり，行政制度の改革提言ではなかった．この点がインド統計評議会のかかえる1つの大きな限界とジレンマであった．

　インド統計評議会のもう1つの限界は，同評議会の統計制度分析が，統計データの収集と記録の最前線の現場を直接分析するものではなかったということである．とくに問題なのは，インド統計評議会がみずから地方統計制度末端の草の根レベルの状況を直接実態調査した形跡が一切ないということである．つまり，評議会の統計制度分析は，主に中央・州政府の指導的政府統計家の知見に基づく分析であった．行政統計の劣化を定量的に検証するために，標本調査等が行政統計とパラレルに（類似の統計対象の重複を前提に）対比される場合にも，それは中央・州政府レベルの統計がマクロレベルで照合されただけであった．評議会が使用した資料は，中央・州政府の指導的政府統計家や統計職員が提供する資料や知見であり，それら資料を介して間接的にデータ収集システムの最前線が検討されたにすぎない．「行政統計制度は劣化し，…(中略)…劣化は行政統計の基礎，すなわちデータの収集と記録のまさに最初の段階で起きている．…(中略)…行政統計制度全体が立脚する土台部分が瓦解し，インド統計制度の全システムを衰弱させ，その大部分を麻痺させているかのようである」[83] と警告しながら，実のところ評議会は，データ収集の最前線の現場に足を運んで，本当に指導的政府統計家や統計職員の証言通りであるかどうか現場検証していない．また，そうした最前線の現場の具体的状況を示して，データ収集システムの劣化の解決策を考える糸口を提示したわけではない．問題解決の糸口はまさにこの「土台部分」から考えるべきであった．

　すでに述べたように，行政統計の劣化が起きているデータ収集の最前線とは，

---

83) NSC (2001), para. 14.3.10.

ほとんどが，州政府統計制度末端の地方統計収集の最前線である．しかし，インド統計評議会は，このように地方統計制度末端のデータ収集システムに関する状況分析を，未着手の課題として残してしまったのである．しかも，評議会がそうした議論を展開した 2000 年から 2001 年という時期は，州政府より下位レベルの県・郡・市町村が，インド憲法第 73 次，第 74 次改正法の施行（1993 年）によって，憲法上はじめて全国一律に公式の地方自治体として保障された直後の地方分権化の時期と重なっていた．地方自治のためのデータニーズに応えるために地方統計制度の構築は焦眉の課題であった．

　それゆえ，インド統計評議会は 2001 年 8 月に一旦解散したが，その最終レポートで，インドの地方統計に関する諸課題を検討する専門委員会を設置するよう勧告した[84]．この勧告を受けて早速 2002 年に「地域開発基礎統計に関する政府専門委員会」(Expert Committee on Basic Statistics for Local Level Development) が発足するわけだが，これは次の第 4 章の研究課題である．

---

84) NSC (2001), para. 9.2.16.

＃第4章
# インドにおける新しい統計領域
―村落パンチャヤト統計制度の構築[1]―

## 1. 本章の課題と方法

　それでは，統計的データの収集・記録の最前線に位置するインドの統計制度の地方末端は，今日，いかなる状況にあるのだろうか．本章はインドの人口の約6割が居住する農村地域に焦点を当ててその実態を考察する．インドでは憲法第73次改正法の施行以来，インド農村地域全域に新たな統計領域が出現しているからである．

　インドでは1993年に第73次憲法改正法が施行され農村地域全域にはじめて地方自治体——パンチャヤト統治制度（panchayati raj institutions）[2]——が成立した．それ以前には，インドに県レベル・市町村レベルの全国一律の地方自治は未確立であった[3]．憲法上，県・市町村レベルの地方自治体に自治を保障す

---

1) 本章は，拙著 Okabe and Bakshi (2016) の主要部分を要約し，その論点を際立たせ，新たな論点を付け加えたものである．
2) 以下，「パンチャヤト統治制度」（panchayati raj institutions）とは村落パンチャヤト，郡委員会，県パンチャヤトの3層からなる農村地域地方自治体の総体をさす．単に「パンチャヤト」と総称する場合は，文脈に応じて，各層の任意のパンチャヤトをさすか，または「パンチャヤト統治制度」をさすものとする．
3) 第73次憲法改正法以前の近代パンチャヤト成立史に関わる参考文献として，Planning Commission (1952), Kerala Administrative Reforms Commission (1958), Committee on Plan Projects, Government of India (1959), Ministry of Agriculture and Irrigation, Department of Rural Development, Government of India (1978), Kashyap (1989), Mathew and Institute of Social Sciences (2000), Isaac and Franke (2000), Crook and Manor (1998), Rai, et al. (2001), Kumar (2006) などを参照．

る明確な規定がなかった．憲法上，地方自治が保障されたのは州政府までであった[4]．ところが，第73次改正法によって，村落パンチャヤト（village panchayat），郡委員会（Block-level committee），県パンチャヤト（district panchayat）の3層[5]から構成される農村地域地方自治体であるパンチャヤト統治制度に自治権，選挙制度，財政メカニズム等が正式に規定され，29分野の担当業務について権限移譲が認められた．これによって，インド連邦制は中央・州の2層構造から中央・州・地方自治体の3層構造に再編された（図

---

[4] 日本では，国，都道府県，市町村の3層構造のうち，都道府県と市町村を合わせて地方自治体と呼び，農村地域では県と町村の間に「郡」と呼ばれる地域単位が存在する．連邦制のインドは，それぞれの州が独立した政府として存在し，各州政府の管轄下に地方自治体がある．第73次憲法改正法以前には，中央政府と州政府の間で権限の分割が行われ，州政府の自治は強化されたが，州レベルより下位の地方組織及び地方分権のあり方は，各州政府の自治に任されていた．インド憲法は，制定当初から「国は，村落パンチャヤトを組織し，それが自治単位として機能するのに必要な権限を与えなければならない」（第40条）という「国家政策の指導原則」を謳っていたが，この原則は，裁判所によって強制される規範ではなかった．多くの州政府は（ケララ州や西ベンガル州など一部例外州を除き）地方分権に消極的であり，権限や財源の移譲が進んでいなかった．すなわち，日本でいう全国一律の地方自治は，インドでは基本的に州レベルまでであった．多くの州政府はパンチャヤトに明確な位置づけや権限を与えなかった．県レベル以下には民選の地方自治体が（一部の例外州を除き）存在しなかった．イギリス植民地時代以前から，南アジアには「パンチャヤト」（panchayat）と呼ばれる伝統的な村落共同体による非公式な自治があったが，民選の自治体としてその機能が憲法上保障されていたわけではなかった．多くの州では，県・郡・村落に州・中央政府の地方出先機関が置かれるだけで，地方自治体としての要件が整っていなかった．

[5] 農村地域地方自治体であるパンチャヤト統治制度の3層構成は，日本の農村地域の県，郡，村に喩えられるが，根本的な相違点もある．第1に，独立運動時代にガンジーは村落パンチャヤトを基礎とした共和国の創設を理想としていたが，その後，ガンジーの理想に反して村落はカースト制度等の共同体的旧習を残すものとして批判されている．そのため，女性や「社会的弱者層（後進諸階層）」のために代表者の議席留保が特段に定められている．実際，本研究の調査対象期間に本章対象村落である西ベンガル州 Raina 村落パンチャヤトの公選の村長はダリット（「不可触民」）の女性であった．すなわち，村落自治の成功は彼らの政治的エンパワーメントを意味している．第2に，（マハラシュトラ州，西ベンガル州を含む）多くの州において，村会（gram sabha）の総会は，原則，直接民主制である．第3に，日本とちがってインドでは郡も民選の自治体であり一定の行政機能を果たす．第4に，パンチャヤトの組織体系や権限は全国一律ではなく州によってかなり異なる．憲法上の規定は，組織や機能分野のごく基本的な事項を定めたに過ぎず，依然，詳細は各州政府の自治に委ねられ，州議会が個別に立法化することになっている．

第4章　インドにおける新しい統計領域　　119

1. 中央政府
2. 州政府
3. 農村部地方自治体（パンチャヤト）/都市部地方自治体（自治都市）
 └農村部地方自治体（パンチャヤト）の3層構造

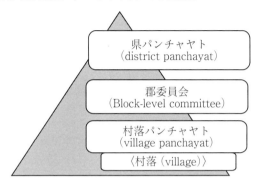

図4-1　農村地域地方自治体の構成

4-1）[6]．この憲法改正法は，女性や「社会的弱者層」のためにパンチャヤト代表者の議席の留保も定め，彼らの政治的エンパワーメントも促進した．その結果，無数の住民リーダーがインド地方政治の舞台に新たに登場することとなった．このように，第73次憲法改正法は，民主的な地方分権化に向けてインド地域社会に大きな転換をもたらした．人口の6割以上が農村部で暮らすインドでは，この転換は社会に大きな変革をもたらすものであった．

　従来，地方自治の空白地帯であった県・郡・町村に地方自治が成立したことによって，そこに地方自治のための新たな統計ニーズが出現した．州政府が地方に権限を移譲し，新たに登場した住民リーダーたちが自治体を運営するためには統計的データベースが必要である．このデータニーズに応えるために，地域に実在する未整理のデータソースを再検討する機運が高まっている．それが本章でいうインドの新たな統計領域である．本章の目的は，地方統計制度が成立するこの原初的な姿を研究し，その発展可能性と課題を研究することである．

　かつてインドの統計制度は，中央政府と州政府の計画委員会が主導する中央

---

6)　なお，都市部については，1993年にインド憲法第74次改正法によって都市部地方自治体である「自治都市」（Municipality）が憲法上制度化された．

集権的5カ年計画体制の統計ニーズに応えるものであった．従来の中央集権的体制の下では，地方統計制度に関して各種政府委員会が多くの提言をまとめてもあまり関心を引かなかった[7]．例えば，インド統計学創設の最大の功績者と称えられる P.C. マハラノビスがインド独立直後に創設した全国標本調査（National Sample Survey）は，洗練された大規模標本調査制度として定評があるが[8]，それは全国あるいは州レベルのマクロな推計値の供給を目的に成立した統計制度であり，県レベル以下の小地域の統計ニーズに応えるものではなかった．

そこで，インド統計評議会は，地域開発の基礎統計に関する諸課題を検討する専門委員会の設置を提言した．この提言を受けて早速 2002 年に「地域開発基礎統計に関する政府専門委員会」（Expert Committee on Basic Statistics for Local Level Development, 以下, BSLLD 専門委員会と略）が発足した．BSLLD 専門委員会は，過去の各種政府委員会の地方統計制度に関する議論・提言を検討・総括し，現存の地方統計制度の諸問題を調査しただけでなく，村落の現場で既存データを転記・編纂する「村落調査票」（Village Schedule, 以下 BSLLD 村落調査票と略）と呼ばれる表式調査[9]のテンプレートを開発し，それを使ってインド全域で試験調査を実施した[10]．

そこで注目すべきは，BSLLD 専門委員会が，2006 年報告書において「村落パンチャヤトが村レベルのデータを編纂・保持すべきである」と答申したことである．これは一見自明の提言に見えるが，当時のインドではきわめて斬新な課題提起であった．インド政府[11]計画委員会（当時）は，この提言を「デー

---

7) NSC (2001), paras 9.2.17, 9.2.21. 例えば，DISNIC Programme Division (2005) 参照．
8) Ghosh, Maiti, Rao and Sinha (1999).
9) 表式調査とは「形式的にいえば，調査票の過程を省略し，一定の地域を単位として直接集計表形式への記入を要求する調査法である」（木村 1992，126 頁）．「表式調査とは，報告単位（reporting unit）である者が対象地域の調査事項に関して，独自調査，聞き取り，推算あるいは既存情報に基づいて算定した統計情報を集計値の形で所定の報告系統を通じて上申報告し，その結果が地域別の計数，あるいは全国総計として統計に取りまとめられる統計の作成方式をいう」（森 2013，1 頁）．
10) Central Statistical Organisation (2006).
11) 以下，「インド政府」とは中央政府をさすものとする．連邦制のもとでは中央政府と州政府は完全に区別する必要がある．

タ収集をパンチャヤトと結びつける」新しいアプローチとみなした[12]．インド統計評議会は郡レベルの統計データ収集には言及したが，村落パンチャヤトを主体とした統計制度までは検討しなかった．しかしながら，村落パンチャヤトは，地方分権化の下で，最も基礎レベルに位置する地方自治体であるとともに，統計的データの収集と記録の第1段階，最前線に立つ組織であるから，そこが問題の焦点となるのは当然のことといえよう．これこそが，本章が検討するインドの新たな統計領域の基本問題である．

　BSLLD専門委員会のこの答申は，インドのほとんどすべての州の村落パンチャヤト域内で，各種データがパンチャヤト職員や政府出先機関職員——すなわち，総合児童発達サービス（Integrated Child Development Services，以下ICDSと略）センター，小学校，保健所，村落地税事務所，郡開発事務所（Block development office）など——によって現に収集され保持されているという現状認識に基づいている．実際，村落パンチャヤト域内にはそうしたデータソースが未整理のまま実在している．そのため，BSLLD専門委員会は，村落の現場に議論の焦点を移し，村落調査票を用いて村域内に実在する既存データソースからデータを体系的に転記・編纂する試験調査を実施した．

　本章でこれから紹介する研究においてもまた，インドのこの新たな統計領域を村落パンチャヤトの現場に焦点をしぼって考察し，域内の既存データソースに関してフィールド調査を独自に実施した．

　フィールド調査の対象村落は，マハラシュトラ州Buldhana県Paturda郡のWarwat Khanderao村落パンチャヤトと西ベンガル州Bardhaman県Raina-I郡のRaina村落パンチャヤト（およびRaina村落パンチャヤト域内のBidyanidhi村・集落）を対象とした．調査対象期間は2005年4月から2011年3月に限定した[13]．フィールド調査は域内のパンチャヤトや政府関係出先機関[14]のデータソースの実態とその潜在的可能性を全面的に研究する目的で実

---

12) Planning Commission (2008b), p. 16.
13) 調査対象期間後に事業名等が改名された場合は，調査対象期間中の旧名をそのまま使用した．
14) ここで「政府関係出先機関」とは政府出先機関のうち業務分野がパンチャヤトのそれと一部あるいは全部重複する機関をさすこととする．

表 4-1 行政単位の人口規模 (人)

| | |
|---|---|
| 州 (State) レベル | |
| Maharashtra 州 | 112,372,972 |
| West Bengal 州 | 91,347,736 |
| 県パンチャヤト (district panchayat) レベル | |
| Buldana 県 | 2,586,258 |
| Bardhaman 県 | 7,717,563 |
| 郡委員会 (Block-level committee) レベル | |
| Sangrampur 郡 | 137,092 |
| Raina-I 郡 | 180,952 |
| 村落パンチャヤト (village panchayat) レベル | |
| Warwat Khanderao | 1,479 |
| Raina | 15,569 |
| 自然村・集落 (village, ward or *mouza*) レベル | |
| — | — |
| Bidyanidhi | 719 |

出所：Census of India 2011.

施された．インドでは，パンチャヤトの組織体系や権限は全国一律ではなく州によってかなり異なる．それは，州政府の地域政策に大きく左右されるだけでなく[15]，異なる歴史的背景を持つ．Warwat Khanderao 村落パンチャヤトは伝統的なライヤートワリ (*raiyatwari*) 地域に属し，Raina 村落パンチャヤトはかつてのザミンダーリ (*zamindari*) 地域で農地改革を経た地域に属する．村落パンチャヤトの統治領域は行政村を意味する．Warwat Khanderao 村落パンチャヤトは1つの自然村・集落で構成されているのに対して，Raina 村落パンチャヤトは13の自然村・集落 (village, *mouza*) の連合体であり，各自然村・集落に一定の自治権すら付与されていた．Bidyanidhi 村・集落はそのひとつである．このように，性格の異なる村落パンチャヤトを比較対照することは，多様なインド地域社会を研究するために不可欠である．Warwat Khanderao 村と Bidyanidhi 村は，インドの非政府学術団体 Foundation for Agrarian Studies (FAS)[16]がかつて村内世帯全数調査を実施した調査対象村落であるため，詳細な情報と住民データベース[17]が利用できる．

---

15) 本研究の調査対象期間（2005年4月から2011年3月）に，西ベンガル州の政権与党はインド共産党（マルクス派）率いる左翼戦線であったが，2011年5月にトリナムール会議派（Trinamool Congress）へと政権交代した．それに伴ってパンチャヤト統治制度（panchayati raj institutions）の内容も大きく転換した（Bakshi 2011 参照）．
16) http://www.agrarianstudies.org/ （2018年7月確認）．
17) FAS データベースの詳細は以下のホームページを参照．http://fas.org.in/survey-method-toolbox/ および http://fas.org.in/category/research/project-on-agrarian-relatio

# 第4章 インドにおける新しい統計領域

　本章は，この新たな統計領域を需要構造から，すなわち，パンチャヤトのデータニーズから，そして供給サイドから，すなわち，村落パンチャヤト域内に実在する既存データの供給構造から，いわば二面的に研究する．上記2つの村落パンチャヤト域内で，インド憲法第73次改正法の諸規定の実現に利用できる（需要される）と想定される統計的データについて，その収集・記録の最前線の実態[18]をフィールド調査で研究した．パンチャヤトや政府関係出先機関関係者，ときには一般住民に対して，それらデータソースに関してインタビューを実施した．これによって，すべての村落レベル・データソースを割り出し，データ・クオリティ（quality of data）[19]と有用性を検討した．村落パンチャヤトレベルの主要な統計データソースは行政記録かセンサス・全数調査である．後述するように，国勢調査等を除くと，パンチャヤト域内で草の根レベルで生産される主要なデータは，パンチャヤトか州・中央政府関係出先機関の行政活動の副産物である．したがって，本章の研究の焦点は村域内の行政記録やそれに準ずるデータに集中せざるをえない．パンチャヤトの会計記録も行政記録の一部として言及する．

---

ns-in-india-pari/（2018年7月確認）．

[18] インド統計評議会もBSLLD専門委員会もデータ収集の実態を検討することによって統計制度を研究するというスタンスにおいて共通している．インド統計評議会は，「『統計』（statistics）という用語の起源は，国家を記述するという発想と結びついている．もちろん1つの学問分野として統計学（statistics）は，単に数え上げる学問という域をこえている．統計的推論はこの学問の重要な部分といえる．だが，その推論は，そもそも基礎的データが欠陥だらけであり，不正確であり，信頼の置けるものでないならば，実りある成果はもたらさないであろう．だからこそわれわれはあらゆる次元でデータ収集に注目しなければならないのである．健全な意思決定を行い，公共政策を策定し点検するためにはよい統計制度は不可欠の必要条件である」（NSC 2001, para 2.1.1）と主張している．ただし，インド統計評議会は，村落レベルのデータ収集・記録の最前線を検討していない．それを行ったのがBSLLD専門委員会である．

[19] データ・クオリティ（quality of data）とは，国際的な統計品質（クオリティ）論の一連の論議で使用される用語である（Elvers and Rosén 1997参照）．その場合，統計品質論とは「統計データの質，統計の生産から配布までの過程の質，さらにその過程を支える統計制度の質を問う一連の論議を指す」（水野谷2006, 116頁）．インド統計評議会発足の契機となった検討課題もまた，IMFの統計品質ガイドライン（Special Data Dissemination Standards [SDDS]）への対応であった（NSC paras 14.3.16-14.3.20）．日本における統計品質論の先駆的議論は統計の信頼性・正確性に関する研究にさかのぼる（蜷川1932, 参照）．

村域内の行政記録を研究するためには，村の行政制度を研究せざるをえない．前章で明らかになったように，行政記録・行政統計のクオリティは，行政制度の状態の直接的帰結（corollary）だからである．行政記録・行政統計のクオリティと有用性を検討し評価するためには，究極的には集計前個票リスト（世帯リスト，個人リスト，出来事のリスト，施設や事業所のリスト，農地の筆［土地区画］のリスト等）を検討しなければならない．集計前個票リスト形式の行政記録は，集計データ（行政統計）の直接的な基礎ではあるが，それ以前に公共政策の対象リストである．それは，集計せずにそれ自体としてそのまま利用可能でなければならない．すなわち，行政統計のクオリティは，集計前個票リスト形式の行政記録のクオリティの直接的帰結であり，個票リスト形式の行政記録のクオリティは，それを生産・利用する行政組織・行政制度の状態の直接的帰結である．そこで，本章では集計された行政統計だけではなく，集計前の個票リスト・個票集合も「統計データベース」(statistical databases) を構成する基礎データとして研究対象に含める．

2005年インド情報公開法（Right to Information Act, 2005）の制定によって，現在，インドの公共機関は住民の情報公開請求に積極的に対応する体制を整えている．同公開法は，「公開しても公共的活動や公共利益と何ら関係のない個人情報，または個々人のプライバシーの不当な侵害につながる個人情報」を情報公開の例外として規定しているが，「公共的利益の価値が［例外規定で］保護すべき諸利益の価値の侵害を補って余りある場合は，公権力はその情報へのアクセスを認めることができる」と規定している．この情報公開法の施行により，本研究の調査対象期間（2005-11年）には地方の末端組織に至るまで情報公開の機運が高まり，のちにみるように個人情報の公開も日本ではとてもありえないレベルに達していた．情報公開政策が個人情報保護政策に先行する近年のインド民主化をどうとらえたらよいかという問題は，大変興味深い研究課題ではあるが本書の研究の課題をこえている．また，村落個人情報へのアクセスが認められる個人・機関の範囲を将来どうルール化すべきかという問題にも本書は立ち入らない．直接民主主義の原則が強く働く両村落パンチャヤトで情報公開の功罪を評価するのはまだむずかしいからである．本研究はそうした個票レベルデータの潜在的利用可能性を研究するために，村長や関係機関にこの研

究の公共性を十分説明し，彼らの協力に沿って研究を進めた．

## 2. パンチャヤトのデータニーズ

この新たな統計領域を評価・分析するためには，まずパンチャヤトのデータニーズを把握する必要がある．新たな統計領域でどのようなデータが需要されているのか，利用目的は何かについて厳密に考察することなしに，村落パンチャヤト域内の統計データソースのクオリティや有用性を評価することはできないからである．

パンチャヤトのデータニーズに関する有力な先行研究は前述のBSLLD専門委員会の調査研究である．同専門委員会は第73次憲法改正法施行以降のパンチャヤトのデータニーズに応えるため，インドにおける各種政府委員会が過去に行った地方統計制度に関する議論を再検討し，地域開発の基礎統計の現状を総合的に研究しただけでなく，インド全域で試験調査を実施して地域開発に不可欠なデータを編纂する表式調査データ・テンプレート，BSLLD村落調査票を開発した．BSLLD専門委員会の研究は，この新しい統計領域に関する現代インドの研究の到達点を示すものといえる．それゆえ，われわれも本研究のフィールド調査を開始した当初，BSLLD村落調査票のデータ項目を大いに参考にし，それを村域内データソースに関するインタビューを実施する際のチェックリストとして活用した．

しかし，BSLLD専門委員会の研究はもっぱら「各種開発事業のミクロレベルの計画策定に利用できる」（傍点岡部）データに焦点をしぼった研究であって，パンチャヤトのデータニーズ全般を取り扱うものとはいえない．BSLLD専門委員会のこの研究アプローチは，インド統計評議会の要請に基づくものであった[20]．だが，村落パンチャヤト域内に実在する各種データソースを詳しく

---

20) Central Statistical Organisation (2006), A-1.「ランガラジャン委員会，すなわちインド統計評議会は，各種開発事業のミクロレベルの計画策定に利用する一群の諸変数/諸指標を地方レベルで編纂・集計するための定期的データ収集システムを開発するよう提言した．インド統計評議会は，さらに地方レベルの諸指標をあらゆる側面から検討するための専門委員会の発足を勧告した」（傍点岡部）．ここでいう専門委員会がBSLLD専門委員会であった．

研究すると，そのなかには地域計画策定というデータニーズだけでは説明し尽くされない，パンチャヤトの統治基盤に関わるもっと基礎的なデータが多く含まれていることがわかってきた．このことは近年のインドの関連文献，州・中央政府資料で議論されているパンチャヤト関連データをサーベイしても明らかである．パンチャヤト制度を強化するために統治（ガバナンス）や財政に関するデータが議論になる場合がその典型である[21]．かつてインドの統計制度は，中央政府と州政府の計画委員会が主導する中央集権的計画体制のデータニーズに応えるために計画策定（planning）と切っても切り離せない関係にあった．統計整備は計画策定のために必要であるという一見もっともらしい思考様式が当然視されてきた[22]．だが，今日のパンチャヤトは，地域計画の策定だけでなく，パンチャヤトの統治基盤の確立に必要な基礎的なデータを必要としている．例えば，パンチャヤトの選挙人名簿や，第5章で扱う住民基本リスト，パンチャヤトの財源を評価するデータなどの整備をすべてパンチャヤトの計画策定に結びつけて理解するよりも，計画策定以前に必要な，パンチャヤトの統治基盤に関わる基礎的データとして，検討した方が有益である．たしかに，インド憲法第73次改正法第243G条は，パンチャヤトの権能，権限および責務として「経済的発展および社会正義のための計画の策定」を要請している．だが，同じ第243G条ではパンチャヤトを「自治（自己統治）機構」(institution of self-governance) と規定しており，第243H条〜第243J条はパンチャヤト財政健全化を要請している[23]．自治や財政は計画策定と密接に関わるが，一旦切り離して個別に議論した方がパンチャヤトのデータニーズを多面的に扱うことが

---

21) Okabe and Bakshi (2016), pp. 12-18 参照．例えば，西ベンガル州政府は，パンチャヤト活動に関わる広範な人々と議論を重ねて「パンチャヤト自己評価票」(Self-Evaluation Schedule) を開発したが，この自己評価票は「A. 制度の機能状況とガバナンスの良さ」と「B. 財源の強化と使用」の二部構成になっており，ガバナンスや財政に関する自己評価が焦点になっていた (Panchayats and Rural Development Department, Government of West Bengal 2008b)．また，インド政府財務委員会は第11次財務委員会以来，地方自治体の財務に関するデータベースの確立と，パンチャヤト会計の確立・強化を再三要請している（Eleventh Finance Commission 2000, pp. 78-79 および Twelfth Finance Commission 2004, p. 154）.

22) Ghosh, Maiti, Rao and Sinha (1999) 参照．

23) Mukherjee (1994), p. 146.

できる．のちにみるように，Warwat Khanderao 村落パンチャヤトは自治権限を有する担当業務が少ないため，実効性のある地域計画を策定する余地がほとんどないが，それにもかかわらず自治や財政運営等の統治基盤として多くの基礎的データベースを必要としている．パンチャヤトのデータニーズを地域計画策定というニーズだけから理解するのは強引であり一面的である．

そこで本研究は，パンチャヤトのデータニーズをインド憲法第 73 次改正法の諸規定から直接導出することとした．すなわち，各州政府が，第 73 次憲法改正法の規定する諸要件を満たすべく，自治権と地域開発権限をパンチャヤトに移譲すると仮定して，パンチャヤトのデータニーズを研究する．そのような仮定に基づいて第 73 次憲法改正法後のパンチャヤトの潜在的データニーズの基本構造を整理すると以下のようになる[24]．

> データニーズ I：パンチャヤトの民主的な自治（self-governance）を根拠とするデータニーズ[25]．
> その内，特殊ニーズとして，
> データニーズ IA：パンチャヤトへの権限移譲の移行プロセスで利用されるデータ，とりわけ，パンチャヤト域内でパンチャヤト制度から独立して活動する州・中央政府出先機関に関するデータ及びそれら機関が保有するデータへの要求．
> データニーズ II：パンチャヤト財政関連のデータニーズ[26]．
> データニーズ III：パンチャヤトの計画策定のためのデータニーズ[27]．

---

24) パンチャヤトのデータニーズの詳しい導出手順は，Okabe and Bakshi (2016), pp. 12-18 を参照．
25) インド憲法第 73 次改正法第 243 条，第 243G 条，第 40 条，および第 243A 条～第 243D 条，第 243K 条参照．『パンチャヤト』とは農村地域のために第 243B 条に基づいて組織された自治組織（self-government）（それがどのような名称でよばれようと）をいう」（第 243 条）．「憲法の規定にしたがい，州議会は，法律によりパンチャヤトが自治機構（institution of self-governance）として活動するのに必要な権能と権限をパンチャヤトに与えることができる」（第 243G 条）．
26) インド憲法第 73 次改正法第 243H 条，第 243I 条，第 280 条(3)(bb)，第 243J 条参照．
27) インド憲法第 73 次改正法第 243G 条，第 243ZD 条参照．

以上のデータニーズは相互に関連し合うだけでなく，同一のデータが異なるデータニーズに応えるために重複利用されることがある．しかし，それらのデータニーズは論理と射程が相互に異なるため，データニーズの全体像を複眼的に理解するためには区別する必要がある．BSLLD 専門委員会の研究はデータニーズⅢに基づくものである．だが，計画策定（planning）のための統計整備という先入観を一旦捨てなければ地方統計の価値の全体像は把握できない．

### (1) データニーズⅠ：パンチャヤトの民主的な自治を根拠とするデータニーズ

データニーズⅠで要請されるデータは，「パンチャヤトそれ自身」に関するデータ群と「パンチャヤトの統治対象」に関するデータ群という，一部重複するが，まったく性格の異なる2種類のデータ群からなる[28]．のちに述べるように，両者を混同するとこの両義的なデータに混乱した解釈を加えることになり，問題の焦点が不明瞭になる．その上，BSLLD 専門委員会は，前者のデータ群を一切捨象しているので，BSLLD 専門委員会の限界と本書の研究課題の独自性を明確にする上でも両者を区別する必要がある．以下ではこの2つのデータニーズを敢えて厳密に区別して論述する．

### 1) パンチャヤトそれ自身に関するデータのニーズ

「パンチャヤトそれ自身」に関するデータとは，パンチャヤトが日常的活動を遂行し，かつ自己点検するために必要なデータであり，その一部は民主的プロセスの一環として住民に開示される．

---

28) 第1章でもふれたが，H.A.サイモンは，組織科学の観点から，業務が適切に遂行されているか否かを点検し確認するための「成績評価情報」と，注意を振り向けるべき問題の所在を探知するための「注意喚起情報」に統計情報を類型区分している（Simon and Ridley 1938, 本田訳 1999）．西尾（1993）は，行政組織では，業務統計の多くが，第一次的には成績評価情報として記録され整理されているが，第二次的には注意喚起情報としても活用されている，と述べている．調査統計の多くは，第一次的には注意喚起情報として調査し収集されるものであるが，第二次的には政策・施策の効果を確認し評価する成績評価情報として活用されることもある，としている．

①パンチャヤトの民主的な政治・行政プロセスを保証するデータ

　憲法上パンチャヤトは民選の自治体であるから，州選挙管理委員会が作成するパンチャヤトの選挙人名簿は，当然，不可欠である．村会（gram sabha）は憲法上，村レベルのパンチャヤト活動の中心に位置付けられている（第243A条）．マハラシュトラ州のWarwat Khanderao村落パンチャヤトも西ベンガル州のRaina村落パンチャヤトも，村会または地区委員会による直接民主制的意思決定が建前である[29]．村会は，パンチャヤト域内選挙人名簿に登録された人々で構成される団体であるから，村の選挙人名簿は村落パンチャヤトの日常的活動にとって不可欠である．西ベンガル州のRaina村落パンチャヤトは，前述のとおり，13の自然村・集落（mouza）の連合体であり[30]，各集落はパンチャヤト選挙の選挙区であるばかりでなく，有権者による地区委員会（gram sansad）を構成していた[31]．したがって，村落パンチャヤトを構成する地区ごとの選挙人名簿が利用されていた．

　村会やパンチャヤト等の審議内容の開示も，民主的な自己統治プロセスの一環として求められる．村落パンチャヤトには各種常任委員会[32]が，（西ベンガル州の場合）地区委員会には地区開発委員会（gram unnayan samiti）が，設置

---

29) マハラシュトラ州の村会の定足数は，有権者の15％（または100人）であった．西ベンガル州の定足数は有権者の1/12であった．西ベンガル州の「パンチャヤトの自己評価票」（Self-Evaluation Schedule）は，地区委員会への住民出席率を，9 if 40% or more, 8 if 30-39%, 7 if 25-29%, 6 if 20-24%, 5 if 18-19%, 4 if 16-17%, 3 if 14-15%, 2 if 12-13%, 1 if 11%, 0 if 10%, -1 if 8-9% and -2 if less than 8%, と点数化している．Raina村落パンチャヤト域内の地区委員会の平均出席率は10数パーセント程度であった．

30) 実際には，12の自然村（Pipila, Ibidpur, Fatepur, Bidyanidhi, Hakrishnapur, Bokra, Birampur, Rayna, Raynagar, Jot Rajaram, Bishwesharbati, Maheshbati）に地区委員会がある．

31) 西ベンガル州の村落パンチャヤトは，下部組織である地区委員会が当該地区について提案した実施事業対象者の優先順位リストや実施事業優先順位リストについて，その優先順位を覆すことができない．マハラシュトラ州Warwat Khanderao村落パンチャヤトにも選挙区はあるが各地区に自治権はない．

32) マハラシュトラ州のWarwat Khanderao村落パンチャヤトではすべての常任委員会が十分機能しているわけではなかった．西ベンガル州のRaina村落パンチャヤトでは，(i)財務と計画策定委員会，(ii)農業と畜産開発委員会，(iii)教育と公衆衛生委員会，(iv)女性・児童発達と社会福祉委員会，(v)工業とインフラ委員会が機能していた．

されているのでその審議内容の情報開示が求められることがある．

　村落パンチャヤトの村長，選挙で選出された議員，行政スタッフなどの人事データ，村落パンチャヤトの資産・施設データの開示も求められる．パンチャヤト議員の議席や村長職を指定カースト，指定部族，女性に割り当てる留保ルールは憲法（第243D条）に厳格に定められているので，それら情報の開示も必然的に求められる．

　実際，西ベンガル州の「パンチャヤト自己評価票」(Self-Evaluation Schedule) は，各村落パンチャヤトの選挙人名簿の有権者の数，選任された代表者の数と指定カースト・指定部族該当者，女性の内数，村会や地区委員会の開催頻度・出席率，常任委員会や地区開発委員会の開催頻度，パンチャヤトの資産・一般行政施設（役場施設・ホールの有無，トイレ・水道・電気・インターネット接続・電話・パソコンの有無）について情報提供を求めている．

②パンチャヤトの業務遂行を把握するデータ

　だが，「パンチャヤトそれ自身」に関するデータのなかで最も重要なデータは，パンチャヤトの実際の機能に関するデータ，すなわちその業務遂行（パフォーマンス）を把握するデータである．すなわち，パンチャヤトは，これまで何をどの程度遂行し，今後何をどの程度達成しようとしているのか，そのパフォーマンスについて常時自己点検する必要があるだけでなく[33]，その一部または全部について情報を開示する必要がある．村会での事業報告のためだけでもパフォーマンス・データは必要である．

　ところが，この肝心のデータニーズについてインドでは議論が遅々として進まない．このデータニーズを研究するためにはパンチャヤトの担当業務は何か？　という具体的な情報が不可欠であるが，この前提的情報がインドでは未

---

33) 行政学や経営学などの組織科学の分野では，業務統計が組織のパフォーマンスを表現する数字であるという理解が一般的になっている．この点については第1章参照．G.v. Mayr が，組織のパフォーマンスに関する観察を，「自己観察」(Selbstbeobachtung) と呼んで「他者観察」(Fremd beobachtung) と理論的に区別したことについては第7章参照．「自己観察は，私法上・公法上の法人が，十分な技術によりその事務処理および収支記録を備えるに至る場合に，十分整備されることとなる」(Mayr 1914, S. 71-72, 訳書177頁)．

だはっきりしないのである．すなわち村落パンチャヤトとはそもそも何をする団体なのかという前提問題がはっきりしないのである．パンチャヤトの果たすべき担当業務が不明確であるから，どんな業務を把握するデータが必要であるか，そのニーズもまた曖昧になる．

インド憲法第73次改正法第243G条は，憲法第11附則でパンチャヤト統治制度に権限移譲できる担当業務について次の29項目を列挙している．

1. 農業振興事業を含む農業
2. 土地改良，農地改革の実施，農地整理および土壌保全
3. 小規模灌漑，水管理および流域開発
4. 畜産業，酪農業および養鶏業
5. 漁業
6. 社会林業および農園林業
7. 小規模森林生産物
8. 食品加工業を含む小規模工業
9. 繊維業，農村および家内制手工業
10. 農村住宅建設
11. 飲料水
12. 燃料および飼料
13. 道路，排水溝，橋梁，渡船，用水路およびその他の交通機関
14. 電力供給を含む農村電化
15. 非通常型エネルギー資源
16. 貧困対策事業
17. 初等および中等学校を含む教育
18. 技術訓練および職業訓練
19. 成人およびノンフォーマル教育
20. 図書館
21. 文化事業
22. 市場および市
23. 病院，一次医療センターおよび診療所を含む保健および衛生
24. 家族福祉

25．女性と児童の福祉
26．身体障害および精神障害に対する福祉を含む社会福祉
27．弱者層の福祉，とくに指定カースト・指定部族の福祉
28．配給制度
29．コミュニティ施設の維持管理

以上の項目を再分類すると，以下のように整理できる[34]．
  A．第一次産業関連担当業務事項：1，2，3，4，5，6，7，12
  B．教育関連担当業務事項：17，18，19，20，21
  C．保健・児童発達関連担当業務事項：23，24，25
  D．貧困対策・社会福祉関連担当業務事項：10，16，26，27，28
  E．インフラ関連担当業務事項：11，13，14，15，29
  F．商工業関連担当業務事項：8，9，22

 だが，ここで憲法第11附則は，パンチャヤトの担当業務の「項目」を列記しているだけである．憲法第73次改正法第243G条は，第11附則の諸項目について，「適切なレベルのパンチャヤトに権能と責務を付与する規定」を州政府が法律で定めるよう勧告している．だが，マハラシュトラ州でも西ベンガル州でも，憲法第11附則の諸項目に沿って，県，郡，村落のパンチャヤト3層の具体的な担当業務（行為・アクティビティ）と分担関係が州法であらたに規定されたわけではない．担当業務分担が無規定であれば予算配分の根拠すらはっきりしない．そうした混乱がインド地方分権化の大きなボトルネックになっているといわれている[35]．
 そこで第2次行政改革委員会（Second Administrative Reforms Commission）

---

[34] Planning Commission (2008b), p. 115 の分類方法を参考にそれを微修正した．Planning Commission (2008b) は，"Primary Sector" (1, 2, 3, 4, 5, 6, 7, 12), "Education" (17, 18, 19, 20, 21), "Health" (23, 24, 25), "Poverty" (10, 16, 26, 27, 28), "Infrastructure" (11, 13, 14, 15, 29), 及び "Economic development" (8, 9, 22) と分類している．

[35] Second Administrative Reforms Commission (2007), p. 45 および Oommen (2008), p. 7.「アクティビティ・マッピングは州政府が緊急に取り組むべき主要な行動項目のひとつであることがすでに明確になっている」(*ibid.*)．

は[36]，2007年レポートで各州政府に「アクティビティ・マッピング」(Activity Mapping) の実施を勧告した．アクティビティ・マッピングとは憲法第11附則の業務項目を，より具体的な行政行為・アクティビティに分解し，それらの行為・アクティビティを県，郡，村落のパンチャヤト3層に割り振る作業のことである．この作業によって，章末に掲載した付表のように，横軸に，県，郡，村落のパンチャヤト3層区分，縦軸に，上記29の業務項目をとって，それぞれのセルに具体的な行政行為・アクティビティを記入した分担表を作成することができる．このような担当業務表があれば，各層パンチャヤトの担当業務の具体的状況が明らかとなるから，それを前提にそれら業務に必要なデータニーズを検討することができる．パンチャヤトのデータニーズは，このような明確な担当業務情報がなければ論理的・分析的に議論できない．

西ベンガル州議会は，アクティビティ・マッピングを州法では定めていないが，州政府パンチャヤト・農村開発庁 (Panchayats and Rural Development Department) が，2005年，2006年および2007年の行政命令で[37]，章末の付表のようなアクティビティ・マッピングを提示している．Raina村落パンチャヤト上級補佐官 (executive assistant) もRaina–I郡開発官 (Block Development Officer) もこのアクティビティ・マッピングを認知し，郡委員会の業務と村落パンチャヤトの業務の境界を意識していた[38]．そこで本章は，以下で，章末付表のアクティビティ・マッピングをRaina村落パンチャヤトの担当業務情報としてそのまま利用することとする．

一方，マハラシュトラ州は，すでに2つの州法——Bombay Village Panchayats Act, 1958 (第45条附則 I〔Village List〕) と Maharashtra Zilla Parishad and Panchayat Samiti Act, 1961 (第100条附則 II および第101条附

---

36) インドの行政改革委員会は，1966年に第1次行政改革委員会が設立され，2005年に第2次行政改革委員会として再編された．
37) Executive Order No. 6102/PN/O/ dated 07.11.2005 and No. 3969/ PN/O/ dated 25.07.2006 and No. 4769/PN/O/ dated 29.10.2007. Third State Finance Commission of West Bengal (2008), Annexure XII 参照．
38) Raina–I郡開発官によると，実際には，村落パンチャヤトと郡委員会の担当業務の重複はあるとのことである．実際の行政ニーズや相互協力の必要から，時には両団体の職員の意図的侵害行為から，重複が起こるという (2011年2月18日のRaina村でのインタビュー)．Okabe and Bakshi (2016), p. 91 参照．

則I)——において，県，郡，村落3層パンチャヤトの担当業務表を規定している．1981年には，村落パンチャヤトの担当業務に飲料水供給事業が加わった．この担当業務表は，第73次憲法改正法（1993年施行）をはるかに先行する規定であるため，憲法第11附則の業務項目表の業務分類に対応しない．だが，現場の村落パンチャヤトではこの担当業務表が，同州の事実上のアクティビティ・マッピングであると理解されていた．インタビューに対して，Warwat Khanderao 村落パンチャヤト書記官 (gram sevak) は，Bombay Village Panchayats Act, 1958 の法令集を指し示した．

だが，われわれのフィールド調査インタビューからわかったことは，Bombay Village Panchayats Act, 1958 の担当業務表（すなわち上記 Village List）は，法令集のなかだけの建て前上のアクティビティ・マッピングであって[39]，現実の担当業務はそれとはまったく異なるものであるということである．すなわち，今日のマハラシュトラ州村落パンチャヤトの実際のアクティビティ・マッピングはそれとはまったく異なる内容であった．今日，Bombay Village Panchayats Act, 1958 附則Ⅰの担当業務表は州政府内部でも議論があり，実現困難な業務を含むものとされている．マハラシュトラ州政府は，2005年6月に省庁次官級会議で上記担当業務表を再検討し，そこで「憲法第11附則の業務項目リストのうち，土地改良，農地整理，畜産業，小規模工業，電力供給を含む農村電化，配給制度などの項目・担当業務は権限移譲が実現困難であるとみなされた」[40]と説明している．だが，これら担当業務は上記 Bombay Village Panchayats Act, 1958 附則Ⅰの担当業務表ですでにパンチャヤトに権限委譲されたはずの業務である[41]．そのことは何を意味するか．それは，すな

---

39) それは，必ず果たさなければならない責務ではなく，自由に使用できる村落資金 (village fund at its disposal) の許す範囲で果たすべき責務と規定されている．「……附則Ⅰに列挙した全部あるいは一部の項目について，自由に使用できる村落資金の許す範囲で，村落内で然るべく便宜を図ることは，村落パンチャヤトの責務である……」(Bombay Village Panchayats Act, 1958, 第45条)．

40) Chander (2008), pp. 9-10.

41) Bombay Village Panchayats Act, 1958 の担当業務表 (Village List) では，土地改良，農地整理について「1. 村の土地その他資源の協同組合的管理・運営の調整；協同組合的集団農業の組織」「10. 農地改革事業の実行支援」が，畜産業については「12. 畜牛と畜牛品種の改良，牧畜全般のケア」，小規模工業については「60. 村の農産品および非

わち，マハラシュトラ州において州政府はパンチャヤト関連州法をすでに骨抜きにしているということ，その結果，法令上のアクティビティ・マッピングと現場のアクティビティ・マッピングが大きく異なるということを意味する．実際，フィールド調査インタビューから Warwat Khanderao 村落パンチャヤトの事実上のアクティビティ・マッピングは，以下の通りであることがわかった（ただし【　】内は村落パンチャヤトの非担当業務に関する説明）．このインタビューは憲法第11附則と同一の業務分類で構成された西ベンガル州アクティビティ・マッピングを質問リストとして利用し，Warwat Khanderao 村落パンチャヤト村長，書記官から実際に確認したものである[42]．

憲法第11附則の業務事項1：（農業振興事業を含む農業）
　【政府助成による農薬や農用具は郡委員会が作成した配布リストによって郡委員会が農家に配給．】収穫高推計は，村落徴税官（*patwari*），パンチャヤト書記官，村長，村落警官（Police-patil）が行い，村落パンチャヤトが推計結果を郡徴税官（*tehsildar*）に報告．
業務事項2：（土地改良，農地改革の実施，農地整理および土壌保全）
　【農地改革を委任された農地の土地なし農民への分配は郡徴税官が実施．】村落パンチャヤトが分配について助言することがある．
業務事項3：（小規模灌漑，水管理および流域開発）
　【Warwat Khanderao 村長によると，小規模灌漑事業に関して村落パンチャヤトは書類記入等の形式的関与のみ．ほとんどは県徴税官（District Collector）の担当業務．】堤防等の流域管理は，村落パンチャヤトが設置した委員会（Watershed Committee）と農業科学センター（*Krishi Vigyan Kendra*）が共同実施．
業務事項4：（畜産業，酪農業および養鶏業）

―――――――――――
　　農産品を増産する綱領の策定，電力供給を含む農村電化については「村の照明」，配給制度については「配給取扱店の開設」が，村落パンチャヤトの担当業務として，権限委譲されている．
42) Warwat Khanderao 村落パンチャヤトの担当業務に，西ベンガル州のアクティビティ・マッピングの業務項目通し番号に対応する業務情報がない場合，その業務項目の記載はここでは省略した．したがって，以下の業務項目通し番号は一部欠落している．

【畜産業，酪農業および養鶏業関係の事業の対象者の特定は郡徴税官が実施．郡徴税官がそれら事業への応募を受け付け，獣医等外部業者に委託して受益者に配分．郡委員会が公示し，ドラム打ちの合図で配布物を一斉配布することもある．】

業務事項10：（農村住宅建設）

貧困ライン以下世帯（BPL）センサスで住宅非保有と回答した住民のリストが，インド政府農村住宅建設事業（*Indira Awaas Yojana*）[43]の受益者リスト．村落パンチャヤトがそれを郡委員会に提出．そのなかから郡委員会が受益者を選定．

業務事項11：（飲料水）

この業務事項はすべて村落パンチャヤトに権限委譲されている．村落パンチャヤトが飲料水事業の受益者を選定し，パンチャヤト傘下の会計委員会（*Lekha Samiti*）が予算執行する．

業務事項13：（道路・排水溝ほか）

村落パンチャヤト域内の通行路の工事は村落パンチャヤトに権限委譲．

業務事項14：（電力供給を含む農村電化）

【この業務事項はパンチャヤトではなく州電力委員会の担当業務．】

業務事項16：（貧困対策事業）

【Warwat Khanderao村長によると，貧困対策事業に関して村落パンチャヤトは書類記入等の形式的関与のみ．すべての権限は郡委員会にある．】

業務事項17：（初等および中等学校を含む教育）

【2009年教育権法（Right to Education Act, 2009）制定以前は村落パンチャヤトの村落教育委員会が学校運営を監視．村落パンチャヤトに学校施設改善等の権限があった．だが，2010年以降，村落教育委員会が廃止，父兄主体の学校運営委員会に権限が移行し，村落パンチャヤトの権限は大幅に後退．】

業務事項20：（図書館）

【Warwat Khanderao村の図書館は慈善財団が所有・運営．】

業務事項22：（市場および市）

---

43) '*Indira Awaas Yojana*' とは，インド政府出資の農村住宅建設事業．農村地域で特定された貧困世帯を対象に住宅の建築・修繕の補助を提供する事業．

村落パンチャヤトは域内の市や週市を統制し，実施料や税を徴収．

業務事項 23：（病院，一次医療センターおよび診療所を含む保健および衛生）
州政府公衆衛生事業の対象者優先順位リストは村落パンチャヤトが作成．また，村落パンチャヤトはインド政府地域衛生庁事業の取次・実行機関．貧困ライン以下世帯（BPL）センサスでトイレ非保有と回答した住民に，地域衛生庁事業により，2,200 ルピーを支給．

業務事項 24：（家族福祉）および業務事項 26：（社会福祉）
【Warwat Khanderao 村長によると，これらの事業に関して村落パンチャヤトは書類記入等の形式的な関与のみ．他は郡委員会の権限．老齢者国民年金事業（Indira Gandhi National Old Age Pension Scheme）や国民家族援助事業（National Family Benefit Scheme）等の福祉事業の実施主体は郡徴税官．】

業務事項 25：（女性と児童の福祉）
Warwat Khanderao 村落パンチャヤトには女性差別問題に対処する女性・児童委員会（Woman and Child Committee）が存在するが，村長によるとこの委員会は機能していない．【自助グループ（self-help group）の組織は NGO が行い，村落パンチャヤトは直接的関与はしない．】村落パンチャヤトは ICDS センターの建設とその諸活動の調整権限を持つ．

業務事項 27：（弱者層の福祉，とくに指定カースト・指定部族の福祉）
【村長によると，Warwat Khanderao 村落パンチャヤトは指定カースト・指定部族対象の事業に何ら特別な権限を持たない．】

業務事項 28：（配給制度）
村落パンチャヤトは食料関連配給事業の受益者を特定する権限を持つ．村落パンチャヤトの常任委員会（Dakshata Committee）が配給カードを受益者に配布．

業務事項 29：（コミュニティ施設の維持管理）
村落パンチャヤトは自己の資産であるコミュニティ施設のみ維持管理．

そこで以下では，上記インタビューで確認された事実上のアクティビティ・マッピングを，Warwat Khanderao 村落パンチャヤトの担当業務情報として利用することとする．

③両パンチャヤトの担当業務の総体

　両パンチャヤトの上述の業務情報から，パンチャヤトの担当業務が両州でかなり異なることがわかる．そもそも村落パンチャヤトの規模が，マハラシュトラ州と西ベンガル州では大きく異なる．前述の通り，Warwat Khanderao 村落パンチャヤトは 1 つの自然村・集落で構成される小規模団体であるのに対して，Raina 村落パンチャヤトは 13 の自然村・集落（*mouza*）の連合体である．前者の人口規模が千数百人規模であるのに，後者は 1 万数千人規模と 1 桁違う（表 4-1 参照）．Warwat Khanderao 村落パンチャヤトの正規の行政スタッフは 3 つの村落パンチャヤトを兼担する書記官（*gram sevak*）1 名だけであり，Warwat Khanderao 村には週 2 日しか現れない．それに対して Raina 村落パンチャヤトは上級補佐官（executive assistant）を筆頭に数名の常勤スタッフを擁する．運営の規模の経済という観点で，Raina 村落パンチャヤトの担当業務範囲が Warwat Khanderao 村落パンチャヤトのそれを大きく上回るのは当然のことである．だが，両者の担当業務範囲の違いは，規模の経済性だけでは説明できない．なぜなら，Warwat Khanderao 村落パンチャヤトのために上部機関の郡委員会が担当する業務権限が，Raina 村落パンチャヤトでは逆に傘下の自然村・集落の地区委員会に委任される場合が多々あるからである．例えば，農用器具配布対象者や貧困対策・社会福祉関連事業受益者などの決定権限が，Warwat Khanderao 村落では郡委員会にあるのに，Raina 村落ではパンチャヤト下部組織の地区委員会に権限が一部委任されている[44]．

　両村落パンチャヤトの担当業務範囲の相違は，両州政府の地域政策の相違に大きく左右される．マハラシュトラ州は伝統的に地域開発の政策拠点を県パンチャヤトに置いている[45]．それに対して西ベンガル州が村落パンチャヤトを主要な政策実施拠点に位置づけているのは明らかである．とりわけ 1978 年から 2011 年まで，インド共産党（マルクス派）率いる左翼戦線が西ベンガル州の政権与党として村落パンチャヤトを農村貧困対策の主要な政策実施拠点に位置付けていた．そのため県，郡，村落 3 層パンチャヤト全体の予算規模は，マハラシュトラ州の予算規模が西ベンガル州のそれを大きく上回るのに，そのうち

---

44) Okabe and Bakshi (2016), pp. 86–87.
45) Okabe and Bakshi (2016), p. 65.

村落レベルの州内パンチャヤト全体に配分される予算総額では，西ベンガル州がマハラシュトラ州を大きく上回る[46]．

また，のちに述べるように，マハラシュトラ州では伝統的にライヤートワリ (*raiyatwari*) 制度の下で地税徴収と土地記録維持を担当してきた徴税行政地方官僚——村落徴税官 (*patwari*)，郡徴税官 (*tehsildar*)，県徴税官 (District Collector) ——が，今日，州政府・中央政府の地方出先機関の広範な末端業務に関してコンサルタント業務を引き受け，パンチャヤトの担当業務を事実上侵食している．Warwat Khanderao 村落パンチャヤトの，上述の「事実上の」アクティビティ・マッピングのなかで，徴税行政官僚がパンチャヤトの担当業務に広く関与しているのはそのためである．

以上の背景から，Warwat Khanderao 村落パンチャヤトの担当業務は，Raina 村落パンチャヤトのそれに比較して著しく制約された内容となっている．Warwat Khanderao 村落では，第1次産業従事者支援に関連する業務のほとんどが郡委員会か郡徴税官の担当業務である．村落パンチャヤトは堤防等流域管理に部分的に関与するだけである．村長が主張するように，村落パンチャヤトには，書類提出等の形だけの担当業務しかない．パンチャヤトは2009年教育権法制定以降，学校行政にほとんど関与していない．貧困対策・社会福祉関連の業務は，村長が主張するように[47]，書類提出等の形式的業務のみで，実質的には郡委員会か郡徴税官の担当業務である．地域雇用保障政府事業 (Mahatma Gandhi National Rural Employment Guarantee Scheme：MGNREGS) のために Warwat Khanderao 村落は求職者カードを発行しているが，雇用創出事業がほとんど行われていない．村落パンチャヤトは，域内の270世帯，627人に MGNREGS 求職者カードを発行しているが (2012-13年)，村長によると，MGNREGS の設定する賃金水準が，この地域の日雇農業労働者 (agricultural

---

46) *Ibid.*, pp. 98-106. 西ベンガル州第3次財務委員会は，付帯条件なし資金 (untied fund) の配分算式を提言するに際して，「同委員会の観察から，地方分権的計画策定環境の展開により，開発活動の焦点がますます村落パンチャヤトレベルに移行していることが確認された」として，付帯条件なし資金の州予算の12%を県パンチャヤトレベルに，18%を郡委員会レベルに，70%を村落パンチャヤトレベルに配分することを提言している (Third State Finance Commission of West Bengal 2008, p. 134).

47) Okabe and Bakshi (2016), p. 82.

labourer) の賃金相場を下回っているため，村落パンチャヤトが提供した仕事に従事したのはわずか3家族にすぎない[48]．農村小規模工業に関して，村落パンチャヤトは何の役割も果たしていない．マイクロクレジットに基づく政府自営業支援プログラム事業（*Swarnajayanti Gram Swarozgar Yojana*：SGSY）による自助グループ（self-help group）の支援は NGO が行い，図書館運営も慈善財団が行っている．村落パンチャヤトには何の権限もない．すなわち，以上の業務に関して，村落パンチャヤトは，州・中央政府出先機関の取次機関（agent）的機能すら果たせていない．Warwat Khanderao 村落パンチャヤトが明確な権限を有する担当業務は，飲料水事業，域内道路事業，衛生事業，ICDS 事業，配給事業等に限られる．とりわけ飲料水事業は村落パンチャヤトの権限で実施される主要事業のひとつである．村落パンチャヤトは飲料水施設建設事業のために，会計管理まで担当している．だが，Warwat Khanderao 村落パンチャヤトの担当業務はもっぱらそれら業務に限定され，Raina 村落パンチャヤトのそれと比較して業務範囲が非常に狭い．

　Warwat Khanderao 村落パンチャヤトの「事実上の」アクティビティ・マッピングと比較すると，西ベンガル州政府パンチャヤト・農村開発庁が行政命令で指定した章末の付表のアクティビティ・マッピングにおける村落パンチャヤト担当業務は明らかに業務範囲が広い．前述のように，農用器具の配布等，第1次産業関連業務の実施権限が，Raina 村落パンチャヤトでは，上部組織の郡委員会ではなく，逆にその下部組織の地区委員会に一部委任されていたことは象徴的である．飲料水施設創出事業（*Sajaldhara*）も地区委員会の開発委員会が実施していた．だが何より重要なことは，多くの貧困対策・社会福祉関連業務が郡委員会ではなく村落パンチャヤトによって直接実施されているということである．村落パンチャヤトは，地域全部雇用政府事業（*Sampoorna Grameen Rozgar Yojana*：SGRY），地域雇用保障政府事業（MGNREGS），農村住宅建設政府事業（*Indira Awaas Yojana*：IAY），老齢者国民年金事業（Indira Gandhi National Old Age Pension Scheme：IGNOAP），土地なし農業労働者年金基金（Provident Fund for Landless Agricultural Labourers：PROFLAL），州政府衛生プ

---

[48]　Okabe and Bakshi (2016), p. 166.

ログラム (State Sanitation Programme) 等々を実施するにあたり，政府から実際に資金を受け取り，それら事業の会計管理を委任されていた．

また，直接政府から資金を受け取らないが，Raina 村落パンチャヤトは，マイクロクレジットに基づく政府自営業支援プログラム (SGSY) による自助グループ (self-help group) の組織支援を行ったり，州政府とともに地域医療保健プログラムを実施したり，ICDS センターを監督している．

Raina 村落パンチャヤトの以上の担当業務の多くは，州・中央政府関係機関の事業の取次・実施機能である．その意味で西ベンガル州の村落パンチャヤトは州・中央政府事業に大きく依存し，その取次機関 (agent) 的機能が主要な業務である．それらの業務は，政府機関が事前に定める業務規定に制約されるので，パンチャヤト自治の自由度は制限される．だが，実際には，貧困対策諸事業，地域雇用保障政府事業 (MGNREGS)，SGSY 自助グループ支援事業等は，村落パンチャヤトに対して実施内容に大きな自由度を認めており，村落パンチャヤトは地域特有の優先課題に即して，それら政府事業を自由に利用できる仕組みになっている．例えば，MGNREGS の実施のために，村落パンチャヤトは，単に対象者に求職者カードを発行するだけでなく，雇用創出工事の立案・計画と工事の優先リストを作成する権限がある．MGNREGS の雇用創出プロジェクトとは，地域貧困住民や自助グループの生活の糧となるコミュニティ共有資産（治水・灌漑，植林，貯水池・貯水槽改修，土地造成等々）の工事実施プロジェクトのことである．具体的にどのようなコミュニティ資産を建設・改修するかに関しては，村落パンチャヤトが地域特性に応じて計画策定する．そこには村落パンチャヤトの自主裁量の余地が大きく働くことになる．

このように Raina 村落パンチャヤトは Warwat Khanderao 村落パンチャヤトと比較すると担当業務範囲が広く，業務の実施権限も大きい．しかし，西ベンガル州政府パンチャヤト・農村開発庁は，2009 年発表のロードマップのなかで，「州政府省庁の［パンチャヤトへの］正式な権限移譲はまだわずかしか行われていない」[49] と課題提起している．インド政府パンチャヤト省 (Ministry of Panchayati Raj) は，ケララ州のアクティビティ・マッピングをインドにおけ

---

49) Panchayats and Rural Development Department, Government of West Bengal (2009b), p. 10.

る先進的なモデルケースとして示唆している[50]．

　以上でみた両村落パンチャヤトのアクティビティ・マッピングに示された担当業務（アクティビティ）の集合は，総体として各パンチャヤトの諸機能の全体像を明瞭に示している．すなわち，アクティビティ・マッピングの総体は「パンチャヤトそれ自身」の機能の全構造を示している．村落パンチャヤトが何をする団体であるのか，という前提問題がこれではっきりする．村落パンチャヤトの担当業務の全体構造が明らかになれば，パンチャヤトが，これまで何をどの程度遂行し，今後何をどの程度達成しようとしているのか，各種業務分野の業務遂行（パーフォーマンス）について検討することが可能となる．村落パンチャヤトの業務遂行（パーフォーマンス）を把握するデータとは，そのような検討をするための多面的なデータ群である．村落パンチャヤトの業務遂行（パーフォーマンス）を把握するためのデータと，その業務を民主的に遂行するための関連データが，「パンチャヤトそれ自身」に関するデータのすべてである．

　BSLLD 専門委員会が検討した「各種開発事業のミクロレベルの計画策定に利用できる」データは，結果的に，次にみる「パンチャヤトの統治対象に関するデータ」と一部重複するが，「パンチャヤトそれ自身」に関する以上のデータニーズについてははとんど考慮されていない．

## 2）パンチャヤトの統治対象に関するデータニーズ

　パンチャヤトの自己統治は，当然，自己完結的でない．パンチャヤトは一定の地理的管轄地域と域内地域社会を統治対象とする．パンチャヤトの統治対象を把握するためには，まず，管轄地域に関する基礎的な空間情報——例えば，地図・地理的情報システム（GIS）などの非統計的情報や公共施設からの距離，土地利用などのデータ——が不可欠である．そして，域内の地域社会を把握する最も基礎的なデータが，人口統計や住民リスト（詳細は第5章，第6章）など地域社会の構成員に関する汎用データであることもまたいうまでもない．だが，パンチャヤトの統治対象はさらに複雑である．それはパンチャヤトの様々

---

50）Ministry of Panchayati Raj (2011), p. 21.「ケララ州政府が作成した詳細なアクティビティ・マッピングはアクティビティ・マッピングの優れた基準となりうるだろう」．

な担当業務が実際に対象としている既存の業務客体ではなく，本来対象とすべき潜在的な業務客体である．しかも，パンチャヤトにアクティビティ・マッピングされた担当業務（アクティビティの集合）の総体は，前述のごとくきわめて多面的であるため，それら業務の対象もまたきわめて多面的である．

「パンチャヤトの統治対象」に関するデータは，「パンチャヤトそれ自身」の業務記録にしばしば記録されている．パンチャヤトの業務は論理的に地域社会の何らかの側面と関係しており，そうでない業務，すなわち地域社会と無関係な業務は論理的にありえない．したがって，業務データのなかに統治対象としての地域社会の一部あるいは全部が，なんらかの形で反映し記録されているのは当然のことといえる．すなわち，「パンチャヤトの統治対象」に関するデータは，「パンチャヤトそれ自身」に関するデータと密接に関係しており，両者は部分的に重複しうる．だが「パンチャヤトそれ自身」の業務記録にパンチャヤトの業務の潜在的な対象がすべて記録されているとは限らない．「パンチャヤトの統治対象」は「パンチャヤトそれ自身」の業務の多かれ少なかれ外部に実在する客体である．実際，地域社会の一部が，パンチャヤトの記録システムの圏外に隠れていることがある．あるいは，パンチャヤトが未記録の統治対象に未知の行政ニーズを発見することもある．その場合，統治対象全体は多かれ少なかれ外部の客体である．地域行政組織が地域社会と常に無矛盾に一体化していることはほとんどありえないことである[51]．例えば，後述するように，Warwat Khanderao 村落パンチャヤトも Raina 村落パンチャヤトも共に，インド政府農村開発省（Ministry of Rural Development）実施の貧困ライン以下世帯（BPL）センサスから作成された貧困ライン以下世帯リストの正確性を疑問視し，自分たちで実査を行い，実際に貧困世帯がリストから一部脱漏していることを突き止めた．BPL リストはパンチャヤトが貧困世帯対象事業によく利用する行政記録であるから，このリストに脱漏があるということは地域社会にとって大きな問題である．あるいは別の例を挙げよう．のちに本書第6章の表6-3 が示すように，民事登録システム（Civil Registration System〔以下 CRS と

---

51）　日本をはじめ多くの国々がほぼ完全な出生登録を達成しているとすれば，それらの国々は出生登録というただこの一面的業務に関する限りでのみ統治対象たる社会と無矛盾に一体化していることになる．

略])の出生登録率が低いため,CRS 出生登録から見る限り,Warwat Khanderao 村落パンチャヤトは,域内に常住する出生児の正確な数がわからない.第1に,住民の出生を本人の常住地ではなく出生地で記録・集計する現行の記録原則のために,本人の常住地から離れた病院などで登録される多くの出生が,常住地の村落パンチャヤトで記録されない.第2に,Warwat Khanderao 村落では,イスラム教徒世帯などの,いわゆる「社会的弱者層」に属する子供の出生登録率が,村落域内,域外いずれにおいても低水準である.

Warwat Khanderao 村落パンチャヤトの CRS 出生登録を例に,「パンチャヤトそれ自身」と「パンチャヤトの統治対象」の本質的違いを単純化して図示すると,両者は,図 4-2 の円錐とその下の円盤のような関係にある.円錐の底面(接触面)は円盤の全面をカバーしていない.CRS の登録カバレッジの外側には多くの未登録の子供がいる.この場合,円錐とその底面は,CRS の出生登録からみたパンチャヤトそれ自身の影響圏の形状を喩えている[52].その下に広がる円盤は,CRS の出生登録から見たパンチャヤトの潜在的な統治対象を喩えている.CRS がカバーする灰色部分は,「パンチャヤトそれ自身」と「パンチャヤトの統治対象」との重複部分を喩えている.すなわち,パンチャヤト

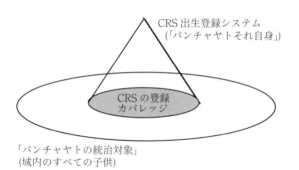

図 4-2 CRS 出生登録システムから見たパンチャヤトと地域社会の関係

---

[52] 民事登録システムは,中央政府の民事登録本庁(Registrar General, India)を頂点とし,州登録官(Chief Registrar)の傘下に展開する登録システムであるが,末端の登録官(Registrar)は,マハラシュトラ州では村落パンチャヤト書記官,西ベンガル州では村長である.したがって,両州では CRS 出生・死亡登録は村落パンチャヤトに委任された登録である.

CRS登録の業務記録は，パンチャヤトが対象とすべき客体，すなわち潜在的な統治対象を完全には記録せずに，その一部，すなわちパンチャヤトそれ自身の既存の業務対象，業務パーフォーマンスを忠実に記録しているにすぎない．

このように，パンチャヤトそれ自身の実際の影響範囲とその潜在的な統治対象は，一部重複するが，論理的には区別する必要がある．すなわち，パンチャヤトとその統治対象たる地域社会が無矛盾に一体化しているということがない限り，パンチャヤトの実際の業務対象を忠実に表現する業務記録と，その機能が発揮さるべき潜在的な統治対象に関するデータは——両者は重複するため混同されやすいのだが——厳密に区別する必要がある[53]．この場合，第1に，パンチャヤトのCRS出生登録は，CRSが機能すべきパンチャヤトの統治対象を不十分にしか反映していない，すなわち「パンチャヤトの統治対象」に関するデータとしては不十分であるのに，第2に，それは，パンチャヤトのパーフォーマンスとその課題——すなわち，「パンチャヤトそれ自身」——を忠実に表現しており，パーフォーマンス・データとして一定の価値がある．このように，「パンチャヤトそれ自身」に関するデータと「パンチャヤトの統治対象」に関するデータは，一部重複するのでしばしば混同されるが，図4-2の円錐と円盤のように論理的にまったく次元の異なる事象を問題にしているのである（第1章参照）．

このように，パンチャヤトの業務記録はつねに潜在的な統治対象を網羅的に，あるいは正確に[54]，反映するとは限らないから，パンチャヤトは統治対象を客体としてたえず点検し直す必要がある．パンチャヤトは，自分たちの業務記録をチェック・点検するだけでなく，パンチャヤトの統治対象に関して，別の

---

53) Marx (1843), S. 249.「官僚制は実在的国家と並び存する想像上の国家であり，国家の精神主義である．それゆえにどんなものでもが二重の意義，すなわち実在的意義と官僚的意義を有する．たとえば知といってもそれは実在的知と官僚的知との二重の知であるようなものである」．
54) 実際には業務記録と業務対象の関係はもっと複雑である．上述のように業務記録は業務対象を過小に記録するだけでなく，過大に記録する場合もある．ある同一の対象者が複数の自治体で二重にカウントされる場合，業務記録は過大な記録となる．そのような二重カウントはICDSレジスターで起こりやすい．また，BPLリストに対して不信・批判が起こる理由は，貧困ライン以下世帯がリストから脱漏しているだけでなく，貧困世帯とはとてもいえない世帯がリストに余分に含まれているからである．

データや情報を使ってたえず点検する必要がある．実際，パンチャヤトは，CRS 出生登録のカバレッジをチェック点検し，登録システムの外部に取り残された統治対象を探知するために，ICDS 子供レジスターなど，別の機関の行政記録や，国勢調査などのセンサス，住民の知見等を参照することができる．パンチャヤトは，ICDS センターなどの域内の州・中央政府関係出先機関とデータ共有することによって，そうしたチェックメカニズムを制度化することもできる．国勢調査などの公式センサスは，パンチャヤトが自分たちの業務記録をチェックするためにきわめて重要な情報源である．パンチャヤトの業務記録と国勢調査等の公式センサスのいずれか一方を選択して利用するよりも，両者を併用し，たえず相互チェックした方が有益な場合がある．

　パンチャヤトの業務対象に関するデータのクオリティを理解し吟味・批判するためには，結局，「パンチャヤトそれ自身」を理解する必要がある．第1章でも述べたように，前者は後者の直接的帰結（corollary）である．例えば，パンチャヤトの CRS 出生登録の域内出生データとしての限界をチェックし理解するためには，パンチャヤトの CRS 出生登録という業務それ自体がかかえる問題を理解しなければならない．

　「パンチャヤトそれ自身」に関するデータとして利用する場合も，「パンチャヤトの統治対象」に関するデータとして利用する場合も，個票レベルの集計前リスト情報――世帯，個人，出来事，施設や事業所，土地区画等々のリスト情報――に対するデータニーズは大きい．パンチャヤトの自治と域内行政にとって，個票レベルの集計前リスト情報は不可欠だからである．すでに述べたように，そうしたリストは，集計データ（統計）の直接的な基礎ではあるが，それ以前に村の公共政策の対象リストである．それゆえ，集計せずにそれ自体としてそのまま利用できなければならない．村落パンチャヤトや村会メンバー・地区委員会メンバーが，審議・承認プロセスにそうした集計前リストを必要とする場合もある．村落パンチャヤトのアクティビティ・マッピングのなかで，政府事業の受益者等の特定や優先順位リストの作成は，主要な担当業務のひとつであるが，そのような業務を遂行するためには，集計前個票リスト情報が必要である．とりわけパンチャヤトは地域住民に最も近接した統治組織であるから，集計値よりも，個票レベルの集計前リストを必要とする度合いがそれだけ大き

い．Warwat Khanderao 村では，郡委員会が，牧畜・養鶏業への政府援助資材を，対象者リストのチェックなしに，ドラム打ちの合図で集まった住民に一斉に配布することもある（アクティビティ・マッピング業務事項4参照）．そうしたやり方で行政サービスが公平に行き渡るだろうか．

### 3) データニーズIA：憲法上の権限移譲プロセスで利用されるデータ

本章は，パンチャヤトのデータニーズを特定するにあたって，各州政府がパンチャヤトに対してインド憲法第73次改正法の規定通り権限移譲すると仮定している．だが，実際は，ほとんどの州でパンチャヤトへの権限移譲は移行プロセスの途上にある．この移行プロセスに対処するために必要な追加のデータニーズがデータニーズIAである．

ほとんどの州では，州政府や中央政府の既存の関係出先機関が，パンチャヤト域内で，中央・州政府の資金を用いて，憲法上権限移譲することができるパンチャヤトの機能を，パンチャヤト制度と独立に，重複的に行使している．インド政府計画委員会（当時）はこの状況を次のように描いている．

> 州政府省庁もまた，州政府，中央政府，援助団体等が提供する資金を使って，しばしば協会（societies）や地方救済本部（missions）を設置し，まさに地方自治体の担当業務領域において，中央政府や州政府の指示の下で，開発プロジェクトを計画し実施している．そうした諸組織はパラレル団体と称される．なぜならそれら諸組織はリソースの配分とプロジェクトの実施において，パンチャヤト制度と独立した別の意思決定システムを持っているからである．それらパラレル団体は，官僚や，公選の代表者，ときには民間人や，コミュニティ代表者をもメンバーとして取り込んでいる．それら諸組織は，大きな自治権限と柔軟性のある手続手順・機能を単独で有しており，州政府に対して，そして，ときには中央政府に対して，直接報告を行う．この状況は，地方分権のための権限移譲をさらに不整合なものにしている[55]．

---

55) Planning Commission (2008b), pp. 54-55.

第 13 次（インド政府）財務委員会はそれら関係出先機関を廃止して資金を直接地方自治体に流入させるよう提案しているが，それは一向に実現しない．そのため，パンチャヤト域内には，パンチャヤトと州・中央政府官僚制度出先機関が二重権力のようにひしめき合い交錯している[56]．それどころかパンチャヤトの方が，そうした官僚制度ヒエラルキーの取次機関（agent）に甘んじていることが多い[57]．Warwat Khanderao 村に至っては，州・中央政府の多くの開発事業が村落パンチャヤトを無視あるいは迂回して実施され，あるいはせいぜい形ばかりの承諾を取り付けて実施されている．

　この状況に対処するために，域内関係出先機関との政策調整が，パンチャヤトにとって，きわめて重要な追加業務となる．そのためにパンチャヤトはそうした出先機関の機能と状況を熟知しなければならない．そのためインド政府計画委員会（当時）は，地方自治体が，域内の州・中央政府関係出先機関すなわちパラレル団体が担当する諸事業を網羅的に把握する，いわば「域内事業センサス（scheme census）」の実施を提案した[58]．実際，Warwat Khanderao 村落パンチャヤトは過去 5 年間に村で実施された政府事業を郡開発事務所への年次レポートで報告している[59]．Raina 村落パンチャヤトは村民向け小冊子

---

56) Okabe and Bakshi (2016), pp. 34-38 参照．「ある意味で，農村部インドは，中央政府，州政府，パンチャヤト自治体がそれぞれヘゲモニーを争って覇を競うがごとく場と化している」(Okabe and Bakshi 2016, p. 35). Second Administrative Reforms Commission (2007, p. 45) は，「混乱，不必要な重複，非効率，資金の浪費，貧弱なアウトプットとアウトカムは，このような錯綜した諸組織のジャングルから来る帰結である」と表現している．

57) Panchayats and Rural Development Department, Government of West Bengal (2009b), pp. 13-14 は，「共通管轄事項」(concurrent jurisdiction) という概念の設定を示唆している．「それらの業務は排他的機能ではなく，パンチャヤトが担当する共通管轄事項とみなすことができる．州政府が考えているのは，今日的文脈において，ある業務領域では共通管轄事項というべきものを設けた方がより論理的でプラグマティックかつ生産的だということである．それはパンチャヤトがそれら業務を自主的に引き受けて州政府のインフラや専門知識を適宜活用する潜在的能力を身に付ける手助けになるはずである．やがて時が熟せば州政府は〔パンチャヤトの〕排他的責務を規定することになろう」．

58) Planning Commission (2008b), pp. 55, 76-77 および Okabe and Bakshi (2016), pp. 36-39 参照．

59) Okabe and Bakshi (2016), pp. 211-212.

('*Protibedon*')の末尾に域内主要政府事業責任者の連絡先を掲載している．

さらに，パンチャヤトは，域内関係出先機関の機能を熟知するだけに止まらず，域内で重複した機能を行使する関係出先機関の保有するデータにアクセスし，データ共有を図る必要がある．

州政府や中央政府の関係出先機関が保有するデータが行政記録の形式をとる場合，パンチャヤトのそれら機関とのデータ共有は，2つのまったく次元の異なるテーマをめぐるデータ共有を意味する．第1に，（パンチャヤトの業務記録がパンチャヤトそれ自身に関するデータであるのと同様に）政府関係出先機関の行政記録は政府関係出先機関それ自身に関するデータである．そのデータをパンチャヤトがデータ共有するということは，パンチャヤトが組織体としての政府関係出先機関と直接向き合うということ，すなわち，政府関係出先機関がいかなる業務をいかに達成しているか，そのパーフォーマンスを直接把握し理解することを意味する．データ共有が一方的ではなく相互的である場合，すなわち，お互いが自己のデータを提供し合う場合は，パンチャヤトがデータを通して政府関係出先機関を「見る」だけでなく，政府関係出先機関もまたデータを通してパンチャヤトを「見る」ことになる．すなわち組織と組織が相互に向き合うことになる．第2に，（パンチャヤトの業務記録がパンチャヤトの統治対象に関する記録を一部含んでいるのと同様に）政府関係出先機関の行政記録はその統治対象に関する記録を一部含んでいる．そのデータをパンチャヤトがデータ共有するということは，パンチャヤトと政府関係出先機関が，第三者すなわちパンチャヤトにとっても政府関係出先機関にとっても外部の客体である潜在的統治対象に関するデータを共有することを意味する．もし，データ共有が一方的でなく相互的であるならば，パンチャヤトと政府関係出先機関が，第三者である統治対象に関してデータを互いに補い合い，互いにチェック・照合し合うメカニズムが構築されることになる．先に言及した「パンチャヤトの統治対象」に関するデータチェックメカニズムの構築とはまさにこのことをさしている．

だが，パンチャヤトが域内関係出先機関の機能と状況を熟知するために特に重要なデータ共有は，前者のデータ共有，すなわち政府関係出先機関それ自身の構造とパーフォーマンスを表現する行政記録・行政統計の共有である．それ

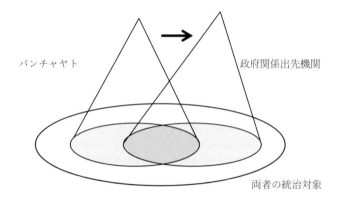

注:データ共有によって,組織体としてのパンチャヤトは組織体としての政府関係出先機関と直接向き合う.両者の統治対象は両者にとって第三者となる.

図4-3 データ共有の際のパンチャヤトと政府関係出先機関の関係

によってパンチャヤトは域内のパラレル団体である政府関係出先機関が何をどの程度遂行し,今後何をどの程度達成しようとしているのか理解することができる.村会・地区委員会や常任委員会を含む広範な住民たちが,政府関係出先機関が域内で一体何をしているのか,どういう問題をかかえているのか,議論することができる.そうした批判的検討が進めば,パンチャヤトは域内関係出先機関との政策調整にイニシャチブを発揮することが可能となり,地方自治がそれだけ強化されることになる.パンチャヤトが域内関係出先機関からそれら業務の権限移譲を引き受ける準備も整うというものである.すなわち権限移譲プロセスの完成が近くなる.

　例えば,Warwat Khanderao 村落パンチャヤトには,村落 ICDS センター——インド政府総合児童発達サービス(ICDS)事業を実施するマハラシュトラ州政府女性・児童発達庁(Women and Child Development department)の末端出先機関——を監督する常任委員会である「女性と児童に関する委員会」(Woman and Child Committee) が設置されているが,村長によるとこの常任委員会は機能していない.村落パンチャヤト書記官は ICDS センターの行政記録である ICDS レジスターの内容をほとんど知らない[60].第5章では,イスラム教徒世帯児童に関する ICDS レジスターについて,村長,ICDS ワーカー,公

立ウルドゥー語小学校教員，一部イスラム教徒住民が村長宅に会して議論した場面が描かれるが，そこでの議論は ICDS センターの業務それ自身に及んでいる．もし，このような議論が村会や関係常任委員会の場でなされたならば，Warwat Khanderao 村落パンチャヤトは村落 ICDS センターというひとつの組織体と直接向き合い，その業務について議論することになる．一方，Raina 村落パンチャヤトは，村落 ICDS センター———中央政府 ICDS 事業を実施する西ベンガル州政府女性・児童発達と社会福祉庁（Women & Child Development and Social Welfare department）の末端出先機関———のレジスターをデータ共有しており，住民に関する参考データ（「パンチャヤトの統治対象」に関するデータ）として一部利用するほどである[61]．したがって，Raina 村落パンチャヤトは ICDS レジスターのデータ共有を通して ICDS センターの業務それ自身についても熟知しているとみるべきである．

また，例えば，Warwat Khanderao 村落パンチャヤト域内には，地税徴収と土地記録維持を担当する村落徴税官（*patwari*）が常駐する地税事務所がある．地税事務所はマハラシュトラ州の税務庁（Revenue department）の末端出先機関であり村落パンチャヤトの強力なパラレル団体である．マハラシュトラ州では Bombay Village Panchayats Act, 1958 の 2003 年修正法によって，村落徴税官を含む村落パンチャヤト域内のすべての政府関係出先機関・パラレル団体職員は，村落パンチャヤトのコントロール下に入っただけでなく，村会に臨席することが義務付けられた．この法律の規定からすると，村落パンチャヤトが村落徴税官の土地記録と徴税記録にアクセスしデータ共有することも不可能ではないということになる．だが，土地記録の内容について村落パンチャヤトは十

---

60) Okabe and Bakshi (2016), pp. 176-177 参照．前述のように Warwat Khanderao 村落の CRS の出生登録率はけっして高くないのに，村落パンチャヤト書記官（*gram sevak*）は，CRS 出生登録が法律上正式な出生登録であるから，業務上の便宜から作られる非公式記録である ICDS 子供レジスターより精度が高いと主張した．彼はまた，小学校入学時に CRS 出生登録は年齢証明として利用されるから，CRS 出生登録の登録率が低いことはありえないと主張した．だが，小学校教員によると，小学校入学時の年齢証明に ICDS レジスターがしばしば使われる．本書第 6 章では，ICDS 子供レジスターが CRS 出生登録よりカバレッジが高いことが明らかになる．以上から，この村落パンチャヤト書記官が ICDS レジスターの内容をほとんど知らないことが推察できる．

61) Okabe and Bakshi (2016), p. 179.

分チェックできていない[62]．村落パンチャヤトが地税事務所の土地記録・徴税記録についてデータ共有し，徴税行政の末端出先機関が何をやっているのかその業務を熟知するには至っていない．

Warwat Khanderao 村落パンチャヤトと Raina 村落パンチャヤトを比較すると，政府関係出先機関・パラレル団体職員との相互連携とデータ共有のあり方が，大きく異なることがわかる．BSLLD 専門委員会はマハラシュトラ州での試験調査から，県レベル以下のパンチャヤト制度と政府関係出先機関との顕著な二重権力状態が同州で継続していると指摘している．

> 村落パンチャヤトレベル，テシル（郡）[63]レベル，県レベルの各位階レベルで作動する種々の機関との間には公式のデータ共有メカニズムが存在しない．実際，複数の指揮命令系統と複数の報告メカニズムが存在する．徴税行政官僚の場合，報告系統は，村落徴税官（talati [patwari に等しい]）から徴税サークル官，郡徴税官（tehsildar），県徴税官（District Collector）へのラインがそれにあたる．村落パンチャヤト，郡開発事務所，県パンチャヤトそれぞれの管内の種々の行政職員の報告経路は，それぞれの関連省庁の指令系統に沿っている．別々の省庁が受け取る報告は，普通，どの位階レベルでも統合されることはない．

このような政府関係出先機関の乱立状態の調整役として郡開発事務所の役割は重要だが，Warwat Khanderao 村落パンチャヤトを管轄する Paturda 郡開発官へのインタビューからわかったことは，郡開発官と郡徴税官が一種の二重権力状態にあるということである．郡開発官がパンチャヤト制度の担当業務に責

---

62) 例えば，借地人が土地所有権を主張することを恐れて，地主が土地所有記録の借地人欄に自分の氏名を記載する慣行が広く横行しているのに，農地改革支援の権限を持つ村落パンチャヤトでそのことがまだ議論になっていない．Okabe and Bakshi (2016), pp. 185-187 参照．

63) テシル（tehsil）とは，徴税行政の行政区域のことで郡（Block）とかなり重複するが同一ではない．Warwat Khanderao 村落は徴税行政区域からみると Sangrampur テシルに属し，同時に Paturda 郡に属する．住所表記としてはむしろ前者が慣習的によく使われている．

任を持つのに対して，郡徴税官は徴税行政の指揮命令系統を介して州・中央政府関係出先機関の末端業務の支援・コンサルタント業務を広く受け持ち，権力を保持している．西ベンガル州の郡徴税行政官（Block Land and Land Reform Officer）の機能が農地改革と地税徴収に限定されているのと対照的である．それゆえマハラシュトラ州ではパンチャヤト統治制度（panchayati raj institutions）側のイニシャチブで域内関係出先機関と政策調整やデータ共有を追求しようとしてもそれは容易なことではない．一方，Raina 村落パンチャヤトは，域内関係出先機関との政策調整やデータ共有に積極的であった．その典型的事例は，村落パンチャヤトによる「第4土曜日ミーティング」の開催である．毎月村落パンチャヤト役場には ICDS 監督官，農村保健師兼助産師（Auxiliary Nurse Midwife：ANM），医療・保健監督官，自助グループ（self-help group），パンチャヤト職員が会合し，医療・保健と児童ケアに関する情報交換と業務の相互調整を行っていた[64]．この会合では，パンチャヤト域内の出生・死亡数，疾病件数，衛生状態と飲料水供給状況を記録する月次データシートも作成され，その一部はパンチャヤト役場の入口に掲示されていた．この相互連携システムを基礎にそれら関係諸機関はデータ共有を図っていた．例えば，医療施設での出産データは ANM や医療・保健監督官から，自宅での出産データは ICDS センターから提供され，ミーティングでそれらデータが突き合わせられ，結合・編集された．このデータ共有メカニズムにおいては，異なるソースから得られたデータの正確性を相互にチェックすることも可能であった．このように，Raina 村落パンチャヤトは Warwat Khanderao 村落パンチャヤトと比較すると，政府関係出先機関・パラレル団体職員との相互連携とデータ共有が進展していた[65]．

---

64) 西ベンガル州のアクティビティ・マッピング表（事項 No. 27）にある，パンチャヤトの担当業務「ICDS 活動の統合化」（convergence）とは，この相互連携システムの構築・調整業務をさしている（章末付表参照）．

65) パンチャヤトによる統合化（convergence）政策は，「第4土曜日ミーティング」だけではなかった．西ベンガル州のパンチャヤトは，政府自営業支援プログラム事業（SGSY）と地域雇用保障政府事業（MGNREGS）を連携・統合化することによって自助グループ（self-help group）による地域雇用保障政府事業（MGNREGS）の実行支援を促進していた（Panchayats and Rural Development Department, Government of West Bengal 2009a, pp. 95-97）．

## (2) データニーズⅡ：パンチャヤト財政関連データへのニーズ
### 1) パンチャヤト会計データへのニーズ

　パンチャヤトの財務状況の健全化はパンチャヤトの自治と密接に関わっている．データニーズⅡで要請されるパンチャヤト財政関連データは，パンチャヤトの自治の貨幣的側面を表現するデータということもできる．

　第73次憲法改正法第243J条は「パンチャヤトの会計[66]の管理および監査に関する規定」の法制化を各州政府に求めている．パンチャヤト会計の整備は，今日でも，パンチャヤトの自治に不可欠な喫緊の課題とされている．第11次（中央政府）財務委員会（Finance Commission）以来，財務委員会はパンチャヤトの会計データと関連データベースの整備・改善を各州政府に再三勧告している[67]．だが，各州の財務委員会も会計監査機関もパンチャヤト会計の劣悪なデータ・クオリティに警鐘を発している[68]．

　マハラシュトラ州と西ベンガル州のパンチャヤト関連法は，村落パンチャヤトが毎年村会に会計データを提出し承認を受けることを義務付けている[69]．マハラシュトラ州では村落パンチャヤトの年次会計データが郡レベルで集約され，地方財務監査部（Local Fund Audit department）が毎年監査することになっている[70]．インド会計監査院（Comptroller and Auditor General of India）も3年に1度任意抽出した村落パンチャヤトを監査している[71]．西ベンガル州では郡開

---

66) 会計データは，統計家の管轄外のデータとみなされる傾向があるが，このデータの主要ソースは，組織の個々の取引を単位とした動態的な（動態調査については本書第7章参照）業務記録，すなわち「帳簿」を一定の集計ルールに従って集計した特殊な業務統計といえる．

67) Thirteenth Finance Commission (2009), p. 165.「第11次（中央政府）財務委員会が会計制度とデータベースを更新，維持管理するニーズについて強調し，州政府がこの問題に取り組むよう支援する規定を設けてから10年が経過した．第12次（中央政府）財務委員会が同様の問題を提起し，同様の提言を行ってから5年が経過した．先行の（中央政府）財務委員会によって，この重要な問題についてすでに多くのことが言われている．それにもかかわらず状況は一向に改善しない.」

68) Okabe and Bakshi (2016), pp. 39-40; Eleventh Finance Commission (2000), pp. 77-78; Twelfth Finance Commission (2004), p. 154; Thirteenth Finance Commission (2009), p. 165; Oommen (2008), pp. 135-6.

69) 西ベンガル州の村落パンチャヤトには，村・集落の地区委員会，地区開発委員会の会計様式まで用意されている．

70) Government of Maharashtra (2008, 2012).

発事務所に所属するパンチャヤト会計監査官（Panchayat Accounts and Audit Officer）が村落パンチャヤト会計の内部監査を実施し，州政府地方会計監査院（Examiner of Local Accounts）が毎年正式な監査を実施している[72]．

　パンチャヤト会計の歳入データは，パンチャヤトの自主財源（own-source revenue）や付帯条件なし資金（untied fund）の構成を識別するデータでなければならない．それは地方分権化したパンチャヤト財政の自律性を評価する重要ファクターだからである．また，歳入データは州・中央政府 – パンチャヤト間の財政関係，すなわち州・中央政府から移転される資金の流れを識別できるデータでなければならない．それら流入資金を管理しなければパンチャヤトは予算すら立てられない．一方，パンチャヤト会計の歳出データは，パンチャヤトの担当業務，すなわち，パンチャヤトの行政需要との関係が明白なデータでなければならない．すなわち業務への使途とその妥当性を明確にするデータでなければならない．前述したアクティビティ・マッピングに示された担当業務（アクティビティ）との関係が明確でなければならない．インド会計監査院とインド政府パンチャヤト省（Ministry of Panchayati Raj）はパンチャヤトのモデル会計システム（Simplified Accounting System）を提案し，各州にその導入を勧告している．この新会計システムは，歳入と歳出を憲法第11附則の29の業務事項に関連づける分類コードを備えている[73]．

### 2）会計データ以外の財政関連データへのニーズ

　パンチャヤト財政に必要なデータは会計データだけでない．パンチャヤトが賦課する税金・徴収料金その他の自主財源に関する網羅的なデータが必要である．例えば，固定資産税・家屋税の課税対象リストや飲料水施設利用税に関係する諸施設のリストおよび課税対象者リストなどがそれにあたる．

　また，パンチャヤト財政を健全化するためにはパンチャヤトの行政需要に関する統計が不可欠である．とりわけ，州・中央政府からパンチャヤトへの政府

---

71) Comptroller and Auditor General（2008）は，80の村落パンチャヤトを任意抽出して監査している．
72) Examiner of Local Accounts, West Bengal（2009）．
73) Comptroller and Auditor General and Ministry of Panchayati Raj（2009）．

間財政移転の総額を決定し，それを各パンチャヤトに客観的な基準に基づいて配分するためには，パンチャヤトの行政需要を見積もる基準が必要である．各パンチャヤトへの配分式はそこに代入する正確な統計を必要とする．例えば，西ベンガル州の第3次財務委員会は，付帯条件なし資金（untied fund）を各パンチャヤトに配分するにあたって，県，郡，村落レベルのパンチャヤト3層への配分総額を，行政需要と政策的優先順位を考慮して，

| | |
|---|---|
| 県パンチャヤトレベル | 12% |
| 郡委員会レベル | 18% |
| 村落パンチャヤトレベル | 70% |

と設定した上で，各村落パンチャヤトの配分額を，各村落パンチャヤトの統計指標にウエートを付した次の指数を基準に算出することを提言している[74]．

| | |
|---|---|
| 1(a)．無差別にとらえた人口 | 0.500 |
| 1(b)．後進階級の部分人口 | 0.098 |
| 1．ウエート付けした人口 | 0.598 |
| 2．非識字女性人口 | 0.100 |
| 3．食料確保状態 | 0.100 |
| 4．縁辺労働者（marginal worker）数 | 0.100 |
| 5．飲料水施設利用不能人口，舗装道路や電線の未開通エリア人口 | 0.051 |
| 6．過疎化率（人口密度の逆数） | 0.051 |

こうした統計指標は村落パンチャヤトの行政需要の大きさと相関性が高いと説明されている．ここで「食料確保状態」とは2002年貧困ライン以下世帯（BPL）センサス［西ベンガル州ではRural Household Survey（RHS）として2005年に実施］において「食事を1日1食未満」または「食事を1日1食，

---

74) Third State Finance Commission of West Bengal (2008), pp. 134ff. および Okabe and Bakshi (2016), pp. 290–292 参照．

ただし 1 食未満のこともある」と回答した人口のことである．飲料水施設利用不能人口，舗装道路・電線の未開通エリア人口は，2001 年国勢調査に付随して収集された村落要覧（village directory）データのなかの村落アメニティ・データを使用して計算される．このデータは各村落のインフラ整備状況に関するデータを含んでいる．それ以外は 2001 年国勢調査の人口調査データが使用される．

資金配分の際，財政収入の少ない村落パンチャヤトの財政力補強を目的に財政調整を行う場合には，上記の行政需要に関する統計の他に，自主財源に関する厳密なデータが必要となる．財政需要と財政収入のギャップを勘案する必要があるからである[75]．だが，西ベンガル州第 3 次財務委員会が上記指数で使用したのは行政需要に関する統計のみであった．

パンチャヤトへの憲法上の権限移譲プロセスでは，パンチャヤトは，データニーズ IA として既に述べた行政データの他に，域内政府出先機関（一般にパラレル団体）の諸事業への流入資金に関するデータも必要である．すなわち，パンチャヤトは，それら機関と情報共有することによって域内関係出先機関それ自身の行政記録・行政統計を共有するだけでなく，それら機関への政府からの資金流入に関するデータを共有しなければならない．インド政府計画委員会（当時）が提案した，前述の「域内事業センサス」（scheme census）は，域内関係出先機関への流入資金の調査も含むものであった[76]．

### (3) データニーズ III：パンチャヤトの計画策定のためのデータニーズ
#### 1) BSLLD 村落調査票データへの潜在的利用ニーズ

いかなる地域計画も高度な自治権限に基づくビジョンなしには成り立たない．ビジョンを構想するためには基礎的データの厳格な収集・分析に裏付けられたしっかりとした情報的基礎が必要である[77]．それがデータニーズ III である．

---

75) 日本の JICA は，フィリピンの地方自治体における政府間財政調整について研究している（Japan International Cooperation Agency 2008 参照）．
76) Planning Commission (2008b), pp. 37-38, 76-77 および Okabe and Bakshi (2016), pp. 48-49 参照．
77) Planning Commission (2008b), p. 13 は「いかなる計画もビジョンとともにはじまる．そのビジョンは基礎的データの厳格な収集と分析に支えられた強固な経験的裏付けに基

パンチャヤトの計画策定は，パンチャヤトが高度な自治権限を有する担当業務の範囲内でしか実効性を持たない．パンチャヤトはその担当業務の範囲外にあるいかなる業務についても計画を策定できない．したがってパンチャヤトの計画策定は，前述のアクティビティ・マッピング（第 2 節(1)-1)-②参照）で示されたパンチャヤトの各種担当業務の範囲内でしか実行可能でない．しかも，それら業務のうち高度な自治権限を有する業務に関してしか実行可能でない．例えば，パンチャヤトの業務が，州・中央政府事業の純然たる取次機関 (agent) 的役割に限定される場合，彼らの「地域計画」は計画策定とは程遠く，単に他機関の策定した計画を代行する手順を決めることしかできない．さらに，州・中央政府事業が村落パンチャヤトを無視あるいは迂回して実施されたり，形ばかりの承諾を取り付けて実施される場合は，そのパンチャヤトは，州・中央政府出先機関の取次機関的役割すら果たせていないことになる．したがってそこにはパンチャヤトの計画策定のためのデータニーズはあり得ない．

　地域計画のビジョンを導く基礎的データは，本来，パンチャヤトが必要に応じて自由に選択すべきものである．とはいえ，すでに述べたように，BSLLD 専門委員会は「各種開発事業のミクロレベルの計画策定に利用できる」村落の既存データを転記・編纂する BSLLD 村落調査票（Village Schedule）と呼ばれる表式調査形式のデータ・テンプレートを用意した（巻末の資料 1 参照）．BSLLD 村落調査票の各データ項目は，データニーズ III に関する現代インドの理論的・実務的研究の到達点を示している[78]．

　この BSLLD 村落調査票の各データ項目が，Warwat Khanderao と Raina それぞれの村落パンチャヤトの計画策定ニーズにどの程度照応した情報であるかについては，それらデータ項目が，アクティビティ・マッピングされた担当業

---

　　　　づくものでなければならない．その経験的基盤は計画策定システムそれ自体と同様に，制度化された強固なものである必要がある」と述べている．

78)　BSLLD 専門委員会は，インドにおける過去の各種政府委員会の地方統計制度に関する議論を検討し，地域開発の基礎統計を総合的に研究しただけでなく，インド全域で BSLLD 村落調査票を使用して試験調査を実施した．BSLLD 村落調査票はインド各地の試験調査でテストされ改良されている．各地の試験調査で確認された問題点は各州政府から報告され公開されている．各州政府のそうしたレビューを通して，Warwat Khanderao 村と Raina 村で確認された現場の状況が，他州，他村ではどうなっているか確認できる（Okabe and Bakshi 2016, pp. 295ff）．

務の内容に論理的にどう関わるかを分析すれば自ずと明らかになる．すでに述べたように，Warwat Khanderao 村落パンチャヤトが自治権限を有するのは水道事業，公衆衛生，配給制度，ICDS 関連事業等の非常に狭い担当業務に限られているので，計画の策定は少なくともこの担当業務に関してしか実効性を持たない．したがって，Warwat Khanderao 村落パンチャヤトにとって BSLLD 村落調査票データの利用ニーズは大きくない．Warwat Khanderao 村落パンチャヤトにとって，BSLLD 村落調査票の多くのデータ項目（例えば Block 6: Morbidity, disability and family planning, Block 7: Health manpower, Block 8: Education, Block 10: Livestock and poultry, Block 15: Industries and businesses, Block 16: Information on fatality due to disasters など）は自分たちの担当業務との関係で論理的に不要であり過剰な情報ということになる．Warwat Khanderao 村落パンチャヤトは，県統計課に報告するためだけの理由でそれら多くのデータ項目を記入することになる．一方，西ベンガル州政府パンチャヤト・農村開発庁のアクティビティ・マッピング（本章末の付表）が示しているように，Raina 村落パンチャヤトの担当業務は相対的に広く，自治権限が発揮される余地も相対的に大きい．西ベンガル州ではボトムアップ型の計画策定が追求され，村落パンチャヤトや地区委員会が上申するアクション・プラン (Action Plan) が重要視されていた．したがって，Raina 村落パンチャヤトにとって，BSLLD 村落調査票のデータ項目が過剰情報となることはない[79]．

BSLLD 村落調査票データは，村落パンチャヤトでの利用と県パンチャヤトでの利用という二元的利用が想定されている．実際，記入済み村落調査票のコピー 1 部は村落パンチャヤトで「各村落の恒久的保管文書」[80]として保管され，もう 1 部は県統計課に送付されることが想定されている．BSLLD 村落調査票データの計画策定への利用ニーズは，県レベルと村落レベルとでは当然異なる．アクティビティ・マッピングが両レベルで異なるからである．憲法第 74 次改

---

[79] BSLLD 村落調査票の各データ項目と憲法第 11 附則担当業務事項表との論理的関係，および BSLLD 村落調査票の各データ項目と西ベンガル州政府パンチャヤト・農村開発庁アクティビティ・マッピングに示された担当業務との論理的関係の詳細は Okabe and Bakshi (2016), pp. 294-320, 325-329 参照．

[80] Central Statistics Office (2014), p. 148.

正法は，州政府に対し，県パンチャヤトと自治都市（Municipality）が作成した計画を統合し，県全体の開発計画を起草する県計画委員会（District Planning Committee）を設置するよう義務付けている（第 243ZD 条）[81]．実際には，マハラシュトラ州でも西ベンガル州でも，県計画委員会は十分機能していないといわれている[82]．だが，憲法上，県計画委員会の設置は各州政府の裁量に任されているのではなく強制されているので，県レベルに潜在的データニーズがあることはたしかである．BSLLD 村落調査票データの村落パンチャヤトでの利用ニーズが小さくても県レベルの潜在的データニーズが大きいということはあり得る．

### 2）BSLLD 村落調査票データの限界と計画策定用データ

すでに述べたように，BSLLD 専門委員会は「各種開発事業のミクロレベルの計画策定に利用できる」データの研究，すなわちデータニーズⅢの研究に目的を限定しているため，データニーズⅠ（およびデータニーズⅠA）とデータニーズⅡをほとんど考慮していない．だが，パンチャヤトの実際の計画策定とその実施のためには，パンチャヤトの自治や財政に日常的に利用されるデータの部分的活用が必要である．次に掲げるデータは，BSLLD 村落調査票データがまったく不足しているため，補足が必要な計画策定用データである．

(1) BSLLD 村落調査票は，村落パンチャヤトや州・中央政府出先機関の現在および過去のパフォーマンスに関するデータを記載する構造になって

---

81)「県計画委員会は開発計画の起草に際して，地域空間配置計画，用水その他物資・天然資源の配分，およびインフラ開発と環境保全の統合を含むパンチャヤトと自治都市との共通利害に関する事項を盛り込まなければならない」（第 243ZD 条(3)）．

82) Planning Commission (2007, p. 247) は，マハラシュトラ州の県計画委員会について「憲法第 243ZD 条(1)で規定されているような県計画委員会（DPCs）は，まだカルナータカ州，西ベンガル州，ケララ州，マディヤプラデシュ州のようには編成されていない」と述べている．Third State Finance Commission of West Bengal (2008, pp. 131-132) は，「西ベンガル州の県計画委員会は県計画を科学的に策定するという責務を全うすることに失敗している」と述べ，「どこの県も，まったく性格の異なる諸事業を何の統一もなしに適当に繋ぎ合わせて冊子にまとめ，『県計画』というラベルを付けているだけである．県総合計画，事業の統合化，包括的計画などの用語が，ほとんどすべての指導マニュアル，計画ガイドライン，政府行政命令，訓練マニュアルで概念的説明や運用説明なしに漠然と使われつつある」と注意喚起している．

第4章　インドにおける新しい統計領域　　　161

いない．だが，それなしには過去の計画策定時から今日までのパンチャヤト活動の進展と課題が把握できない[83]．

(2) BSLLD 村落調査票は，集計データを編纂する表式調査テンプレートであるから，当然，集計前個票リストを収録する構造になっていない．だが，ミクロレベルの個票リストはミクロレベルの計画策定に不可欠である．ミクロレベルの計画策定のためには，そうしたリストを利用して特定の集団を検索したり，優先順位リスト（priority list）を作成しなければならないからである．政策実行の優先順位の決定は計画策定の最も重要な作業である．パンチャヤトは地域住民に最も近接した計画策定主体であるため，集計前リストを必要とする度合いもそれだけ大きい[84]．

(3) BSLLD 村落調査票は，村域内の既存データをそのまま転記し，編纂する調査票である．だが，村域内の既存データのクオリティが低く，未記録の捕捉対象が存在する可能性がある．BSLLD 村落調査票には当該データのクオリティを裏付けるメタデータや，相互にチェック（cross-check）可能な代替的データソース（別の行政記録やセンサス）を併記する備考欄が必要である．

(4) BSLLD 村落調査票には，州・中央政府関係出先機関・パラレル団体が村落内で実施する諸事業を対象としたデータ項目〔前述の「域内事業センサス」(scheme census)〕がない．そうした情報がないと，パンチャヤトはそれら諸機関と政策調整して包括的な地域計画を策定できない．

(5) BSLLD 村落調査票のデータ項目には，パンチャヤトの財政データがない[85]．パンチャヤトの地域計画策定に予算制約の検討が不可欠であることは明らかである．

---

83) Okabe and Bakshi (2016), pp. 330-331, 336-337.
84) Okabe and Bakshi (2016), pp. 333-335.
85) All India Seminar on Statistical Databases in Gram Panchayats（於 Indian Statistical Institute，バンガロール，2013年11月7日）で，筆者の問題提起に対し，BSLLD 専門委員会の元議長 Abhijit Sen 氏は，データニーズ I およびデータニーズ II に関連するデータは，すでに存在し，パンチャヤト関係者にとって自明のことだから BSLLD 村落調査票データ項目には敢えて含めなかった，と返答した．だが，村落パンチャヤトの会計データはデータ項目に含める工夫をする必要があったかもしれないと述べた．このセミナーについては Sridhar (2013) 参照．

## 3. 村落パンチャヤト域内に実在する既存データの供給構造

以上の考察で特定された村落パンチャヤトのデータニーズに対応する村落域内のデータ供給体制はいかなる状況にあるだろうか．フィールド調査によって2つの村落パンチャヤト域内についてその状況を確認すると，村落域内に実在する主要データソースは，(1)村落パンチャヤトが収集・保持するレジスター・諸記録群，(2)パンチャヤト統治制度が実施する全数調査，(3)村落パンチャヤト以外の州・中央政府関係出先機関が収集・保持するレジスター・諸記録群，(4)中央・州政府実施の全数調査群，(5)上記(1)～(4)を主要ソースに二次的に編纂される表式調査データ群・行政報告群であることが確認できる[86]．

一般に，公式統計の主要なデータソースは，(a)行政記録か(b)センサス（全数調査）・標本調査に二分される．すでに述べたように，インド統計評議会は，「インドの統計の主要ソースは，他の国と同様に，(a)行政記録（administrative records）——通常，法令上の行政的提出文書，および一般行政の副産物として派生するデータがこれに該当する，(2)その他重要ソース，すなわち，センサスと標本調査である」[87]と指摘している．実際，この二分法は世界的にも普遍的に通用している[88]．日本では，(a)のソースから得られる統計を「(政府) 業務統計」，(b)のソースから得られる統計を「(政府) 調査統計」と呼んで相互に区別される[89]．ところが，この二分法はインドの草の根次

---

86) フィールド調査による主要データソース特定プロセスの詳細は，Okabe and Bakshi (2016), pp. 155-162. 村落パンチャヤト域内に実在するデータソース群についてのインドでの研究はきわめて少ない．ケララ州における，ごく例外的な研究として，State Planning Board, Government of Kerala (1996), Unnikrishnan (2012) 参照．
87) NSC (2001), para. 14.3.1.
88) 例えば，Organisation for Economic Cooperation and Development (OECD)(2002), p. 105.「経済データ収集のための基礎的メカニズムは2つある．すなわちそれは，行政目的ですでに収集されているデータへのアクセス，それと統計機関による直接的な調査である」．OECD は前者を「行政的ソース」(administrative sources)，後者を「統計調査」(statistical surveys) と呼んでいる．ここで「統計調査」とは標本調査だけでなくセンサスを含むとされる (ibid., pp. 105-106).
89) 大屋 (1995) 159頁．

元ではきわめて曖昧である．なぜなら幾つかのデータソースは行政記録と公式センサスの中間形態をとるからである．例えば，インド政府農村開発省の貧困線以下世帯センサス（Below Poverty Line Census［BPL センサス］）は，行政目的のために——すなわち，貧困線以下世帯の確定と貧困対策を目的に——実施される全数調査である．このセンサスで収集された個票データは村落パンチャヤトの行政記録として保管され，そのまま行政目的で多用される．全インド学校教育調査（AISES）も同様である．西ベンガル州のパンチャヤト統治制度が地方公衆衛生事業評価のために実施した村落世帯全数調査の個票データは，行政記録としてそのまま村落パンチャヤトに保管され，貧困世帯対象事業に利用されていた．一方で，総合児童発達サービス（ICDS）村落調査レジスター（ICDS 村落調査レジスター）等の行政記録は，最初に ICDS ワーカーの村落世帯全数調査によって成立し，以降，随時部分修正され，5 年毎の全数調査で全面更新される[90]．村の公立小学校教員が毎年更新する村落児童レジスターも同様である．したがって，国勢調査等の統計法適用の一部公式センサスを除くと，パンチャヤト域内の主要データは，パンチャヤトか州・中央政府関係出先機関の行政活動の副産物ということになる[91]．

　パンチャヤト域内の主要行政ソースは，パンチャヤトか州・中央政府関係出先機関のいずれかであった．パンチャヤトはそれらデータソースを役場内に保持するか，または域内政府関係出先機関が保持するデータにアクセスするか，そのいずれかであった．

　村落レベルには行政記録やセンサス以外にもある種の情報ソースが存在する．村落という草の根レベルのミクロな地域生活シーンにおいては，たとえ根拠データといえる文書記録がなくとも住民にとって「周知の知見」（common

---

90) 本書第 7 章参照．Mayr（1914），S. 217.
91) 村落レベルや郡レベルには標本調査は存在しない．インド政府計画委員会（当時）は第 11 次 5 カ年計画で「全国標本調査の標本サイズを大きくして，たとえ村落レベルまで及ばなくともせめて郡レベルまで推計を可能にする」よう検討した（Planning Commission 2008a, p. 227）．だが，郡レベルの全国標本調査は未だに実現していない．全国標本調査の県レベル推計すら現状では誤差がかなり大きい（Chaudhuri and Gupta 2009，および筆者の Gupta への 2009 年 9 月インタビュー於全国標本調査機構，コルカタ）．International Institute for Population Sciences（2010）も参照．

knowledge）である重要情報がたくさん存在する[92]．例えば，村の公共施設や商業施設等の情報は，住民の誰もが正確に知る事実である．のちにみるように，Warwat Khanderao 村落と Raina 村落の両パンチャヤトは，BPL センサスで作成された貧困ライン以下世帯（BPL）リストの正確性について批判するが，それは住民の「周知の知見」に基づくものであった．住民の間に，地域社会の無数の「周知の知見」が存在するということは，彼らが，村会，地区委員会，常任委員会等に参加する積極的意義を一層際立たせている．BSLLD 村落調査票等による表式調査の一部データ項目の記入は，そうしたソースまたは「現地事情に通じた人物」（knowledgeable persons）の知見に依存している．

## （1） 村落パンチャヤトが収集・保持するレジスター・諸記録

両村落パンチャヤトは共に，州選挙管理委員会が作成した選挙人名簿を，日常的なパンチャヤト活動のために保持していた．Raina 村落パンチャヤトはそれに加えて集落（*mouza*）ごとの，つまり地区委員会（*gram sansad*）用の選挙人名簿も保持していた．選挙人名簿には，本人氏名，父親の氏名，家屋番号，年齢，性別などが記載されていた．

Warwat Khanderao 村落パンチャヤトと Raina 村落パンチャヤトは共に自治と行政を目的に様々な種類のレジスター・記録を保持していた[93]．すなわち，両村落パンチャヤトは共にパンチャヤトの各種会議の出席簿と議事録を所定の様式で記録し保持していた．

両村落パンチャヤトは共に「村落パンチャヤト・レジスター」と総称される一連の行政記録群を保持していた．Warwat Khanderao 村落パンチャヤトは，巻末の〈資料2〉のような項目の諸様式を使用したパンチャヤト・レジスターを作成・保持していた．パンチャヤト書記官はそれらレジスターの利用手続きを定めた業務マニュアルを所持していた．Raina 村落パンチャヤトも巻末の〈資料3〉のようなパンチャヤト・レジスターを作成・保持していた．それは規則 West Bengal Panchayat（Gram Panchayat Administration）Rules, 2004 とその 2006 年改正規則，および規則 West Bengal Panchayat（*Gram Panchayat*

---

[92] Bakshi and Okabe（2008）および Okabe and Bakshi（2016），pp. 156-158.
[93] Okabe and Bakshi（2016），pp. 162-172.

Accounts, Audit and Budget) Rules, 2007 で規定された諸様式にほぼ準じたレジスターであった．

　村落パンチャヤト・レジスターの主要部分は財務管理と事業の執行を追跡するための行政記録であった．すなわち，パンチャヤト・レジスターの中核は予算とそれに関連する帳簿等の財務記録であった．予算と決算の様式は監査を受けたり，村会等に提出して承認を得るためのもので，その運用手順は詳しく定められていた．

　パンチャヤト・レジスターには，村長，パンチャヤト議員と職員への謝金・給与，契約業者への支払いについての記録が含まれていた．また，パンチャヤトの保有実物資産に関する記録も含まれていた．Warwat Khanderao 村落パンチャヤトは掘抜き井戸（tubewell）や貯水槽に関する記録と域内道路に関する記録が詳細であった．飲料水施設利用税はこのパンチャヤトの主要な自主財源である．Raina 村落パンチャヤトは，パンチャヤトが建設した掘抜き井戸レジスターと貯水池賃貸レジスターを別途作成していた．貯水池は自助グループの養殖事業等に貸し出されていた．だが，パンチャヤトの実物資産がすべて網羅的に記載されているわけではなかった．

　両村落パンチャヤトのパンチャヤト・レジスターには，家屋税（Raina 村落では「固定資産税」と呼ばれる）を徴収するための家屋リストと関連記録が含まれていた．家屋リストには各家屋の所有者（または賃借人）氏名，家屋・地所の詳細，見積価額が記録されていた．両村落パンチャヤト共に，家屋税（「固定資産税」）は村落内のすべての家屋に課税されていた．

　Warwat Khanderao 村落パンチャヤトと違って，Raina 村落パンチャヤトは多くの政府事業資金の予算執行をしているから，パンチャヤト・レジスターには，州・中央政府事業の実施経緯と支出金額を記録する事業レジスター（programme register/ scheme register）が含まれていた．

　以上でみた，村落パンチャヤト・レジスターの他に，両村落パンチャヤトは，民事登録システム（Civil Registration System：CRS）の出生・死亡登録を保持していた．民事登録システムは，中央政府の民事登録本庁（Registrar General, India）を頂点に，州登録官（Chief Registrar）の傘下に展開する登録システムであるが，末端の登録官（Registrar）には，マハラシュトラ州では村落パン

チャヤト書記官，西ベンガル州では村長が指名されている．したがって民事登録システムの出生・死亡登録は，村落パンチャヤトが収集・保持する行政記録に含められる．だが，前述のごとく，民事登録システムは住民の出生・死亡を本人の常住地ではなく出生・死亡場所で記録・集計するために，住民の常住村落から離れた病院などで登録された多くの出生・死亡が，常住村落の村落パンチャヤトの記録で捕捉されないという致命的な欠陥をかかえていた．

前述のとおり，村落パンチャヤトは，地域雇用保障政府事業（MGNREGS）の実施主体であるから，両村落パンチャヤトは共に MGNREGS 求職者レジスターを保持していた．村落パンチャヤトは，雇用創出対象者に求職者カードを発行している[94]．各村落の MGNREGS 求職者レジスターの個人データ（氏名，性別，続柄，年齢，顔写真等）は，インド政府農村開発省のホームページで，個人識別情報の秘匿なしに全面的にネット公開されていた．MGNREGS 求職者レジスターは，村落パンチャヤトの成人人口の過半をカバーしていた．ただし，Warwat Khanderao 村落パンチャヤトでは，MGNREGS の設定する賃金水準が周辺地域の日雇農業労働者（agricultural labourer）の賃金相場を下回るため，雇用創出事業が実質的にはほとんど機能していなかった[95]．

Raina 村落パンチャヤトはまた，土地なし農業労働者年金基金（PROFLAL）の実施主体であるため，0.5 エーカー未満の土地所有（または土地無所有）日雇農業労働者のみ適用されるこの年金の加入者リスト（約 1,500 人/2008 年）を保持していた．Warwat Khanderao 村落パンチャヤトはこの年金事業を実施していなかった．

### (2) パンチャヤト統治制度が実施する全数調査

Raina 村落パンチャヤトは 2007 年と 2008 年に県パンチャヤトの指導で，世帯全数調査を実施した．両調査とも地方公衆衛生事業評価を目的に実施された臨時調査であった．2007 年調査は，世帯の衛生状況とその世帯が所持する配

---

94) Warwat Khanderao 村落パンチャヤトは，域内の 270 世帯，627 人に，Raina 村落パンチャヤトは，域内の 3,621 世帯，8,099 人に MGNREGS 求職者カードを発行していた（2012-13 年）．
95) Okabe and Bakshi (2016), p. 166.

給カードの種類に関する全数調査であった．2008年調査は，世帯の社会経済的属性別（指定カースト/指定部族/その他後進諸階級）に，トイレへのアクセス状況，学歴・教育水準を調査する全数調査であった．両調査の調査個票は村落パンチャヤト役場で保管され，公衆衛生事業に利用されていた．

　後述するように，インド社会では，インド政府農村開発省実施の 2002 年貧困ライン以下世帯（BPL）センサスから作成された BPL リストの正確性に対して批判が巻き起こり議論となった．Warwat Khanderao 村と Raina 村も例外ではなかった．多くの貧困ライン以下世帯が BPL リストから脱落しているという疑念が巻き起こった[96]．Warwat Khanderao 村落パンチャヤトでは 2002 年 BPL センサスが 2003 年に実施されたが，間もなく BPL リストに疑義が生じ，2006 年にパンチャヤト書記官が関係諸世帯を調査して BPL リストを訂正した．訂正した BPL リストは郡開発事務所に提出されたが，訂正は一部しか認められず多くは却下された．西ベンガル州では 2002 年 BPL センサスが 2005 年に実施（Rural Household Survey：略称 RHS という別名で実施）されたが，BPL リストに対して Warwat Khanderao 村落パンチャヤトと同様の疑義が生じた．Raina 村落パンチャヤトは，同年，RHS と同じ評価項目について村落全域で全数調査を実施し，BPL リストの訂正を行った．だが，Warwat Khanderao 村落パンチャヤトと同様に，訂正は一部しか認められず，大部分は却下された．

　この一連の出来事は，村落パンチャヤトが，外部機関の実施した調査データの不備を特定する能力を有するということ，そして独自に全数調査を実施する力量があることを証明するものである．そして，村落パンチャヤトと外部の機関との一連の論争は，村落住民にとって村落データのクオリティが実際に重大な関心事となり得ることを示すものである．

---

96）　Warwat Khanderao 村落担当の BPL センサス調査員に指名された同村落小学校教員（指定部族出身者）には直接面会して話を聴くことができた．彼は郡開発事務所の指示どおり，村落パンチャヤトに話を通さずに 2003 年 6 月に実査を敢行した．その後，BPL センサスの結果について村落内で批判が巻き起こり，調査を担当した彼自身も批判に晒されたため，彼は家族と共にこの村から転出し，現在この村の小学校に村外から通勤していた．このことはこの論争の凄まじさを物語るものである（2009 年 9 月インタビュー，於 Warwat Khanderao 村落）．

## (3) 村落パンチャヤト以外の州・中央政府出先機関が収集・保持するレジスター・諸記録

両村落パンチャヤト域内でレジスター・諸記録を保持しているのはパンチャヤトだけではない．州・中央政府関係出先機関も村落内で次のような諸記録を収集・保持していた．すなわち，

 州選挙管理委員会の選挙人名簿
 ICDS の諸レジスター
 村内公立小学校の諸レジスター
 一次医療センターの行政諸記録
 村落地税事務所または土地・農地改革郡事務所の土地記録
 その他

### 1) 州選挙管理委員会作成の選挙人名簿

前述の選挙人名簿は，もともとパンチャヤト統治制度の外部機関である州選挙管理委員会が作成（Warwat Khanderao 村落では州選挙管理委員会の指示の下で村落徴税官［*patwari*］が作成）したものである．

### 2) 総合児童発達サービス（ICDS）の諸レジスター[97]

総合児童発達サービス（Integrated Child Development Services：ICDS）は，1975 年にユニセフ（UNICEF）と世界銀行の支援で発足したが，現在はインド政府実施の主要事業のひとつである．村落 ICDS センターは，ICDS を支援する州政府関係省庁──マハラシュトラ州政府女性・児童発達庁（Women and Child Development department）または西ベンガル州政府女性・児童発達と社会福祉庁（Women & Child Development and Social Welfare department）──の末端出先機関である．村落 ICDS センターの職員，──ICDS ワーカー──は，「アンガンワディ・ワーカー」（*Anganwadi* worker）と通称されパートタイム職員である．Warwat Khanderao 村落パンチャヤトには 1 つの村落 ICDS センターがあり，2 名の ICDS ワーカーがいた（2010 年まで 1 名）．Raina 村落パ

---

97) 詳細は Okabe and Bakshi (2016), pp. 173–179 参照．

ンチャヤトには 18 の村落 ICDS センターがあり，Bidyanidhi 村・集落には 1 つの村落 ICDS センター，1 名の ICDS ワーカーと 1 名の助手がいた．村落 ICDS センターは，6 歳以下児童と妊娠・授乳女性への追加的給食施設，および 3-6 歳児童への就学前保育施設を提供し，母子健康ケアサービス，すなわち，予防接種・ビタミン補助食品供与，母親への栄養・保健教育を日常的に実施している．ICDS センターの業務は，パンチャヤトの担当業務（憲法第 11 附則第 25 項目：女性と児童の福祉）と重複する．したがってパンチャヤトは ICDS センターと情報共有して様々な問題について調整を行っている．

ICDS センターは上記業務を遂行するために多くのレジスターを作成・保持していた[98]．例えば，ICDS の子供レジスター（child register）は，出生を出生地で記録する民事登録システム（CRS）の出生登録と違って，出生を本人の常住地で記録するレジスターであるから，常住村落から離れた病院などで登録された出生が，常住村落の記録に載らないという問題は生じない．

また，ICDS レジスターのなかには，村落調査レジスター（village survey register）という注目すべきレジスターが含まれていた．これは ICDS ワーカーが 5 年ごとに村落世帯を全数調査して作成するレジスターである．このレジスターは，各世帯に 1 ページを割り当て[99]，そこに各世帯員の情報を記録するものであり，村落全世帯に関する紙媒体のデータベースであった[100]．各世帯員についての記載情報は，

a) 氏名

---

98) Raina 村落パンチャヤトの Bidyanidhi ICDS センターで確認された ICDS レジスターは，i) *Child register*, ii) *Food register for children*, iii) *Food register for pregnant women*, iv) *Pre-school student's register*, v) *Register for pregnant women*, vi) *Growth chart of children (Gradation Register)*, vii) *Immunization register*, viii) *Registers for stocks, accounts and expenses*, ix) *Village survey register* であった．
99) Warwat Khanderao 村の ICDS 村落調査レジスターは，単に諸個人を列記する簡易リストに過ぎなかったが，2011 年から ICDS 監督官の指導で各世帯に 1 ページを割り振る正式な記載形式に改正された．このように，Warwat Khanderao 村と Bidyanidhi 村という 2 つの異なる州の村落 ICDS レジスターが同一の形式に収斂する傾向が確認できた．
100) ICDS レジスターのブロックレベルでの電子媒体情報化は 2015 年 11 月からはじまった．

b）世帯主との続柄
c）年齢
d）性別
e）学歴等
f）指定カーストや指定部族であるか否か
g）土地無し農民等であるか否か
h）職業
i）出生日（子供の場合）
j）備考欄（死亡，結婚，転出情報等）

5年ごとの全数調査のたびに，転入家族がレジスターに追加され，転出家族が削除される．だが，家族が村に残っている限り，その世帯員の一部が転出しても記録はそのまま残されていた．

西ベンガル州では，すでに述べた「ICDS活動の統合化」（convergence）の一環として村落パンチャヤトが主宰する「第4土曜日ミーティング」において，ANMや医療・保健監督官が保持する一次医療センター関係データとICDSセンターが保持するデータが相互にデータ共有され，データの結合・編集が行われていた．そのため，Raina村落パンチャヤト職員はICDSレジスターの内容をよく知っていた．彼らは，ICDS子供レジスターをCRS出生登録より信頼し，ICDS村落調査レジスターについても高く評価していた．それに対してWarwat Khanderao村落パンチャヤト書記官はICDSレジスターの内容をほとんど認知していなかった[101]．

### 3）村内公立小学校の諸レジスター[102]

両村落パンチャヤトの域内の公立小学校は，生徒の出席・成績，教職員の状態，学校財務，ストック（机や椅子など）等について記録した学校レジスターを保持していた．だが，私立小学校は同様のレジスターを保持していなかった．

また，公立小学校教員は，すべての子供（Warwat Khanderao村落の場合0歳から18歳，Raina村落の場合0歳から13歳）についての村落児童レジス

---

101) Okabe and Bakshi (2016), pp. 176–177 参照．
102) 詳細は *ibid.*, pp. 179–181 を参照．

ターを更新するために，学区内の全世帯について毎年定期的に全数調査を実施していた．このレジスターは私立小学校や学区外の学校に通学する子供もカバーしていた．このレジスターは，ICDS 子供レジスターと独立に作成されることが原則であるが，ICDS ワーカーがこのレジスターの作成を支援することがある[103]．

### 4）一次医療センターの行政諸記録

一般に，一次医療センターおよびその支所の管轄区域は，パンチャヤトの統治区域と必ずしも合致しない．Warwat Khanderao 村落パンチャヤトは，Paturda 一次医療センター（Primary Health Centre）の 4 つの支所のひとつ Kalamkhed 一次医療センター支所の管轄区域内の 3 つの村落パンチャヤトのひとつであった．Warwat Khanderao 村落パンチャヤト域内には一次医療センター支所も診療所も立地していなかった．農村保健師兼助産師（ANM）と公認社会保健活動家（Accredited Social Health Activist）が Warwat Khanderao 村落を定期的に訪問していた．Raina 村落パンチャヤト域内には，Raina-I 郡一次医療センターの 26 の支所のうち 2 つの支所が立地していた．一次医療センター支所には 1 名の ANM が所属していた．

一次医療センター支所は，彼らの諸活動の詳細，域内で発生した出生・死亡の詳細，各種疾病の治療患者，予防接種，避妊処置等を所定の様式で記録し，毎月一次医療センターに報告していた．

すでに述べたように，西ベンガル州では，ANM と医療・保健監督官が，村落パンチャヤト主宰の「第 4 土曜日ミーティング」に毎月出席し，ICDS センターとデータ共有しながら，月例データシートをまとめていた．

### 5）村落地税事務所または土地・農地改革郡事務所の土地記録[104]

すでに述べたように，マハラシュトラ州と西ベンガル州の村落土地記録システムにはそれぞれ異なる歴史的背景がある．マハラシュトラ州と Warwat Khanderao 村落パンチャヤトはかつてのライヤートワリ地域（temporarily

---

103) Okabe and Bakshi (2016), p. 181.
104) 詳細は *ibid.*, pp. 183-189 を参照．

settled or *raiyatwari* areas）に属する．この地域は，地籍図が確立し，村落に常駐する村落徴税官（*patwari* または *talathi*）が毎年村落土地記録を編纂・更新するシステムが存在する地域である．西ベンガル州と Raina 村落パンチャヤトはかつてのザミンダーリ地域（permanently settled or zamindari areas）に属する．ザミンダーリ地域は，地籍図が確立しているが，土地記録を毎年更新する出先機関が村落レベルに存在しない[105]．

　一般に，マハラシュトラ州では地税徴収行政の地域区分とパンチャヤト統治制度の統治区分が完全には合致しない．だが，Warwat Khanderao 村落の地税事務所（*patwari* office）の管轄区域は村落パンチャヤトの統治領域と完全に合致していた．Warwat Khanderao 村落地税事務所が保持する地籍図の各土地区画（「筆」：plot）には地番（'survey number'）が付され，この地番が付された土地区画を単位とした記録がこの村の土地記録であった．各土地区画の記載情報は，面積，所有者氏名，借地人氏名だけでなく，季節ごとの作付け作物と耕作面積，灌漑の有無と灌漑方法などの土地利用状況が記載されていた．村落徴税官（*patwari*）は収穫期ごとに土地利用情報を更新する '*girdawari*' と呼ばれる定期的観察行為を実施することになっている．だが，この地域の土地記録が本当に更新され，正確な記録であるとは必ずしもいえない．第 3 章で述べたように，インド統計評議会は，標本調査（1996–99 年）による監視から，村落徴税官の観察行為（'*girdawari*'）が，実際にはかなり不正確なものであることを確

---

105)　第 3 章で述べたように，前者のライヤートワリ地域（temporarily settled areas）に属するのは 18 の州，すなわち，マハラシュトラ州の他に，アンドラ・プラデーシュ州，アッサム州（山岳地帯の諸県を除く），ビハール州，チャティスガール州，ゴア州，グジャラート州，ハリヤーナ州，ヒマチャル・プラデーシュ州，ジャンムー＆カシミール州，ジャールカンド州，カルナータカ州，マディヤ・プラデーシュ州，パンジャブ州，ラジャスタン州，タミル・ナードゥ州，ウッタランチャル州，ウッタル・プラデーシュ州と，5 つの連邦直轄地，すなわちチャンディガール，ダドゥラ＆ナガール・ハヴェリ，ダマン＆ディユ，デリー，ポンディシェリーである．後者のザミンダーリ地域（permanently settled areas）に属するのは 3 つの州，すなわち，ケララ州，オリッサ州，西ベンガル州のみである．以上どちらにも属さないそれ以外の地域は，アッサム州（山岳地帯の諸県），アルナチャル・プラデーシュ州，マニプル州，メガーラヤ州，ミゾラム州，ナーガランド州，シッキム州，トリプラ州と 2 つの連邦直轄地，すなわち，アンダマン＆ニコバル島，ラクシャディープである（National Statistical Commission 2001, para. 4.2.1）．

証している[106]．

　また，Warwat Khanderao 村落土地記録の借地人欄の記載はまったく不正確である．Warwat Khanderao 村落の退職間近の村落徴税官の証言によると，地主は自分の土地を他人に貸し出しても借地人氏名を報告することはほとんどないという．地主は借地人がその土地の所有権を主張することを恐れて，実際の借地人氏名をそこに記載しないのが慣行となっている．したがって Warwat Khanderao 村落の土地記録は，原理的に，所有者（ownership holdings）に関する記録であって，そこを耕作している農業経営体（operational holdings）の記録ではない．農業経営体の記録をこの村落土地記録から引き出すことはほとんど不可能である．したがって，のちにみるように，農業経営体を単位としたセンサスを，村落土地記録の再集計（re-tabulation）を通して実施するマハラシュトラ州農業センサスは論理的にありえない操作をしていることになる．

　マハラシュトラ州の農地課税率はインド独立前の 1947 年以来未改定であるためきわめて低率である．農地改革のために最高許容限度をこえた土地所有を識別するためにも土地記録は利用される．村落徴税官によると，Warwat Khanderao 村落では政府所有地が最高限度をこえていたので，村落内の 13 世帯が余剰分の土地の配分を受けた．

　西ベンガル州にも土地記録は実在する．西ベンガル州にはマハラシュトラ州のように村落地税徴税官（*patwari*）は存在しないが，州政府土地・農地改革庁（Land and Land Reforms department）の郡レベル出先機関事務所と村落の税収検査官（Revenue Inspector）が，郡内の各村落の土地記録を保持していた．

　Raina-I 郡の土地・農地改革郡事務所（Block Land and Land Reform Office）の土地記録体系の中心は，土地所有者単位の記録であった．土地所有者 1 名ごとにページが割り振られ，その所有者 1 名が散在する土地区画を所有する場合は

---

106) 第 3 章で述べたように，NSC（2001, paras. 4.2.6–4.2.12）によると，1999 年までの 4 年間，作物統計改善（Improvement of Crop Statistics）事業の下で，標本村落について，作付け耕地面積に関する村落徴税官（*patwari*）の記録が，独立の監督機関の物的検証結果と比較照合された．ところが，両者で作付け耕地面積が一致した土地区画（地番 'survey number'）は，インド全域で 60〜70％，マハラシュトラ州で約 40％ であったという．村落徴税官は自分の仕事が技術的監視に晒されていることを知っていたのに，それにもかかわらずこのような数値になったのである．

その土地区画すべてがリスト化され，各土地区画に地籍図の地番が付されていた．これは土地所有が最高許容限度を超過していないか確認するための土地記録，すなわち農地改革のための土地記録である．土地所有者単位の土地所有記録は，マハラシュトラ州の土地区画単位の土地記録[107]と比較して農地改革に適した記録形式といえる．西ベンガル州の土地・農地改革郡事務所は農地改革を徹底させるために，近隣の郡事務所と協力し，郡内土地所有者の郡外土地所有まで調査して名寄せを行うことがある．パンチャヤト統治制度は土地記録に対しては何の権限も持たず，農地改革の適用農地を土地なし農民に分配する際に助言を求められるだけであった．

　土地・農地改革郡事務所の土地記録は，土地登記や農地改革のためだけでなく，地税徴収にも利用されていた．土地・農地改革郡事務所の村落レベル出先機関である村落税収検査官事務所は村落の土地記録を保持し，4エーカー以上の農地について地税の査定と徴収を行っていた．

　だが，西ベンガル州の土地・農地改革郡事務所の土地記録は，土地利用データとしてはほとんど利用できない．土地・農地改革郡事務所や村落税収検査官は，マハラシュトラ州の村落徴税官（*patwari*）のように土地利用情報の定期的更新（'*girdawari*'）を行わない．土地記録は土地所有者が変更を申請しない限り変更されない．土地記録には土地利用分類についての簡略な記録が一応含まれるが，それは概してはるか過去の記録であり，必ずしも現在の土地利用を反映しない．

　Warwat Khanderao村落の村落土地記録はまだ電子媒体情報化されていない．だが，上位機関であるSangrampurの郡徴税官が保持する土地記録はすでに電子媒体情報化されていた．Raina-I郡土地・農地改革郡事務所の土地記録は，本研究の調査時には部分的に電子媒体情報化されていたが，全面的な電子媒体情報化には及んでいなかった．

---

107) Warwat Khanderao村落の徴税官（*patwari*）は，土地所有者単位の土地所有リストを非公式なメモとして保持していた．地税徴収のためにはそれは不可欠なリストである．ところが，マハラシュトラ州の公式の土地記録は土地区画単位のリストのみであり，土地記録の諸様式のなかに土地所有者単位の土地所有リストの様式がない．きわめて不便な業務記録という他ない．

### 6）州・中央政府出先機関が収集・保持するその他の諸記録

両村落パンチャヤトは，郡開発事務所を介して牧畜および水産関係の政府データにアクセスすることが可能であった．だが，農村工業・家内工業や商業に関するデータにはアクセス不能であった．工業開発事務所（Industrial Development office）のデータにもアクセス不能であった．

### （4） 中央・州政府実施の全数調査

州・中央政府は，両村落パンチャヤト域内で，政府出先機関の日常的な業務とは相対的に独立に，「センサス」等の名称で次のような全数調査を実施していた．すなわち，

BPL センサス（西ベンガル州では Rural Household Survey として実施）
国勢調査
農業センサス（村落レベルデータはアクセス不能）
牧畜センサス
経済センサス（村落レベルデータはアクセス困難）
全インド学校教育調査（AISES）

### 1）貧困線以下世帯（BPL）センサス

インド政府農村開発省は 2002 年以降，各州政府を通して村落ごとに 2002 年 BPL センサス（貧困線以下世帯センサス：Below Poverty Line Census）に着手した[108]．2002 年 BPL センサスは，マハラシュトラ州では 2003 年に実施され，西ベンガル州では Rural Household Survey（RHS）という別名称で 2005 年に実施された．BPL センサスの目的は，農村地域貧困対策事業の対象者リストを作成するために，貧困線以下で暮らす村落世帯を特定することである．2002 年 BPL センサスは，各世帯の貧困度を，13 の指標（RHS では 12 の指標）毎

---

[108) 2002 年 BPL センサスは，インド政府農村開発省による 1992 年，1997 年 BPL センサスに続く，いわば第 3 次 BPL センサスである．本研究の調査対象期間後に 2011 年 BPL センサス（'Socio-Economic and Caste Census, 2011'）も実施された．だが，貧困線以下世帯の概念については，長らく論争が続いており，それぞれの BPL センサスにおける貧困線以下世帯の定義やその調査方法はかなり異なっており，模索状態が続いている．

に0から4のスコアで評定し，総スコアを算定して順位付けし，一定順位以下の世帯を貧困線以下世帯として規定するための調査である．貧困線以下世帯の数は，政府計画委員会（当時）が推計した各地域の貧困世帯数に収まるように設定された．BPLセンサスは，貧困線以下世帯リスト（BPLリスト）を構築し，食料配給制度が適用されるBPLカード発給対象者の特定や，農村住宅建設政府事業（IAY）や老齢者国民年金事業（IGNOAP），国民家族援助事業（National Family Benefit Scheme）などの政府貧困対策事業の受益者の特定に利用される．それゆえ行政記録を作成する目的で実施される全数調査である．

2002年BPLセンサスの調査票は，セクションAとセクションBの2部から構成された．セクションAは，世帯の基本属性，すなわち(a)各世帯員のプロフィール〔氏名，年齢，性別，世帯主との続柄，学歴〕，(b)世帯の平均月収〔250ルピー未満，250～499ルピー，500～1,499ルピー，1,500～2,500ルピー，2,500ルピー超〕，(c)土地の経営（operational holding）類型〔所有者/借地人/その両方/非該当〕，(d)飲料水施設までの距離〔1.6キロ以上/1.00～1.59キロ/0.50～0.99キロ/0.5キロ未満/家屋内〕，(e)所属社会階層〔指定カースト/指定部族/その他後進諸階級/その他〕に関する諸設問である．セクションBは，スコア化を目的に13指標（RHSでは12指標）について，すなわち(i)土地の経営（operational holding）規模〔灌漑された土地0ha（スコア0）/0.5ha未満(1)/0.5～1.0ha(2)/1～2.5ha(3)/2.5ha以上(4)〕，(ii)家屋の類型〔家なし(0)/*kutcha*[109]家屋(1)/半*pucca*家屋(2)/…〕，(iii)1人あたりの平服の数〔2着未満(0)/2着以上4着未満(1)/…〕，(iv)食料確保状態〔食事を1日1食未満(0)/食事を1日1食，ただし1食未満のこともある(1)/毎日1食(2)/…〕，(v)衛生状態〔露天排便(0)/水なし集団トイレ(1)/…〕，(vi)耐久消費財〔なし(0)/1点(1)/2点(2)/…〕，(vii)識字水準〔非識字(0)/小学生レベル(1)/中等学校レベル(2)/…〕，(viii)世帯労働力〔隷従労働（bonded labour)(0)/女性労働力と児童労働力(1)/成人女性労働力のみ(2)/…〕，(ix)生計の手段〔日雇労働(0)/

---

[109] '*kutcha*'建築または'*katcha*'建築とは泥レンガや竹，草などで建てられた当座しのぎの建築を表現するインドの日常用語．スラム建築の形容詞でもある．それに対して'*pucca*'建築とは優良な建築素材によって耐久的に設計された建築を意味する．'半*pucca*'とは'*pucca*'壁と'*kutcha*'屋根等の混合形態の建築．

自給自足農業(1)/…〕，(x)子供の状況〔通学せずに就労(0)/通学しながら就労(1)/…〕，(xi)負債類型〔日常消費目的からインフォーマルな借金(0)/生産目的からインフォーマルな借金(1)/…〕，(xii)住居からの移動理由〔日雇労働(0)/季節雇用(1)/…〕，(xiii)選好する援助〔賃金雇用・特定配給制度(0)/自営業支援(1)/技能向上訓練(2)/…〕について回答を求めている[110]．

2002年BPLセンサスのスコア評定は，地方の貧困層や彼らの団体，および研究者など多くの人々から批判された[111]．Sundaram (2003)，Jain (2004)，Himanshu (2008) および Usami (2010) は，BPLセンサスの貧困線以下世帯の特定方法について批判・検討を加えた．インド政府農村開発省の専門家グループでさえ，貧困線以下世帯リストから適格世帯が誤って除外されたり，不適格世帯が誤って算入されるなどの誤差は，許容できる範囲を超えていると認めている[112]．

すでに述べたように，その後，Warwat Khanderao 村落パンチャヤトにおいても Raina 村落パンチャヤトにおいても，BPLリストに明らかに不適格な世帯が含まれたり，逆に本当に貧困な世帯が脱落していることが，村落パンチャヤトの独自調査から立証され，BPLリストの改正が試みられた．両村落パンチャヤトは共に，貧困線以下世帯と貧困線以上世帯を含む村落の全世帯の記入済み調査票，すなわちBPLセンサス（およびRHS）のすべての記入済み調査票をパンチャヤト役場に保持していた．その上，BPLセンサス（およびRHS）の世帯データと各世帯員データの個票データは，インド政府農村開発省ホーム

---

110) 西ベンガル州の Rural Household Survey (RHS) では，この13指標のうち「(v)衛生状態」が削除され，「(xiii)選好する援助」が「社会的脆弱性〔障害を持つのに社会的支援なし(0)/社会的支援のない高齢者(1)/女性世帯主(2)/…〕という別の指標に置き換えられた．他の指標も若干修正された．

111) Ramachandran, Usami and Sarkar (2010)．

112) 2011年BPLセンサス（'Socio-Economic and Caste Census, 2011'）における，貧困線以下世帯の特定方法は改良された．2011年BPLセンサスは，貧困世帯を2段階に分けて特定している．第1段階で，世帯は14項目の除外基準と5項目の算入基準のどれか1つでも満たせば，貧困線以下世帯リストから自動的に除外され，あるいは自動的にそこに算入される．リストに残った世帯は（13指標の代わりに）7つの新指標を使ってランク付けされる．新指標はyes/noの二者択一であり，スコア化で生じる誤差を最小限に抑えようとした．Ministry of Rural Development (2011) 参照．

表 4-2　経営規模別世帯分布：Warwat Khanderao

(人)

|  | 0ha<br>(0スコア) | 0.5ha 未満<br>(1) | 0.5〜1.0ha<br>(2) | 1.0〜2.5ha<br>(3) | 2.5ha 以上<br>(4) | 総計 |
|---|---|---|---|---|---|---|
| BPL センサス<br>データベース | 28 | 134 | 100 | 32 | 12 | 306 |
| FAS 調査データ<br>ベース | 7 | 4 | 69 | 59 | 111 | 250 |

出所：FAS データベース（2007 年），BPL センサスデータベース（2003 年），Usami, Sarkar, and Ramachandran (2010)

ページで自由に検索・ダウンロードできる電子媒体情報形式で公開されていた．日本では考えられないことであるが，それらデータは氏名等の個人情報を秘匿せずに，すべてネット公開されていた．また，両村落パンチャヤトはその一部を訂正した修正済み BPL リストを保持していた．すでに述べたように，両村落パンチャヤトは，訂正リストを郡開発事務所に提出したにもかかわらず，訂正は一部しか認められず多くは却下された．

　Usami, Sarkar, and Ramachandran (2010) は，Warwat Khanderao 村落対象の BPL センサスから作成された BPL リストのアセスメントを行った．アセスメントは，インドの非政府学術団体 Foundation for Agrarian Studies（FAS）が同村落で実施した世帯全数調査から計算した集計値と，集計値同士でマッチングさせる方法で行われた．例えば表 4-2 からわかるように，BPL センサスのデータと FAS 調査データは大きく食い違っている．アセスメントの結果，BPL リストは不正確であり，Warwat Khanderao 村落パンチャヤト域内で巻き起こった批判はたしかに妥当なものであったことが立証された．

　Bakshi and Okabe (2008, pp. 21-22) は，Raina 村落パンチャヤト域内の Bidyanidhi 村・集落対象の BPL リストについてアセスメントを行った．アセスメントは RHS の個票レベルリストを，FAS が同村落を対象に実施した世帯全数調査の個票レベルデータベース[113]と 1 件 1 件マッチングさせることに

---

113)　ただし，Warwat Khanderao 村落と違って，Bidyanidhi 村・集落対象の RHS 個票レベルデータベースは世帯・世帯主のデータベースであり，各世帯員のデータベースは空白が多く，利用できなかった．Bidyanidhi 村・集落の RHS データベース内 151 世帯のうち各世帯員のデータベースが利用できたのはわずか 17 世帯であり，他の世帯の世帯

第4章 インドにおける新しい統計領域

表4-3 所属社会階層の世帯分布：Warwat Khanderao
(人)

| | 指定カースト | 指定部族 | その他後進諸階級 | その他 | 総計 |
|---|---|---|---|---|---|
| BPLセンサスデータベース | 29 | 6 | 133 | 138 | 306 |
| FAS調査データベース | 25 | 0 | 122 | 103 | 250 |

出所：FASデータベース（2007年），BPLセンサスデータベース（2003年），Usami, Sarkar, and Ramachandran（2010）

表4-4 平均月収階層別世帯分布：Warwat Khanderao
(人)

| | 250ルピー未満 | 250-499 | 500-1,499 | 500-2,500 | 2,500超 | 総計 |
|---|---|---|---|---|---|---|
| BPLセンサスデータベース | 28 | 134 | 100 | 32 | 12 | 306 |
| FAS調査データベース | 7 | 4 | 69 | 59 | 111 | 250 |

出所：FASデータベース（2007年），BPLセンサスデータベース（2003年），Usami, Sarkar, and Ramachandran（2010）

よって行った．アセスメントの結果，RHSから作成されたBPLリストもまた，不正確であり，Raina村落パンチャヤト域内で起こった批判が妥当なものであることが立証された．この検証は個票レベルのマッチングであったため，誤差の要因もミクロレベルで分析された．

このようにBPLセンサス（およびRHS）のセクションBのスコア化指標やセクションAの設問項目の一部は，きわめて不正確であり，広範囲にわたる関係者から不満が出るのは当然のことといえる．例えば，Warwat Khanderao村落のセクションAに関するデータは，所属社会階層についてFAS調査データベースと比較的マッチするが（表4-3参照），平均月収に関しては大きく食い違っている（表4-4参照）[114]．

それにもかかわらず，BPLセンサスが対象とする世帯やその世帯員の捕捉範囲は比較的網羅的であり，第5章でみるように，村落住民のデータベースとして一定の潜在的可能性を秘めている．その上，このデータベースは電子媒体

員データは空白であった．
114) Usami Sarkar and Ramachandran (2010), pp. 14-17.

情報化されているので，別の目的に使用することも可能であった．すなわち，このデータベースから様々な集計操作によって各種統計を作り出すことができるだけでなく，個々の世帯および世帯員を検索し，特定の変数の組み合わせパターンに合致する世帯や世帯員のリストを作成することができる．それゆえ西ベンガル州パンチャヤト・農村開発庁は，このデータベースが，貧困線以下世帯の特定とBPLリストの作成だけでなく，

1) パンチャヤト統治制度や県レベル機関に，域内全世帯のリストとその社会経済的属性情報を提供し，
2) 社会的に脆弱な世帯を特定するリストを提供し，
3) 政府やパンチャヤト統治制度が出資する事業の潜在的受益者リストの特定をたすけ，
4) 草の根レベルの開発計画を支援する地理的情報システム（GIS）マップの構築をたすけ，
5) 市民社会がより正確な社会監視（social audit）を行う社会・経済シナリオを作成することを可能にする，

と指摘している．その利用例として，「村落パンチャヤト域内で日雇労働を求めて移動しなければならない土地なし家族を特定したい場合」などを挙げて，そのようなリストが容易に作成できることを示している[115]．パンチャヤト・農村開発庁は，このデータベースを電子統治（e-Governance）政策の一環として位置付け，自治や行政の基礎情報として村落パンチャヤト職員や社会メンバーすらアクセスできるようウェッブ公開した[116]．本書第5章で，住民基本リストを検討するのは，このような自治や行政の基本データベースについて幾つかの可能性を模索するためである．

---

115) Panchayats and Rural Development Department Government of West Bengal (2008a), pp. 123-125.
116) *Ibid.*, p. 119. ただ，このウェッブ公開は，公共政策の対象であるBPLリストだけでなく，貧困線以上世帯を含む村落のすべての世帯の個人情報を無差別に公開するものである．村落個人情報の秘匿範囲や当該情報へのアクセスを許容される個人・機関の範囲をどう規定すべきかという問題は，インド社会の大きな課題のひとつといえる．

## 2) 国勢調査

インドでは国勢調査（Census of India）は1881年以降，10年に1度実施されている．国勢調査は内務省（Minitry of Home Affairs）の管轄事項であるが，実査は中央政府と州政府の共同事業である．例えば，Bidyanidhi村・集落における2001年国勢調査調査員は小学校教員，2011年国勢調査調査員はICDSワーカーであった．

国勢調査は，2段階で実施される．第1段階は住宅リストの作成段階（Houselisting Operations）であり，それは，翌年2-3月に実施される第2段階の人口調査（Population Enumeration）の数カ月前に実施される．巻末の〈資料4〉に，2011年国勢調査における，第1段階調査の調査票（Houselisting and Housing Census Schedule）および第2段階調査の調査票（Household Schedule）の調査項目を列挙した[117]．前者のデータ項目は，各住宅について，壁・屋根・床の建築素材等住宅の諸特性，住宅の利用状況，居住者数，世帯主の氏名・性別・所属階層，借家/持ち家の別，部屋数，婚姻夫婦の数，飲料水施設，照明，トイレの有無とタイプ，浴室・台所の有無，調理用燃料，ラジオ・テレビ・パソコン・電話・携帯電話・自転車・バイク・自動車等耐久消費財の有無，銀行サービス利用の有無を対象とし，後者のデータ項目は，各世帯員の個人的属性，すなわち氏名，続柄，性別，年齢，婚姻状況，宗教，所属社会階層（指定カースト，指定部族等），障害の有無，母語，識字状態，教育水準，就業状態，移動経歴，出産経歴等を対象としている．

これまで国勢調査の村落別集計は，県センサスハンドブック（District Census Handbook）で公表されてきた．村落住民の就業状態や移動経歴に関する正確なデータは，国勢調査からしか得られない．ICDS村落調査レジスターの職業や移動経歴に関するデータは必ずしも正確とはいえない．

国勢調査は，パンチャヤト統治制度にとって明らかに中心的統計データのひとつである．現に，国勢調査は，パンチャヤト選挙の議席数や選挙区の確定，パンチャヤトの事業計画の策定，州政府によるパンチャヤトへの予算配分式の変数などに使用されている．インド統計評議会は，国勢調査が，第73次改正

---

117) 調査票の実物は〈http://www.censusindia.gov.in/2011-Schedule/Index.html〉に公開されている．

法の施行後の地方分権下で，県，郡，村落パンチャヤトおよび村・集落のデータニーズに応えるきわめて大きな潜在的可能性を秘めていることに注目している．

しかし，国勢調査は10年に1度という長い間隔で実施される調査であり，しかも，インド統計評議会が指摘するように，データ処理の著しい遅延が深刻な問題になっている．パンチャヤト統治制度がデータを利用できるようになるころにはデータがすでに古くなっている．

Warwat Khanderao村落パンチャヤトは，国勢調査の村落集計値を保持していなかった．郡開発事務所がそれを保持していた．パンチャヤト書記官は，村に国勢調査データが届くのに時間がかかりすぎるので使いものにならないと主張した．Raina村落パンチャヤトは国勢調査の村落集計値を保持していたが，パンチャヤト職員は「国勢調査データはかなり信頼できるが，データがパンチャヤトに届くころにはすでに古くなっていて使用しにくい」と述べた．

その上，国勢調査には統計法が厳格に適用されるため，パンチャヤトは個票レベルデータにアクセスできない．1948年センサス法（Census Act, 1948）は，公衆に対して調査協力と真実の回答を法的に強制する一方で，彼らの個別情報の秘匿を保証している．そのため，国勢調査の世帯別個票データは行政目的に利用できない．パンチャヤトが利用できるのは村・集落レベルの集計データまでである．

### 3）農業センサス

現状では，Warwat Khanderao村落パンチャヤトもRaina村落パンチャヤトも，共に，農業センサス（Agricultural Census）の村落データにはまったくアクセスできない．

農業センサスは，世界農業センサスの一環として，1970年度以降，インド政府農業省（Ministry of Agriculture）によって5年周期で実施されている．農業センサスは，すべての農家・農業経営体（operational holdings）の数とその属性，すなわち，耕地面積，農地利用，灌漑，借地関係，作付けパターンなどに関する詳細な統計を提供するものと期待されている．

だが，インド統計評議会は，インド農業センサスの最大の弱点は，その調査

方法にあると指摘している．インド農業センサスは，インド全域をライヤートワリ地域とそれ以外とに区分し，ライヤートワリ地域については農業経営体を単位としたセンサスを地税事務所（*patwari* office）の村落土地記録を再集計（re-tabulation）することによって実施することになっている[118]．だが，インド統計評議会は，「その正確性は土地記録がどの程度正確でどの程度最新の情報であるかにかかっている．村落土地記録は多くの点で欠陥があることはすでによく知られている」と指摘している[119]．実際，マハラシュトラ州に関する限り，村落土地記録から引き出すことができるのは所有者（ownership holdings）に関する記録であって，そこを耕作している農業経営体（operational holdings）の記録を引き出すことはほとんど不可能である[120]．すでに述べたように，地主は自分の土地を他人に貸しても，借地人がその土地の所有権を主張することを恐れて，実際の借地人氏名を記載しないのが慣行になっているからである．村落土地記録を再集計するためには，土地所有を単位とした記録から農業経営体を単位としたデータへの変換が必要である．ところが村落土地記録の借地人氏名欄が，歪んだ不詳記載になっているため，土地所有単位の記録を農業経営体単位のリストに転換するために必要な情報が使えない．実際の経営面積すらわからないことになる．したがって，農業経営体を単位としたセンサスを村落土地記録の再集計によって実施したと説明されている現在のマハラシュトラ州農業センサスは原理的にありえないことをしていることになる．実際，Warwat Khanderao 村の村落徴税官は，農業センサスの存在すら知らない．それにもかかわらず，農業省は農業センサスからマハラシュトラ州に 13,716,000 の農業経営体が存在する等々と計算して，もっともらしく公表しているのである[121]．

　一方，ザミンダーリ地域に属する西ベンガル州では，農業センサスは，村落土地記録の再集計を通して実施されるのではなく，毎回 20% の標本村落を順

---

118) Ministry of Agriculture（2006a），pp. 2-3, 7-8, 17.
119) NSC（2001），paras 4.9.5-4.9.7.
120) 「農業センサスが追求するコンセプトは農業経営体（operational holdings）であって所有者（ownership holdings）ではない」（Ministry of Agriculture 2006a, p. 17）．
121) Ministry of Agriculture（2006a），p. 57.

次選んで，村落内の農業経営体世帯を全数調査することになっている[122]．だが，Raina 村落パンチャヤトの職員は農業センサスについて存在すら知らなかった．Raina-I 郡の郡レベル農業担当官（Agricultural Officer）は，2009 年インタビューで，農業センサスデータは郡レベルですら入手不能であると答えた．

### 4）牧畜センサス

牧畜センサス（Livestock Census）も，インド政府農業省（Ministry of Agriculture）によって 5 年周期で実施されている．調査員は，各家屋，事業体等を巡回して牧畜・家禽の類型別情報等を調査している．Warwat Khanderao 村落パンチャヤトと Raina 村落パンチャヤトは，共に，郡開発事務所が保持する牧畜センサスデータにアクセスすることが可能であった．

### 5）経済センサス

Warwat Khanderao 村落パンチャヤトも Raina 村落パンチャヤトも，共に，経済センサス（Economic Census）データにはほとんどアクセス不能であった．郡開発事務所の職員は，経済センサスが域内で実施されていることをよく知っていたが，郡開発事務所もこのデータにはアクセス不能であった[123]．

経済センサスは，1977 年以来，インド全域で実施されている．第 5 回経済センサスが 2005 年に，第 6 回経済センサスが 2013 年に実施されている．このセンサスは，村落内で経済活動に従事する，作物生産事業体を除くすべての事業体をカバーしている[124]．固定した場所で経済活動を行う事業所は，活動場所で捕捉され，活動場所が不定の事業体は，第 1 段階世帯調査で捕捉し，第 2 段階に事業者本人に接触して調査される．すなわち，補論で言及する「世帯 -

---

122) Ministry of Agriculture (2006b).
123) ただし，政府によるマイクロデータ CD-Rom の注文販売は行われている．
124) Central Statistical Organisation (2008) 参照．ただし，NSC (2001, para 5.2.19 and Annexe 5.15) は，経済センサスの集計データと標本調査である経済センサス追跡企業調査（FuS）の推計値を対比して，前者が後者の値を恒常的に下回るという調査結果を発表している．例えば，非登録製造業事業体の数に関して，マハラシュトラ州の 1990 年経済センサスでは 23.6 万に対して経済センサス追跡企業調査推計値は 59.1 万，西ベンガル州では，同 47.9 万に対して 241.8 万という数字の食い違いがある．

企業複合標本調査」(mixed-household enterprise survey)と同じ形式で調査する．調査事項は，各事業所の場所，業種，業態，所有形態，所有者の社会階層（指定カースト・指定部族等および性別），使用動力・燃料，従業者数とその内訳である．

### 6) 全インド学校教育調査（AISES）

インド政府の外郭団体である全国教育研究・訓練協会（National Council of Educational Research and Training）は全インド学校教育調査（All-India School Education Survey：AISES）の村落レベルデータを一部ウェッブ公開している．両村落パンチャヤト共，そのウェッブからデータにアクセス可能である．AISESは，全国の学校入学者，教員，施設の詳細を調査するために5〜7年に1回実施される．調査は，郡レベル担当職員が各学校の日常的業務報告を利用して実施する．

ただし，この調査は私立学校を十分カバーしていない可能性がある．例えばRaina村落パンチャヤト域内には3つの私立小学校がある．裕福な家庭の親はしばしば英語教育が手厚い私立小学校に子供を通わせていた．だがAISESのRaina村落データにこの3校は含まれていなかった．

## (5) 二次的に編纂される表式調査データ群・行政報告群
### 1) 地域開発基礎統計（BSLLD）村落調査票データ

すでに述べたように，地域開発基礎統計（Basic Statistics for Local Level Development：BSLLD）村落調査票データは，BSLLD専門委員会が開発した表式調査のデータ・テンプレートである．表式調査とは，調査票調査の過程を省略して，一定の地域を単位に直接集計表に数値を記入することを要求する調査方法のことである[125]．実際，BSLLD村落調査票の記入者向け指示書（Instructions for Data Recordist）には「**この村落調査票の情報は個別世帯毎に調査して収集すべき情報ではない．**この村落調査票の情報は，ICDSワーカー，農村保健師兼助産師（ANM），パンチャヤト書記官，学校教員，村長，現地事

---

125) 木村 (1992), p. 126.

情に通じた人物 (knowledgeable persons) 等の村落レベル職員によって保持されている村落の諸記録をもとに記入すべきものである．…(中略)…行政記録・レジスターから該当データがどうしても入手困難な場合には，現地事情に通じた人物からデータを引き出しても構わない」(Central Statistics Office 2014, p. 131, 太字は原文のまま) と説明されている．

すでに述べたように，BSLLD 専門委員会がこの表式調査テンプレートを開発したのは，インドのほとんどすべての州の村落パンチャヤト域内で，上述の指示書が列挙するパンチャヤト職員や様々な政府出先機関職員によって各種データが実際に収集・保持され，未整理のまま散在しているという現状認識に基づいている．それゆえ，BSLLD 専門委員会は，図 4-4 に示すように，BSLLD 村落調査票の大部分のデータ項目と並行して，村落域内に村落レベル職員たちが作成する一群のデータソースがすでに実在していることを前提にしている．村落域内にすでに実在しているデータソース (すなわち図 4-4 の灰色部分) とは，すでに本節(1)から(4)において観察したデータソースのことである．

BSLLD 専門委員会によると，この表式調査の継続的実施によってデータの流れを恒常化させ，それによって域内の行政記録・レジスターのクオリティを向上させることができるとされる．それゆえ上述の指示書においても，BSLLD 村落調査票の記入データはできうる限り，行政記録・レジスターやセンサス[126]など村落域内に実在する既存データソースで埋めるべきであると指示している．すなわち，BSLLD 村落調査票のデータ項目は，できる限り既存

図 4-4　実在するデータソースと調査票記入データの関係

---

126) Central Statistics Office (2014, pp. 126, 131) は，パンチャヤト職員や政府出先機関職員の行政記録・レジスターだけでなく，国勢調査データや，BPL センサスデータ (および 'Socio-Economic and Caste Census 2011') の利用を推奨している．

データソースで裏付けるよう求められているのである．

　だが，彼らの試験調査から明らかになったことは，すべてのデータ項目に文書的裏付けが存在するわけではないということである．インド政府中央統計局（Central Statistics Office）は，「試験調査の結果，幾つかの項目データは，

　a)　聞き取り調査によってしか得られないか，

　b)　データが存在しないため推算が必要であるか，

そのいずれかであることが明らかになった」[127]と認めている．すでに述べたように，村落レベルのミクロの生活シーンでは，たとえ根拠データといえる文書記録がなくとも住民にとって「周知の知見（common knowledge）」である重要情報がたくさん存在することが，本研究のフィールド調査でも確認された．実際，BSLLD 村落調査票のデータ項目のうち，村の公共施設や商業施設等に関するデータ項目は（例えば，「5 キロ以内に建設された橋梁の数」とか「定期市の数」など），たとえ根拠データといえる文書記録がなくとも住民の「周知の知見」であり，誰でも正確に回答できる内容である．上述の指示書で，「現地事情に通じた人物」[128]の知見や彼らへの聞き取りからデータを引き出すことが許容されているのは，このような現場の状況を鑑みてのことである．だが，村落調査票のデータ項目のなかには，どこにも文書記録がなく，かつ，住民の「周知の知見」ではない複雑なデータも幾つか存在する．特殊な社会集団や専門的な事柄に関わるデータ項目については，場合によっては，独自調査が必要となる[129]．また，のちに述べるように，大量の個別データを集計しないと知り得ないようなデータも幾つか存在する．その場合，最終的には何らかの推算が必要となるわけだが誰がそれを行うかが問題となる[130]．以上から，BSLLD

---

127)　Central Statistics Office (2014), p. 125.
128)　ただし，「現地事情に通じた人物」(knowledgeable persons) の選定には注意を要する．例えば，Warwat Khanderao 村落のパンチャヤト書記官は，3 村落を兼担しているため週に 2 回しか村に出勤しない．彼は村から 20km 離れた都市 Shegaon から通勤しており，村の住民ではない．転勤も頻繁である．そのためパンチャヤト書記官が住民の「周知の知見」について住民より熟知しているとは必ずしもいえない．
129)　例えば，第 5 章で言及するように，イスラム教徒など村内マイノリティの人々の生活については，ICDS ワーカーすら不案内であり，公立ウルドゥー語小学校教員などへの聞き取りが不可避であった．
130)　Central Statistics Office (2014), p. 125.

村落調査票のデータ項目に対応する情報ソースは，実際には図 4-4 に示したように，村落域内の文書化されたデータソースだけでなく，現地事情に通じた人物の知見や推算等も含まれることになる．

BSLLD 村落調査票のデータ項目の内容の詳細は巻末の資料 1 に掲載した．BSLLD 専門委員会のこの表式調査は，毎年実施することが想定されている．ある年について，もしデータが入手不能であれば，直近年のデータを注釈付きで使用することが認められている．記入済み村落調査票のコピー 1 部は村落パンチャヤトで「各村の恒久的保管文書」として保管され，もう 1 部は県統計課に送付されることが想定されている．

BSLLD 村落調査票表式調査は，現在，試験調査中であり，全面的な調査開始には至っていない[131]．現在のところ試験調査は，Warwat Khanderao 村落パンチャヤトをカバーしていない．マハラシュトラ州では，Buldhana 県に隣接する Akola 県が対象になっており，その調査結果は公表されている[132]．一方，西ベンガル州では，Bardhaman 県が 2009 年の試験調査の対象となり，その時，Raina 村落パンチャヤトも調査対象村落に選ばれた．BSLLD 村落調査票は村・集落単位で記入され，Raina 村落パンチャヤトが傘下の村・集落すべての記入済み調査票を保管していた．Raina-I 郡開発官によると，郡開発事務所の指導の下，ICDS ワーカーまたは小学校教員が実査を担当し，ICDS レジスター，一次医療センターの諸記録，村落パンチャヤトの保持する諸記録等が参照され，聞き取り調査も行われたという．記入済み調査票は Bardhaman 県の統計担当補佐官に送付された．次にみる，国勢調査の村落要覧データはこの試験調査では使用されなかった．

### 2) 県センサスハンドブックの村落要覧データ

国勢調査は，第 1 段階の住宅リスト作成段階のさらに前段階に，インド全域について村落要覧（village directory）を作成する．この村落要覧は，単なる村落のリストではなく，各村落のアメニティと土地利用に関するデータを表式調査によって収集・編纂し，収録している．2011 年国勢調査の際には，2009 年

---

131) *Ibid.*
132) Directorate of Economics and Statistics Government of Maharashtra (2012).

12月末時点でこの表式調査が実施された．その調査結果は，県センサスハンドブック（District Census Handbook）に収録され公表されている．この表式調査は，センサス調査官（Census officer）が，村落レベルの各種行政職員が保持する行政記録・レジスターを参照し，また，現地事情に通じた人物に聞き取りを行ってデータ収集する．

　例えば，2011年国勢調査に付随して実施された村落要覧用表式調査のデータを項目だけ列挙すると，以下のようになる．
　1）教育諸施設の有無・距離
　2）医療・保健諸施設の有無・距離
　3）飲料水・下水・衛生諸施設の有無
　4）通信・運輸手段の有無・距離
　5）金融機関・その他アメニティの有無・距離
　6）電力供給の有無
　7）土地利用・灌漑の状況
　8）村の主要産品

Warwat Khanderao 村落パンチャヤトでもRaina 村落パンチャヤトでも，村落要覧用表式調査はたしかに実施されているが，調査は10年に1度しか実施されない上に，結果公表が遅く，データが村に届く頃にはデータが古くなっているといわれている．BSLLD 専門委員会は村落要覧データの編纂の遅延を批判し，村落のアメニティと土地利用データの毎年更新を要請している．そのため，BSLLD 村落調査票表式調査データは，毎年更新を想定して設計された．その点で，BSLLD 村落調査票表式調査は，国勢調査村落要覧用表式調査の進化形態といえる[133]．

---

133) Central Statistical Organisation (2006) p. 2.「県センサスハンドブックは，地域計画の策定に利用できる村落レベルの基本指標のほとんどすべてを収録している．国勢調査は10年周期だから，村落レベルデータは定期的に更新する必要がある．州政府は国勢調査情報を年次ベースで更新し，すべての村落基本指標の年次情報が地域計画に利用できるようにしなければならない．県レベルおよびその下位レベルのデータの更新を早めて，その有用性が時とともに低下することがないように，それらが分析と地域計画策定に利用できるようにする必要がある」．

### 3) パンチャヤト自己評価票（Raina 村落）

西ベンガル州パンチャヤト・農村開発庁は，2006年度から各村落パンチャヤトにパンチャヤト自己評価票（Self-Evaluation Schedule）による自己評価を促している．巻末の資料5にこの自己評価票の項目一覧を付した．この自己調査票は草稿段階で各パンチャヤトに回覧・意見集約され，県ごとにワークショップも開催された[134]．各パンチャヤトは自己調査票の各項目について自己評価し自己採点する．この自己評価をもとに一部パンチャヤトは州政府から特別奨励金を受け取ることができる．

この自己調査票は，序（'村落パンチャヤト概要'），A.制度の機能状況とガバナンス，B.財源の確保とリソースの活用の3部から構成され，自治機能や財政状況はA，Bで，序で基礎データが報告されていた．

### 4) 村落パンチャヤト年次報告（Warwat Khanderao 村落）

Paturda 郡の郡開発事務所には，Warwat Khanderao 村落パンチャヤトの年次報告があった．郡開発官によると，この年次報告は，県の指示で，マハラシュトラ州の全村落パンチャヤトから共通の様式で，毎年報告されているという．この年次報告は次の5部構成からなる．すなわち，1)地域開発の基礎情報，2)村落で利用できる諸施設への距離，3)教育諸施設，4)諸事業所，5)過去5年間に村で実施された政府事業，であった．この年次報告には，BSLLD 村落調査票にあるような医療・保健関係の情報は含まれていないが，5)のようにBSLLD 村落調査票にない情報も含まれていた．

### 5) Raina 村落パンチャヤトの広報小冊子

Raina 村落パンチャヤトは広報小冊子 'protibedon' を，ベンガル語で住民向けに毎年発行していた．西ベンガル州の村落パンチャヤトはそのような冊子を発行する義務はないが，多くの村落パンチャヤトがそのような冊子を定期的に発行し，無償で配布していた．われわれが入手した2007年版 'protibedon' は，48頁の冊子であった．最初に，Raina 村落パンチャヤトに関する各種基礎統計，

---

[134] Panchayats and Rural Development Department, Government of West Bengal (2007), p. 27.

次にパンチャヤト・レジスターに基づく前年度決算書が掲載され，次に Raina 村落パンチャヤト実施の政府事業とその対象者，および域内の自助グループ (self-help group) の情報が掲載されていた．最後に予算その他が掲載されていた．この小冊子はあくまで住民への情報公開を目的としたものであって，郡，県，州などの上部機関への報告を目的としたものではなかった．BSLLD 専門委員会はすべてのデータを上部機関にあげる必要がないと説明し[135]，あるデータはもっぱら末端村落専用のものであることを示唆しているが，広報小冊子 'protibedon' の存在はそのことを裏付けている．

### 6) その他

Warwat Khanderao 村落は，前述の年次報告の他に，会計報告を郡開発事務所に提出しているが，その会計報告に人口データ，パンチャヤト選挙の結果，行政スタッフ名，村会と月例会議の日程などが記載されていた．

Raina 村落パンチャヤト役場の入口には，毎月「第 4 土曜日ミーティング」の後に域内の出生・死亡数，疾病件数，衛生状態と飲料水供給状況を記録する月次データシートが他の村落基礎統計とともに掲示されていた．

西ベンガル州パンチャヤト・農村開発庁は，各村落について 17 の社会経済指標を使って村落レベル開発プロフィール (*Gram Unnayan Byabosthar Chitro*) を作成し，地図データと結合させていた．17 の社会経済指標は，すべて村落域内にすでに実在するデータソースを編集したものである．

## 4. インドにおける新しい統計領域

### (1) パンチャヤトそれ自身に関するデータの利用とその課題・可能性

#### 1) 民主的な政治プロセスを保証する基本データの利用とその課題

すでに述べたように，選挙人名簿は両村落パンチャヤト域内住民について作

---

135) Central Statistical Organisation (2006), p. 3. 「村落レベルデータを上部機関に上げて集計・電子媒体情報化することに関連して留意すべきことは，すべての村落データを村落パンチャヤトや郡，県レベルの各種上部機関に上げる必要はないということである．各上部機関の計画策定に必要なデータのみが上げられることになる」．

成されている．Raina村落パンチャヤトには，地区委員会（gram sansad）の母体である各自然村・集落（mouza）ごとの選挙人名簿も存在した．ただ，次章で言及するように，インド村落の選挙人名簿は一時的あるいは永続的に村外に居住する個人も含んでおり，必ずしも村落に常住する有権者のリストではなかった．

すでに述べたように，両村落パンチャヤトは共に，パンチャヤトの各種会議の出席簿と議事録を所定の様式で保持していた．それら審議プロセスの開示はいつでも可能であった．

村落パンチャヤトの村長，議員，行政スタッフなどについての人事データは，村落パンチャヤト・レジスター内の謝金・給与記録から得られる．さらにRaina村落パンチャヤトは，村長・議員のうち指定カースト・指定部族，女性の内数をパンチャヤト自己評価票に記載していた．両村落パンチャヤトにとって，このような人事データは自明の事実であるため，求められれば外部に正確に情報開示可能であった．ただし，職員の能力開発に関する記録は存在しなかった．

両村落パンチャヤトは共に，パンチャヤト・レジスター内に，パンチャヤト保有固定資産について記録する様式を保持していた．だが，実際にそこに記載されている保有固定資産は，税・使用料等が賦課される施設や建設中の一部施設に限られ，すべての保有固定資産が網羅的に記録されているわけではなかった．Raina村落パンチャヤトの場合，パンチャヤト自己評価票で，正式の役場庁舎の有無，60人以上収容ホールの有無，役場内に飲料水施設，清潔なトイレ，照明設備，電話，ファックス，インターネット接続コンピュータが完備されているか否か等が記載されていた．だが，これら固定資産は，一般行政のインフラに限られ，村落パンチャヤトが保有するすべての固定資産が網羅されているわけではなかった．両村落パンチャヤトの職員は，村域内の公共施設情報について，たとえ文書に記録がなくとも，住民の「周知の知見」（common knowledge）であると主張した．したがって，村落パンチャヤトの保有固定資産の全容は，仮に求められれば，リスト化可能ということになる．

## 2) パンチャヤトの業務遂行を把握するデータの現状・課題と可能性

　村落パンチャヤトは，憲法第 73 次改正法以降の地方分権化された体制の下で，権限移譲される担当業務について，政府関係出先機関と協力して，自ら遂行しなければならない．すでにみたように，村落パンチャヤト域内では村落パンチャヤトと政府関係出先機関の業務の一部として多くの行政記録やレジスターが生産されている．それはパンチャヤトや政府関係出先機関の行政活動の副産物であった．しかも，それら行政記録やレジスターの一部は，村落パンチャヤトの常任委員会や各種会合の審議資料として，また，その一部は村会の業務報告や各種情報開示資料として使用可能であった．

　パンチャヤトの業務を把握するデータの現状と課題を検討するためには，まずは，先に本章第 2 節(1)-1)-②で特定された両村落パンチャヤトの担当業務表（現実のアクティビティ・マッピング）——すなわち，西ベンガル州パンチャヤト・農村開発庁が規定した，前述のアクティビティ・マッピング（章末付表）とフィールド調査インタビューから確認された Warwat Khanderao 村落パンチャヤトの事実上のアクティビティ・マッピング——を基準に，それら担当業務を遂行するために，本章第 3 節ですでに確認された域内データソース群がどの程度活用できるか考察しなければならない．

①第一次産業関連業務の利用データ

　第 2 節(1)-1)-②ですでに確認されたように Warwat Khanderao 村落パンチャヤトはこの業務領域に関してほとんど担当業務を持たない．ほとんどの業務は郡委員会か郡徴税官等の上部機関の担当業務である．したがって，Raina 村落パンチャヤトがこの業務領域で利用するデータの多くは，Warwat Khanderao 村落においては郡委員会や郡徴税官等の上部機関が利用することになる．

　一方，Raina 村落パンチャヤトおよびその地区委員会は，第一次産業従事者への政府助成資材の配給の際に，配給対象者の特定・選定を行う権限がある．小規模灌漑事業の対象者の選定も村落パンチャヤトの担当業務である．このような政府事業の受益者選定のためには，第一次産業従事者のリスト化を可能とする個票レベルの住民リストが必要である．国勢調査の経済活動・職業データ

のような集計値も事業規模の推計に有用であるが，受益者を実際に選定し，順位付けするためには集計値ではなく個票レベルの住民リストが必要である．ICDS村落調査レジスターには世帯員の職業データがあるので利用可能だが，ICDS事業の事業目的に直結するデータではないので必ずしも正確とはいえない．それらの住民リストがない場合，村落パンチャヤトおよびその地区委員会は，住民の「周知の知見」に頼って判断しなければならないが，受益者の数が多くなるとその判断はむずかしい．集計値としては，牧畜センサスが利用できる反面，農業センサスが利用できない．とくに村落内で実際に耕作に携わる農業経営体（operational holdings）のリスト情報と彼らの土地利用について情報が使えないのは，農村社会として問題であるといわざるを得ない．土地・農地改革郡事務所（Block Land and Land Reform Office）の土地記録は，Warwat Khanderao村落パンチャヤトの村落土地記録とちがって，土地利用や灌漑のデータが頻繁には更新されていないので，村落徴税官（*patwari*）の土地記録よりさらに正確性が低い．

以上，第一次産業従事者対象事業の対象者の特定・選定は，基本的には村落住民の「周知の知見」に頼ってパンチャヤトや地区委員会が判断することになる．農業経営体のリスト等の第一次産業従事者情報がないからである．村落パンチャヤトには住民リストすらない．現行のICDS村落調査レジスターとデータ共有を図っても職業データの正確性が低いから効果が薄い．

②教育関連担当業務の利用データ

2009年教育権法制定以降，村落パンチャヤトの教育委員会が学校運営を監視する体制が廃止された．だが，西ベンガル州では，パンチャヤト・農村開発庁が，正規の公立小学校のない地区に初等代替学校制度（Sishu Siksha Karmasuchi と Madhyamik Siksha Karmasuchi）を開校する制度を導入したため，村落パンチャヤトは初等代替学校の設立提案を行う権限があった．学校教育関連の業務を果たすために，村落パンチャヤトは公立小学校教員とデータ共有を図る必要がある．公立小学校教員は学区内の全世帯について毎年定期的に全数調査を実施し，すべての子供（Raina村落の場合0歳から13歳）の個票レベルレジスターを更新・保持していた．村域内の各児童の登校状況は，この

記録からある程度確認することができる．域内の小学校は，詳細な学校レジスターを保持している．だが，すでに述べたように，Raina 村落パンチャヤト域内に関する限り，私立の無認可の小学校はこのデータベースでカバーされていない．

図書館等の文化施設については，村落パンチャヤトに該当する文書記録が見出せなかったが，そのような公共施設の存在は，住民の「周知の知見」とみなされていた．

③保健・児童発達関連業務の利用データ

第2節(1)-1)-②で確認したように，Warwat Khanderao 村落パンチャヤトは公衆衛生事業の受益者を特定し推薦する権限を持つ．州政府公衆衛生事業の対象者優先順位リストを作成のためには，次章で検討する個票レベルの住民リストが必要である．インド政府地域衛生庁の貧困ライン以下世帯へのトイレ設置支援事業の際は，前述の BPL リストが利用されていた．

Raina 村落パンチャヤトは，この業務領域に関して広範な権限を持っている．すでに述べたように，「第4土曜日ミーティング」において，州政府女性・児童発達と社会福祉庁（Women & Child Development and Social Welfare department）と保健・家族福祉庁（Health and Family Welfare department）の組織系統の垣根を越えて，一次医療センターの職員と ICDS 関係職員が会合し，意見交換とデータ共有が図られていた．すなわち，ICDS センターの諸レジスターと一次医療センターの行政諸記録が，村落パンチャヤト主宰のこの会合でデータ共有されていた．

④貧困対策・社会福祉関連業務の利用データ

第2節(1)-1)-②で確認したように，Warwat Khanderao 村落パンチャヤトはこの業務領域に関してほとんど担当業務を持たない．すでに述べたように，Warwat Khanderao 村長によると，この業務領域に関して村落パンチャヤトは書類記入等の形式的関与しかしていない．すべての権限は郡委員会にあるという．だが，そこからわかることは，少なくとも郡委員会がこの業務領域に関する権限を持っているということである．また，Warwat Khanderao 村落パン

チャヤトは貧困ライン以下（BPL）世帯対象のインド政府農村住宅建設事業（*Indira Awaas Yojana*：IAY）の受益者候補リストを郡委員会に提出したり，貧困世帯対象配給事業の受益者を特定する権限を持っているので，BPLセンサスデータベースとBPLリストは不可欠の行政データである．

　一方，Raina 村落パンチャヤトは，この業務領域に関して非常に広い権限を持っていた．Raina 村落パンチャヤトは，地域全部雇用政府事業（SGRY），地域雇用保障政府事業（MGNREGS），農村住宅建設政府事業（IAY），老齢者国民年金事業（IGNOAP），土地なし農業労働者年金基金（PROFLAL）の実施主体であり，政府から実際に資金を受け取って，それら事業の会計管理事務まで委任されていた．したがって Raina 村落パンチャヤトのパンチャヤト・レジスターには，それら事業の財務管理と事業執行を追跡する記録が収録されていた．また，IAY，IGNOAP は，基本的には貧困ライン以下（BPL）世帯を対象とするので BPL リストの利用が不可欠であった．PROFLAL は 0.5 エーカー以下の土地所有者（または非所有者）が対象となるので，土地・農地改革郡事務所の土地記録に基づく土地所有確認が不可欠であった．Raina 村落パンチャヤトは約 1,500 人の PROFLAL 加入者の記録を保持していた．

　地域雇用保障政府事業（MGNREGS）は，村会が村域内で実施されるすべてのプロジェクトについて社会監査（social audit）を行うことを必須条件としているので，Raina 村落パンチャヤトも事業の財務管理と事業執行を詳細に記録し開示している．MGNREGS 求職者レジスターは，インド政府農村開発省のホームページで全面的にネット公開されていた．MGNREGS は，コミュニティの共有資産を形成するプロジェクトを通して雇用を創出する事業であるから，域内に存在するこうしたコミュニティ共有資産・関連施設についてのデータベースを必要とする．コミュニティ共有資産形成事業の範囲は，(i)治水と雨水集水工事，(ii)干ばつ対策（植林を含む），(iii)小規模零細灌漑工事を含む灌漑用水路工事，(iv)指定カースト，指定部族に属する世帯が所有する農地，農地改革の受益者の農地，または中央政府 IAY 受益者の農地に対する灌漑施設の提供，(v)貯水池の浚渫工事を含む，伝統的水域の改修工事，(vi)土地開発，(vii)浸水地の排水工事を含む洪水管理・防止工事，(viii)全天候アクセスを可能にする通行路工事，そして(ix)中央政府が州政府と協議して告知するそ

の他の工事，に限定されている[136]．だが，すでに述べたように，現状の村落パンチャヤト・レジスター内に記載されているコミュニティ共有資産・関連施設は，パンチャヤトが保有し，かつ使用料等を課している施設または建設中の施設であり，(i)～(ix)に関連するすべてのコミュニティ共有資産・施設が体系的に記録されているわけではない．実際には住民の「周知の知見」に依存せざるをえない．

Raina 村落パンチャヤトは，貧困対策の一環として，マイクロファイナンスによる政府自営業支援プログラム（SGSY）を通して自助グループ（self-help group）の組織支援を行っていた．自助グループは MGNREGS の支援団体としても重要な機能を果たしていた[137]．広報小冊子 '*protibedon*' は，域内の自助グループの詳細情報を掲載していた．

Raina 村落パンチャヤトも，貧困世帯対象に配給事業の受益者を特定する権限を持っているので，BPL リストは不可欠の行政データである．

以上，Raina 村落パンチャヤトは，多くの貧困対策・社会福祉関連業務の財務管理と事業執行を追跡する業務記録をパンチャヤト・レジスターに保持している．また，それら貧困対策・社会福祉事業の各種対象者リストを保持しており，その多くは住民向け広報小冊子 '*protibedon*' で情報開示されているほどである．村落パンチャヤトには住民リストがないため，ICDS 村落調査レジスターとデータ共有を図ることが可能だが，BPL リストや MGNREGS 求職者レジスターを利用することもできる．ただ，雇用創出事業に関連する可能性があるすべての域内コミュニティ共有資産・関連施設について網羅的なリストを保持していない．それについては，住民の知見（「周知の知見」）に依存せざるをえない．

⑤インフラ関連業務の利用データ

Warwat Khanderao 村落パンチャヤトは，飲料水事業と域内道路事業の実施権限を持っている．とりわけ飲料水施設利用税は，同パンチャヤトの最大の自

---

136) National Rural Employment Guarantee Act 2005 の Schedule I 参照．
137) Panchayats and Rural Development Government of West Bengal（2009a），p. 95.

主財源であった．したがって Warwat Khanderao 村落パンチャヤトのパンチャヤト・レジスターは，飲料水施設（掘抜き井戸や貯水槽）と飲料水施設利用税について詳細に記録していた．また域内の道路（長さ，幅，その他）についてもパンチャヤト・レジスターに記録されている．域内のコミュニティ施設についても，パンチャヤト資産として一部記録されていた．国勢調査村落要覧の村落アメニティ・データや，郡開発事務所が保持する Warwat Khanderao 村落パンチャヤト年次報告「2)村落で利用できる施設への距離」のなかにも域内のコミュニティ施設の有無（域外施設の場合，施設までの距離）のデータがある．しかし，村落パンチャヤトによる域内のコミュニティ施設の維持管理・建設のためには，単に，施設の有無だけでなく個別施設を単位とした網羅的な所在リストが必要である．その上さらに各施設のクオリティや維持管理状態についての詳細情報が必要である．だが，実際には，住民の「周知の知見」，あるいは「現地事情に通じた人物」の知見に依存せざるを得ない状況にある．

　Raina 村落パンチャヤトも，建設中の飲料水施設のレジスターと掘抜き井戸レジスターを保持していた．Raina 村落のパンチャヤト・レジスターには，Warwat Khanderao 村落パンチャヤトのように域内道路の記録がない．ただし，西ベンガル州では政府地方道路整備事業の下で，県パンチャヤトが未開通集落のために認可した建設予定地方道路網を，既存道路網と共に，地理的情報システム（GIS）の地図上に記載し，コア・ネットワーク・プラン（Core Network Plan）と称してウェッブ公開している．Raina 村落パンチャヤトも，Warwat Khanderao 村落パンチャヤトと同様，域内のコミュニティ施設について網羅的な所在リストと各施設の詳細記録を保持していない．州政府規則は，すべてのパンチャヤト保有資産をパンチャヤト・レジスター（不動産レジスター〔Form 20: *Register of immovable properties*〕）に記載するよう求めているが，実際に記載されている施設は，建設中の施設や，税・使用料が賦課される施設である．国勢調査村落要覧の村落アメニティ・データは使用可能だが，Warwat Khanderao 村落パンチャヤト年次報告のように年次更新されているわけではない．

第4章　インドにおける新しい統計領域　　　　　　　　199

⑥商工業関連業務の利用データ

　両村落パンチャヤトはこの業務領域において言及すべき担当業務がほとんどない．Warwat Khanderao 村落パンチャヤトは，入札で週定期市の仕切り屋を決定し仕切り屋から一括して権利金（年間 5,000 ルピー）を受け取っている．出店者たちに場所を貸与しているのは，その仕切り屋であるから，パンチャヤトは，出店者たちの詳細を直接知り得る立場にない．Raina 村落パンチャヤトでは，村域内商工業者の特定業務が担当業務としてアクティビティ・マッピングされているのに，その業務が実際にはほとんど機能していなかった．マイクロファイナンスに基づく自助グループ（self-help group）の組織化を側面支援しているだけであった．

### (2)　パンチャヤトの統治対象に関するデータの利用とその課題・可能性
#### 1) 村落パンチャヤトの空間データの利用

　地方自治体の統治対象は，さしあたり一国の特定地域を対象とする．したがって，村落パンチャヤトの統治対象に関する不可欠なデータは，その地理的空間に関するデータである．村落パンチャヤトの面積（例えば，Warwat Khanderao 村落パンチャヤトは面積 610.84ha，Bidyanidhi 村・集落は面積 134.65ha など）や，域内の土地利用データ，地籍図や地理的情報システム（GIS）等の非統計的データ，家屋を含む域内建造物リストなどがそれにあたる．マハラシュトラ州，西ベンガル州の両州政府は，すでに地理的情報システム（GIS）を確立している．Warwat Khanderao 村落パンチャヤトは地税事務所（*patwari* office）に，Raina 村落パンチャヤトは土地・農地改革郡事務所に地籍図がある．家屋やその他建造物については固定資産税・家屋税の課税対象リストがある．

　また，村落パンチャヤトの統治地域の地理的位置関係，すなわち最寄りの鉄道駅，都市施設からの距離等のデータは，「現地事情に通じた人物」等をデータソースとして，国勢調査村落要覧アメニティ・データ，Warwat Khanderao 村落パンチャヤト年次報告が編纂されている．

## 2）村落パンチャヤトの住民基本データと住民記録の記録原理

　パンチャヤトの統治対象に関するデータとして次に必要となるのは，上記地理的空間によって画された住民集団によって構成される地域社会に関するデータである．国勢調査の人口統計や ICDS レジスター，CRS 出生・死亡登録の人口動態データは村落域内の住民に関する基本データである．住民基本データについては，本書第5章，第6章で検討する．

　すでに述べたように，現状では，村落域内の農業経営体（operational holdings）や農村商工業事業体を対象とした農業センサスや経済センサスは利用できない．それら事業体に関する個票レベルリストも，当然，利用できない．そのことは，両村落地域社会の大きな課題といえる．

　また，村落パンチャヤトの自治は，行政記録・レジスターの既存の記録原則に変更を迫るものである．村落パンチャヤトや政府関係出先機関の行政記録・レジスターは地方分権化された体制の下で，パンチャヤトの統治対象である地理的空間とそこに暮らす常住住民に明確に関連付けられた記録でなければならない．第1に，政府出先機関等の行政管轄区の境界線がパンチャヤトの境界線と異なる場合，行政記録システムの地域区分に調整が必要となる．一次医療センターとその支所，あるいは地税徴収行政の出先機関（郡徴税官や村落徴税官）の管轄区域は，パンチャヤト統治制度の統治区域の境界と必ずしも合致しない．第2に，パンチャヤトや政府関係出先機関の行政記録は，住民の常住地を基準に記録されていなければ住民自治には十分利用できない．例えば，すでに述べたように，CRS 出生・死亡登録は，出生・死亡地で登録することが原則となっているため，しばしば住民の常住地から離れた実家や病院などの所在地自治体で登録される．この記録原則は，州や県レベルの広域の集計値が問題となる中央集権的な行政制度ではそれほど不都合を生じないが，小地域の自治が問題となる地方分権化した今日のインドでは時代遅れの記録原則である．今日では村落パンチャヤトが域内に常住する出生児の数が正確にはわからないとか，域内の住民の死亡数や死亡原因がわからないという不条理な問題が発生している．この問題は本書第6章の課題である．同様の問題は，土地記録においても発生する．ある村落の土地記録は，村落域外に居住する土地所有者の所有記録を含む一方で，当該村落の常住者の村落域外の土地の所有を記録しない．

第4章 インドにおける新しい統計領域

このことは地税徴収においてのみならず，最高許容限度をこえた土地所有を特定する農地改革において，土地所有者の名寄せを困難にする．土地記録の電子媒体情報化が進行するなかで，この問題がどのように克服されるのか注目されるところである．

### 3）村落パンチャヤトの未記録の統治対象の検証データ

村落パンチャヤト域内には，パンチャヤトや政府関係出先機関の行政活動の副産物として多くの統計，行政記録・レジスターがあるが，すでに述べたように，それらは本来業務が対象とすべき潜在的対象を網羅的に正確に反映するとは限らない．皮肉なことに，行政記録・行政統計が潜在的な業務対象をいくら過小・過大に捉えても，それはパンチャヤトや政府関係出先機関それ自体の活動を正確に表現するデータとしては価値あるデータかもしれない．だが，言うまでもなく，それは本来対象とすべき潜在的な行政対象を正確には表現していない．パンチャヤトは統治対象を客体として捉え，潜在的な行政対象について別のデータや住民の知見を参考にしてたえず点検する必要がある．パンチャヤトの業務領域ごとに，主要な検証データを例示すると以下のようになる．

①第一次産業関連業務の潜在的対象とその検証データ

農業センサスの農業経営体（operational holdings）データは，本来，パンチャヤトの第一次産業関連業務の潜在的対象を捉える主要データである．それは農業経営体の分布構造と彼らの諸属性（経営面積，耕作，借地関係等）について小地域ごとに詳細な統計を提供する可能性がある．国勢調査人口調査調査票（Household Schedule）は，耕作者・農業経営者，日雇農業労働者，家内工業従事者，その他就業者，すなわち経済活動カテゴリー（'category of economic activity'）に関して10年周期でデータを提供している．2002年BPLセンサス[138]は，農業経営の類型別（土地所有者，借地人，借地人兼土地所有者，その他）再集計が可能である．ICDS村落調査レジスターには世帯員の職業デー

---

138) 2011年BPLセンサス（'Socio-Economic and Caste Census, 2011'）ではこの調査項目はなくなり，「世帯所得の主な源泉」（main source of household income）別および「土地の所有」（land owned）別に集計．

タが一応あることはある．もし，農業センサスの村落データが開示されたならば，それら複数の検証データを相互に比較し，互いのデータソースの時間差を勘案しつつ，農業経営体の存在について点検することが可能である．

　すでに述べたように，インド政府農業省によると，農業経営体を単位としたマハラシュトラ州の農業センサスデータは，村落土地記録の再集計（re-tabulation）によって作成されることになっている．だが，すでに述べたように，マハラシュトラ州の村落土地記録は，農地の所有関係に基づく利害関係からきわめて歪んだ記録になっている．大土地所有者（地主）が農地改革を警戒して土地所有記録の借地人欄に借地人情報を正確に記載しないなどの現象はその最たるものである．したがって，現行の村落土地記録から実際の農業経営体データを引き出すことは不可能である．だが，すでに述べたように，Bombay Village Panchayats Act, 1958 の 2003 年修正法によって，マハラシュトラ州では村落パンチャヤト域内における村落徴税官を含むすべての政府関係出先機関職員は，法律上は，村落パンチャヤトのコントロール下に入っている．しかも Bombay Village Panchayats Act, 1958 の担当業務表（Village List）には「農地改革事業の実行支援」が村落パンチャヤトの担当業務に含まれている．したがってマハラシュトラ州の村落パンチャヤトが農地改革事業の一環として村落徴税官（*patwari*）の土地記録の更新業務に毎年介入し，借地人情報等に関する歪んだ記載内容に修正を迫ることは法律的には不可能でない[139]．もし，現行の農業センサスの村落別集計データが開示され，そして，もし Warwat Khanderao 村落パンチャヤトが，現行の村落土地記録を点検・検証できるようになれば，両者を相互に点検・検証して，村落徴税官の村落土地記録と農業センサスの村落データの問題点を明らかにできるはずである．

---

139） とはいえ，すでに述べたように，マハラシュトラ州では村落土地記録を管轄する徴税行政地方官僚は，村落パンチャヤトのコントロール下に入るどころか，パンチャヤトのパラレル団体として二重権力状態をもたらし，州政府・中央政府の地方出先機関の末端業務のコンサルタントを広く請負いながらパンチャヤトの担当業務を事実上侵食しているのが現状である．その上，すでに述べたように，マハラシュトラ州政府はパンチャヤト関連州法を，事実上，骨抜きにしようとしている．

②教育関連業務の潜在的対象とその検証データ

　教育関連業務の潜在的対象を捉える主要なデータは，公立小学校等の学校レジスターと公立小学校教員が学区内の全世帯について毎年実施する全数調査データである．後者は，ICDS 子供レジスターおよび ICDS 村落調査レジスターと個票レベルで比較・照合可能である．

　識字・非識字人口を捉えるデータとしては，国勢調査人口調査データ，BPL センサスデータ，ICDS 村落調査レジスターが利用できる．Raina 村落パンチャヤトが，地方公衆衛生の事業評価を目的に実施した 2008 年世帯全数調査データは，世帯の社会経済的属性別（指定カースト/指定部族/その他後進諸階級）の学歴・教育水準データを含んでいる．これらの識字・非識字データを，互いのデータソースの時間差を勘案しつつ，相互比較すれば村落の識字・非識字人口の検証が可能となる．

③保健・児童発達関連業務の潜在的対象とその検証データ

　すでに述べたように，Raina 村落パンチャヤトは，「第 4 土曜日ミーティング」において ICDS センターの諸レジスターと一次医療センターの行政諸記録を共有し，データを結合・編集していたが，このデータ共有メカニズムは，異なるソースから得られたデータの正確性を相互チェックするメカニズムでもある．Warwat Khanderao 村落パンチャヤトでも ICDS ワーカーは，一次医療センター支所の農村保健師兼助産師（ANM）と予防接種等々の日常業務で密接に連携しているから，そのような協力関係を基礎にデータ共有メカニズムを構築することは不可能でない．

④貧困対策・社会福祉関連業務の潜在的対象とその検証データ

　貧困対策・社会福祉関連業務の潜在的対象に関する最も重要なデータソースは BPL センサスである．すでに述べたように，Warwat Khanderao 村落パンチャヤトも Raina 村落パンチャヤトも，BPL センサスから作成された BPL リストを批判し，改訂するために独自に再調査を実施した．この事件は，憲法第 73 次改正法施行以来の地方分権化プロセスで起こった特筆すべき出来事であったといえる．両村落パンチャヤト共に改訂 BPL リストを保持しているが，

訂正は一部しか認められず大部分は却下された．両村落パンチャヤトは，公式のBPLリストと独自に改訂した改訂BPLリストとの間に大きな齟齬があり，その齟齬から公式のBPLリストに未記録の貧困ライン以下世帯が存在すること（また，本来，不適格な世帯がリストに余分に含まれていること）を確信しているのである．

　BPLセンサスデータは，国勢調査データやICDS村落調査レジスターと，互いのデータソースの時間差を勘案しつつ，相互にチェックすることが可能である．本書第5章では，BPLセンサスデータとICDS村落調査レジスターを個票レベルでマッチングしてそれを検証する．

　BPLリストに関する村落レベルの批判が示唆していることは，直接民主主義的住民自治が，村落行政記録の正確性をチェック・批判するひとつの有力な拠り所となるということである．BPLリストについての最初の疑念は村民の周知の知見に端を発しているからである．

⑤インフラ関連担当業務の潜在的対象とその検証データ

　すでに述べたように，村落のコミュニティ共有資産・関連施設は，村落パンチャヤト・レジスター内に一部記載されているが（固定資産レジスター，不動産レジスター等），実際に記載されているのは税・使用料等の対象施設や建設中の施設に偏る傾向があり，必ずしも網羅的なデータとはいえない．両村落パンチャヤト職員は，村落内のコミュニティ共有資産・関連施設は文書化されていなくとも，住民の「周知の知見」であると説明している．実際，10年周期の国勢調査村落要覧アメニティ・データや，Warwat Khanderao 村落パンチャヤト年次報告には，住民の「周知の知見」あるいは「現地事情に通じた人物」の知見に基づいて村落域内（または近隣）のコミュニティ共有資産・関連施設が一部記載されている．したがって村落パンチャヤト・レジスター内に一部記載された村落内のコミュニティ共有資産・関連施設を，そうした住民の「周知の知見」と対比してチェックすることは可能であるはずである．

⑥商工業関連業務の潜在的対象とその検証データ

　農村商工業事業者に関する村落データのソースとして期待できるのは経済セ

ンサスである．だが経済センサスの村落レベルデータの公表は進んでいない．すでに述べたように，経済センサスは，事業所調査だけでなく世帯調査と組み合わせて並行的に実施されるから，「食品加工業を含む小規模工業」や「繊維業，農村および家内制手工業」などの農村零細事業体をカバーすることになっている[140]．両村落パンチャヤトは共に工業開発事務所（Industrial Development office）のデータにはアクセス不能であった．すでに述べたように，ICDS 村落調査レジスターには世帯員の職業データが不十分ながら含まれる．国勢調査人口調査も「経済活動カテゴリー」として「家内工業従事者」と「その他」について，その「職業」，「業種」を質問している．したがって，仮に，村落パンチャヤトが経済センサスの村落データにアクセス可能となれば，データソースの時間差を勘案しつつ，それら集計データを相互に比較しチェックすることが可能である．

### (3) パンチャヤト財政関連データの現状と可能性

各種財務委員会，会計監査機関の懸念にもかかわらず，Warwat Khanderao 村落パンチャヤトも Raina 村落パンチャヤトもパンチャヤト会計を管理保持していた．2007 年度の Warwat Khanderao 村落の歳入，歳出はそれぞれ 166,117.32 ルピー，157,354.00 ルピー（年次予算報告より），同年の Raina 村落パンチャヤトはそれぞれ 16,666,309.53 ルピー，16,725,805.20 ルピー（Raina 村落パンチャヤト広報誌 *protibedon* より）であることも確認できた．そのなかで自主財源（own-source revenue）や付帯条件なし資金（untied fund）[141] に関連する収入項目も容易に特定することができた．両パンチャヤト共，会計データを村会に提出して承認を受けている．Warwat Khanderao 村落の会計データは

---

140) ただし，すでに注記したように，NSC（2001, paras 5.2.19 and Annexe 5.15）は，経済センサスと標本調査（経済センサス追跡企業調査）を比較して，その数字上の食い違いを問題にしている．農村の「食品加工業を含む小規模工業」や「繊維業，農村および家内制手工業」などの零細事業体のほとんどはこの非登録製造業事業体に含まれる．経済センサスの村落データが積極的にデータ開示されると，この問題は村落レベルで検証できる．

141) 付帯条件なし資金の主なものは中央・州財務委員会の補助金（Warwat Khanderao 村落パンチャヤトは 35,281.43 ルピー，Raina 村落パンチャヤト 563,172.00 ルピー〔2007-08 年〕）．

たしかに Paturda 郡開発事務所に毎年報告され，そこで内部監査を受けていた．Raina 村落パンチャヤトの会計データも Raina-I 郡開発事務所に報告されパンチャヤト会計監査官によって内部監査を受けていた．

だが，両パンチャヤトの会計データはそれぞれ構造的欠陥をかかえていた．Warwat Khanderao 村落の会計データの歳入項目には域内政府事業のための流入資金がほとんど計上されていない[142]．Warwat Khanderao 村落は飲料水事業や衛生事業等の業務以外で政府から直接資金を受け取る事業が少ないから，会計データにそうした流入資金が計上されないのは必然的なことといえる．そのため，Warwat Khanderao 村落会計は，主に自主財源（own-source revenue）中心の歳入構成になっていた．域内村落徴税官（*patwari*）がパンチャヤト制度の外部で徴収した地税収入の移転分も村落パンチャヤト会計からはまったく特定できなかった．すでに述べたように，農地課税率はインド独立前の 1947 年以来改定されていないため地税収入額は非常に少額である．Paturda の郡開発官の証言によると農地の購入・移転の際の土地登録手数料の方が，地税収入額よりはるかに多額であるとのことである．一方，Raina 村落パンチャヤトの会計データの歳入項目の大半はパンチャヤトが直接受け取る域内政府事業の資金であった．とくに地域雇用保障政府事業（MGNREGS）の事業資金は 12,948,347 ルピーにも上り，歳入の 77.7% に達していた．

Raina 村落パンチャヤトの公式会計データの欠陥は，歳出側に支出内容の詳細がほとんど記載されていないことであった．受け入れ政府資金については，予算執行されたことが歳入側と歳出側に同義反復的に記載されるだけであった．付帯条件なし資金（untied fund）についても同様であった．西ベンガル州の公式会計システムには支出内容を詳細に記載する統一的な様式が備わっていなかった．パンチャヤト会計監査官（Panchayat Accounts and Audit Officer）も支出内容の詳細に立ち入って内部監査していないと証言した．だが，Raina 村落

---

[142] 2007-08 年の歳入額 166,117.32 ルピーのうち，地域全部雇用政府事業（SGRY）助成金が 25,117 ルピー，インド政府第 12 次財務委員会助成金 35,281.43 ルピーが計上されているのみであった．Warwat Khanderao 村落パンチャヤトは，この年，第 12 次財務委員会助成金を飲料水施設事業と衛生事業に使用している（Okabe and Bakshi 2016, p. 163）．

パンチャヤトが発行する村民向け広報小冊子 '*Protibedon*' には，付帯条件なし資金の使途が詳細に公開されていた．このことは，支出内容の詳細な記載が本来可能であるにもかかわらず，公式会計データにそれを記載する統一的様式が備わっていないために省かれていることを示唆している．村落パンチャヤトの担当業務と会計データの関連を議論する場合，支出明細がないことは大変不都合なことといわざるをえない．

インド会計監査院とインド政府パンチャヤト省が提案するモデル会計システム（Simplified Accounting System）は，歳入と歳出を憲法第 11 附則の 29 の業務事項に関連づける詳細な分類コードリストを備えているが，この新会計システムは，マハラシュトラ州の県レベルで一部導入されているだけで，西ベンガル州では導入されていなかった[143]．

会計データから，Warwat Khanderao 村落パンチャヤトの自主財源（own-source revenue）が，86,456.89 ルピーであり，政府からの流入資金が少ないこともあって，歳入に占める比率は 50% を超えることが確認できた（2007 年度）[144]．Raina 村落パンチャヤトの自主財源は 253,218.00 ルピーであり，政府からの流入資金が非常に多いこともあって，歳入に占める比率はわずか 1.5% にしかすぎないことが確認できた（2007 年度）[145]．Warwat Khanderao 村落と Raina 村落パンチャヤトでは人口比が 1：10 ほどであることを勘案すると，Warwat Khanderao 村落パンチャヤトの自主財源は Raina 村落パンチャヤトのそれを相対的に大きく上回っていることになる[146]．これは Warwat Khanderao 村落パンチャヤトの高い潜在的な自治能力を示している[147]．それに対して，Raina 村落パンチャヤトは政府からの流入資金に圧倒的に依存していた．Warwat Khanderao 村落パンチャヤトの主要な自主財源は飲料水施設利用税であり，それに次ぐ財源が家屋税（固定資産税）であった[148]．Raina 村落

---

143) 両州の郡開発事務所の担当者はこの新会計システムについて確かに認知はしていた．
144) 歳入額 166,117.32 ルピー（前述）のうち 86,456.89 ルピーが自主財源（Okabe and Bakshi 2016, pp. 273, 285-286）．
145) 歳入額 16,666,309.53 ルピー（前述）のうち 253,218.00 ルピーが自主財源（Okabe and Bakshi 2016, p. 279, 286-289）．
146) Rao and Rao（2008）参照．
147) Sasaki（2005）．

パンチャヤトの主要な自主財源は固定資産税であった．両村落ともしっかりとした固定資産税・家屋税の課税対象リストと，飲料水施設リストを保持していた．

マハラシュトラ州では，州財務委員会レポートとその内容が秘匿され，非公開になるという異常事態が続いている[149]．図書館・資料室などに対しても情報が完全に秘匿されていた．したがって，地方自治体への前述した資金配分基準（配分式）や配分政策について（西ベンガル州については第2節(2)-2参照），マハラシュトラ州財務委員会がいかなる見解を示したのかまったく不明である．

### (4) パンチャヤトの計画策定用データの現状と可能性

BSLLD 村落調査票は，村落域内に実在するデータソースから計画策定用のデータを収集するために設計された（巻末資料1参照）．すでに述べたように，BSLLD 村落調査票を用いた表式調査はまだ試験段階にあり本格実施には至っていないが，第3節で確認した村域内のデータソース群（第3節(1)-(4)を参照）から，BSLLD 村落調査票のデータ項目のかなりの項目が村域内の根拠ソースから記入可能であることがわかる[150]．各州政府の試験調査報告もそのことを示している[151]．実際，2009年試験調査の対象村落となった Raina 村落パンチャヤトは，全データ記入済みの BSLLD 村落調査票を保持していた[152]．

---

148) 2011-12 年の Warwat Khanderao 村落パンチャヤトの自主財源 259,405 ルピーのうち 186,339 ルピー，すなわち 71.8% が飲料水施設利用税の収入であった．家屋税（固定資産税）収入は 59,891 ルピー，すなわちわずか 23.1% であった（Okabe and Bakshi 2016, pp. 285-286）．
149) Centre for Budget and Governance Accountability (2011), p. 133ff.
150) BSLLD 村落調査票の各データの根拠ソースとなりうる村域内データソースについては，Okabe and Bakshi (2016), pp. 297-320 参照．
151) Central Statistics Office (2011, D-11) によると，「ほとんどすべての情報項目は，村落レベルの現地行政職員，すなわち ICDS ワーカー，ANM，パンチャヤト書記官，村落徴税官（*patwari*），学校教員等から得られる」．だが，その反面 Central Statistics Office (2011, pp. v-vi) は，128 の情報項目のうち「35 項目（27%）はあまり好ましくないデータソースから引き出されている」と分析している．
152) Bidyanidhi 村・集落のデータ記入を担当したのは村在住の小学校教員であった．また，Bidyanidhi 村の ICDS ワーカーが近隣の Borga 村のデータ記入を担当した．

また，本研究の聞き取り調査から，Block 2: Availability of some basic facilities, Block 3: Village infrastructure, Block 4: Distance from the nearest facility, Block 11: Number of storage and marketing outlets など，村の公共施設や商業施設等に関するデータ項目は，たとえ根拠データといえる文書記録がなくとも住民の「周知の知見（common knowledge）」であり，誰でも正確に回答できる内容であることがわかった．

　問題は，すでに述べたように，BSLLD 村落調査票のデータ項目のなかに，村落のどこにも記録がなく，かつ，「周知の知見」ですらないというデータが存在するということである．そうしたデータ項目のなかには，一部関係当事者しか知らない複雑な事実であるために一般住民は容易に知り得ない情報や，大量の個別データを集計しない限り知り得ない情報が含まれる．そのようなデータ項目の典型は，Block 9: Land utilisation, Block 12: Employment status of the villagers, Block 13: Migration, Block 15: Industries and businesses である．これらのデータ項目は村域内に適当な根拠ソースが実在しない．

　マハラシュトラ州の村落徴税官の土地記録は，毎年更新されることになっているので土地利用データ（Block 9）が一応含まれてはいるが[153]，西ベンガル州の郡レベル土地・農地改革事務所（Block Land and Land Reform office）の土地記録は，土地所有者の記録変更申請のときに不定期に変更されるのみで，数十年も未更新となることが多く，土地利用データとして使用に堪えない．Block 9 のデータ項目には，経営面積別農業経営体（operational holding）データも含まれるが，マハラシュトラ州の村落にも西ベンガル州の村落にも使用に堪える農業経営体データがない．すでに述べたように，マハラシュトラ州の村落土地記録は，事実上，土地所有（ownership holding）の記録であって農業経営体のデータとはいえない．すなわち，誰が土地を所有しているかがわかっても誰が耕作しているかが正確にわからない．村落土地記録の借地人情報がまったく不正確だからである．農業経営体の借地人情報がない限り経営面積はわからない．すでに述べたように，Bombay Village Panchayats Act, 1958 の 2003 年修正法によって，マハラシュトラ州では村落パンチャヤト域内における村落

---

153）ただし，前述のとおり，実際にはマハラシュトラ州の大半の土地利用データが適切に更新されていない可能性がある（NSC 2001, paras. 4.2.6–4.2.12）．

徴税官を含むすべての政府関係出先機関職員は，村落パンチャヤトのコントロール下に入っている．しかも Bombay Village Panchayats Act, 1958 の担当業務表（village List）には「農地改革事業の実行支援」が村落パンチャヤトの担当業務に含まれている．したがってマハラシュトラ州の村落パンチャヤトが農地改革事業の一環として村落徴税官（patwari）の土地記録の更新業務に毎年介入し，借地人情報等に関する歪んだ記載内容の修正を迫り，域内の農業経営体の全体状況や土地貸借状況を明らかにすることは法律上不可能なことではない．だが，現状では，Block 9 の経営面積別農業経営体統計はいつまでも欠落情報となり，課題が残るのである[154]．

村落住民の就業状態と転入・転出に関する正確な統計（Block 12-13）は，10 年周期の国勢調査でしか把握されていない．直近のデータを得るためには，ICDS 村落調査レジスターの各世帯員データの職業欄と備考欄が参考になるが，すでに述べたように，職業欄は大まかで空欄が多く，備考欄のメモは任意記入の非公式情報で網羅性がない．村落で経済センサスの実査が行われていることは確かなのだから，今後，データ公表体制が確立すれば，村の小規模事業所とそこで従業する就業者について業種別データ（Block 15）を作成することは可能である．だが，現在のところ，マハラシュトラ州でも西ベンガル州でも，パンチャヤトは経済センサスの村落データにアクセス困難である[155]．以上のデータは，村落統計制度の大きな欠落部分といえる[156]．

---

[154] 同じことは，マハラシュトラ州の農業センサスにもいえる．マハラシュトラ州の農業センサスは，村落土地記録の歪みを改正しない限り，いつまでたっても無効なセンサスであり続ける．

[155] すでに述べたように，政府によるマイクロデータ CD-Rom の注文販売は行われている．

[156] BSLLD 村落調査票データに欠落しているため，補足が必要な計画策定用データ——すなわち，(1)村落パンチャヤトと州・中央政府出先機関のパフォーマンス・データ，(2)個票レベルの集計前データ，(3)当該データのクオリティを裏付けるメタデータや，相互チェック可能な代替的データソース情報（代替的な行政記録やセンサスの情報），(4)州・中央政府関係出先機関・パラレル団体が域内で実施する諸事業についての「域内事業センサス（scheme census）」情報，(5)パンチャヤトの財政データ——の現状と可能性については，本章第 4 節(1)〜(3)ですでに概略を述べたので省略する．

## 5. 小括

　本章は，前章でみたインドの統計制度を，統計的データの収集と記録の最前線に位置する地方末端――とくに人口の約6割が居住する農村部の地方末端――から，すなわち村落パンチャヤトから考察した．憲法第73次改正法の地方分権化政策の施行以来，インド農村地域全域では新たな統計領域が出現している．本章は，この新たな統計領域について研究するために，村落パンチャヤト域内に実在する既存データソースを総合的に研究した．そこで確認されたことは，村落パンチャヤト域内で実際に生産，利用される統計的データの主要部分が，国勢調査を除くと，パンチャヤトおよび政府関係出先機関の行政活動の副産物であったという事実である．すなわち，それらは行政記録か，あるいは行政記録の作成を目的に実施される（BPLセンサス等の）全数調査を中心とする統計的データであった．

　パンチャヤトのデータニーズのうち最も重要なニーズは，民主的な自治に必要な基礎的データ（データニーズI）であり，必ずしもBSLLD専門委員会が最重要視する計画策定用データ（データニーズIII）ではなかった．パンチャヤトの統治（ガバナンス）基盤が脆弱であれば，計画策定はそもそも成り立たない．Warwat Khanderao 村落パンチャヤトがまさにそうであった．

　パンチャヤトの民主的な自治に必要な基礎的データ（データニーズI）は「パンチャヤトそれ自身」に関するデータ（パンチャヤトの行政評価・政策評価のために必要なデータ）と「パンチャヤトの統治対象」に関するデータ（パンチャヤト域内の村落社会に関するデータ）という対象規定が論理的に異なる2つのデータ群に区分する必要があった．なぜなら，村落パンチャヤトが利用する行政記録が，

　(i) 直接的にパンチャヤトそれ自身，

　(ii) 間接的にパンチャヤトの統治対象としての村落社会，

という，一見重複するが次元の異なる，二重の対象を同時に表現する，両義的な情報だからである．例えば，第6章で詳しくみるように，村落パンチャヤトのCRS出生登録データは，出生登録率がわずか22.3%であるため村落社会の

人口動態データ(ii)としては著しく価値が低いが，パンチャヤトの登録行政のパーフォーマンスを示す行政データ(i)としては逆に価値が高い．このパラドクスがよく示しているように，われわれは前者と後者を区別しなければ，行政記録の価値の総体についてまともに議論できない．それを筋道立てて利用し，使いこなすことはできない．本章はこの区別を厳密化することではじめて，パンチャヤトそれ自身のパーフォーマンスを評価するデータ利用について議論できただけでなく，パンチャヤト域内の行政的データに記録されていない潜在的統治対象についてチェック・点検する諸方法について議論することができた．

「パンチャヤトそれ自身」に関するデータはパンチャヤトの自己点検と住民への説明責任を果たすためのデータであるが，そのうち最も重要なデータは，パンチャヤトの諸機能に関するデータ――パンチャヤトは，何をどの程度遂行しているか，その業務遂行（パーフォーマンス）を把握するデータ――であった．それらのデータについて研究するためにはパンチャヤトの担当業務は何か？ という初歩的，具体的な情報が不可欠である．だが、この前提的情報がインドでは未だ不明瞭である．そこで本章は，パンチャヤトの担当業務（アクティビティ・マッピング）の全体像をあらためて研究するという遠回りをする必要があった．村落パンチャヤトの担当業務を調査して明らかになったことは，村落パンチャヤトの主要な担当業務は，各種事業対象者の識別と選定であるということである．この業務を遂行するためには，本来，住民の個票的情報リストが求められるはずだが，そのような情報基盤は―― BPL リスト等幾つかの例外を除くと――必ずしも整備されていない．パンチャヤト担当業務に関わる域内コミュニティ共有資産・関連施設の網羅的な個票的情報リストも完備されていない．また，村落の第一次産業や農村商工業従事者の個票的情報リストはまったく存在しなかった．その一方で，ICDS センター，一次医療センター，学校，土地記録管理機関等の政府関係出先機関とのデータ共有から，村落パンチャヤトは担当業務に必要なデータを今後ある程度まで整備することが可能な状況にある．

したがって本章では，地方分権の進展と地方自治の発展に伴って，村落パンチャヤト担当業務に関係する各種行政記録と関連センサスから構成される，村落パンチャヤト統計制度が発達する潜在的可能性を確認できた．とりわけ，村

落パンチャヤトの担当業務の拡大に伴って，今後，個票情報レベルで行政記録の精緻化と拡充が求められる可能性がある．それら個票的情報は行政サービスを受ける住民の権利を左右するからである．だがインドにおける村落行政記録の個票的情報の発達はまだ原初的な状態にある．行政記録の個票情報レベルでの精緻化が進めば，2002年BPLセンサス批判に際してWarwat KhanderaoとRainaの両村落が行ったように，政府がトップダウン的に実施する各種センサスの村落データをボトムアップ的に点検，批判することも可能となる．今後，各種センサスを村落行政記録システムと適切にリンクさせて村落統計制度を再編成することが可能である．

　しかし，村落行政記録システムをコアとした村落パンチャヤト統計制度の発達は，村落行政制度の発達の直接的帰結（corollary）である．村落パンチャヤト統計制度の発達は，地方分権の進展と地方自治の発展の動因ではなく，その結果である．本章は，データニーズの研究を基礎にパンチャヤト統計制度を考察することによって，とくにそのことを際立たせる結果となった．とりわけ，村落パンチャヤト統計制度の維持・拡充には，パンチャヤトと政府関係出先機関とのデータ共有が不可欠であるが，パンチャヤトと州・中央政府官僚制ヒエラルキーは二重権力状態でひしめき合って交錯しているのが現状である．その克服が大きな課題である．インドにおける地方自治体統計制度の発達史はまだその緒についたばかりである．

　本章は，村域内の既存データソースに欠落した情報として，土地利用，人口移動，雇用，農業経営体・商工業事業体に関するデータ不足を指摘した．この欠落を克服するためには，既存のデータ収集システムを根本的に変革する必要があろう．

　インドはヨーロッパのようにセンサスを行政記録情報で代替できるかどうかが問題になっているのではなく，農業センサスや経済センサス等が地方自治体レベルの統計を供給できるまでにまだ整備されていないことが問題である．しかも第3章でみたように，インドは統計制度の情報基盤としての行政記録の劣化に悩む国であるから，そのような国で行政記録の不備を前提に，センサスを安易に行政記録情報で代替させると，統計制度に大きな混乱を招く結果となる．すなわち，マハラシュトラ州を含むインドのライヤートワリ地域では，農業経

営体を単位とした農業センサスが，地税事務所（村落徴税官）の村落土地記録をベースにそれを再集計する操作によって実施されているが，村落土地記録（行政記録）をベースにしたこの「レジスターベースの」農業センサスは土地記録の問題点をそのまま反映したきわめて歪んだセンサスになっている．ライヤートワリ地域では村落土地記録を再集計したレジスターベースの農業センサスが，むしろ農村の土地所有と農村生産関係の深刻な問題を隠蔽する欺瞞的な農業統計を生産する原因になっているからである．なぜなら，本章の村落フィールド調査から明らかになったように，土地所有者は自分の土地を他人に貸しても，土地記録には実際の借地人氏名を記載しないことが暗黙の慣行になっているから，村落土地記録から農業経営体（実際の耕作者）の正確な記録を引き出すことは事実上不可能なことである．それにもかかわらず，農業センサスは歪んだ土地記録をそのまま再集計し，土地の貸借関係の実態を隠蔽した欺瞞的な統計を平然と生産し，地域農業政策や農地改革の実施に甚大な情報損失をもたらしているのである．つまり，インドではヨーロッパとちがって，センサスを行政記録情報で安易に代替することはできない．

付表 西ベンガル州のアクティビティ・マッピング

| No | 事項 | アクティビティ | 県パンチャヤトのアクティビティ | 郡委員会のアクティビティ | 村落パンチャヤトのアクティビティ |
|---|---|---|---|---|---|
| 1 | 農業振興事業を含む農業 | 1. 農用具、種子、バイオ肥料を政府助成価格で配給<br>2. 農業機器の配給<br>3. 農家への意識向上キャンペーンと広報<br>4. アグリファームの運営 | 1. 農用具、種子、バイオ肥料を（政府助成価格で）各郡委員会に農家数に応じて配分<br>2. 農業機器の各郡委員会・村落への配給目標を設定 | 1. 農用具、種子、バイオ肥料の各村落パンチャヤトへの（政府助成価格での）配給目標を設定<br>2. 技術的問題や現場の状況に鑑みて農業機器の配給が適切で時宜を得ているかどうか監督 | 1. 農用具、種子、バイオ肥料の（政府助成価格での）配給対象者を選定<br>3. 農家への意識向上キャンペーンと広報<br>4. ニーズに応じた種子需要の見積り |
| 2 | 土地改良、農地改革の実施、農地整理および土壌保全 | 1. 土壌保全、灌漑、植林を対象とした流域開発計画/ハリヤリ事業の実施<br>2. 農地改革を委任された農地の土地なし農民への分配 | | 2. (i) 分配農地の分配前調査、および分配対象者の優先順位リストの作成、(ii) 農地の土地なし農民への分配 | 2. 農地改革を委任された農地を分配する対象者の特定 |
| 3 | 小規模灌漑、水管理および流域開発 | 1. 小規模灌漑システムの開発 | | 1. 郡委員会の力量で対応できない小規模灌漑事業についてパンチャヤトを通して上級技士に技術的調査を依頼、事業の監督・監視を共同で実施 | 1. プロジェクトの実施場所と受益者の特定 |

| No | 事項 | アクティビティ | 県パンチャヤトのアクティビティ | 郡委員会のアクティビティ | 村パンチャヤトのアクティビティ |
|---|---|---|---|---|---|
| | | 2. 貯水タンクと導水路の建設<br>3. 深い掘抜き井戸の運営と浅い掘抜き井戸の集約的管理<br>4. 流域開発事業 | | 4. 流域開発事業/ハリヤリ事業の実施 | 2. 村パンチャヤト域内の濾過タンクと導水路の建設<br>3. 小規模灌漑事業の維持管理;パンチャヤト(PRI)に委任された新規プロジェクトのユーザー委員会を通じて水使用料を徴収 |
| 4 | 畜産業、酪農業および養鶏業 | 1. 畜産業、酪農業および養鶏業関係の事業の受益者の特定<br>2. 品種改良家畜を配給して品種改良を促進<br>3. 鳥や小動物の飼育―家族支援事業と個人支援事業<br>4. 予防接種プログラム<br>5. 人工授精プログラム | 2. 品種改良家畜の郡委員会への配給<br>4. 県予防接種プログラムのアクションプランの策定<br>5. 県人工授精プログラムのアクションプランの策定 | 1. 各事業の受益者の選定<br>2. 県立農場から品種改良家畜を収得;各村パンチャヤトへの配給規模の決定<br>4. 伝染病の発生を回避するための状況監視<br>5. 人工授精プログラムの監視・監督;問題池域の特定と克服 | 1. 各事業の受益者の選定<br>2. 品種改良家禽/小動物の農家への配給<br>3. 孵化用設備の提供<br>4. 伝染病に対する動物予防接種<br>5. 村畜産業サポーター(Prani Bandhu)からの固定価格での支援を受けて人工授精を実施 |
| 5 | 漁業 | 1. 漁業関係事業の受益者の特定と事業対象となる池、沼・放置ため池等の特定 | | 1. 漁業関係事業の受益者の承認と事業対象となる池、沼・放置ため池の承認 | 1. (i)漁業関係事業の受益者の特定と事業対象となる池、(ii)漁業関係事業の事業対象の特定と屋外養殖槽の設定と漁業関係事業の事業対象の特定 |

第4章　インドにおける新しい統計領域　　217

| No | 分野 | 項目 |
|---|---|---|
| (5続き) | 沼・放置ため池の特定 | 2. 意識向上キャンペーンの開催<br>3. 石灰と小型用具の提供<br>5. 養殖ため池の改良 |
| | | 2. あらゆる訓練と意識向上キャンペーンについて漁業課長補佐と相談してアクションプランを策定<br>3. 資金等を各部へ配分 |
| | | 2. 訓練と意識向上キャンペーンを組織すること<br>3. 小型用具の配給<br>4. 貧金業からの融資を得るための養殖業者支援<br>5. 養殖池の改良 |
| 6 | 社会林業および農園林業 | 1. 苗木や苗を供給する苗圃の開設<br>2. 荒地や道路脇での社会林業プロジェクトの実施<br>3. 育種苗圃の開設 |
| | | 1. 苗木や苗を供給する苗圃の開設<br>2. 自助グループあるいは地区開発委員会を通して植林場所を選定し作業を実施 |
| | | 3. 果樹の育種苗圃の開設 |
| 7 | 小規模森林生産物 | 1. 自助グループあるいは地区開発委員会を通して社会林業を維持運営<br>2. 自助グループあるいは地区開発委員会に売上金を分配 |
| | | 1. サルリーフ皿作成業者のような零細事業体に資材を配給、果樹苗木を配給、移植活動の支援 |
| | | 1. 自助グループ（Self-Help Group：以下SHGと略）あるいは地区開発委員会を通して社会林業を維持運営<br>2. 村落パンチャヤトが、売上金額を一部引いて実際の支出額を回収、残額を自助グループあるいは地区開発委員会に生計費として配分 |
| 8 | 食品加工業を含む小規模工業 | 1. 小規模事業体と事業家の育成<br>2. 技能養成訓練プログラムを組織 |
| | | 1. 事業家育成プログラムの研修生の選定と開催会場の選定<br>2. 技能養成訓練プログラムの対象事業家の選定 |
| | | 1. 零細事業体と事業家の特定 |

| No | 事項 | アクティビティ | 県パンチャヤトのアクティビティ | 郡委員会のアクティビティ | 村落パンチャヤトのアクティビティ |
|---|---|---|---|---|---|
| 9 | 繊維業、農村および家内制手工業 | 1. 対象者の特定とグループ形成<br>2. 技能養成訓練を組織、工匠の技能向上<br>3. 工匠の動機刺激<br>4. 工匠と賃金業者の信用取引支援 | 1. 零細事業体養成のアクションプラン<br>3. 事業家と賃金業者の信用取引の調整 | 1. 技能養成訓練プログラムの研修生と会場の選定<br>3. 零細事業者/自営業者の銀行信用による育成 | 1. グループ形成と対象アクティビティの特定<br>2. 技能養成訓練ニーズの特定と対象者の特定<br>3. 農村工匠の動機刺激<br>4. 村落パンチャヤトレベルでの意識向上キャンペーンを組織 |
| 10 | 農村住宅建設 | 1. 農村住宅建設事業の受益者の選定<br>2. 受益者への金融的支援<br>3. 監視・監督 | | | 1. 地区委員会議を通して受益者の選定<br>2. 受益者個人への資金配分 |
| 11 | 飲料水 | 1. 事業と場所の特定<br>2. プロジェクトと事業の形成<br>3. 事業の技術上の承認審査<br>4. 事業の実施 | 2. 主要な飲料水供給事業(水道水供給)の策定<br>3. 郡委員会の力量では対応できない事業についての技術上の承認<br>4. 郡委員会の力量では対応できない事業の実施 | 2. 水道事業の場所と対象者を村落パンチャヤトと相談して選定<br>3. 郡委員会では対応できない事業についての技術上の承認を県パンチャヤトに依頼<br>4. 村落パンチャヤトの力量では対応できない(堀抜き深井戸、タラ型手押しポンプ等)事業の実施<br>3. 監視・監督 | 1. 事業と場所の特定<br>4. 井戸、ため池、堀抜き井戸(通常の手押しポンプのもの)の建設 |

第4章　インドにおける新しい統計領域　219

| | | | | | | |
|---|---|---|---|---|---|---|
| | | | | | 5. 維持管理と定期的消毒 | 5. 掘抜き井戸の修繕、露天掘り井戸の定期的塩素消毒、掘抜き井戸の消毒 |
| | | | | | | 5. 日常的維持管理に関して事業を村落パンチャヤト/ユーザー委員会に委託 |
| 12 | 燃料および飼料 | 1. 無煙オーブンを建造する際のバイオガス施設建設訓練の促進 | 2. 小型器具、種子、肥やしの配給。飼料デモンストレーションを通して飼料生産を拡大 | | | 5. バイオガス施設建設の支援と監督 |
| | | | 2. (i)小型器具、種子、肥やしの各郡あたり配給量の確定、(ii)種子の仕入れの決定と各郡ごとの資金配分 | | | 2. (i)村落パンチャヤトへの小型器具の配給と各村落パンチャヤトの配給規模の確定、(ii)小型器具の配給と農家への種子販売を監視・監督 |
| | | | | | | 1. 意識向上キャンペーンと広報 |
| | | | | | | 2. (i)小型器具、種子、肥やしの農家への配給、(ii)農家への現場デモンストレーション |
| 13 | 道路、排水溝、橋梁、渡船、用水路、およびその他の交通機関 | 道路・排水溝の工事計画、工事、改修: | | | | |
| | | 1. 郡と郡の通行道路と県道に関して | 1. 100万ルピーを超える道路・排水溝工事と改修 | | | 1. 20万〜100万ルピーの道路・排水溝工事と改修 |
| | | 2. 郡内通行道路および村落パンチャヤト間通行道路に関して | | | | 1. 20万ルピー未満の道路・排水溝工事と改修 |
| | | 3. 村落パンチャヤト域内の集落間通行道路に関して | | | | |
| | | 4. 橋梁 | 4. 橋梁の建設 | | | |
| 14 | 電力供給を含む農村電化 | 1. 集落(mouza)の電化に関する認可証の発行 | 2. 電力インフラ開発に関してパンチャヤトと他の省庁との組織的取り組みを確保 | | | 1. 集落(mouza)の電化に関する認可証の村長による発行 |
| | | 2. 集落同士をネットワークでつなぐための基本計画の準備 | 2. 集落同士をネットワークでつなぐための基本計画を西ベンガル州配電会社と共同で準備 | | | 3. 西ベンガル州電力委員会 |
| | | 3. 消費者の動員 | 3. 意識向上を図る郡レベル | | | |

| No | 事項 | アクティビティ | 県パンチャヤトのアクティビティ | 部委員会のアクティビティ | 村落パンチャヤトのアクティビティ |
|---|---|---|---|---|---|
| | | | | ルのワークショップ/セミナーの開催 | のフランチャイズ加盟者を通して消費者を動員し世帯への電力接続を促進 |
| | | 4. 適格な自助グループ (SHG) の特定 | 4. 適格な自助グループを特定。地域開発課 (District Rural Development Cell) と女性および児童発達に関する常任委員会を通して特定、自助グループが西ベンガル州配電会社のフランチャイズ加盟者として活動するための能力開発 | | |
| | | 5. エネルギーの管理運営 | | 5. 省エネ装置の部委員会事務所でのデモンストレーション | 5. 効率的なエネルギー管理運営に関する意識向上キャンペーン |
| | | 6. 省エネ装置モデルのデモンストレーション | | | 5. 省エネ装置の村落パンチャヤト役場でのデモンストレーション |
| | | 7. 認可証を発行する県認可委員会を組織・監視 | 7. 認可証を発行する県認可委員会を組織・監視 | | |
| 15 | 非通常型エネルギー資源 | 1. 潜在的消費者の特定 | | | 1. 代替エネルギーの潜在的消費者を特定 |
| | | 2. 潜在的対象世帯に対するバイオマスガス装置設置の技術支援と金融支援 | | 2. 潜在的対象世帯に対するバイオマスガス装置設置の技術支援と金融支援を普及 | |
| | | 3. バイオマスガスの実演用モデルを開発 | | 3. 宣伝のためにバイオマスガスや代替エネルギーや | |

第 4 章　インドにおける新しい統計領域　　221

|  |  |  |  |  |
|---|---|---|---|---|
|  | 4. エネルギー・パークの開発<br>5. バイオ燃料を含む代替エネルギー利用に関する意識啓発 | 4. 様々な代替エネルギーやバイオ燃料の実演を行うエネルギー・パークの開発<br>5. 代替エネルギー利用の必要性を啓発するワークショップやセミナーを組織 | バイオ燃料の実演用モデルを開発 | 5. バイオ燃料を含む代替エネルギー利用に関する意識啓発キャンペーンを組織 |
| 16 貧困対策事業 | (a) 地域全部雇用政府事業 (SGRY), (b)地域雇用保障政府事業 (REGS), (c) 自営業マイクロクレジット政府プログラム(SGSY), (d)農村住宅建設政府事業 (IAY), (e)老齢者国民年金事業 (NOAP), (f)国民家族援助政府事業 (NFBS), (g)総合公衆衛生政府プログラム (Total Sanitation Campaign：TSC) 等の計画策定, 受益者選定, 実施 | 1. 100万ルピーを超える SGRY事業/工事の計画策定と実行<br>2. 州政府に REGS に基づく失業対策の実施を通知；州政府から資金を受領；部開発事務所に資金を配分し州政府に支出証明を送付<br>3. IAY に基づく資金を村落パンチャヤトに配分：支出額の3％が身体障害者に割り振られているか確認；資金支出報告を集約・編纂 | 1. 20万-100万ルピーの SGRY事業/工事の計画策定と実行<br>2. REGS に基づくマイクロプランと事業実施を承認<br>3. IAYプログラムの監視・監督；全村落パンチャヤトの報告と支出証明を集約し県パンチャヤトに送付 | 1. 20万ルピー未満の SGRY事業/工事の計画策定と実行<br>2. 就業可能な労働者のリスト作成：求職者カードの配布：REGS に基づく作業の計画と実行<br>3. 地区委員会を通じて受益者を特定して選定；受益者に資金を支給 |

| No | 事項 | アクティビティ | 県パンチャヤトのアクティビティ | 郡委員会のアクティビティ | 村落パンチャヤトのアクティビティ |
|---|---|---|---|---|---|
| | | | し州政府へ送付 | 4. 村落パンチャヤトから提案された NOAP に基づく年金受給者を承認<br><br>5. NFBS の受益者氏名を県支庁担当官 (Sub-Divisional Officer) に送付し承認申請<br><br>6. 衛生関連商品取扱店を運営する NGO を選定；NGO/クラブ/ボランティア団体を通して総合公衆衛生プログラムのための意識向上キャンペーンを組織 | 4. 地区委員会を通してNOAPの受益者を特定；各受益者に年金を支給<br><br>5. 地区委員会を通してNFBSの受益者を特定；受益者氏名を郡委員会に提案；受取人名義口座小切手 ('account payee' cheques)<br><br>6. 意識向上キャンペーン；衛生的トイレへの関心喚起；トイレ設置予定リストを作成し衛生関連商品取扱店に取次；学校衛生のための学校教員および村落教育委員会と会合 |
| | | 6. 能力開発のために郡委員会に資金配分；衛生関連商品取扱店 (Sanitary Mart) を組織化；意識向上キャンペーン | | | |
| 17 | 初等および中等学校を含む教育 | 1. 学校のない地区・集落の特定<br><br>2. 代替的な学校教育（早期初等代替学校 [*Sishu Siksha Karmasuchi*：SSK], 後期初等代替学校 [*Madhyamik Siksha Karmasuchi*：MSK]) を組織；校舎、トイレ、台所等 | 1. 状況報告を用意するために学校のない県内地区・集落を特定<br><br>2. 県内のSSKやMSKを組織するためのアクションプランの用意 | 1. 新しい SSK, MSK の設立提案を村落パンチャヤトから収集；県に設立計画を送付し承認申請<br><br>2. SGRY, 地域インフラ開発基金 (Rural Infrastructure Development Fund), 付帯条件なし資金, 自主財源等を利用して SSK, MSK を建設 | 1. SSK, MSK を設立するために学校のない地区・集落を特定し提案書を郡委員会に送付<br><br>2. 自主財源, SGRY, 付帯条件なし資金, 地域の寄付金, 郡委員会からの資金を利用してSSK, MSK を建設 |

第4章 インドにおける新しい統計領域　223

| | | | | |
|---|---|---|---|---|
| | の改善 | 3. 教育管理情報システム (Educational Management Information System：EMIS) や県教育情報システム (District Information System for Education：DISE) を利用した情報収集・監督・監視<br>4. 教員給与のための資金拠出 | 3. 県教育情報システムを利用した監督・監視と報告収集 | 3. EMIS や DISE を利用した情報収集と情報分析 | 3. 教員・生徒の出席、給食のクオリティ、本の配布について監督 |
| 19 | 成人およびノンフォーマル教育 | 1. フォーマルな学校に入学していないが学習に関心のある成人に対して後期初等教育レベルまでの教育を授ける<br>2. 継続教育センターの監視・監督 | 1. 成人向け高等学校新設提案書の検討（提案書・推薦書等を添付して州政府大衆教育省支局に転送）<br>2. 常任委員会 (Zilla Saksharata Samiti) による計画策定、監視・監督 | 1. 成人向け高等学校の広報と監督<br>2. 継続教育センターの監視・監督 | 1. 成人向け高等学校の広報と定期的にコンタクトを取り継続教育センターへの参加を促す<br>2. 読み書きできる成人と定期的にコンタクトを取り継続教育センターへの参加を促す |
| 20 | 図書館 | 1. 図書館・読書室の創設と維持管理；農村図書館 (Rural Library) 活動の監督<br>2. 地域開発計画、社会問題、地域で利用可能な資源、パンチャヤト制度の機能 | 1. 県立図書館の活動の監督<br>2. 県立図書館へ次の情報を送付 (i) すべての開発プログラムのガイドライン／ブックレットのコピー (ii) 県パンチャヤトの年次報告、年次計画のコピー (iii) 社会問題に関する情報 | 1. 部奨励図書館の活動の監督<br>2. 部奨励図書館へ次の情報を送付 (i) すべての開発プログラムのガイドライン／ブックレットのコピー (ii) 郡委員会の年次報告、年次計画のコピー (iii) 社会問題に関する情報 | 1. 図書館・読書室の創設と維持管理；農村図書館と CLIC の監督<br>2. 農村図書館と CLIC へ、公衆向け一般情報として、すべての開発プログラムのガイドライン／ブックレットのコピー、村委員会の年次報告、予算、年次計画のコピー、社会問題に関する情報を送付 |

| No | 事項 | アクティビティ | 県パンチャヤトのアクティビティ | 郡委員会のアクティビティ | 村落パンチャヤトのアクティビティ |
|---|---|---|---|---|---|
|  |  | 3. コミュニティ図書館兼情報センター (CLIC) 運営者の給与支給 |  | 3. CLIC運営者の給与支給 |  |
|  |  | 4. CLICをパンチャヤト会計・監査官 (Panchayat Accounts and Audit Officer) を通して監査 |  | 4. CLICをパンチャヤト会計・監査官 (Panchayat Accounts and Audit Officer) を通して監査 |  |
| 21 | 文化事業 | 1. 記念日の祝賀挙行 | 1. 挙行する郡の選定と資金拠出 | 1. プログラム実施とキャンペーンのために村落パンチャヤトと連携 | 1. 広報・キャンペーンの実施と会場選定 |
|  |  | 2. フォークフェスティバルを組織 | 2. フォークフェスティバルのテーマを選定 | 2. フォークフェスティバルを組織しインフラ支援する村落パンチャヤトの選定 | 2. フェスティバルの会場選定と参加者の特定 |
|  |  | 3. タゴール (Tagore) 歌謡, ナズルール (Nazrul) 歌謡, フォークソングのワークショップ | 3. 楽器の提供と教師の選定 |  |  |
|  |  | 4. 各郡での上映映画の選定 | 4. 映画館オーナーとコンタクトを取り映画上映の時間を確定 | 4. 学校とコンタクトを取り生徒に周知 | 4. 入場チケット/カードの配布 |
| 22 | 市場および市 | 1. 5エーカー以下の村落市場の管理運営 | 1. 州政府から県パンチャヤトに委譲された村落市場の管理運営 | 1. 州政府から郡委員会に委譲された村落市場の管理運営 | 1. 州政府から村落パンチャヤトに委譲された村落市場の管理運営 |
|  |  | 2. 市を開く認可証の供与, あるいは | 2. 市を開く認可証の発行 |  |  |
|  |  | 3. 市または市場設立の免許状の発行 |  | 3. 市場設立の免許状の発行 |  |

第4章　インドにおける新しい統計領域　　225

| | | | | | |
|---|---|---|---|---|---|
| | | | | 4. 村落市場と村落市の開催 | 4. 村落市場の取得と維持管理 | 4. 村落市場の建設と維持 | 4. 市場の建設と規制、市と村落市場の開催・規制、地域農産物の展示会および地域手工芸品/家内工業産品の展示会開催 |
| 23 | 病院、一次医療センターおよび診療所を含む保健および衛生 | 1. 一次医療センター支所、一次医療ケア事務所、一次医療センター、県立病院の維持管理 | 1. 一次医療センター支所、一次医療ケア事務所、一次医療センターの維持管理 | 1. 一次医療ケア事務所、一次医療センターの維持管理 | 1. 一次医療センター支所の維持管理 |
| | | 2. 医療資材の調達と配布 | 2. 州政府から医療資材を調達し各郡に供給 | 2. 州政府保健・家族福祉庁の定めに従って一次医療センターと一次医療ケア事務所の地方調達 | 2. 州政府保健・家族福祉庁の定めに従って一次医療センターの定めに必要とする非医療品の地方調達 |
| | | 3. 医療サービス伝達システムの監視・監督 | 3. 郡レベルからの報告を集約、重大な公共的医療指標について分析・監視 | 3. 一次医療センター支所と村落パンチャヤトからの月次報告を集約、重大な公共的医療指標について分析・監視 | 3. コミュニティ医療の監視に自助グループ (SHG) を巻き込む |
| | | 4. コミュニティを促進的・予防的保健管理活動に巻き込む | 4. 情報・教育・コミュニケーション (Information, Education and Communication) 資材の開発 | 4. 情報・教育・コミュニケーション活動の計画策定と組織化 | 4. 病気の蔓延を未然に防止するために疾病監視、伝染病の拡大を防止するための予防措置 |
| 24 | 家族福祉 | 1. ポリオ根絶プログラムを含む普遍的な予防接種 | 1. ポリオ根絶プログラムを含む予防接種の監視・監督と予算分配 | 1. 予防接種プログラムの実行 | 1. 予防接種への住民の動員 |
| | | 2. 一次医療センター支所の有効機能と医療従事者業務の監督を通じて家族計画措置を採る人々を支援 | 2. 医療施設出産のためのインフラ整備 | 2. 医療施設出産の促進 | 2. 家族計画規範と実践の促進 |

| No | 事項 | アクティビティ | 県パンチャヤトのアクティビティ | 郡委員会のアクティビティ | 村落パンチャヤトのアクティビティ |
|---|---|---|---|---|---|
|  |  | 3. 避妊キャンペーンを組織<br>4. 伝統的産婆 (dai) の訓練 | 3. 該当カップルに対する避妊キャンペーンを組織 |  | 3. 家族計画と避妊に対する意識向上キャンペーン |
| 25 | 女性と児童の発達 | 1. 女性差別の社会的障害に対処する社会的サポートの結集<br>2. 自助グループ (SHG) を組織 | 1. 18歳以下の子供に対する非制度的なケアの受益者の選定<br>2. 自助グループ (SHG) の形成を監視；自助グループに対する金融支援の構築 | 1. 18歳以下の子供に対する非制度的なケアの受益者の提案<br>2. 自助グループ (SHG) の形成；主要活動と集団的経営の訓練実施<br>4. 伝統的産婆 (dai) の訓練を組織 | 1. 子供に就学前教育や予防接種を受けさせるように親を動機づける啓発活動<br>2. 自助グループ (SHG) の形成 |
| 26 | 社会福祉 | 1. 社会福祉事業の受益者の特定<br>2. 少女貧困対策政府事業 (Balika Sambriddh Yojana) の受給条件である貧困ライン以下世帯 (BPL) 証明書を発行<br>3. 土地なし農業労働者年金基金 (PROFLAL) の対象者の特定 | 3. PROFLAL 受給者への支払い認可と支払い金の割り当て | 3. PROFLAL 会計勘定の維持管理と満期に達した受給者または死亡した受給者への資金支払い | 1. 若年女性発達支援事業 (Kishori Shakti Yojana) および年金事業の受益者の特定<br>2. 少女福祉政府事業の受給者に貧困ライン以下世帯 (BPL) 証明書を発行<br>3. PROFLAL 対象者の特定と年金保険料の徴収 |
| 27 | 女性と児童の福祉 | 1. ICDS センターの建設<br>2. ICDS プログラムの監視・監督と ICDS 活動の統合化 (convergence) | 2. ICDS プログラムの監視・監督と ICDS 活動の統合化 | 1. ICDS センターの監督と建設 | 1. ICDS センター建設提案とその建設場所の提案<br>2. ICDS 活動の統合化：村落パンチャヤトレベル統合ミーティングにおける ICDS |

第4章　インドにおける新しい統計領域　227

| | | | | センター業務報告 |
|---|---|---|---|---|
| 28 | 配給制度 | 1. 貧困世帯向け食糧配給事業 (Antyodaya and Annapurna schemes) 対象者の特定<br>2. インド食糧公団 (Food Corporation of India) からの穀物調達<br>3. 配給カードの配布<br>4. 農家協同組合の選定<br>5. 精米所の精米量目標の設定<br>6. 精米と精米の貯蔵 | 1. 受益者リストの承認<br>2. インド食糧公団からの穀物調達を監視<br>3. 配給カードの作成と配布を監視<br>4. 稲を購入する農家協同組合の選定<br>5. 精米所の精米量目標の設定<br>6. 精米と精米の倉庫への貯蔵を監視 | 1. 貧困ライン以下世帯 (BPL) カードの配布対象者リストの作成<br>2. 配給業者への穀物配布の監視<br>3. 配給カードの監視<br>4. 稲を購入する農家協同組合の選定 | 1. 貧困ライン以下世帯 (BPL) カード、貧困世帯向け食糧配給事業カード (Antyodaya cards and Annapurna cards) の配布対象者の特定と選定<br>2. 配給取扱店から受益者への穀物配給の監視<br>3. 農家から最低支持価格 (Minimum Support Price) で稲を調達したことを保証する証明書の発行 |
| 29 | コミュニティ施設の維持管理 | 1. 県パンチャヤトまたは、ショッピングセンター、乗客待合上屋、沐浴ガート、渡船ガート、貯水槽、公民館、公会堂、公園・遊び場等の公共資産の開発と維持管理 | 1. 県パンチャヤトが建設した、または、県パンチャヤトに統制権限が委譲された、生活、教育、医療保健、コミュニケーション、旅行、公共的有用活動を促進するあらゆる施設（公会堂、診療所、診断専門医院、バス停留所、宿泊施設、エコロジーパーク、宿泊施設等）を維持・管理運営 | 1. 部委員会が建設した、または、部委員会に統制権限が委譲された、生活、教育、医療保健、コミュニケーション、旅行、公共的有用活動を促進するあらゆる施設（市、市場、公会堂、バス停留所、パーク、エコロジーパーク、宿泊施設等）を維持・管理運営 | 1. 公共貯水槽、貯水池、ガート、井戸、街路、公共水路、排水設備、排水溝、街灯等の公共的資産の維持管理 |

| No | 事項 | アクティビティ | 県パンチャヤトのアクティビティ | 郡委員会のアクティビティ | 村落パンチャヤトのアクティビティ |
|---|---|---|---|---|---|
|  |  | 2. 公共的資産の建設と維持管理 | 2. 道路脇の土地の管理運営 |  | 2. 旅行者・巡礼者用休憩所、レスト・ハウス、牛舎、荷馬車停車場の建設と維持管理；村落パンチャヤトに委譲された建造物その他固定資産の保護・修繕 |
|  |  | 3. 賃貸料・使用料の設定と徴収 | 3. 通行料、入場料、賃貸料・使用料の設定と徴収 | 3. 通行料、入場料、賃貸料・使用料の設定と徴収 | 3. 通行料、入場料、賃貸料・使用料の設定と徴収 |

出所：Third State Finance Commission of West Bengal (2008, Annexure XII) の付表を一部修正。西ベンガル州第3次州財務委員会の付表は、州政府パンチャヤト・農村開発庁 (Panchayats and Rural Development Department) が、2005年、2006年および2007年の行政命令 (Executive Order No. 6102/PN/O/ dated 07.11.2005 and No. 3969/PN/O/ dated 25.07.2006 and No. 4769/PN/O/ dated 29.10.2007) から作成。

注：西ベンガル州第3次州財務委員会の付表は、各「事項」に単に通し番号を振るだけの表であったため、それ以降のアクティビティ・マッピングの表には、憲法第11附則の第18事項「技術訓練および職業訓練」が欠落しているため、事項番号のそれに合わせた。そこで本表は混乱を避けるためにそれにできるだけ合わせた。ただし、憲法第11附則の第25事項が「女性と児童の福祉」であるのに対し本表は憲法第26号の発達」、第27事項が「弱者層の福祉」、とくに指定カースト・指定部族の福祉」であるのに対し本表は「女性と児童の福祉」となっている。その含意は不明だが、本表はそこは元の配列のまま事項番号を付した。

# 第5章
# インド村落における住民基本リスト構築の可能性

　それでは，インドの統計制度の地方末端に実在する行政記録を個票情報レベルで検証するとどのような状況がみえてくるだろうか．村落の住民リストについて考えてみよう．

　村落パンチャヤトとその地区委員会は村落に居住する住民にとって最も身近な統治組織である．そのため，村落パンチャヤトはその行政情報基盤として包括的・網羅的な住民基本リスト[1]，すなわち，域内に居住するすべての住民と世帯の包括的なリストを必要としている．域内住民の網羅的なリストがなければ，パンチャヤトの公共政策は非効率あるいは恣意的で客観性の乏しいものとなるだろう[2]．パンチャヤトはその住民に適切に関係づけられた公共政策を設定できなくなる．国勢調査が村落をカバーしているのに，パンチャヤトは，なおそのようなリストを必要としている．なぜなら，パンチャヤトは国勢調査の個票データを利用できないからである[3]．しかしながら，現在，住民に関する包括的なリストがパンチャヤト役場には存在しない．すなわち，インドには日本の住民基本台帳に相当するリストが存在しない．

　Warwat Khanderao のパンチャヤト書記官（*gram sevak*）は，政府事業の対

---

1) Okabe and Bakshi（2016, p. 255）は，この住民基本リストのことを 'People's List' と呼んでいる．
2) すでに述べたように，Warwat Khanderao 村では，牧畜・養鶏業への政府援助資材を，対象者リストのチェックなしに，ドラム打ちの合図で一斉に集まった住民に配布することがある（Okabe and Bakshi 2016, p. 218 参照）．
3) すでに述べたように，村落パンチャヤトは，集落単位に集計された国勢調査村落要覧データを入手できるが，国勢調査の実施は 10 年周期と間隔が大きいだけでなく，集計の遅延が著しい．その点でパンチャヤト職員の不満は大きい（Okabe and Bakshi 2016, p. 198）．

表 5-1　Warwat Khanderao 村の選挙人名簿と FAS データベースの比較 (人数)

|  | 選挙人名簿 | | FAS データベース | |
| --- | --- | --- | --- | --- |
|  | マッチ件数 | 非マッチ件数 | マッチ件数 | 非マッチ件数 |
| 選挙人名簿 | *** | *** | 662 | 227 |
| FAS データベース | 662 | 147 | *** | *** |

注：選挙人名簿（2009 年）と FAS 調査データベース（2007 年）の 18 歳以上個人リストをミクロレベルで照合．

象者をパンチャヤト域内の世帯・個人のなかから割り出さなければならない場合，選挙人名簿の個人リストを家屋税（固定資産税）レジスターの家屋リストと見比べながら通覧する方法もあると主張した．しかしながら，選挙人名簿は成人住民のリストであり，全住民をカバーしているわけではない．すなわちインドの選挙人名簿は 18 歳以上の成人人口しかカバーしていない．その上，インドの選挙人名簿は一時的あるいは永続的に村外に居住する諸個人も含んでいる．Foundation for Agrarian Studies（FAS）[4]の調査によれば，Warwat Khanderao 村の人口 1,308 人のうち 18 歳以上人口は 809 人であった．一方，選挙人名簿に掲載されていた有権者の数は 889 人であった．しかも，FAS 調査データの 809 人の成人のうち，実際に選挙人名簿に掲載されている成人（名簿と実際にマッチした成人）は，表 5-1 のように，わずか 662 人であった．すなわち選挙人名簿掲載住民は実際の常住住民と必ずしも一致しないという問題がある．

　家屋税（固定資産税）レジスターには，パンチャヤト域内の各家屋の情報がその家屋の所有者（または賃借人）および家屋番号と共に掲載されている．だが，家屋所有者（または代表賃借人）世帯の世帯員の情報は何も掲載されていない．もし，その家屋に 1 世帯以上居住しているならば，家屋所有者（または代表賃借人）世帯以外のいかなる世帯も家屋税（固定資産税）レジスターには記録されない．それゆえ，家屋税（固定資産税）レジスターは，域内の全世帯をカバーするわけではない．実際，選挙人名簿においては，有権者の居住する家屋に家屋番号が付されているので[5]，同じ家屋に居住する成人を確認すると

---

4）　http://www.agrarianstudies.org/（2018 年 7 月確認）．
5）　Warwat Khanderao 村に関する限り，家屋税（固定資産税）レジスターの家屋番号は，

**表5-2** Warwat Khanderao 村選挙人名簿記載家屋と
FASデータベース世帯リスト

| | |
|---|---|
| 選挙人名簿家屋番号とマッチしたFASリスト世帯 | 239 |
| FAS世帯リストとマッチした選挙人名簿家屋番号の番号数 | 209 |
| 複数の選挙人名簿家屋に居住するFASリスト世帯 | 16 |
| 同一の選挙人名簿家屋に複数世帯で居住するFASリスト世帯 | 37 |

注:選挙人名簿(2009年)とFASデータベース(2007年)をミクロレベルで照合.

　その問題が明らかとなる.Warwat Khanderao 村に関して,選挙人名簿の家屋番号とFAS調査データベースの世帯リストをマッチングすると,村落域内のFASデータベース世帯250世帯のうち,選挙人名簿に家屋番号の記載のある世帯は239世帯確認できた.だが,FAS世帯リストとマッチした選挙人名簿家屋番号の番号数はわずか209であった.これは,選挙人名簿の同一の家屋番号がFASリストの複数世帯に付与されていたからである.選挙人名簿家屋番号が異なる複数家屋にまたがって居住するFASリスト世帯が16世帯しかないのに,同一家屋に複数のFASリスト世帯が居住するケースが37もあった.ここから,家屋リスト情報は,世帯リスト情報の代用情報としては問題が多いということがわかる.

　村落パンチャヤトは,人口や世帯の集計データだけでなく,データ検索のための個票レベルリストを必要としている.実際,あるインタビューで,Raina 村のパンチャヤトのリーダーは,網羅的な住民リストはパンチャヤト活動で最も望まれる情報であると答えた.そこで,われわれはパンチャヤト域内で住民の包括的リストとして機能する潜在的可能性の高い現存する記録,すなわち,総合児童発達サービス(ICDS)村落調査レジスターと,2002年貧困ライン以下(BPL)センサスの世帯および各世帯員のリストデータ[西ベンガル州ではRural Household Survey (RHS)という名称で実施された調査の世帯リストデータ]を検討した.調査においては,それら個票レベルデータの潜在的利用可能性を研究する公共的価値を,村長やICDSセンターに説明し,彼らの協力を得てそれら個票データを閲覧させてもらった[6].その後,第4章で述べたよ

---

　　選挙人名簿の家屋番号と一致しない.2組の家屋番号は必ずしも互いにリンクしない.
　6) すでに述べたように,2005年インド情報公開法(Right to Information Act, 2005)は,

うに，BPL センサス（および RHS）の世帯と各世帯員の個票データに関しては，インド政府農村開発省ホームページに自由に検索・ダウンロードできる電子媒体情報の形式で公開されていることがわかったので，そちらを利用した．ただし，以下の研究において個人情報は匿名化してある．

第4章で述べたように，BPL センサスから作成された貧困ライン以下世帯リスト（BPL リスト）に関しては，Warwat Khanderao 村落と Raina 村落の両村落住民のみならず，地方の貧困層や彼らの団体，および研究者など多くの人々からその信憑性が批判されている．第4章でみたように，BPL リストの各世帯主を FAS 調査データベースと対比することによってわかったことは，BPL センサスで確認された貧困スコアはきわめて不正確であるということである．だが，以下でみるように，このセンサスが捕捉する世帯・個人の範囲は必ずしも不十分であるとは限らない．

住民リストは頻繁に更新されればされるほど有用なものとなる．その点では ICDS 村落調査レジスターは，定期的に更新されるので，住民リストのコアリストとして潜在的可能性が非常に高い．BPL センサスデータベースは，定期的に更新されることはないが，デジタル化，電子媒体情報化されたフォーマットで利用できる．このことは統計生産に有利なだけでなく，第4章第3節-(4)-1)で述べたように，個別に割り振られた世帯コードによってあらゆる農村世帯を1世帯ずつ特定する必要がある場合に有用である．

パンチャヤト活動に住民リストが望まれると語った前述のパンチャヤトリーダーは次のように語った．すなわち，「RHS〔BPL センサスの西ベンガル州での別称〕の村（集落）別世帯リストは（この目的のために）それほど悪くない」[7]と．彼は，貧困ライン以下世帯リスト（BPL リスト）の貧困度評価スコアについてはかなり不満を持っていたが，なおこのように語ったのである．

われわれは，FAS データベースを基準に，ICDS 村落調査レジスターと

---

「公開しても公共的活動や公共利益と何ら関係のない個人情報，または個々人のプライバシーの不当な侵害につながる個人情報」を情報公開の例外規定としている．だが，「公共的利益の価値が〔例外規定で〕保護すべき諸利益の価値の侵害を補って余りある場合は，公権力はその情報へのアクセスを認めることができる」と規定している．

7) 2011年2月22日，Raina 村落パンチャヤト元村長（当時 Raina I 郡委員会メンバー）へのインタビュー．

BPL センサス（あるいは RHS）のデータベースの網羅性を 1 世帯 1 世帯または個人 1 人 1 人マッチングさせるミクロレベルの照合分析（'Micro discrepancy analysis'）によって評価検証した．その検証によって，これらのデータベースが村の住民基本リストとして利用可能かどうかを評定した．評価検証は，2 つのレベルで，すなわち個人レベルと世帯レベルで行った．個人レベルの住民基本リストに関する限り，これら 2 つのリストの人数は表 5-3 と表 5-4 のようになった．2011 年国勢調査によると Warwat Khanderao 村の人口は 1,479 人，Bidyanidhi 村の人口は 719 人であった．

Raina 村落パンチャヤト Bidyanidhi 村（集落）の BPL センサスデータベースにはすべての世帯に関する包括的リストが備わっており，各世帯が貧困度評価項目ごとに獲得したスコア情報もすべて収録されている．しかし，そのデータベースは各世帯の世帯メンバーリストを必ずしも収録していない．BPL センサスデータベースの 151 世帯のうちで，世帯メンバーリストが記載された世帯はわずか 17 世帯にすぎなかった．そのため，Bidyanidhi 村の個人単位 BPL センサスデータは，われわれのミクロレベル照合分析には使用できなかった．表 5-4 の BPL センサスデータベースの住民総数が空欄になっているのはそのためである．

このミクロレベル照合分析で，われわれはこれらリストの各個人および各世

**表 5-3** 住民の総数：Warwat Khanderao (人)

| | |
|---|---|
| FAS 調査データベース | 1,308 |
| BPL センサスデータベース | 1,322 |
| ICDS 村落調査レジスター | 1,319 |

注：FAS データベース（2007 年），BPL センサスデータベース（2003 年），ICDS 村落調査レジスター（2005 年）．

**表 5-4** 住民の総数：Bidyanidhi (人)

| | |
|---|---|
| FAS 調査データベース | 643 |
| BPL センサスデータベース | *** |
| ICDS 村落調査レジスター | 896 |

注：FAS データベース（2005 年），BPL センサスデータベース（2005 年），ICDS 村落調査レジスター（2005 年）．

表 5-5　ミクロレベルのデータマッチング：

| マッチ状況 | | | | | | | | FAS調査 | | |
|---|---|---|---|---|---|---|---|---|---|---|
| FASデータベースの個人通し番号 | FASデータベースの世帯通し番号 | BPLセンサスの個人通し番号 | BPLセンサスの世帯通し番号 | ICDSレジスターの個人通し番号 | ICDSレジスターの世帯通し番号 | 選挙人名簿の通し番号 | 選挙人名簿の家屋番号 | 苗字# | 名前# | 性別 |
| 310 | 60 | 1092 | 261 | 322 | 75 | 678 | 182 | K. | B. | M |
| 311 | 61 | 1090 | 261 | 323 | 76 | 679 | 182 | K. | G.P. | M |
| 312 | 61 | 1093 | 261 | 324 | 76 | 680 | 182 | K. | M. | F |
| 313 | 61 |  | 261 | 325 | 76 |  |  | K. | S. | F |
| 314 | 61 |  | 261 | 326 | 76 |  |  | K. | S. | M |
| 315 | 61 |  | 261 | 325 | 76 |  |  | K. | S. | F |
| 316 | 62 | 869 | 214 | 311 | 73 | 484 | 127A | K. | G.S. | M |
| 317 | 62 | 870 | 214 | 312 | 73 | 485 | 127A | K. | U. | F |
| 318 | 62 | 871 | 214 | 313 | 73 | 482 | 127A | K. | M. | F |
| 319 | 62 |  | 214 |  | 73 |  |  | K. | K. | F |
| 320 | 63 | 438 | 116 | ／ |  | 478 | 127 | P. | W.S. | M |
| 321 | 63 | 439 | 116 | ／ |  |  |  | P. | U.B. | F |
| 322 | 63 |  | 116 | ／ |  |  |  | P. | D. | F |

#氏名は匿名化している．この表にはイニシャルのみ表記．しかし，データ・マッチングはイニシャルで
マラーティ語やベンガル語等の氏名に標準的ローマ字表記が決まっているわけではない．記入ミスやス

帯を，FAS 実施の全数調査から作成したデータベースにおける対応する個人および世帯と比較した．これら候補リストの個人別リストの1人1人あるいは世帯別リストの1世帯1世帯を FAS データベースの対応する個人あるいは世帯とマッチさせるよう試みた．第1に，彼ら1人1人を彼らの氏名や年齢を用いてマッチさせるよう試みた．そして，マッチしないケースについて村の人々あるいは村落レベル行政職員に追跡調査インタビューを行った．そのインタビューによって氏名のスペリングを訂正し，再度，できる限りマッチさせるよう試みた．現地語であるマラーティ語（マハラシュトラ州の公用語）やベンガル語（西ベンガル州の公用語）等の氏名に標準的ローマ字表記は定まっていない．記入ミスやスペルミスもあった．子供は時にはニックネームで記載されていた．このように，データマッチングは容易ならざる作業であった．追跡調査インタビューから不照合の根本原因の幾つかを突き止めることができた．最後

## Warwat Khanderao の事例から

| データベース | | ICDS 村落レジスター | | | BPL センサス | | | | |
|---|---|---|---|---|---|---|---|---|---|
| 年齢 | 続柄 | 修正した氏名# | 年齢 | 性別 | 世帯主氏名# | 世帯員氏名# | 性別 | 年齢 | 世帯主との続柄 |
| 22 | Son | K.B.P. | NA | M | K.P.R. | K.B.P. | M | 18 | Son |
| 35 | Self | K.G.P. | 28 | M | K.P.R. | K.G.P. | M | 30 | Son |
| 31 | Wife | K.M.G. | 26 | F | K.P.R. | K.M.G. | F | 26 | Others |
| 9 | Daughter | K.S.G. | 8 | F | | | | | |
| 6 | Son | K.S.G. | 5 | M | | | | | |
| 24m | Daughter | K.S.G. | 1 | F | | | | | |
| 30 | Self | K.G.S. | 25 | M | K.G.S. | K.S.G. | M | 26 | Self |
| 22 | Wife | K.U.G. | 21 | F | K.G.S. | K.U.G. | F | 20 | Wife |
| 65 | Mother | K.M.G. | 1 | M | K.G.S. | K.M.S. | F | 70 | Mother |
| 12m | Daughter | | | | | | | | |
| 38 | Self | | | | P.W.S. | P.W.S. | M | 45 | Self |
| 28 | Wife | | | | P.W.S. | P.U.W. | F | 25 | Wife |
| 24m | Daughter | | | | | | | | |

示した上の例よりはるかに難しい．われわれはスペリングを校正・修正しなければならなかった．ペルミスもあった．子供には時にはニックネームが使われていた．

に，われわれは個人別リストと世帯別リストのマッチングの全容を検討した．

各リストのFASデータベース個人リストとの「マッチ状況」は表5-6と表5-7に示す通りである．各数値は，左端縦列に記載の各リストを基準として上端横列に記載の各リストとのマッチ状況（人数）を示したものである．左端縦列に記載のリストが比較の基準になっているから，例えば，リストXを基準としたリストYとのマッチ状況はリストYを基準としたリストXとのマッチ状況と同一でない．例えば，次のベン図で示したように，FAS調査リストを基準とした非マッチ件数は335人，BPLセンサスリストを基準とした非マッチ件数は349人と異なる．マッチするケース973人はいずれを基準としても同一だが，非マッチケースはどちらを基準に取るかに応じて当然異なる．

Warwat KhanderaoにおけるBPLセンサスデータベースの個人リストとICDS村落調査レジスターの個人リストは，マッチ率が必ずしもよくない．そ

表5-6 個人対個人のマッチングの最終結果：Warwat Khanderao (人)

|  | FAS調査データベース | | BPLセンサスデータベース | | ICDS村落調査レジスター | |
|---|---|---|---|---|---|---|
|  | マッチ件数 | 非マッチ件数 | マッチ件数 | 非マッチ件数 | マッチ件数 | 非マッチ件数 |
| FAS調査データベース | *** | *** | 973 | 335 | 956 | 352 |
| BPLセンサスデータベース | 973 | 349 | *** | *** | 908 | 414 |
| ICDS村落調査レジスター | 956 | 363 | 908 | 411 | *** | *** |

注：FASデータベース（2007年），BPLセンサスデータベース（2003年），ICDS村落調査レジスター（2005年）をミクロレベルで照合．

表5-7 個人対個人のマッチングの最終結果：Bidyanidhi (人)

|  | FAS調査データベース | | ICDS村落調査レジスター | |
|---|---|---|---|---|
|  | マッチ件数 | 非マッチ件数 | マッチ件数 | 非マッチ件数 |
| FAS調査データベース | *** | *** | 632 | 11 |
| ICDS村落調査レジスター | 632 | 264 | *** | *** |

注：FASデータベース（2005年），ICDS村落調査レジスター（2005年）をミクロレベルで照合．

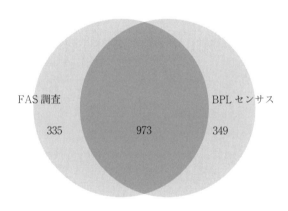

れらは村落人口の 20-30% についてカバーしていない，すなわちマッチしない．

表 5-8 に示したように，Warwat Khanderao 村落において，BPL センサスデータベースで非マッチケースに該当する諸個人は，10 歳以下の子供，20 歳前後の女性，70 歳以上の女性に集中している．Warwat Khanderao 村落では，2002 年 BPL センサス（2003 年 6 月実施）と FAS 調査（2007 年 5 月実施）との間に約 4 年の時差がある．しかし，4 歳未満の子供だけでなく，4 歳から 10 歳の子供のマッチ状況もあまりよくない．一部の子供は，名前がリストに載っていない．一部の子供は，スペリングが間違えていた．一部の若い女性は，4 年間に他の村に住む男性と結婚していた．高齢女性の属する家族を特定することはしばしば非常に困難であった．彼女たちは，ある時は自分の子供のうちのどれかの家族構成員として記録されているが，ある時は単身世帯員として記録されていた．だが，子供と高齢未亡人を除くと，BPL センサスデータベースの住民の 80% から 90% は，FAS データベース個人リストとマッチした．

BPL センサスデータベースのイスラム教徒のマッチ状況もよくなかった．表 5-9 に示されているように，指定カーストと非定住部族に属する人々の ICDS 村落調査レジスターにおけるマッチ水準はとくに低いというわけではないが，とくにイスラム教徒のマッチ水準の低さが目を引く．村長宅で，村長，

**表 5-8** BPL センサスデータベースのマッチ率：Warwat Khanderao (%)

| 年齢 | 女性 | 男性 | 総計 |
| --- | --- | --- | --- |
| 5 歳以下 | 26.1 | 24.3 | 25.2 |
| 5-10 | 63.9 | 71.9 | 68.0 |
| 10-15 | 81.5 | 80.0 | 80.8 |
| 15-20 | 75.6 | 92.5 | 83.7 |
| 20-25 | 40.0 | 84.2 | 61.5 |
| 25-30 | 84.0 | 69.6 | 76.4 |
| 30-50 | 86.1 | 92.4 | 89.2 |
| 50-55 | 84.2 | 85.0 | 84.6 |
| 55-60 | 82.1 | 95.7 | 88.2 |
| 60-65 | 73.7 | 96.3 | 87.0 |
| 65-70 | 80.0 | 100.0 | 89.5 |
| 70- | 27.3 | 87.5 | 63.0 |
| 総計 | 69.6 | 79.1 | 74.4 |

注：FAS データベース（2007 年），BPL センサスデータベース（2003 年）をミクロレベルで照合．

表5-9　両リストのマッチ率：Warwat Khanderao

(%)

| カースト等 | ICDS村落調査レジスター | BPLセンサスデータベース |
| --- | --- | --- |
| イスラム教徒 | 52.6 | 68.5 |
| 非定住部族 | 72.9 | 79.2 |
| その他後進諸階層 | 80.6 | 75.0 |
| 指定カースト | 86.8 | 77.2 |
| 総計 | 72.9 | 74.4 |

注：表5-6に同じ．

ICDSワーカー，公立ウルドゥー語小学校教員，一部イスラム教徒住民とICDSレジスターについて議論したとき，ICDSワーカーと公立ウルドゥー語小学校の教員はWarwat Khanderao村の子供たちはすべてのICDSレジスターに記載されているはずだと述べた．それにもかかわらず，イスラム教徒の家族の記録は不正確であった．誤差の一部は記入漏れとスペリングミスによるものであった．マラーティ語表記のローマ字表記は標準化されていない．子供についてはしばしば氏名の代わりにニックネームが使われているため，事態が一層複雑になっていた．その上，仏教徒女性のICDSワーカーは，イスラム教徒の子供のレジスターの誤差の原因に通じていなかった．彼女はわれわれの問い合わせに応えるために，友人のイスラム教徒女性の援助を必要とした．公立ウルドゥー語小学校の教員によると，彼らはかつて別のICDSセンター（*anganwadi*）の新設を申請したが認可されなかったという．この村に住むイスラム教徒の子供数が多くないからである．われわれは就学前にICDSセンターに子供を通わせない5世帯のイスラム教徒の親にインタビューした．それらイスラム教徒によると，彼らが子供を通わせていないはICDSセンターが遠い上に，ICDSワーカーが子供を迎えに来てくれるわけではないから，ということであった．家族が子供をそこまで送り届ける時間もないとのことであった．彼らはまた次のように答えた．すなわち，子供たちはしばしばより近くに立地するウルドゥー語小学校の方に通う．そこで彼らは年長の兄・姉と給食を共に食することができる．しかも，公立ウルドゥー語小学校のすべての生徒は，朝と夕方にアラビア語を学びにマドラサ（*madrasa*：イスラム社会が設立する学校）に通う．このような状況がICDSワーカーの収集する記録の捕捉範囲と正

確性に影響した可能性がある．

　Bidyanidhi 村（集落）の ICDS 村落調査レジスターにおける個人リストのマッチ率はかなり高かった．先の表5-7に示したように，このリストは村のほとんどの諸個人をカバーしていた．すなわち，それは Bidyanidhi 村に関する FAS 調査データベースの諸個人の 643 人中 632 人，98.3% をカバーしていた．しかも情報は定期的に更新されていた．たしかに，村落調査レジスター内の非マッチ件数は 264 人にものぼる．しかし，それはこのレジスターの記載が不正確であることを必ずしも意味しない．非マッチケースの理由のほとんどは，表 5-10 のように，このレジスターの備考欄で特定されているからである．Bidyanidhi 村では5年ごとに村落調査レジスターが更新されるだけでなく，出生，死亡，婚姻，移動に関する多くの情報が随時追加・修正されていた．このレジスターには，FAS 調査後に出生した子供の記録や，同調査後に結婚し村に転入した諸個人の記録も追加されていた．そのことはむしろこの情報が頻繁に更新されていることを示している．ただし，世帯員の記録は，たとえその誰かが村から永続的に転居してもその世帯が存続する限り世帯記録に世帯員として残っていた．したがって，このレジスターには，村外の人と結婚して村を出た非居住者の記録も残っている．このレジスターには，また，FAS 調査の前

表5-10　ICDS 村落調査レジスターで非マッチケースの理由：Bidyanidhi

| | |
|---|---|
| FAS 調査後に出生 | 49 |
| FAS 調査前に死亡 | 29 |
| 結婚して村から転出 | 29 |
| FAS 調査後に結婚して村に転入 | 28 |
| 非居住者 | 95 |
| その他 | 6 |
| 不明 | 26 |
| (空白) | 2 |
| 総計 | 264 |

注：FAS データベース（2005年），ICDS 村落調査レジスター（2005年）をミクロレベルで照合．ただし，本章で使用した ICDS 村落調査レジスター（2005年）は 2009 年時点のレジスター．ICDS 村落調査レジスター（2005年）は 2005 年に作成後，随時情報が追加され，備考欄にその説明が付記されている．

に死亡した人の記録も残っている．だが，それらの事情は各人の記録の備考欄に記載されていた．したがって備考欄を見れば住民の動向を詳しく確認することができる．そのため Raina パンチャヤトの職員はこのレジスターの価値をむしろ高く評価していた．

　世帯と世帯のマッチングは，個人と個人のマッチングよりさらに難しい作業であった．世帯単位の住民基本リストに関する限り，各候補リストにおける世帯数は表 5-11 と表 5-12 のようになる．

　個人の総数と違って，世帯の総数はリストごとにかなり異なっている．インドにおける「世帯」の定義はこれら候補リストの間で，一見，同一であるようにみえる．すなわちそれは「通常一緒に暮らし，ひとつの共通の台所を使用して食事をする諸個人のグループ」という「世帯」に関するインドの標準的定義に基づいているようにみえる．しかしながら実査に携わる調査員にとって，この世帯定義を厳格に適用することは，場合によっては非常にむずかしいようである．「社会経済とカーストに関する 2011 年センサス」(Socio-Economic and Caste Census 2011：以下 SECC 2011)〔前述の 2002 年 BPL センサスの後継センサス〕の調査員マニュアル *Instruction Manual for Enumerators: Socio-*

表 5-11　世帯の総数：Warwat Khanderao　　(人)

| | |
|---|---|
| FAS 調査データベース | 250 |
| BPL センサスデータベース | 306 |
| ICDS 村落調査レジスター | 295 |
| 2001 年国勢調査 | 286 |
| 2011 年国勢調査 | 316 |

出所：FAS データベース (2007 年), BPL センサスデータベース (2003 年), ICDS 村落調査レジスター (2005 年).

表 5-12　世帯の総数：Bidyanidhi　　(人)

| | |
|---|---|
| FAS 調査データベース | 142 |
| BPL センサスデータベース | 151 |
| ICDS 村落調査レジスター | 109 |
| 2001 年国勢調査 | 131 |
| 2011 年国勢調査 | 162 |

出所：FAS データベース (2005 年), BPL センサスデータベース (2005 年), ICDS 村落調査レジスター (2005 年).

*Economic and Caste Census 2011 – Rural*（*Ministry of Rural Development*）は，この問題を以下のように説明している．

> ある状況では，上記の世帯定義を厳格に適用するのはむずかしいかもしれない．例えば，センサスが特定する家屋に単身で暮らす個人は，食事を自分で調理するか否かにかかわらず，単身世帯と扱わざるをえないだろう[8]．

マニュアルはさらに次のように指摘する．

> もし，ある世帯の女性世帯員が，自分を別世帯として宣言することを決めたとすれば，彼女は別世帯として記録すべきである．未亡人，離婚女性，後妻，単身女性などが自分を別世帯と宣言する可能性のある女性の例である．

　一緒に暮らす諸個人のグループは，複合家族とみなすことも，幾つかの核家族に分割することも可能である．結婚した息子が両親その他と暮らす場合，彼と彼の家族は，大きな複合家族メンバーとみなすことも，別世帯を形成しているとみなすことも，両方可能である．同じ問題が成人した自分の子供と暮らす高齢者にも発生する．

　世帯を分割すればより低い BPL スコアになるため，貧困ライン以下世帯認定カード（BPL カード）がほしい諸個人の間に回答バイアスが生ずる．そのため，SECC 2011 の方法論を検討した専門家グループ（議長：N.C. Saxena）は，すでに 2009 年に「世帯」定義の修正を提言し，「単身女性」や「高齢者個人，または片方あるいは両方が 60 歳を超える高齢者夫婦」については，同じ屋根の下に暮らし，同じ台所を使用して食事をする複合世帯構成員とみなすことができる場合であっても，別世帯として扱うべきであると主張していた．これは，実際上，回答バイアスを容認したことを意味する[9]．このように，世帯

---

8) Ministry of Rural Development（2011），p. 13．
9) Ministry of Rural Development（2009），p. 33．「世帯とは：同じかまどで食事し同じ屋根の下で暮らすすべての成人と子供からなる複合家族を意味する．しかし，…(中略)…

の規模は実査に携わる調査員の解釈に応じて変化する可能性がある．FAS調査の場合は，あくまで共通の台所の有無を基準に世帯を定義している．それに対して，BPLセンサスが識別する世帯の規模は他の調査より小さくなる傾向がある[10]．その結果，BPLセンサスの世帯リストの世帯数は，他の世帯リストよりも大きくなる傾向がある．

2つの世帯リスト各々と，FASデータベース世帯リストとのマッチ状況は，表5-13と表5-14の通りである．それらの表の各数値は，左端縦列に記載の各リストを基準として上端横列に記載の各リストとのマッチ状況（世帯数）を示すものである．ここでマッチした世帯とは，両世帯の世帯員の少なくとも1人がマッチした世帯とする．それは必ずしも両世帯の全世帯員がマッチしたことを意味しない．

以上の観察から，世帯対世帯のマッチングは個人対個人のマッチングよりはるかに困難であることがわかる．個人対個人のマッチングは世帯対世帯のマッチングほどむずかしくはなかった．

ところで，表5-6，表5-13，表5-14に示されたように，マッチングは，ICDS村落調査レジスターと村落別BPLセンサスリストとの間で直接行うこともできる．これは，FASデータベースのリストを比較基準に使用せずとも，村落に実在する既存の住民リストを直接マッチングできることを示している．これは，FASデータベースがなくとも，ICDS村落調査レジスターか，またはBPLセンサスリストか，そのどちらかを比較基準に使えばマッチングができることを示している．

もし，村落パンチャヤトが住民に関する何らかのコアリストを指定し，異な

---

同一の台所を共用し同じ屋根の下で暮らす世帯に属していても，以下については別世帯として扱う．
　○単身女性
　○高齢者個人，または片方あるいは両方が60歳を超える高齢者夫婦
　○結核・ハンセン病患者，障害者，精神病，HIVエイズ患者で，配偶者と子供を持つ成人
　○配偶者と子供を持つ強制労働従事者（bonded labourer）」

10) Himanshu (2010) は，「全国標本調査とインド国勢調査は共通の台所を基準に世帯を特定することを意識しているが，BPLセンサスや地域雇用保障政府事業（MGNREGS）は，核家族の定義を利用している」と述べている．

第5章　インド村落における住民基本リスト構築の可能性

るデータソース間のデータ共有に基づいてそのコアリストの正確性をチェックするならば，住民基本リストのデータ・クオリティは著しく向上するだろう．実際，第4章で再三言及したように，われわれは本研究の調査当時，Bidyanidhi村・集落が属するRaina村落パンチャヤトの「第4土曜日ミーティング」を通したデータ共有メカニズムが，Bidyanidhi村のICDS村落調査レジスターの高いクオリティを支えていることを目撃している．そのようなデータ

**表5-13**　世帯対世帯のマッチングの最終結果：Warwat Khanderao （世帯数）

| | FAS調査データベース | | BPLセンサスデータベース | | ICDS村落調査レジスター | |
|---|---|---|---|---|---|---|
| | マッチ件数 | 非マッチ件数 | マッチ件数 | 非マッチ件数 | マッチ件数 | 非マッチ件数 |
| FAS調査データベース | *** | *** | 231 | 19 | 200 | 50 |
| BPLセンサスデータベース | 241 | 65 | *** | *** | 230 | 76 |
| ICDS村落調査レジスター | 221 | 74 | 244 | 51 | *** | *** |

注：ここでマッチした世帯とは，両世帯の全世帯員がマッチした世帯を意味しない．両世帯の世帯員の少なくとも1人がマッチした世帯にすぎない．
出所：FASデータベース（2007年），BPLセンサスデータベース（2003年），ICDS村落調査レジスター（2005年）．

**表5-14**　世帯対世帯のマッチングの最終結果：Bidyanidhi （世帯数）

| | FAS調査データベース | | BPLセンサスデータベース | | ICDS村落調査レジスター | |
|---|---|---|---|---|---|---|
| | マッチ件数 | 非マッチ件数 | マッチ件数 | 非マッチ件数 | マッチ件数 | 非マッチ件数 |
| FAS調査データベース | *** | *** | 133* | 9* | 138 | 4 |
| BPLセンサスデータベース | 139* | 12* | *** | *** | 140* | 11* |
| ICDS村落調査レジスター | 99 | 10 | 91* | 18* | *** | *** |

注：ここでマッチした世帯とは，両世帯の全世帯員がマッチした世帯を意味しない．両世帯の世帯員の少なくとも1人がマッチした世帯にすぎない．
＊：このマークの付いた数値は，BPLセンサスリストの世帯主と，他方のデータベース——FAS調査データベースとICDS村落調査レジスター——の全世帯員リストとのマッチ状況を表す．もしBPLセンサスリストの世帯主が，他方のデータベースのある世帯の世帯員であれば，両世帯はマッチしたとみなす．複数の世帯主が，他方のデータベースの同一世帯の世帯員である場合もありうる．BidyanidhiのBPLセンサスデータベースは各世帯の世帯員情報を含んでいない．したがって世帯員情報を使用して世帯をマッチングさせることができなかった．

共有メカニズムは，Warwat Khanderao 村にはなかったが，潜在的には構築可能[11]なメカニズムである．

その場合，住民に関するコアリストとしては，これまで検討した ICDS 村落調査レジスターのような行政記録か，BPL センサスのような全数調査データベースが候補リストとなる．BPL センサス以外に，パンチャヤト統治制度（panchayati raj institutions）や中央・州政府が組織する何か別の全数調査があれば，それも候補リストとなり得るだろう．

次の個人単位リストは，住民に関するコアリストの一部を照合し更新するためのチェックリストまたはサテライト・レジスター[12]として村落において利用可能なリストである．すなわち，1)選挙人名簿と固定資産税（家屋税）レジスター，2)一次医療センターおよびその支所（ただし Warwat Khanderao 村の場合，村域外の Kalamkhed 支所）の行政記録，3)民事登録システム（Civil Registration System）の出生・死亡登録，4)村立小学校の年次調査記録（とくに学校教員が村の全世帯を年次調査している場合），5)地域雇用保障政府事業（MGNREGS）のレジスター等々，がそのようなサテライト・レジスターとして利用できる．

このようなデータ共有によって，住民基本リストを構築する方法は複数ありうる．以上の研究結果から提案可能な方法は，

可能性1：
村落パンチャヤトは，ICDS 村落調査レジスターを住民基本リストのコアリストに指定し，その維持向上を図ることができる．ICDS 職員，または西ベンガル州の医療・保健と児童ケア相互連携システムに相当するような，ある一団の

---

11) Warwat Khanderao 村でも ICDS ワーカーは，子供の予防接種等の業務をしばしば ANM との連携によって遂行している．すなわち，そうした業務において異なる行政機構に属する末端職員が現に連携している．村落パンチャヤトもそうした業務の調整に関与できる．

12) United Nations Economic Commission for Europe (2011), p. 63．「サテライト・レジスター（satellite register）とは，ある統計レジスターのなかの諸単位の部分集合にのみ関係する行政データを併用するためのツールのことである」．それはしばしば「関連レジスター」（associated registers）とも呼ばれる．

職員グループがデータ共有メカニズムを構成し，このコアリストを定期的に更新することができる．他の全数調査，例えば BPL センサス等からえられたデータベースは，コアリストの正確性をチェックするために利用できる．さらに上述の様々なサテライト・レジスターをチェックリストに利用し，ICDS 村落調査レジスターを部分的に照合し更新することができる．

可能性 2 :
村落パンチャヤトは，最初に，BPL センサスや SECC 2011 などの全数調査のデータベースを住民基本リストのコアリストに指定し，その維持向上を図ることができる．その場合も，ICDS 職員，または西ベンガル州の医療・保健と児童ケア相互連携システムに相当するような，ある一団の職員グループがデータ共有メカニズムを構成し，そのコアリストを定期的に更新することが可能である．さらに上述の様々なサテライト・レジスターをチェックリストとして利用し，この全数調査のデータベースを部分的に照合し更新することができる．

可能性 3 :
インドでは国民人口レジスター（National Population Register：NPR）を創設するプロジェクトが現在進行中である．村落パンチャヤトは，この NPR を住民基本リストのコアリストに指定することもできる．NPR とは，1955 年市民権法と 2003 年市民権（市民登録と国民 ID カード）規則により，地域に常住する全市民を強制的に登録する事業のことである．このプロジェクトの第 1 段階には，訪問調査による常住人口の登録が必要だが，このプロセスは 2011 年国勢調査の第 1 段階調査（住宅リスト作成段階調査）に付帯してすでに完了している．だが，このプロジェクトによる指紋認証情報の収集と市民 ID カードの発行についてはインド国内で論争になっている[13]．

　BPL センサスや上述のチェックリストの幾つかはデジタル化され電子媒体

---

13) 指紋認証情報の収集権限は，2003 年市民権規則には定められていない．また，このプロジェクトは，インド政府識別 ID 局のプロジェクトと重複する（Okabe and Bakshi 2016, p. 267）．

情報化しているが，ICDS 村落調査レジスターはこれまでデジタル化されていなかった．だが，2015 年 11 月から ICDS レジスターのデジタル化が開始された．村落パンチャヤトにとって，ICDS 村落調査レジスターのデータベースが，郡レベルや県レベルで電子媒体情報化されることは有益なことといえる．だが，村落調査レジスターは，紙媒体のままでも，各人の記録について追加情報を常時記載する備考欄が残れば，その限りで有用である．実際，Raina パンチャヤトの職員は，ICDS ワーカーが維持管理するレジスターを，デジタル化される以前から最も信頼できる情報として評価していた．

　以上のように本章では，村落パンチャヤト域内に居住する住民を対象にした住民基本リストの構築が，パンチャヤト自治にとってきわめて重要であるという認識の下に，その目的に応える潜在的可能性のある候補リストを，個人単位および世帯単位でミクロレベルに照合して評価・検証した．

　ICDS 村落調査レジスターはその目的に適った住民リストである．なぜなら同一のフォーマットのレジスターが全インドの ICDS センターで利用されており，しかもデータが定期的に更新されているからである．Bidyanidhi 村の ICDS レジスターに関する限りクオリティはきわめて高かった．その反面，Warwat Khanderao 村の ICDS レジスターは必ずしも満足の行くものではなかった．改善の余地が残されている．ただ，Warwat Khanderao 村の ICDS の行政レジスターとその業務環境は，2008 年に本研究を開始して以降，著しく改善している．2008 年には Warwat Khanderao 村にはただ 1 人の ICDS ワーカーが小学校の職員室の片隅に座を占めているに過ぎなかった．2011 年に再訪問した際には，小学校の隣にコンクリート建ての ICDS センターが新築され，2 人の ICDS ワーカーが村を二分して，それぞれの管轄地区の ICDS レジスターを維持管理していた．2008 年には Warwat Khanderao 村の ICDS 村落調査レジスターは単に諸個人を列記する簡易リストに過ぎなかったが，2011 年から郡の ICDS 監督官の指導で各世帯に 1 頁を割り振る正式な記載形式に改正された．その結果，Warwat Khanderao 村と Bidyanidhi 村の ICDS レジスターは同一の形式に収斂している．このように Warwat Khanderao 村の ICDS レジスターも整備される条件が着々と整いつつある．本研究は 2009 年の ICDS レジスターを研究対象にしたにすぎない．

BPL センサスもまた全インド共通の調査票を利用した全数調査である．データが個票レベルまで完全に電子媒体化されている点が長所である．しかし，この調査は定期的な周期で実施されているわけではない．しかも，Bidyanidhi 村のデータベースに世帯メンバーリストが欠落していることに表れているように，必ずしもデータが完全ではない．第4章でみたように回答の一部はきわめて不正確である．その上，BPL センサスの世帯リストは，インド政府地域開発省（Ministry of Rural Development）が中央集権的に作成・管理する法定文書としても機能している（現に裁判の係争点になっている）から，村の機関がデータに追加・変更しようとしても容易には認められない．

# 第6章
# インド村落からみた途上国出生登録の課題
―ミクロレベルの検証―

## 1. はじめに

　国連の子供の権利条約は子供が出生登録される権利を宣言している．だが，世界には出生登録のカバレッジが，依然低い水準で推移している国と地域が少なくない．未登録の子供たちは，この世界に生を受けた出発点からその姿が公的記録から見えない存在になっている．そのため，保健医療，教育など基礎的ケイパビリティを享受する権利から排除されるだけでなく，その後も公民として権利を十分保証されなくなる可能性が懸念されている[1]．出生登録制度が未整備な国の中には，アジア・アフリカの人口稠密な途上国が多く含まれているため，全世界で登録された出生件数は実際の出生件数のわずか64％（2000-07年平均）をカバーしているにすぎないという推計もある．ユニセフは，2007年に出生した子供の約5,100万人が登録上姿の見えない存在になっていると警告している[2]．

　これはきわめて複合的な要因から生ずる社会現象である．そのため多様な観点から議論がなされ，各国の取り組みも様々である．ところが，途上国の出生登録制度について，登録の現場である地域社会において体系的に検証する試みは少ない．近年，地方分権化が進行する途上国では，住民自治との関係で出生登録の必要性があらためて問い直されている．不完全な出生登録制度を改善するためには，途上国においても，地域住民の理解とボトムアップ的な協力体制

---
1) UNICEF, Innocenti Research Centre (2002), p. 1.
2) UNICEF (2009), p. 5. この数字に中国の数字は含まれない．

が不可欠である．地域社会の草の根レベルの視点から検証を行うためには，国連や国家・州政府レベルのマクロな統計に依拠するだけではなく，末端自治体の住民を網羅した精密なデータを比較基準にした体系的な検証が必要である．

そこで，本章は，カバレッジの低い出生登録制度の実態を，インド農村地域の一村落，Warwat Khanderao 村落の基礎自治体（村落パンチャヤト）における出生登録を事例に検証する．調査の対象期間は第4章と同様に，2005年4月から 2011 年 3 月に限定した[3]．登録制度の末端村落では，登録制度をめぐる住民の社会構造がミクロな世界として広がっている．検証を体系的に行うために，本章は，当該村落の出生登録者リストを同村落対象の既存の全数調査個票リストと 1 件ずつマッチングする方法を用いた．すでに第 4 章で述べたように，この全数調査個票リストは，インドの非政府学術団体 Foundation for Agrarian Studies（FAS）がかつて当村落内世帯の全数調査を実施して作成したデータベースに基づいている[4]．マッチングの結果，一致が確認できない子供集団については，村落住民の協力で住民の視点からその原因を 1 件ずつ検討した．この方法によって，国家・州政府レベルの推計値からは識別困難な新たな問題が浮上した．それは，出生を常住地ではなく出生地で登録する現在の多くの途上国において，村落自治体出生登録が常住人口をカバーする水準が，国家・州政府レベルの公表カバレッジの水準をさらに大きく下回るという問題である．そうした村落自治体にとって姿の見えない村落常住の子供の数ははるかに多いのである．

## 2. 世界の出生登録の現状

世界の出生登録，とりわけ途上国の出生登録の整備は国連等の国際機関の焦眉の課題である．国連統計部は，1991 年に事業計画 International Programme for Accelerating the Improvement of Vital Statistics and Civil Registration

---

[3] 調査対象期間後に事業名等が改名された場合は，調査対象期間中の旧名をそのまま使用した．

[4] 本章のデータは，インドの非政府学術団体 FAS との共同調査の成果，Okabe and Surjit（2008）をベースにしている．

Systems を採択し,出生登録制度が未整備な国々の技術支援に乗り出した[5]. ユニセフは,子供の権利条約を指針に出生登録の整備を支援し,出生登録の現状をモニタリングしている[6]. そのため,国連統計部とユニセフそれぞれが,世界各国の出生登録のカバレッジを公表している[7]. 国連統計部は,1948 年以降,調査様式 Demographic Yearbook Questionnaire を通じて世界各国の統計局に人口動態統計のカバレッジ(90%以上,90%未満,その他等)を問い合わせている[8]. 1977 年以降は,各国にカバレッジ推計の方法を問い合わせている[9]. 一部諸国を除いて,ほとんどの国は出生登録をベースに出生統計を報告している[10]. 一方,ユニセフは,世帯標本調査である複数指標クラスター調査(Multiple Indicator Cluster Survey) や,アメリカ合衆国国際援助機構(United Sates Agency for International Development:US AID) の世帯標本調査である人口保健調査(Demographic and Health Survey) を利用して,子供の出生登録について直接確認している. それらの世帯標本調査には,出生登録の有無,出生証明書の有無等を子供の保護者に直接質問する項目が付加されている.

表 6-1 は,ユニセフが出生登録情報や世帯標本調査から推計した出生登録率の地域別平均値を示したものである. ユニセフの推計によると,2007 年出生の未登録の子供 5,100 万人のうち 2,430 万人が南アジアに集中している[11]. 登録の水準は農村部の方が都市部より低い. インド版人口保健調査である 2005-06 年 National Family Health Survey(NFHS)は[12],インドの民事登録システム(CRS)出生登録率を 41% と推計していた. 一方,後述するインド独

---

5) その成果については,United Nations, Statistics Division(2001)を参照.
6) ユニセフの出生登録に関する統計分析は,UNICEF(2005)を参照.
7) 世界各国の出生登録のカバレッジ情報とデータソースの一覧について,国連統計部は,〈http://unstats.un.org/unsd/demographic/CRVS/CR_coverage.htm〉で,ユニセフは,〈http://www.childinfo.org/topic/child-protection/birth_registration〉で公表している(2018 年 7 月確認).
8) United Nations(1949), pp. 9, 21, United Nations(1950), p. 8, 及び United Nations(1979), p. 10 を参照.
9) United Nations(2010). 国連統計部からのこの問い合わせに対する回答率は低い.
10) ただし,出生登録ではなく,標本調査等をベースに出生統計を報告する国も少なくない. United Nations(2010), pp. 333, 338-348.
11) UNICEF(2009), p. 5.
12) International Institute for Population Sciences(2007), pp. 45-47.

表6-1 世界の地域別平均出生登録率 (2000-09年)

(%)

| | 全体 | 都市部 | 農村部 |
|---|---|---|---|
| サハラ以南のアフリカ | 38 | 54 | 30 |
| 中東・北アフリカ | 77 | 87 | 68 |
| 南アジア | 36 | 50 | 31 |
| うちインド | 41 | 59 | 35 |
| 東アジア・太平洋州 (中国を除く) | 71 | 82 | 66 |
| ラテンアメリカ・カリブ海諸国 | 90 | — | — |
| CIS諸国・中東欧諸国 | 96 | 96 | 95 |
| 先進工業国 | — | — | — |

注:―はデータなし．
引用:UNICEF, *The State of the World's Children 2011*, 2011, p. 123.
出所:複数指標クラスター調査,人口保健調査,その他各国標本調査及び各国公民登録システム．各国データは2000-09年の期間で直近年の年間登録率．

自の標本調査 Sample Registration System (SRS) はインドの出生登録率を69% (2005年) と推計していた．表6-2に示したように,カバレッジは国内地域別でもばらつきが大きい．

本章は,上記の途上国出生登録制度の実態を明らかにするために,インド農村部の Warwat Khanderao 村落パンチャヤトの出生登録を取り上げて,それを体系的に検証する．ただし,出生登録のカバレッジと人口動態統計のカバレッジは同じではない．登録行政のヒエラルキーが機能不全に陥り,実際の登録と上部機関への報告が異なることがあるからである．本章の課題は,人口動態統計の全体的評価ではなく,人口動態統計の土台である末端自治体の出生登録を正確に評価することである．

### 3. インドの出生登録制度

インドの出生登録の歴史は,国勢調査 (Census of India) の歴史とともに古く,イギリス植民地時代の19世紀にまでさかのぼる．だが,登録を法的に義務づけた全国統一の出生・死亡登録制度が成立したのは,「出生・死亡登録法,1969」(Registration of Births and Deaths Act, 1969. 以下,'RBD Act, 1969') の制定以降である[13]．RBD Act, 1969によって,インド内務省の付属機関 RGI (Registrar General, India) を頂点に,州登録官から,末端地域の登録官

表 6-2 インドの民事登録システム (CRS) 出生登録率
(%)

| 州／連邦直轄地 | SRSによるカバレッジ推計 | | | 2005-06年NFHSによるカバレッジ推計 | | |
|---|---|---|---|---|---|---|
| | 1985年 | 1995年 | 2005年 | 全体 | 都市部 | 農村部 |
| 全インド | 39.0 | 55.0 | 69.0 | 41.1 | 59.3 | 34.8 |
| 州 | | | | | | |
| アンドラ・プラデーシュ | 26.9 | 34.4 | 61.0 | 40.3 | 49.4 | 35.6 |
| アッサム | N.A. | N.A. | 71.2 | 43.0 | 67.4 | 40.0 |
| ビハール | 20.0 | 18.7 | 16.9 | 5.8 | 13.7 | 4.7 |
| グジャラート | 62.1 | 96.3 | 89.5 | 85.6 | 88.4 | 84.0 |
| ハリヤーナ | 60.8 | 73.4 | 84.3 | 71.7 | 75.5 | 70.5 |
| ジャンムー＆カシミール | 46.4 | N.R. | 64.8 | 35.8 | 56.1 | 30.6 |
| カルナータカ | 40.4 | 86.5 | 87.6 | 58.3 | 72.3 | 49.8 |
| ケララ | 94.8 | 101.7* | 100.0 | 88.6 | 91.0 | 87.5 |
| マディヤ・プラデーシュ | 46.3 | 50.8 | 53.3 | 29.7 | 37.3 | 27.5 |
| マハラシュトラ | 64.7 | 80.3 | 85.9 | 80.0 | 84.5 | 76.2 |
| オリッサ | 47.6 | 58.6 | 85.3 | 57.0 | 62.8 | 56.1 |
| パンジャブ | 74.2 | 92.4 | 100.0 | 76.8 | 76.7 | 76.9 |
| ラジャスタン | 16.4 | 23.7 | 65.3 | 16.3 | 38.3 | 10.8 |
| タミル・ナードゥ | 67.7 | 90.3 | 100.0 | 85.8 | 90.3 | 81.9 |
| ウッタル・プラデーシュ | 13.6 | 40.6 | 35.3 | 7.1 | 22.7 | 3.2 |
| 西ベンガル | N.A. | 64.3 | 97.0 | 75.8 | 85.4 | 73.2 |
| 連邦直轄地 | | | | | | |
| デリー | 85.3 | 116.0* | 100.0 | 62.4 | 61.9 | 67.6 |

注：1) 人口1000万人以上の州・特別行政区の推計値み掲載．ただし，「全インド」は全国推計値．
2) 出生登録のカバレッジはSRSの推計値に対する登録数の比率（％）．
3) N.A.は算定不能．N.R.はSample Registration Survey (SRS) のデータが使用不能．
4) 出生登録のカバレッジが100％を超える*記号を付した地域は，当該地域で出産するために流入した域外常住者の流入超過が大きいために登録件数が推計出生件数を上回っている地域である．SRSは出生を発生地ではなく母親の常住地でカウントしている．一方，2005年データは100％以上を四捨五入した数字．
出所：出生登録の1985年・1995年データは，Registrar General, Indiaから直接入手．2005年データは，Government of India, *Manual on Vital Statistics*, 2010から．2005-2006年NFHSのデータは，International Institute for Population Sciences (2007) から．

(Registrar) に至る全国的なヒエラルキー組織網が成立した．この近代的な登録制度は，民事登録システム（Civil Registration System：CRS）と呼ばれている．

出生登録の仕組みとその運用規則は，RBD Act, 1969と各州施行規則に規定されている．出生登録の手続きは概略次のように進行する．まず，出生は，そ

---

13) インドの出生・死亡登録の歴史とその構造については，岡部 (2001) を参照．

の発生時点から 21 日以内に，届出人によって，所定の届出様式で，出生の発生地を管轄する登録センターの登録官に届出られる．在宅出産においては世帯主が届出人となり，病院等医療施設内の出産においては当該医療担当者が届出人となるのが原則である．届出遅延に対しては手数料，虚偽の申告・登録拒否に対しては罰金が科せられるのが原則である．登録手続きの完了と同時に，登録官は届出人に出生証明書を無料で発行する．登録官は，届出様式の「統計情報欄」を「法的情報欄」から切り取り線で切り離し，法的情報欄の原票を「出生登録」(Birth Register) として保管し，統計情報欄を州登録官に送付する．登録官は，その後，問い合わせに応じて出生登録を検索し，有料で出生証明書を発行する．

インドの出生登録の登録地点は，出生の発生地（place of occurrence）であり，両親や子供の常住地（place of usual residence）ではない．その点で，出生の登録は，いわば発生地主義であり常住地主義ではない．そのため，母親の実家や病院等医療施設における出産の登録地点は，両親と子供のその後の常住地と異なることになる．届出様式には母親の常住地の記入欄があることはある．だが，インドには，出生の発生地の登録情報を母親の常住地の登録官に伝達するシステムがない．また，インドには日本の住民基本台帳のような公式の住民登録がないため，常住地の住民登録で出生児が再確認されることもない．

出生登録の利用目的は多岐にわたる．RGI は，出生登録の利用目的を「法的利用」「行政的利用」「統計的利用」に分類している[14]．法的利用とは，個人の名前，親子関係，出生地の証明を提供して多様な法的権利を保護する目的で出生登録が利用される場合である．出生登録は，小学校入学，就職，運転免許取得，法的諸契約，結婚の際の年齢証明等として要求されることがあるとされている．行政的利用とは，出産後の母子ケア等の福祉・医療施策や予防接種計画等の基礎資料として出生登録情報が利用される場合である．統計的利用とは，人口動態統計の作成を目的に登録情報が利用される場合である．

---

14) Registrar General, India (1998), pp. 1–2.

## 4. 出生登録の評価方法

出生登録の評価には様々な方法がある．国連統計部が，出生登録のデータのクオリティ（quality of data）を評価する最も重要な評価基準としているのは，完全性（completeness）という基準である[15]．完全性とは，特定の期間に，特定の国または地域の人口集団に発生するすべての出生が，完全に登録されているかどうかを基準とする評価尺度である．100％の登録カバレッジからの偏差は「カバレッジ誤差」（coverage error）と呼ばれる．現代のインド及び多くの途上国において，出生登録のカバレッジは100％を著しく下回るから，大きなカバレッジ誤差を抱えていることになる．そこで，以下本章では，出生登録の完全性とカバレッジ誤差について検証する．

それでは，末端村落の出生登録のカバレッジはいかにして評価すべきか？

### (1) ユニセフ方式

まず第1に，全数調査や標本調査において，子供の出生登録状態を直接質問して，住民の出生登録率を計測する方法がある．前述したユニセフの複数指標クラスター調査やUS AIDの人口保健調査などの世帯標本調査には，子供の出生登録の有無，出生証明書の有無に関する質問項目が付加されている．原理的には，このようなユニセフ調査の質問項目を全数調査に付加することも可能である．このような質問項目を使用したカバレッジの計測方法を，以下では「ユニセフ方式」と呼ぶ．インドでは，2000年インド複数指標クラスター調査や，前述の2005-06年NFHSの世帯標本調査でこの方法が採用されている[16]．ユニセフ方式の標本調査は，未登録の子供集団の標本を割り出し，父母の教育水準，宗教，カースト，経済状況など世帯属性別にクロス集計することが可能である．その反面，標本調査の限界から，州レベル以下の小地域推計がむずかしい．そのため，特定村落自治体の出生登録のカバレッジを正確に評価すること

---

15) United Nations, Statistics Division (2001), p. 82.
16) UNICEF and Government of India (2001)，および International Institute for Population Sciences (2007).

ができない．インドでは村落全体をカバーした国勢調査等の公式の全数調査において，ユニセフ方式の質問が試みられた例はない．

### (2) 個票レベルのマッチングを伴わない対比方式

次に，出生登録を，出生と関係する別の情報ソースと対比して，出生登録率を計測する方法がある．以下ではそれを「対比方式」と呼ぶ．単純な対比方式としては，出生登録の集計結果を，出生と関係する別の情報ソースの集計値・推計値と対比する方法がある．これは，個票レベルの「マッチング」（matching）を伴わない，すなわち，個票レベルのデータ照合を伴わない，集計値レベルの対比方式である．

例えば，特定地域の出生登録のカバレッジを推定するために，国勢調査が当該地域で捕捉したx歳以下の子供の数を，国勢調査前x年間に登録された出生件数（x年間における子供の死亡件数は差し引く）と対比する方法がありうる．

また，出生登録のカバレッジは，出生登録の集計数を，標本調査から得られた推計値と対比することによって推定できる．一般に，出生件数・出生率は，出生登録や国勢調査からだけではなく，標本調査からも推計できる．実際，アジアにおいても中国，インド，パキスタン，バングラデシュなどの人口稠密国は，出生登録からではなく標本調査から出生件数・出生率を推計し，国連統計部 Demographic Yearbook に報告しているのである．

インドは伝統的に標本調査制度が発達しているため，出生に関係する優れた標本調査が複数存在する．古くはインド独立後の全国標本調査（National Sample Survey）による出生率推計にはじまり，1964年に Sample Registration System (SRS) が開始されて以降は，SRS の出生率推計が利用されている．インドが国連統計部に報告する出生率も SRS の推計値である．国連統計部は，SRS を成功した二重記録システム（dual records system）の実例として挙げている[17]．この場合，二重記録システムとは，同一標本調査地区（国勢調査区や村落）を対象に，1)民事登録システムとは別に，学校教員等パートタイム調査

---

17) United Nations, Statistics Division (2001), p. 93.

第 6 章　インド村落からみた途上国出生登録の課題　　　257

員が実施する 6 カ月間の継続的記録と，2)民事登録システムとは別に，フルタイム調査員が期末に独立に実施する 6 カ月ごとの遡及調査の結果を相互に対比する調査である．1)と 2)を個票レベルでマッチングすることによって当該標本調査地区の出生数を確定し，それをもとに州レベル母集団出生率を推計する標本調査である．インドでは SRS の推計値が出生登録による集計値より信頼されている[18]．そのため，SRS の州レベル推計値は出生登録の州レベル集計値と対比され，出生登録のカバレッジ算定にも利用されている．だが，SRS と民事登録システム出生登録は，標本調査地区・村落において直接対比されるのではなく[19]，SRS の州レベル推計値と出生登録の州レベル集計値が州レベルで対比されているに過ぎない．

　近年インドでは，前述の NFHS（1992-93 年，1998-99 年，2005-06 年調査）や District Level Household Survey（1998-99 年，2002-04 年，2007-08 年調査）などの標本調査において，女性の出産歴の遡及調査から出生率が推計されている．そうした推計値も出生登録数と対比できる．

　しかし，以上のどの標本調査も，州レベル以上，あるいはせいぜい県（district）レベルの推計値を求めるのが限界である．そのため，末端の村落自治体における出生登録のカバレッジを評価するには不向きである．インドでは，標本調査のミクロデータが提供されることがあるが，村落の特定はむずかしい．SRS の村落調査データも公表されていない．

　だが，以上のように，個票レベルのマッチングを伴わない，集計値や推計値との単純な比較に基づくカバレッジ推計は，そもそも以下の 3 点において原理的に限界がある．
(1) 2 つの集計値同士の量的一致・不一致と同程度に，両集団の個票リストが実際にマッチ（match）するとは限らない．この場合，「マッチする」とは，データ照合の結果，お互いのデータが同一の存在に関するものと確認される

---

[18]　ただし，SRS も出生率を過小推計しているという調査結果がある．Central Statistics Office（2010），p. 33.
[19]　2001 年 7-12 月 SRS 調査において各村落全住民の出生登録を確認する特別調査票が試験的に導入されたが，結果がまだ公表されていない．Central Statistics Office（2010），p. 35.

ことである．通常，個票レベルでマッチングを試みると，① X・Y 集団相互にマッチするケース，② X 集団にあって Y 集団にないケース，③ Y 集団にあって X 集団にないケースの 3 つのケースに分かれる．したがって，X・Y 両集団それぞれの総数がたとえ数字上で合致しても，集団同士の実際の関係は，外観と比べてはるかに複雑な構造になっていることが多く，両集団の個票リストが正確にマッチするとは限らない．
(2) 個票レベルのマッチングを伴わない，集計値同士の単純な比較では，不一致集団（すなわち，X 集団にあって Y 集団にない不一致集団や Y 集団にあって X 集団にない不一致集団）の個票リストがわからない．不一致集団の個票リストがないと，不一致集団の情報を集計してその特徴を把握したり，不一致集団に対する聞き取り調査を体系的に実施することができない．このように，不一致集団の個票レベル情報がないと，カバレッジ誤差の原因究明はむずかしい．
(3) 水増し登録や不詳な登録は，個票レベルでマッチングしないとチェックできない[20]．

### (3) 個票レベルのマッチングを伴う対比方式

したがって，出生登録のカバレッジを評価するためには，集計値・推計値との単純な比較ではなく，個票レベルのマッチングを伴う対比方式が必要である．

国連統計部は，個票レベルのマッチングを伴う対比方式を，直接法（direct methods of evaluation）と称して，4 つに分類している[21]．すなわち，直接法(i)：出生登録と死亡登録を個票レベルでマッチングする方法．例えば，乳児の死亡登録を当該乳児の出生登録と個票レベルでマッチングする方法等．直接法(ii)：出生登録を，行政記録や社会慣習上の記録と個票レベルでマッチングする方法．例えば，出生登録を，新入学児童リスト，病院記録，洗礼記録等とマッチングする方法．直接法(iii)：出生登録を，全数調査の個票リストとマッチングする方法．直接法(iv)：二重記録システム．ただし，インドの二重記録

---

20) Chandrasekaran and Deming (1949), p. 112.
21) United Nations, Statistics Division (2001), pp. 86-87. これは，ミクロレベルの照合分析（'Micro discrepancy analysis'）の一形態といえる（OECD 2002, pp. 53-54）．

システム (SRS) は，前述したように村落の民事登録システム出生登録と直接個票レベルでマッチングする方法ではないので，直接法(iv)を直接法(i)〜(iii)と同列に扱う国連統計部の分類は妥当とはいえない．問題は，直接法(i)〜(iii)である．

　直接法(i)は，後に明らかになるように，出生登録自治体と死亡登録自治体が異なることが多いため，マッチングが必ずしも容易ではない．

　直接法(ii)は，インドの村落出生登録を評価する上で有望な対比方式といえる．後述する総合児童発達サービス（ICDS）センターの ICDS ワーカー（アンガンワディ・ワーカー，*Anganwadi* worker）や，保健所・学校が保有する業務記録のなかに，出生登録に対する比較基準として潜在的に利用価値の高い記録があるからである．だが，それらの行政記録の正確性は，州や村落によって大きく異なるから，今度はその比較基準それ自体の検証が必要となる．その他に，村落自治体には選挙人名簿があるし，現在，国民人口レジスター（National Population Register：NPR）の構築が図られているが，それらの住民リストは成人のみを対象とするなど限界がある．

　直接法(iii)も，村落出生登録を評価する上で有望な方法といえる．インドでは，通常，国勢調査の個票リストは利用できない．だが，第 4 章で述べたように，インド政府農村開発省（Ministry of Rural Development）の 2002 年 BPL センサス（貧困線以下世帯センサス，Below Poverty Line：BPL）の個票リストは，同省の公式ページで村落毎に全て公開されている．だが，BPL センサスの正確性についてはインドで多くの議論があり，第 5 章で行ったような検証が必要である．

　既存の政府調査を利用するだけでなく，特定地域を対象に独自の全数調査を企画・実施し，出生登録とマッチングすることも可能である．実際，C. チャンドラシェカールと W.E. デミングは，すでに 1947 年にコルカタのシングール保健センター管轄区で出生登録とのマッチングを目的に全数調査を実施している[22]．

　このように，インドには，村落をカバーする全数調査や行政記録のなかに，

---

22) Chandrasekaran and Deming (1949).

村落レベルの出生登録を検証する比較基準となる可能性を秘めた情報ソースが少なからず存在する．しかし，それら情報ソースの正確性は村落によってまちまちであるため，それらを比較基準として利用するにはまだ課題が多い．

そこで本章は，直接法(iii)の応用として，同一村落住民対象の全数調査から収集された FAS データベースを比較基準に，出生登録と個票レベルのマッチングによる対比を行う．その上で，パンチャヤト関係者や村落住民の協力を得て，不一致集団の調査を行う．

## 5. 検証結果の考察

本研究は，FAS が 2007 年 5 月に全数調査の対象にしたマハラシュトラ州 Buldhana 県 Paturda 郡 Warwat Khanderao 村落（総人口 1,479 人〔2011 年国勢調査〕）を，翌 2008 年 8 月に訪問し，そこで村落自治体（村落パンチャヤト）の出生登録を検証した．検証は，当該村落自治体の出生登録と，同村落住民対象の 2007 年 FAS 全数調査データベースの間の，個票レベルのマッチングによって行った．マッチングは，2007 年 FAS 全数調査データベースから検索した 6 歳未満子供リストと，FAS 全数調査前の過去 6 年間（2002 年 5 月～2007 年 5 月）の出生登録者リストとの間で行った．Warwat Khanderao 村の出生登録の窓口は村落パンチャヤト役場であり，正式の登録官は村落パンチャヤト書記官（*Gram Sevak*）が兼務していた．実際はパンチャヤト役場の用務員（*Peon*）が業務を代行していた[23]．出生登録簿の閲覧は村長（*Sarpanch*）と村書記官の協力で実現した．RBD Act, 1969 は出生登録簿の調査を禁じていない（第 17 条）．2005 年インド情報公開法第 8 条により，首長（すなわち村長）は，公共性と学術的な意義を認める場合，彼が認める範囲内でデータを閲覧に供することができる．

マッチングの結果は以下の通りであった．

FAS の 2007 年全数調査時点で確認された Warwat Khanderao 村の 6 歳未満の子供の数は 130 人，その全数調査前の過去 6 年間に村落出生登録に登録

---

23) 用務員は，最近，HIV に感染して失明したが，住民達の厚意により，妻の介助で業務を継続することが認められている．

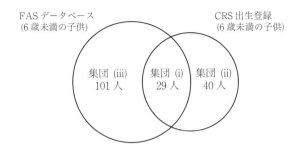

**図6-1** FASデータベースと民事登録システム（CRS）出生登録のマッチング

された出生件数（死亡者を除く）は69人であった．次に，FASデータベースから作成した6歳未満の130人の子供リストと，調査前の過去6年間の村落内出生登録の出生登録者リストを個票レベルでマッチングを試みた．子供の死亡・改名等による不照合は村長，用務員，取り巻きの住民の協力で補正した．それにもかかわらず，Warwat Khanderao村落出生登録リストとFASデータベース子供リストがマッチした範囲はきわめて限定的であった（図6-1）．

個票レベルの一致・不一致の結果から，子供集団は次の4つの集団に分類できる．

集団(i)：当該村落出生登録とFASデータベースの両方に含まれる子供集団

集団(ii)：当該村落出生登録に含まれるがFASデータベースに含まれない子供集団

集団(iii)：当該村落出生登録に含まれないがFASデータベースに含まれる子供集団

集団(iv)：当該村落出生登録とFASデータベースの両方に含まれない子供集団

**集団(i)：当該村落出生登録とFASデータベースの両方に含まれる子供集団**

Warwat Khanderao村落出生登録に登録された子供のうち，FASデータベースの6歳未満の子供リスト130人とマッチした集団(i)の子供はわずか29人，すなわち22.3％に過ぎなかった．

**集団(ii)：当該村落出生登録に含まれるが FAS データベースに含まれない子供集団**

Warwat Khanderao 村落出生登録に登録された子供のうち，FAS データベースに含まれないためにマッチしない集団(ii)の子供は40人であった．40人それぞれについて用務員の記憶をもとに村長及び一部村落住民と検討した結果，マッチしない理由は主に次の3点にまとめることができた．

1) 40人の子供のうち23人は，母親の実家が Warwat Khanderao 村にあるため，この村で出産し，RBD Act, 1969 の施行規則に従って，21日以内にこの村に出生登録した．この地域では第1子の出産のときに母親は自分の実家に戻る習慣がある．しかし，Warwat Khanderao 村はその子にとって出生地ではあるが常住地ではないため，FAS 調査の時点には常住地に戻り，この村には不在であった．
2) 40人の子供のうち10人は，親の仕事，通院などのため，FAS 調査時点にこの村に不在であった．
3) 40人の子供のうち7人は FAS 調査から脱漏したが，FAS 調査時にこの村に実在した．

**集団(iii)：当該村落出生登録に含まれないが FAS データベースに含まれる子供集団**

FAS データベースの子供リストのうち，Warwat Khanderao 村落出生登録に登録がないためにマッチしない集団(iii)の子供は101人いた．そこで，村長，通訳，FAS スタッフ，筆者が一団となって，101人の子供のいる71世帯を順次回って親に聞き取り調査を行った．調査は，その子供の出生地点と出生登録の有無のみを確認する簡易調査であった．ユニセフ方式の質問項目のように出生証明書の提示を求める時間的余裕はなかった．出生登録有りの回答の真偽についてはそれ以上確認できなかった．聞き取り調査の結果，

1) 101人の子供のうち82人は，Shegaon, Akola など病院のある近隣の町や，母親の実家のある村落など，Warwat Khanderao 村以外の村落や町で出生し，そこで出生登録されていた．病院等医療施設での出生は当該医療担当者が届出人となって医療施設の所在自治体で出生登録される．
2) 101人の子供のうち18人は，村内・村外いずれの出生登録にも未登録で

あった.
3) 101人の子供のうち1人は，その世帯が村外に移住したため聞き取り不能であった．

**集団(iv)：当該村落出生登録と FAS データベースの両方に含まれない子供集団**

村落出生登録と FAS データベースの両方にカバレッジ誤差が認められることから，両方の子供リストから脱漏する子供集団の存在が推測される．だが，以上の研究の調査方法ではそれを確認することができなかった[24]．

以上，個票レベルのマッチングの結果，登録官による水増し登録・不詳登録は見つからなかった．一方，マッチしない不一致集団の子供1人1人について，上記のように，不一致の原因を追求した結果，FAS データベースの6歳未満子供リストを再検証し，修正することが可能となった（表6-3参照）．FAS データベースは，2007年5月調査時点の人口のみを対象とするため，その時点で不在の常住人口について追加補正が必要である．集団(ii)の3)に該当する7人は明らかに FAS 調査から脱漏した子供であるから，子供データベースへの追加が必要である．そして，集団(ii)の2)に該当する10人を Warwat Khanderao 村落常住の子供リストに含めるか否かの解釈に応じて出生登録の数値には幅ができる．以上の修正から，Warwat Khanderao 村の村落出生登録のカバレッジは，この村落パンチャヤトに常住する6歳未満の子供147人のうち，36〜46人，率にして24.5〜31.3% となる．村落出生登録にはそれ以外に6歳未満の23人の子供が含まれているが，それらの子供たちは，母親が村落外の嫁ぎ先から帰省して Warwat Khanderao 村で出産したためにこの村落パンチャヤトで出生登録されただけであって，この村落パンチャヤトの常住者ではない．一方，聞き取り調査の結果を真と仮定すれば，Warwat Khanderao 村に

---

24) 国連統計部は，上記の集団(iv)を推計するために，Chandra-Deming 式による推計を推奨している．だが，村落レベルで出生登録と全数調査をマッチングする際，非居住者の村内登録と居住者の村外登録を登録リストから除外すると，この推計式が適用できる範囲は限定的である．United Nations, Statistics Division (2001), p. 87. Chandra-Deming 式については，Chandrasekaran and Deming (1949) 参照．

表6-3 総括表

|  | FASデータベース | | (修正後) | |
|---|---|---|---|---|
|  | 人 | % | 人 | % |
| 6歳未満の子供総数(b) | 130 | 100.0 | 147 | 100.0 |
| 民事登録システム(CRS)に出生登録された6歳未満の子供 | 111 | 85.4 | 118-128 | 80.3-87.1 |
| うち Warwat Khanderao 村で登録($r_0$) | 29 | 22.3 | 36-46 | 24.5-31.3 |
| うち Warwat Khanderao 村以外の市町村で登録($r_1$) | 82 | 63.1 | 82 | 55.8 |
| CRS出生登録に未登録の6歳未満の子供 | 18 | 13.8 | 18 | 12.2 |
| 不明 | 1 | 0.8 | 11-1 | 7.5-0.7 |
| ASデータベースにないCRS出生登録された6歳未満の子供総数 | 40 | | 23 | |
| Warwat Khanderao 村に村外から母親が帰省出産・登録($r_2$) | 23 | | 23 | |
| その他 | 17 | | 0 | |

注：常住者の出生件数を b，常住者の村内出生登録，村外出生登録を $r_0$，$r_1$，非常住者の村内出生登録を $r_2$ とする．
出所：FASデータベースと2008年8月村落調査より作成．

常住する6歳未満の子供147人のうち82人，つまり55.8%は，この村落パンチャヤト以外のよその自治体で出生登録されている．そのため，Warwat Khanderao村かよその自治体か，そのいずれかで出生登録された子供の総数は118〜128人，すなわち80.3〜87.1%となる．この数字は，2007年SRSによるマハラシュトラ州の出生登録率推計値（91.5%）と2005-06年NFHSによる同推計値（80.0%，農村部76.2%）のたまたま中間に位置している[25]．それにもかかわらず，この村落出生登録が常住する子供をカバーする比率（24.5〜31.3%）はそれより格段に低いということになる．

以上から末端村落の出生登録の実像について次の2つの知見を得ることができた．

(1) 村落常住者に対する出生登録のカバレッジは，当該村落以外のよその自治体で出生登録された子供を含めても，州単位で集計されたカバレッジと同様に不完全である．出生登録とマッチしないFASデータベース子供リストに

---

[25] Warwat Khanderao村は，FASが2001年国勢調査「村落要覧（Village directory）」を利用して選出した調査村落候補リストの中から，マハラシュトラ州の農民団体が代表的な事例村落として推薦した村落の1つである．しかし，この村落が出生登録状況という点において代表性があるとは限らない．FASの村落選出方法についての論評は，Nagaraj（2008）参照．

第6章　インド村落からみた途上国出生登録の課題　　　　265

基づく聞き取り調査の結果から，最終的に出生未登録の 18 人（12.2％）の子供リストを割り出すことができた．FAS データベースにはそれら子供の個人属性・世帯属性データがあるから，18 人の子供の特徴が明らかになる[26]．未登録の子供は男 9 人女 9 人と性差がなかった．これは 2005-06 年 NFHS の調査結果と符合する．未登録の子供 18 人のうち 11 人がイスラム教徒の家庭の子供であった．この地域ではイスラム教徒に日雇農業労働者が多く，一般に社会経済的な弱者層，貧困層に属する．そのため社会的に排除された階層に属する家庭の子供が未登録になるケースが多いことになる．2005-06 年 NFHS や途上国対象のユニセフ方式の標本調査から，途上国の未登録の子供が特に貧困層に多いことがわかっている．一方，ユニセフ方式の標本調査では，親の教育水準が登録率と相関するという調査結果が出ているが，この村では，18 人の未登録の子供のうち非識字の父親を持つ子供はわずか 2 人であった（FAS データベースによると同村落パンチャヤト域内の成人男性識字率は 83％）．

　未登録の子供の父親の 1 人は，その子の出生を記した色彩豊かな宗教上の占い図表を示し，こちらの方が（彼らのコミュニティにとって）価値ある出生証明であると繰り返し強調した．一方，用務員は，村の街頭でスピーカーを用いて出生登録キャンペーンを行ったことがあると証言した．実際，ほとんどの住民は出生登録とは何であるかを知っていた．イスラム教徒の初老の男性は，孫の将来のことを考えて，出生後数年を経た最近になってあらためて登録手続きをしたと証言した．Warwat Khanderao 村はコンパクトに固まった集落であるため，村落パンチャヤト役場までの距離は近い．だが，未登録の子供の母親の 1 人は，村落パンチャヤト書記官が週に 2 日しか村落パンチャヤト役場に来ないので[27]，登録に行く機会を逸したと説明した．

(2) 村落常住者の出生登録のカバレッジを村落単位で見ると，その実像は，州単位で集計されたカバレッジと全く様相が異なっていた．すなわち，

---

26)　18 人の子供の詳細なリストは，Okabe and Surjit（2008），p. 232.
27)　村落パンチャヤト書記官は，村落パンチャヤトの正職員．州政府から俸給を受ける官選の職員である．同村の書記官は，すでに述べたように 3 つの村落を担当するため，同村には週に 2 日，近隣都市 Shegaon から通勤してくる．

Warwat Khanderao 村出生登録がカバーする常住人口は,この村落に常住する 6 歳未満の子供 147 人のうちの 118〜128 人（80.3〜87.1%）ではなく,実は,わずか 36〜46 人（24.5〜31.3%）に過ぎないことが判明した. すなわち,村落 $i$ の常住者の出生件数を $b_i$,その村落内出生登録を $r_{0i}$,村落外出生登録を $r_{1i}$,そして非常住者の村落内出生登録を $r_{2i}$ とすると,インドの村落 $i$ における $b_i$ に対する出生登録のカバレッジは,$(r_{0i}+r_{1i})/b_i$ や $\Sigma(r_{0i}+r_{2i})/\Sigma b_i$ ではなく,実は,それをはるかに下回る $r_{0i}/b_i$ であることが再認識されたのである[28]. インドの出生登録の届出様式には母親の常住地の記入欄があるが,出生地自治体と常住地自治体との間で連絡制度が確立していない. すなわち,村落 $i$ の常住者のよその自治体での出生登録 $r_{1i}$ は,いつまでたっても村落 $i$ に伝達されない. そのため,この村落に常住するのによその自治体で登録された子供達 $r_{1i}$ は,この村落パンチャヤトの出生登録から見ると,姿の見えない存在となるのである. しかも,Warwat Khanderao 村落には病院等の医療施設がないため,子供が当該村落パンチャヤト域外の医療施設で出生し,そこで登録される可能性は一層大きい. 多くの途上国の出生登録は同様に発生地主義であり常住地主義ではない[29]. したがって,発生地主義の出生登録を採用する途上国に関する限り,これは普遍的な問題となる可能性がある.

## 6. 地方分権化と村落出生記録

第 4 章で述べたように,インドでは第 73 次憲法改正法以降,地方分権化が進み,国家,州政府の集権的な官僚機構から民選の県・郡・村落各自治体(パンチャヤト統治制度)への権限の移譲が進行している. この地方分権化の過程で,住民自治に基づく社会開発のために出生登録の価値が問い直されている[30].

---

28) C. チャンドラシェカールと W.E. デミングは,シングール保健センター管轄地域の出生登録に関する同様のマッチング調査において常住者の村落内登録 $r_{0i}$ と村落外登録 $r_{1i}$ を区別していない. この点が彼らの調査の最大の問題点である. 彼らが区別したのは非常住者の病院等医療施設での出産のみである. Chandrasekaran and Deming (1949), p. 110.
29) United Nations, Statistical Office (1985), p. 29.
30) National Statistical Commission (2001), para 2.7.8.「民事登録システムは,…(中

第6章　インド村落からみた途上国出生登録の課題　　　　　　267

　上記のように，村落内出生登録のカバレッジの水準が，州単位で集計される公表カバレッジの水準と比較しても，著しく低水準であるということは，村落出生登録が，村落パンチャヤト住民からみて構造的に疎遠な関係にあることを意味する．村落パンチャヤトにとって，村落常住人口のごく一部しかカバーしない出生登録を法的・行政的に利用するのはむずかしい．そのような出生登録は，村落における母子保健・医療，貧困対策，初等教育の対象者リストや年齢確認文書として利用価値が低い．たしかに，マクロな統計 $\Sigma(r_{0i}+r_{2i})$ を $\Sigma(r_{0i}+r_{1i})$ の近似値と看做して，国内・州内常住者対象のマクロな公共政策に利用するなら，それは論理的に根拠のないことではない．対象地域が広域になればなるほど $\Sigma r_{1i}$ と $\Sigma r_{2i}$ は相殺関係になる（同一広域圏内の他の自治体での登録数は，同一広域圏内の他の自治体からの非常住者登録数と等しい）ため，国家・州レベルの集計値は $\Sigma(r_{0i}+r_{2i})\fallingdotseq\Sigma(r_{0i}+r_{1i})$ となり得るからである．したがって，発生地主義の出生登録が，国家・州政府の集権的でマクロな公共政策に統計的に利用される限り問題はそれほど顕在化しない．しかし，地方分権化によって，村落パンチャヤトが常住者対象のミクロレベルの公共政策の新たな立案・実施主体として期待されるに伴い，当該村落の $r_{0i}+r_{1i}$ とそのリストは必須となる．それにもかかわらず，村落内出生登録は $r_{0i}+r_{2i}$ のリストでしかなく，$r_{1i}$ を含まない．これは問題であるといわざるを得ない．登録行政の官僚が出生登録カバレッジを向上させようと下部機関に働きかけても，草の根レベルの地域住民がそれに呼応するとは限らない．インド統計評議会は，民事登録システムには地方レベルの人口動態（出生・死亡）の推計値を提供する潜在力がある，と期待しているが，以上の検証から，現行のCRSは，地方自治を目的としたデータベースの供給源としては，あまり利用できない情報源であることがわかる．

　第4章でみたように，地方分権化に伴う村落パンチャヤトのこうした新しいデータ需要にどう応えるべきかという問題は，現在インドが直面するきわめて重要な課題である．BSLLD専門委員会（「地域開発基礎統計に関する政府専門委員会」（Expert Committee on Basic Statistics for Local Level Development））は，村落パンチャヤトの新しいデータ需要に応えるために，村落母子保健事業に従

略)…第73次，第74次憲法改正が求める，地方レベルの保健・家族福祉事業を計画する基礎となる潜在的可能性を秘めている．だがこのシステムには欠陥がある…」．

事する総合児童発達サービス（ICDS）ワーカーや，一次医療センターおよびその支所職員が保有する行政諸記録に注目している[31]．とりわけ，ICDS ワーカーが，民事登録システムとは独立に，業務遂行上の業務用データとして，村落内の子供レジスター（child register）を作成・保管していることはすでに述べた．このレジスターは公式の法的文書ではない[32]．だが，ICDS ワーカーの業務が，村落内の妊婦支援・母子保健・幼児ケアを対象としているため，このレジスターは，当該村落に常住する母親を基準に出産を記録する常住地主義の出生記録である（当該村落の実家に一時的に戻ってきた母親の出産は別途記録）．すなわち，ICDS 子供レジスターは，$r_{1i}$ を積極的に包含する構造になっているため，$r_{0i}+r_{1i}$ のリストに限りなく近い出生記録である．

そこで，次に，Warwat Khanderao 村落で 2005 年から 2007 年に ICDS 子供レジスターに登録された子供 1 人 1 人について，2007 年 5 月実施 FAS 調査のデータベースに収録された子供とマッチングを試みた（表 6-4）．FAS データベースのなかに収録された 2005 年から 2007 年 5 月に出生した 51 人の子供のうち，2005 年から 2007 年 5 月に ICDS 子供レジスターに登録された子供は 33 人（65％）であった．2005 年から 2007 年 5 月に ICDS 子供レジスターに登録された子供 50 人のうち，29 人（58％）が FAS データベースに収録されていた．したがって，ICDS 子供レジスターは民事登録システム（CRS）出生登録よりも比率的に多くの子供をカバーしていた．だが，そのデータ・クオリティは議論の余地がある．当該時点で，Warwat Khanderao 村落パンチャヤトは，民事登録システム（CRS）出生登録と ICDS 子供レジスターをリンクさせ，相互に比較・調整する役割を果たしていない．しかし，今後，住民自治の発達に伴い，それが現実化する可能性がある．実際，インドにおける村落住民自治の先進地域では，そうした複数の出生記録をリンクさせデータ共有するシステムが確立しつつある．例えば，第 4 章，第 5 章で観察したように，西ベンガル州

---

31) Central Statistical Organisation (2006).
32) Warwat Khanderao 村落パンチャヤト書記官は，ICDS レジスターは業務用の業務記録で非公式の記録であるから公式記録である民事登録システムの出生登録の方が信頼できると主張した．だが，その書記官は，ICDS レジスターの内容をほとんど知らなかった（その詳細は Okabe and Bakshi 2016, pp. 176–177 参照）．

表6-4 ICDS 子供レジスターのマッチ状況（2005-07 年）：
Warwat Khanderao

(人, %)

|  | FAS 調査データベース | | ICDS 子供レジスター | |
| --- | --- | --- | --- | --- |
|  | マッチ件数 | 非マッチ件数 | マッチ件数 | 非マッチ件数 |
| FAS 調査データベース | *** | *** | 33(64.7%) | 18(35.3%) |
| ICDS 子供レジスター | 29(58.0%) | 21(42.0%) | *** | *** |

注：FAS データベース（2007 年），ICDS 子供レジスター（2007 年）をミクロレベルで照合．

の Raina 村落パンチャヤトでは，ICDS 監督官と郡医療センター職員，村落パンチャヤト職員が，村落パンチャヤト役場に月1回集まって定例会議（「第4土曜日ミーティング」）を開き，出生記録の共有を図っていた．この定例会議では，自宅での出産記録が ICDS センターから，医療施設での出産記録が農村保健師兼助産師（ANM）や医療・保健監督官から提供され，それらデータが照合され，交換・結合が図られていた．結果数値は村役場の掲示板に公表されていた．西ベンガル州では，1997 年以来，村落レベルの民事登録システム出生・死亡登録の管轄が村長に移管されたため，村落パンチャヤトが出生諸記録の調整責任を負うことになったのである．もっとも，Raina 村では，発生地主義の民事登録システムの出生登録より，常住地主義の ICDS 子供レジスターの方が信頼され，よく利用されていた[33]．そこで，Raina 村落パンチャヤト域内の Bidyanidhi 村・集落で，2000 年から 2005 年 6 月に ICDS 子供レジスターに登録された子供1人1人を，2005 年 5-6 月実施 FAS 調査データベースに収録された子供とマッチングを試みると表6-5 のようになった．ICDS 子供レジスターによると，2000 年 1 月から 2005 年 6 月に 59 人の子供が Bidyanidhi 村・集落で生まれたことになっている．一方，FAS 調査データベースによると，2005 年 6 月には村に 0 歳から 5 歳の子供が 61 人にいたことになっている．このうち 54 人の子供については両方のリストに名前があった．われわれは FAS 調査期間の一時的・永続的な転出・転入や年齢の誤記入等によって生ずる誤差を考慮して，この不一致を詳しく検討した[34]．その結果，Bidyanidhi 村・集落

---

33) Bakshi and Okabe (2008), p. 16. Raina 村落 Bidyanidhi 村・集落の ICDS 子供レジスターについては，Bakshi and Okabe (2008), p. 17. Warwat Khanderao 村の ICDS 子供レジスターについては，Okabe and Surjit (2008), pp. 226-227 参照．

**表 6-5** ICDS 子供レジスターのマッチ状況（2000–05 年）: Bidyanidhi

(人，%)

|  | FAS 調査データベース | | ICDS 子供レジスター | |
| --- | --- | --- | --- | --- |
|  | マッチ件数 | 非マッチ件数 | マッチ件数 | 非マッチ件数 |
| FAS 調査データベース | *** | *** | 54(88.5%) | 7(11.5%) |
| ICDS 子供レジスター | 54(91.5%) | 5(8.5%) | *** | *** |

注：FAS データベース（2005 年），ICDS 子供レジスター（2005 年）をミクロレベルで照合．

の ICDS 子供レジスターの捕捉率はきわめて高いと評定することができた．

インド憲法第 73 次改正法施行以来，村落レベルの出生に関する望ましいデータソースは，民事登録システム（CRS）出生登録のような記録から，ICDS 子供レジスターのように，パンチャヤト域内の住民に直接関連付けられた常住地主義の記録へとシフトしつつある．パンチャヤトの自治は，行政記録の既存の記録原則に変更を迫り，住民の常住地を基準にした記録を必要としている．

もっとも，出生登録のない子供がつねに村落の社会生活から排除されるわけではない．公式の出生登録がなくとも，諸制度は事実上運用されるのが通常だからである．近隣の地方都市 Shegaon の弁護士は，この地域では相続年齢要件の証明に，公式の出生登録ではなく，村長による年齢証明が効力を持つと説明した．村落パンチャヤト書記官は，小学校入学の際に出生証明書が必ず求められるはずであると主張したが，その主張に反して，小学校の校長は，出生証明書を提出する親はきわめて少ないと説明した．初等教育の普遍化を推進する

---

34) ICDS の子供リスト内の 5 名の子供の名前が，FAS 調査リストにはなかった．この 5 名のうち 3 名は，彼らの所属する世帯（その子供の父親の名前から特定された世帯）が FAS 調査データベースに見当たらなかった．それら世帯が FAS 調査の調査時点に村にいなかったと考えられる．残りの 2 名については，名前が FAS 調査で記録されなかった．この 2 名は同じ世帯に属していて，同世帯についての 2006 年再調査で訂正された．FAS 調査リストの 7 名の子供は ICDS 子供レジスターのリストに見当たらなかった．この 7 名の子供は，年齢 5 歳と報告されていた．これは，彼らの歳が低く報告され，その結果，ICDS 子供レジスターの 5 歳未満リストにはその名が記録されなかった可能性が高い．ICDS レジスターの年齢データは，FAS 調査データより正確とみてよいだろう．第 1 に，FAS 調査では子供の出生日について聞いていないが，ICDS 子供レジスターはそれぞれの子供の出生日を記録している．第 2 に，7 名の子供のうち 4 名については，その世帯の他の子供が ICDS 子供レジスターに記録されていた．

小学校の立場から,出生証明書のない子供も受け入れざるを得ないからである.第4章で観察したように,小学校教員は毎年独自に村落全世帯を巡回調査し,5歳に達した子供の親に入学準備を促す通知を出している.実際は,ICDSがこの巡回調査用世帯リストの準備を支援しているといわれている.

だが,本章の検証は,出生登録から脱漏する子供に村落社会の社会経済的弱者層,イスラム教徒の家庭の子供が多いことを確認した.こうした社会経済的弱者層を対象に村落パンチャヤトが公共政策を立案・実施しようとしても,民事登録システム(CRS)出生登録は利用できないことになる.1992年の改正インド憲法は,指定カースト・指定部族,女性をはじめとして,村落社会でこれまで弱者層に甘んじてきた人々の政治参加を制度化した.今後,住民自治の拡充に伴って,これまで村落で疎外されていた社会経済的弱者層が村落の政治に参加するようになれば,出生未登録の子供の存在も問い直されてくる可能性がある.だが,その場合でも,発生地主義による出生登録の構造的欠陥は依然課題として残るのである.

## 7. 小括

本章は,出生登録制度が未整備な途上国の出生登録の実態を,インドの村落自治体(村落パンチャヤト)の出生登録を事例に検証した.その結果,インド人の出生登録率はそもそも低水準であるにもかかわらず,村落住民が自分の暮らす村落パンチャヤトの出生登録に登録される比率はそれよりはるかに低水準であるということがわかった.僻地村落常住者のよその自治体における登録が無視できない規模に達するからである.出生地での登録は常住地での登録より簡便であるため途上国で広く普及している.村落常住者が常住村落以外で出生登録されて出生証明書が発行されたとしても,その登録情報が,常住村落の自治体に伝達されることはない.たとえ,ITネットワークが普及しても,途上国村落自治体の統治能力と自治体ネットワークはまだ発展途上にある[35].その

---

35) 農村自治体のITネットワーク化政策の先進州,西ベンガル州においても村落パンチャヤトレベルのITネットワーク化にはまだ成功していない.Panchayats and Rural Development Department (2009), pp. 145-146 参照.

ため,村落自治体の出生登録を見る限り,姿の見えない村の子供の数は,国際機関・国家・州政府レベルの公表数字よりもっとはるかに大きい.

だが,近年,途上国においても,出生登録情報を出生者の常住地自治体に伝達する仕組みや,ICDS(アンガンワディ)子供レジスターのような常住地主義の出生記録と関連づけられた新たな登録制度を検討する段階に入っている.途上国でも地方自治体への分権化が進行し,住民自治に基づく社会開発のために出生登録の価値が問い直される段階に入っており,様々な取り組みがあるからである.それにもかかわらず,地方分権化と住民自治にとって発生地主義に基づく出生登録がかかえる限界と,それを克服するための指針について,国連統計部がまともに取り組んでいるとはいいがたい[36].このように途上国の状況が変化しているのに,国連統計部が2014年に発表した国際的指針 *Principles and Recommendations for a Vital Statistics System* の改訂版(第3版)[37]は,相変わらず常住地主義ではなく発生地主義に基づく出生登録を推奨しているのである.

出生登録統計は,行政記録をベースとする業務統計のなかで,ほぼすべての国に存在する最も基礎的かつ普遍的な統計の1つである.本章の考察が,これまで十分研究されていなかった途上国の行政記録統計の課題を研究する糸口になれば幸いである.

---

36) United Nations, Statistics Division (2011) 参照.各国の提出ペーパーは〈http://unstats.un.org/unsd/demographic/meetings/egm/CRVS2011/list_of_docs.htm〉(2018年7月確認)参照.国連統計部は,*Principles and Recommendations for a Vital Statistics System* の第2版で「ほとんどの出生・死亡は常住地で発生する傾向がある」(United Nations, Statistics Division 2001, p. 60) と説明していた.

37) United Nations, Statistics Division (2014), p. 26.

# 第7章
# G.v. マイヤーの自己観察概念の再構成

## 1. はじめに

　組織内の業務統計の作成と利用は，現在，統計活動の領域を拡大・深化させる可能性のある先端的研究分野である．業務の電算化によって組織の活動記録がデータベース化され，これまで難しかった利用や集計が可能になってきたからである[1]．ところが，すでに述べたように，これまで統計学界では業務統計の作成と利用の理論問題について必ずしも多くの議論が交わされてきたとはいえない．業務統計も調査統計も数値であるという限りでは同一だが，これら数値の形成プロセスは大きく異なっている．それにもかかわらず，業務統計の価値を，その作成論理の違いに即して的確に再評価しようという研究関心は，数理統計学はもとより，統計データの形成プロセスに強い関心を寄せる統計学の諸領域においてすら，これまでマイナーな関心であった．統計学界がこのような現状に止まるひとつの原因は，業務統計とは何かという基本概念にかかわる問題についてこれまではっきりとした共通理解がなかったからである．業務統計とは何かについて問うためには業務統計の実際を研究しなければならないことはいうまでもない．本書第3章〜第6章は，まさに，インドの行政記録と統計制度の実際について研究することによって，（政府）業務統計とは何かについて議論するための研究素材を提供するものであった．だが，業務統計の基本概念に関する理論的研究も実際的研究と同様に不可欠な研究である．業務統計

---

[1]　岡部（2006）参照．

の基本概念がはっきりしなければ，業務統計の様々な実際問題についてしっかりと筋道立てて問題を定式化することができない．すでに述べたように，レジスターベースの統計制度に関するヨーロッパの統計家の議論は，統計制度における行政記録の役割に関する問題提起の仕方がまったく一面的であり，しかも，肝心な問題について口をつぐみ論理的空白が平然とまかり通る異様な議論である．本書第2章はそのことを批判した．そのような批判が可能となったのは，業務統計の難解な基礎概念に関する本書第1章の理論的研究を踏まえてのことである．業務統計が当該組織の自己観察の所産であるという統計の作成論理に関わる理論的発見は，業務統計の様々な実際問題を理論的に定式化することを可能にした．現在のヨーロッパの統計家の問題提起の仕方がなぜ一面的であるかについてもそこから明らかになった．ところが，業務統計が当該組織の自己観察の所産であるということは，実は，業務統計をはじめて包括的に検討したG.v.マイヤーの古典的研究のなかで，20世紀初頭にすでに理論的に発見されていたのである．その事実を知る論者は今日まで見当たらない．すなわちマイヤーのその発見は当初から無視され，その後統計学界では忘れ去られていたのである．本章の目的は彼のその発見を再発掘して現代的に再構成することである．古典を研究する意義とはまさにこのようなことといえよう．

　G.v.マイヤー[2] (Georg von Mayr, 1841-1925) は，業務統計という統計形態に対して，「第二義統計」という定義を明確に付与し，包括的な検討を加えた最初の統計学者といえる．本章は，彼の第二義統計理論の全貌をあらためて問い直すことにする．マイヤーは，ドイツ社会統計学の創始者であり，統計調査論発展の基礎を築いた理論家である．マイヤーは，社会統計学のその後の継承者たちと違って，業務統計を社会統計の重要な源泉として非常に重要視していた．それゆえ，マイヤー理論を注意深く検討すると，今日までほとんど省みられなかったにもかかわらず，現代の業務統計の一般理論を構築する上で，きわ

---

2) G.v.マイヤーの略歴と学説については，F. Zahn, 'Georg von Mayr,' *Allgemeines Statistisches Archiv*, Bd. III, S. 1-6. G.v.マイヤー，高野岩三郎訳『社会生活における合法則性』(大原社会問題研究所編，統計学古典選集X)，栗田書店，1944年，1-21頁．有田正三『社会統計学研究』ミネルヴァ書房，1963年．高岡周夫『経済統計論の利用問題』産業統計研究社，1988年．

めて重要な概念が提示されていたことがわかる．

以下では，マイヤーの第二義統計理論が最も先鋭に提示された彼の晩年の主著『統計学と社会理論』の第1巻「理論統計学」の第2版[3]を中心に考察する．これを現代的な観点から検討し，弱点・難点を批判し修正することによって，逆に，彼の理論に埋もれていた現代的あるいは超現代的な可能性をあらためて浮き上がらせる．すなわちマイヤー理論の現代的再構成を試みる．最後に，この作業を前提に，業務統計の発達に対応した将来の統計学の理論的地平を素描し，議論を喚起したい．

## 2. マイヤーの集団中心視角と第二義統計理論

### (1) 「第二義統計」という概念

第1章で述べたように，今日，業務統計は以下のように定義されている．すなわち「非統計的目的で確認ないし記録された事件，事象についての業務上の記録や計数から，業務関係の下部機構を調査客体（調査単位または報告単位）として，上意下達の組織系統で作る統計」[4]と．業務統計は，統計対象の性質の違いと，統計作成主体が統計の源泉となる記録を獲得する形式の違いに応じて，さしあたり以下のように形態分類されている[5]．

　[1] 被調査者としての国民，企業等の届出・申告等にもとづく政府統計
　[2] 申告者からの申告・届出等を前提とせず，官庁自身がその所管業務について作成した業務記録にもとづく政府統計
　[3] 国家的企業（公社・公団等）の業務記録にもとづいて作成される統計
——以上が，政府業務統計．
　[4] 企業等の民間団体の業務記録にもとづいて作成される統計
——以上が，民間業務統計．

---

3) Georg von Mayr, *Statistik und Gesellschaftslehre*, Bd. 1 *Theoretische Statistik*, 2 Aufl., 1914, Paul Siebeck, Tübingen, J.C.B. Mohr [Paul Siebeck]. Bd. 1 の I〜V Abschnitt については，大橋隆憲訳『統計学の本質と方法』小島書店，1943年として翻訳・刊行されている．ただし以下訳文は必ずしも訳書に従わない．
4) 大屋（1995）159頁．
5) 上杉（1960a, 1960b），森（1992）112頁以降，大屋（1995）154-158頁．

これとは対照的に，センサスや標本調査によって，調査機関が機関外部の個人，世帯，企業，事業所等の大集団と，調査票を介して一時的（あるいは周期的）に接触して得られる統計は「調査統計」と呼ばれる．このような調査統計と対比すると，業務統計は作成プロセスが異なるまったく異質な統計といえる．この業務統計の論理を検討し，その実践的・理論的利用について研究するのが現代の業務統計理論の課題である[6]．

　この業務統計を調査統計から概念的に区別し，さしあたり「第二義統計」(sekundäre Statistik) として性格規定することによって，現代統計学の業務統計理論の枠組みを最初に規定した統計学者こそ，まさにドイツ社会統計学の創始者 G.v. マイヤーである．マイヤーが第二義統計の概念を本格的に打ち出したのは，彼の晩年の主著『統計学と社会理論』の第1巻「理論統計学」(Theoretische Statistik) の第2版 (1914年) においてである．第1巻「理論統計学」の初版はすでに1895年に公刊されているが，「第一義統計と第二義統計」('Primäre und sekundäre Statistik') という節は，この第2版になってはじめて独立の節（第18節）として挿入された．

　マイヤーはこの「第一義統計と第二義統計」という節で，次のように述べている．「統計がその観察に従事する社会集団は，その基礎的な観察行為を起こす発起力にしたがって，明らかに対置しうる2つのグループに分けることができる．そしてこの2つのグループはまた実践統計学 (praktische Statistik) のあらゆる個別部門においてまさに対照的に際立っている」[7]と．

　「社会集団の要素の，存在あるいは発現を，一回的にあるいは継続的に確認しようとする動機は，統計的関心 (statistisches Interesse) そのものから生ずることがある．その場合，既存の統計的関心が，権威ある機関とりわけ国家権力の側から取り上げられ，調査計画を通じて再検討されるのである．また，私人の発意によって，特殊な統計的関心から，社会集団についての同様の観察が行われることもある．このように，社会集団の要素について，まったく新たに行う――他の観察行為によっていまだ代替されていない――調査によって得られた統計を第一義統計 (primäre Statistik) と名付けよう．したがって第一義統計

---

6)　岡部 (1996) 75-78頁参照．
7)　Mayr, a.a.O., S. 55, 訳書138頁．

とは，社会的な集団＝事実の確認が，統計的関心から，まず第一に，この関心から提起される場合をいう」[8]．

しかし社会集団の基礎的な観察は「統計を得ようとする動機とは異なった他の動機からも広範におこなわれている．とくに，広義の公的行政に対して，各種の特殊な公的関心から——すなわち組織的な行政活動によって，法を遵守し，多種多様な文化的課題を追求しようという関心から——その行政の全活動領域に含まれる社会集団の個々の要素をある場合には一回的に，またある場合には特に継続的に，注意深く観察・確認しなければならないような課題と義務が生じる．この場合，法的および文化的関心の支援という課題がまず第一段としてあるのである．このような支援のために社会集団要素の観察を必要とする場合，その場合に，第二段としてこの観察に統計情報への利用が結びつきうるのである」[9]．マイヤーはこのように，「第一段として統計以外の他の目的で既にえられている社会集団の要素についての確認を，第二段として，この社会集団についての特殊な統計上の認識を得るために利用する場合」[10]，このように作成される統計のことを「第二義統計」（sekundäre Statistik）と定義した．「この区別は行政統計においてきわめて大なる意義をもっているが，私統計においても意義なきものではない」[11]とされる．

ここで提示された「第二義統計」という概念は，今日の業務統計理論が依拠する理論上の出発点になっている．現代の業務統計理論はこの第二義統計概念の精緻化と部分的批判によって成り立っているといっても過言ではない[12]．

### (2) 集団中心視角と「社会集団」概念

それでは，マイヤーの第二義統計理論は彼の理論統計学のなかで，どのように位置づけられていたのだろうか．前述したようにマイヤーは，行政統計と私統計とを問わず，第一義統計と第二義統計の二分法が，「実践統計学のあらゆ

---

8) Mayr, *a.a.O.*, S. 55, 訳書 138 頁．
9) Mayr, *a.a.O.*, S. 56, 訳書 139 頁．
10) Mayr, *a.a.O.*, S. 56, 訳書 140 頁．
11) Mayr, *a.a.O.*, S. 56, 訳書 140 頁．
12) 第一義統計と第二義統計の区別はその後のドイツ社会統計学に引き継がれた．Žižek (1923), S. 57-64. および P. Flaskämper (1949), S. 195-196, 訳書 247-248 頁を参照．

る個別部門においてまさに対照的に際立っている」と強調している．彼は，理論統計学の各章で第一義統計と第二義統計との対照を，その技術的説明の詳細に至るまで，あえて際立たせていた．それどころか「第二義統計は，実践統計学のあらゆる部門において大きな意義をもち，また，統計の科学にとってもそれを豊かに建設するためのきわめて重要な基礎の一つである」[13]と高く評価していたのである．このようにマイヤーの社会統計学は，第二義統計の価値を今日から見ると意外に思えるほど高く評価していたのである．だからマイヤー理論において第二義統計が「第二義的」と形容されるのは，第二義統計が第一義統計に比べて実践上，副次的な価値しか持たないからではない．

マイヤーの場合，第二義統計という規定は，統計の利用価値の違いに基づく規定ではなく，統計の形成過程の違いに基づく規定である．すなわち，第二義統計は「統計目的以外の他の目的」[14]からたまたま「第二義的」に派生した統計と考えられたのである．問題はここでマイヤーが本来の「統計的関心」[15]と考えていたのは，どのような関心のことだったのかという点である．マイヤーにおいて本来の「統計的関心」とは，「社会集団」(soziale Masse) を悉皆集団観察（erschöpfende Massenbeobachtung）という方法で精密に研究することであった．

ドイツ社会統計学の創始者マイヤーが，このように「社会集団」の観察を重視し，これを統計的関心の核心に据えたのはなぜだろうか．マイヤー自身は，その理由を『統計学と社会理論』の第1巻「理論統計学」の冒頭部分（第1章第2節）で，次のように説明している．すなわち，彼によると，「人間の多数は事実上無関係に孤立的に併存しているわけではない．このことはまた，人間の個々の行為・事件の多数についても，これら行為・事件の残留結果についても同じことである．（中略）これら多数者の諸要素は，文化の向上とともに豊かになる内的な多種多様の特殊諸関係で結ばれる．ごく限られた範囲に限ってみても，例えば，人類初期のごく単純な原始状態においても，無力な幼児をめぐって，人と人との間に各種の内的な特殊諸関係が存在していたことは疑いな

---

13) Mayr, *a.a.O.*, S. 56, 訳書140頁．
14) Mayr, *a.a.O.*, S. 56, 訳書140頁．
15) Mayr, *a.a.O.*, S. 55, 訳書138頁．

い．かかる諸関係に基づき，強弱の差はあれ，諸個人の間に結合が生じ，この結合がある種の共通の努力や行為となって現れる．（中略）きわめて多様な局面で，至るところに，個人を超えて存在し，個人を各種の仕方でその内へ取り込んでいる，特殊な結びつきをした人間集団の諸々の構成体があることをわれわれは知っている」．

「このような諸関係が人間の多数者の間に絶えず存在し，集団の様々な分化に伴ってこうした諸関係が絶えず新しく形成されているという事実をさして，われわれは最も広い意味で社会化（Vergesellschaftung）と呼ぶことができるであろう．そして，この社会化によって生じた新構成態（Neubildungen）のことを社会圏（層，群，構成体）と呼ぶことができよう．社会化の性質が多かれ少なかれ緩やかなものを社会的層（soziale Schichten），社会的群（soziale Gruppen）と称し，強固な構造をもつ結合体を社会的構成体（soziale Gebilde）と称してよかろう」．

「社会的層，群，構成体はきわめて多様な性質をもっている．個々人は同時に種々の社会圏に所属しているが，時の経過につれて個々人の所与の社会圏への参加には多様な変転がある．これから問題にするものは多様に社会化された人間集団であるが，これを簡単に社会集団と名付けてよいであろう．

これら一切の社会圏の基底は，所与の場と時とで限定された個々の人間の多数者である．すなわち人間の同一の集団現象が，きわめて緩やかな利益団体からきわめて強固に構成された法人とくに国家に至るまでの，様々な社会的構成体を充たしている生きた素材の大きな土台をなしているのである」．

「このほかになお，人間の社会生活の産出物としてあらゆる種類の社会的分泌物（soziale Sekretionen）が問題になる．例えば法律，慣習，言語のごとき非物的な性質のもの，および，特に向上やむことない諸国民の経済的発展がますます広範囲にわたって創り出す物的な性質のもの，これらすべてがそれである．社会生活が生み出すこれらの物的な諸分泌物は大半，集団状態と集団現象の性質を帯びており，先行する一切の経済過程から，消費や生産に役立つ経済財の総在高という形をとって，独立した存在に発達するに至っているのである」[16]．

---

16) 以上 Mayr, *a.a.O.*, S. 3-4, 訳書 58 頁．

以上の抜粋には，マイヤーの統計学が視野に納めていた社会システムの全領域が巧みに表現されている．この論述からマイヤーが，「社会集団」を社会システムのもっとも基底的な土台と考えていたことがよくわかる．

　たしかに，マイヤーは社会集団が構成する社会圏と，社会集団が創出する社会的分泌物とが，社会集団に対して相対的に独立した存在であり，したがってそれらが現に社会諸科学の独立の対象領域となっていることを十分承知していた．例えば，彼は，当時ドイツの社会政策学を「社会的層特に保護を要する社会的層についての学」[17]と考え，社会的構成体の研究を行う特殊社会諸科学のうちできわめて重要なものとして国家学を考えていた[18]．また，マイヤーは「社会生活の観念的分泌物で独自の存在をもつものについて，それを対象として成立している社会科学」[19]として言語学・宗教学・倫理学・法学・美学・哲学をあげていた．「社会関係および社会活動を恒常的に支配しているような個々の趨勢」に関する特殊社会科学として豊かに発達した1つの学問類型として「狭義の経済学」[20]をあげている．このようにマイヤーは社会圏とくに社会的構成体について，それを社会集団からみて「何らかの意味で新しいもの，それを構成する要素から独立なもの，非従属的なもの」[21]と認めていた[22]．

　ところが，マイヤーは，そのような社会圏や社会的分泌物を，それと関連する社会集団の研究を踏まえずに直接研究することに対して，方法論上の疑念をいだいていたのである[23]．社会集団こそが，社会圏の「生きた素材の大きな土

---

17) Mayr, *a.a.O.*, S. 24, 訳書 61-62 頁.
18) Mayr, *a.a.O.*, S. 25, 訳書 64 頁.
19) Mayr, *a.a.O.*, S. 25, 訳書 64 頁.
20) Mayr, *a.a.O.*, S. 25, 訳書 63 頁.
21) Mayr, *a.a.O.*, S. 20, 訳書 49 頁.
22) 「原始時代の群団生活，あるいは文明化した今日の人間社会の形相に即していうならば，家族生活といった，きわめて単純な形態の社会団体から，国家，国民，教会といった大規模に形成された諸々の社会団体に至るまでの，一切の種類の社会団体は，事実上，社会的な新構成態をなしているのである．しかもそれが程度の差はあれ，存在している要素または出現・消滅する要素とは独立に，独自の存在として存立を続け，特殊な集団生活活動の源泉となっている．もちろん，後者のこの集団生活活動は，一部は要素的な諸個人自体の努力や行為によって，また一部は，その具体的な社会団体において指導的な地位を持つ特殊な人々の努力や行為によって，具体化されて外部に現れることはいうまでもない」(Mayr 1914, S. 20, 訳書 49 頁).

台」であり，社会的分泌物の創出主体だから，これをまず精密に研究する必要があるはずだ，と考えたわけである．その役割を担うのが社会集団の科学としての統計学であった．それゆえ統計学が，社会諸科学の核心領域を担う基礎科学であるという構想が，マイヤーの『統計学と社会理論』の構想の本旨だったのである．マイヤーは，悉皆大量観察の観察結果を類別し洞察すれば，社会集団の具体的・歴史的姿態が記述され[24]，さらに進んで，社会現象の規則性・類型・相関関係についての「合法則性」が学問的に認識される[25]と考えていたのである．このように，マイヤーが社会集団の観察を統計的関心として最重要視したのは，ドイツ社会統計学創設の原動力となった彼の統計思想に基づいていたのである．

かくしてマイヤーはまさに社会集団の観察方法を基準に，第一義統計と第二義統計を区別した．すなわち，社会集団を直接把握するのが第一義統計，社会集団を「統計目的以外の他の目的」から間接的に把握するのが第二義統計と規定した．本章では，以下，マイヤーの社会集団中心の統計観を「集団中心視角」と呼ぶ．このような集団中心視角は，現代の統計学にも引き継がれ，統計を「社会的集団を語る数字」，あるいはより抽象的に「集団を記述する数量」と考える思考様式が，一種の通念に近い形で引き継がれている[26]．

### (3) 自然人を単位とした社会集団と法人組織を単位とした社会集団

マイヤーのこのような「集団中心視角」の問題点は，次節以降で順次検討する．だがその前に，マイヤーの社会集団概念は，すでに現代的な観点から，ある限界を有していたと考えられるので，まずその点をここで指摘しておかなければならない．

その限界とは，マイヤーが個々の法人組織や事業所組織を集団観察の観察単位として統計理論上，概念把握できなかったということである．すなわち，マ

---

23) 例えば Mayr (1914), S. 50, 訳書 62-63 頁．
24) Mayr, a.a.O., S.193, 訳書 459 頁．
25) Mayr, a.a.O., S. 34, 訳書 85 頁．
26) 大屋・広田・野村・是永編『統計学』産業統計研究社，1984 年，13 頁．竹内啓編『統計学辞典』東洋経済新報社，1989 年，1 頁．

イヤーが最も基底的な社会集団と考えていた集団は，前述の抜粋に示したとおり，自然人[27]の集団である「人間集団」(Menschenmasse) であった．人間集団があらゆる社会システムの基底であり，生きた素材であるという思考は，徹底したヒューマニズムに基づく社会思想上大変意義ある思考といわなければならない．だが，統計調査の実際においては，統計調査対象はそう簡単に人間集団に還元できない場合がある．今日，統計調査の直接の対象集団は，人間集団だけではない．集団観察の観察単位が，自然人だけでなく世帯・法人・事業所等であるというのは今日の統計調査ではごく当り前のことである．例えば，集団観察は多数の工場の集団を対象としうる．個々の工場組織が従業員集団の交互作用の諸結果であり，その分泌物の累積によって構成された団体であるとしても，統計調査の際に工場組織は1個の社会的活動単位とみなされ，1枚の調査票で調査される．工場組織等の事業所・法人は，マイヤーのいう「社会的構成体」に相当する．前述のごとく，マイヤーは「社会的構成体」について「何らかの意味で新しいもの，それを構成する要素から独立なもの，非従属的なもの」すなわち「新構成態」[28]と認めている．それにもかかわらず，マイヤーは個々の社会的構成体（事業所・法人）を社会集団の構成単位とみなすという論理をけっして採用しない．マイヤーの社会集団概念はこのような個別の社会的構成体を単位とした集団を内包しない．このように，マイヤー統計学は，社会理論上，社会的構成体を「新構成態」と認めながら，統計調査論上はある種の方法論的個人主義[29]に固執していることになる．以下でみるように，この点こそがマイヤーの統計学に深刻な混乱をもたらす原因となるのである．

このように，マイヤーの社会集団論が人間集団中心の理論体系になっているのは，第1に，彼の社会統計学体系が近代社会統計成立期の重要統計である人

---

27) マイヤーは，最も基底的な社会集団が人間自身の集団であるからこそ，統計学は自然諸科学と精神諸科学とに隣接すると考えた．なぜなら人間自身が自然的および精神的存在だからである．Mayr, a.a.O., S. 1, 訳書 1–2 頁，および S. 26, 訳書 65 頁．

28) Mayr, a.a.O., S. 20, 訳書 49 頁．

29) 本書は，ここで「方法論的個人主義」という思想的試みそれ自体を批判するのではなく，統計調査理論という場に方法論的個人主義を持ち込み，それに一面的に固執すると，マイヤーのように統計理論に不要な混乱をもたらすことになるばかりでなく，本書で問題にする組織と社会の対立・葛藤を舞台とした統計学の新たな発展可能性を見えにくくするので，そのことを危惧しているのである．

口統計を中心に組み立てられた体系になっていたことと無縁ではない．実際，マイヤーの『統計学と社会理論』は「理論統計学」と「実践統計学」に分かれ，「実践統計学の体系は，人口統計論（民勢論），道徳統計論，教育統計論，経済統計論，政治統計論の5部よりなる」ものと構想されていた．その際，マイヤーが実践統計学を人口統計論と「社会統計論」に区分し，「人口統計論を除く上記の4部門を『社会統計論』なる標題の下に総括するつもりである」[30]と構想していたのは，「人口統計論」を別格に扱っていた証しである．しかも，『統計学と社会理論』は，第1巻「理論統計学」，初版，1895，第2版，1914と第2巻「人口統計論」，初版，1897，第2版，1926と第3巻「道徳統計論」，1917まで刊行されたが，「経済統計論」が主要内容をなす予定されていた[31]第4巻は完成を見なかったのである．このようにマイヤーの社会統計学は事実上人口統計中心の体系になっているから，現代の統計活動の観点からすると限界があるのは当然のことといわなければならない．マイヤー以降のドイツ社会統計学者達も，その後，人口統計中心のマイヤー社会統計学体系を乗り越える中で，社会集団概念の事実上の拡張を図っているのである[32]．

　第2に，マイヤーは『統計学と社会理論』，第1巻第1章で，社会学（Soziologie）[33]を積極的に取り上げて批判しているが，その一方で，人間集団中心の彼の社会集団論は，当時形成途上にあった社会学の社会集団論と通底している部分がある．社会を，人間集団の交互作用の諸結果であり，その分泌物で

---

30) Mayr, a.a.O., S. 207, 訳書493頁．
31) Mayr, a.a.O., S. III, 訳書，第2版序言．
32) Žižek (1923) および Flaskämper (1949) 参照．
33) マイヤーは，統計学を最広義の「社会諸科学」（Gesellschaftswissenschaften）の一分野と規定した．それに対して，マイヤーの 'Gesellschaftslehre' 概念は，国家学，経済学等の学問分野を内包した広義の「社会科学」（Gesellschaftswissenschaft）に近い概念といえる．一方，マイヤーは，A. Comte と H. Spencer を創設者とする当時の社会学（Soziologie）の位置付けに苦慮していた．「一切の特殊＝社会諸科学を超えて総括されたきわめて一般的な一個の学を問題とすべきものが社会学である」（Mayr, a.a.O., S. 22, 訳書54頁）という当時優勢な見解に対して，マイヤーはこのようなことでは「社会学は他の学問の生産物で自分の材料を構成する一個の折衷学であるといいうる」（Mayr, a.a.O., S. 19, 訳書48頁）と批判している．そこで本書では 'Gesellschaftswissenschaft' を「社会科学」と，'Gesellschaftslehre' を 'Soziologie' と区別して「社会理論」と，'Soziologie' を「社会学」と訳し分けた．

あると考えるマイヤーの社会観は，当時における社会学的社会観としてもっとも普遍的なものであったからである[34]．ただし，マイヤーが社会集団の主要種類として想定していたのは，(1)人間集団，(2)人間の行為および事件の集団現象 (Massenerscheinungen)，(3)このような行為および事件の集団結果 (Masseneffekte)，である[35]．マイヤーが社会集団の主要種類として(1)の人間集団だけでなく，人間集団の「分泌物」である(2)，(3)を重視し，論究していたという事実は，彼の統計学が，社会学的社会観から一歩踏み出していたことを意味している[36]．マイヤーが指摘していたように，その後，経済の発展は，経済財という「物的な性質の社会的分泌物」の増大という形をとり，統計調査の主たる課題もこれら経済過程の観察に大きく傾いて行ったのである．それに伴って，企業法人や事業所を構成単位とする「社会集団」の観察結果から作成された経済統計が，きわめて重要な意味を持つようになって今日に至るのである．工業統計や国民経済計算体系はそこからはじめて成立する．

　このように，資本主義社会の社会システムを研究するために，市民社会を構成する「社会集団」の研究が，研究戦略上，きわめて重要な基盤であるというマイヤーの統計思想が持つ方向性は，今日の統計活動からみても説得力ある考え方といえる．しかし，市民社会を構成する活動の単位，及び情報表明の単位は，自然人だけではない．法人組織等も社会の構成単位といわざるをえない．マイヤーの社会集団論は市民社会のこのような重層的構造を捉える上できわめて不十分であったといわざるをえない[37]．

---

34)　木村 (1992) 215頁．
35)　Mayr, a.a.O., S. 5, 訳書12頁．
36)　木村，前掲書215頁．
37)　木村太郎は資本主義的統計生産形態の統計史的研究から，資本主義社会の主要な社会集団は，人口の集団か，企業等の諸施設の集団か，この2つの集団のいずれかであると指摘している．もともと私的所有の基礎は個人であるが，資本主義社会の発達に伴って，単なる個人を単位とした社会集団と法人格をもつ私的所有を単位とした社会集団とが分裂し，相互に独立した社会集団を形成するようになると説明している（木村，前掲書129-130頁）．

## 3. 第二義統計に関する3つの性格規定

　前節ではマイヤーの第二義統計理論が彼の理論統計学のなかで，どのように位置付けられていたのかについて検討した．次に本節ではマイヤーの第二義統計理論の具体的内容に立ち入って検討しよう．

　マイヤーは第二義統計を，理論的に3つの観点から性格規定した．すなわち，第二義統計は(1)間接統計観察の所産であり，(2)とりわけ動態調査の所産であり，(3)それは自己観察の所産である，と．マイヤーが第二義統計を以上3つの側面から多面的に考察していたという事実は，今日ほとんど顧みられていない．これら3つの性格規定はいずれも統計調査論すなわち統計作成プロセスの分析から導出された性格規定である．以下でみるように，マイヤーの以上3つの性格規定には，理論的に未展開な部分や，論旨が錯綜している部分もある．それにもかかわらず，そこには，現代の業務統計理論を構築するために，きわめて重要ないくつかの問題提起が含まれているのである．そこで，以下ではこの3つの性格規定を順次検討しよう．

### (1) 第二義統計と間接統計観察
#### 1) 間接統計観察と「本源的な非統計的観察」

　マイヤーは，第二義統計の観察プロセスである「間接統計観察」（abgeleitete statistische Beobachtung）を，第一義統計の観察プロセスである「直接統計観察」（unmittelbare statistische Beobachtung）から区別した．直接統計観察とは，「統計観察機関自体が観察客体あるいはその客体についての責任ある代理人に面接し，その存否および定量関係を自らの看取あるいは確証を以って認識する場合をいう」．これに対して，間接統計観察とは「統計的捕捉を行おうとする社会要素について，統計以外の根拠から行われた観察であるが，統計観察の要件に適った様式ですでに観察が行われており，ただその確認結果を統計目的に利用することだけが問題である場合をいう」[38]．ここで，マイヤーは，統計以

---

38) Mayr, *a.a.O.*, S. 71, 訳書175-176頁．

外の目的で収集された材料を，統計の領域に借りてくるためには，統計以外の根拠から行われた観察の仕組みが「統計観察の要件」(Erfordernissen statistischer Beobachtung) を満たしていなければならないと説明している．「この要件とはすなわち，観察機関として働く諸機関が観察客体に面接できるか，あるいは，事物の具体的な形相によっては，社会要素についての自らの看取および確証に基づいて統計目的に利用しうる悉皆的な記録を作成しようと思えば作成しうることである」[39]．すなわち，「統計観察の要件」とは，その観察を社会集団の悉皆集団観察に転用しうる諸条件のことである．

間接統計観察は，社会集団を悉皆集団観察する以前に，「統計以外の根拠から行われた観察」が前提されている．マイヤーはこれを，「本源的な非統計的観察」[40] (ursprüngliche nichtstatistische Beobachtung) と呼んでいる．「本源的な非統計的観察」の諸結果は，公的・私的な「文書記録」[41] (aktenmäßige Verzeichnung) の形で存在している．たとえばマイヤーは，公的な文書記録として，「随時記録されたレジスター (Register)，台帳 (Kataster)，登録簿 (Stammbücher) 〔例えば戸籍簿，徴税台帳，徴兵基本台帳，前科簿〕」[42] を例示している．また，私的な文書記録として，「簿記」(Buchhaltung) や簿記に記載されていない諸確認，例えば「商談の記録」[43] を例示している．

このような文書記録から統計を抽出すること，これこそが間接統計観察である．これは文書記録から組織的に「写記または抄録を作成する」行為以外の何ものでもない．例えばマイヤーは行政機関の間接統計観察を「1.間接観察の地方分査．これは，原初的には統計を目的とせぬ観察の結果を，文書に記録したその同一の機関が，統計の用に供しうる抄録を作成するという方法によるもの．2.文書が一カ所もしくは数カ所の中央機関に送致され，そこではじめて抄録が作成されるという形式で行われる間接統計観察．3.統計委員を所定の文書保管所に派遣し，そこで各所の文書抄録を作成させる場合」[44] に分類している．こ

---

39) Mayr, *a.a.O.*, S. 71, 訳書 176 頁．
40) Mayr, *a.a.O.*, S. 85, 訳書 206 頁，および S. 92, 訳書 222 頁．
41) Mayr, *a.a.O.*, S. 66, 訳書 164 頁．
42) Mayr, *a.a.O.*, S. 233.
43) Mayr, *a.a.O.*, S. 252.
44) Mayr, *a.a.O.*, S. 85, 訳書 206-207 頁．

のようにして集計された結果数値が第二義統計である．

　直接統計観察は「統計上の発問」を「生きた材料である社会要素本人，あるいは責任ある代理人」に向けるのに対して，間接統計観察は，いわば「過去の文書記録の死せる材料」に向けることになる[45]．直接統計観察は「理論上一般に考えられる問の中から自由に発問を選定しうる」から統計観察の企画に際しては，「完全に独立な実査案を立てることが問題となる」のに対して，間接統計観察は「以前に行われた別様の諸調査についての利用案が問題であるに過ぎない」[46]，前統計的段階に著しく制約された受動的な観察とマイヤーは考える．このように間接統計観察は，直接統計観察と対比して「統計上の発問」と実査案の立て方に根本的な相違がある．

　ただし，統計家が行政家に影響を与え，「本源的な非統計的観察」のあり方を変形させ，統計作成上の要求を加味して改善させる可能性はある[47]．マイヤーは，「本源的な非統計的観察」が，統計的関心から観察事項の追加という変形を被った事例として，統計的関心から戸籍吏が人口動態事例を記録するに当たり，戸籍登記法に規定されていない諸種の報告を付記する事例をあげている．また，統計的関心から「本源的な非統計的観察」の捕捉網が拡大された事例として，輸出財貨の統計記録が，関税および財政技術上の理由からではなく，もっぱら統計上の考慮から行われる事例を例示している[48]．マイヤーは，「関係官庁の統計的感覚が一層発展することによって，統計家もまた行政家に影響を与え，行政上の確認を，将来ますます改良し広く統計報告を得ることを妨げるものではない」と主張する[49]．このように統計作成上の要求が，「本源的な非統計的観察」の内容を変形させる，その度合いに応じて，間接統計観察は直接統計観察に近づく．その場合，第二義統計は，半ば第一義統計的性格を帯びてくるわけである．このような例は今日でも観察され議論されている[50]．

---

45)　Mayr, *a.a.O.*, S. 57, 訳書 141 頁.
46)　Mayr, *a.a.O.*, S. 66, 訳書 164 頁.
47)　Mayr, *a.a.O.*, S. 57, 訳書 141 頁, S. 66, 訳書 164 頁および S. 81, 訳書 197 頁.
48)　Mayr, *a.a.O.*, S. 81, 訳書 197 頁.
49)　Mayr, *a.a.O.*, S. 57, 訳書 141 頁.
50)　この点に関する，丸山博氏と上杉正一郎氏との間の議論については，丸山（1958）および上杉（1960a）参照．貿易統計に関しては，工藤（1991）参照．レジスターベース

2)「本源的な非統計的観察」とは何か

　第二義統計の定義からして,間接統計観察とは第二義統計の作成行為そのものである.しかし,第二義統計が間接統計観察によって作成される統計であるという,マイヤーの説明の中には暗黙の課題が隠されている.すなわち,第二義統計の原データとなる文書記録が,どのような性格の記録なのか,そしてこの記録を作成する「本源的な非統計的観察」とは,何を対象に,何を目的にした,いかなる観察なのか,という問いが不問に付されているのである.

　マイヤーは「本源的な非統計的観察」が「統計観察の要件」,すなわち,社会集団を対象とした悉皆集団観察に転用する条件が整っている場合に限り,そこから第二義統計が抽出できると説明しているに過ぎない.逆にいうと,「本源的な非統計的観察」とは,つねに「統計観察の要件」を満たすとは限らない観察である.このことは論理的に非常に重要な点である.なぜなら,「本源的な非統計的観察」の一般的な対象は,社会集団以外の何か別のものとなる可能性があるということが論理的に前提されているからである.したがって「本源的な非統計的観察」とは,一般に何を対象にした観察なのか,ということが問われて然るべきである.

　「本源的な非統計的観察」の内容がはっきりしないと,そもそも上述のマイヤーの論理自体が曖昧なものとなる.すなわち,

　①「本源的な非統計的観察」の内容がはっきりしないと,その観察が,「統計観察の要件」をなぜ満たすか,なぜ満たさないかについて,そもそも問えなくなる.
　②統計的関心が「本源的な非統計的観察」のあり方をどの程度変形しうるかという問題は,「本源的な非統計的観察」の本来の性格規定をはっきりさせないと議論できない.

　第二義統計を,間接統計観察から作成された統計という,ただこの一面だけから理解すると,第二義統計の価値は必然的に過小評価されることになる.前述のごとく,間接統計観察それ自体は,いわば過去の文書記録の死せる材料に向けられた,受動的な観察だからである.統計調査論の意義を重要視したマイ

---

　　　の統計制度における同様の議論はPoulsen (1999) 参照.

ヤー以降の統計学者たちは，第二義統計を，調査の企画・実施過程の大部分を省略した統計として理論的に軽視した．だが，マイヤー以降の社会統計学者たちにおける調査論重視の思考の不徹底さは明らかである．彼らはマイヤーと同様に集団中心視角に依拠していたために，第二義統計を間接統計観察の側面から一面的に理解するだけで，「本源的な非統計的観察」の内容にそれ以上踏み込もうとせずに済ませようとしたからである[51]．

しかし，マイヤー自身は，集団中心視角に依拠していたにもかかわらず，第二義統計を間接統計観察とは別の側面から検討し，「本源的な非統計的観察」の性格規定に迫ろうとした．この事実は今日あまり知られていない．次にあげる，「動態調査」や「自己観察」という観点からの考察は，まさに「本源的な非統計的観察」の性格規定にさらに迫ろうとしたものであった．

## (2) 第二義統計と動態調査
### 1) 静態調査と動態調査

前述のごとくマイヤーは「社会集団」を，人間集団・人間の行為および事件の集団現象・このような行為および事件の集団結果，という3つの相に分けて考えていた．マイヤーは「これらが一般的な社会発展の流れの中に置かれているものであり，したがって運動，すなわち絶え間なき変動（Veranderung）あるいは交替（Wechsel），のうちに置かれているものであること」[52]に注目する必要があると考えた．そのために，マイヤーは社会集団を次のように区分した．すなわち，「ある部類の集団においては，交替現象があると共にそれと並んで一個の——この交替現象自体によってある程度その状態は影響されるが——比較的永続しうる集団の基底が存在している．したがって，このような集団は瞬間調査によって効果的にその確認をなすことができるのである」．このような集団をマイヤーは「静大量」（Bestandsmasse）と呼んだ．一方，「他の部類の集団においては，動的現象の継続的な並列が集団の特質をなす．その場合の集団は，ばらばらの独立の瞬間現象の一結果から成り立っているから，このような集団は個々の現象を継続的に統制することによってのみ集団観察に付しう

---

51) 蜷川 (1932), 現代語版 87 頁参照．Flaskämper (1949), S. 195-197, 訳書 247-250 頁．
52) Mayr, *a.a.O.*, S. 49, 訳書 124 頁．

るものである」[53]として，このような集団を「動大量」（Bewegungsmasse）と呼んだ．静大量の例としてマイヤーは，「人口，建物・家畜・在庫商品の現在高，囚人・学生の現在員数，等々」をあげ，動大量の例として「出生と死亡，国境を通過する商品移動，犯された犯罪，一学期間の学生の入学と退学，等々」をあげている[54]．このように，マイヤーは運動する社会経済過程を，静態的側面と動態的側面とに分けた上で，静大量の統計観察を，狭義の'Zählung'（「計数」）と名付け，動大量を観察するために動大量の個々のケースを継続的に記載（登録）〔Anschreibung (Registrierung)〕することを，狭義の'Verzeichnung'（「記録」）と名付けた．この'Zählung'と'Verzeichnung'という用語は，大橋隆憲氏によって日本に翻訳された際，「静態調査」と「動態調査」と意訳された．これは第1章で言及した「静態的統計調査」と「動態的統計調査」に相当する．

　静大量とは「恒常的な諸要素と変化しうる諸要素とから組成されている」[55]が，「統計学の対象としてはある程度人工的にその運動を一瞬間堰き止め，仮に変化がないとみなして観察者がきめた時点の下でそれを瞬間調査に付すことができよう」[56]．「静態調査とは，同時的に存在する社会要素の総在高について，一回あるいは定期的に繰り返して行う観察である」[57]．一方，動大量と規定された「動的現象の継続的な並列」は「それ自体が時の関数である出来事（Ereignisse）である」[58]．このように「時間的に継起する社会要素の出現を継続的な統計観察に付する」[59]ためには，「その集団の個々の要素の全系列を継続的に統制（fortgesetzte Kontrolle）することが是非とも必要になる」[60]．

　すでに述べたとおり，第一義統計と第二義統計の区分は，基礎的な観察行為を起こす主目的が，社会集団を対象とした悉皆集団観察にあるか否かという基

---

53) Mayr, *a.a.O.*, S. 49, 訳書 124-125 頁．
54) Mayr, *a.a.O.*, S. 49, 訳書 125 頁．
55) Mayr, *a.a.O.*, S. 49, 訳書 125 頁．
56) Mayr, *a.a.O.*, S. 50, 訳書 125 頁．
57) Mayr, *a.a.O.*, S. 80, 訳書 195 頁．
58) Mayr, *a.a.O.*, S. 83, 訳書 202 頁．
59) Mayr, *a.a.O.*, S. 80-81, 訳書 196 頁．
60) Mayr, *a.a.O.*, S. 50, 訳書 125 頁．

準に基づく区分であるから，観察形式が静態調査か動態調査かを基準とする区分とは理論的に位相が異なる．したがってマイヤーは，「静態調査の場合にしろ動態調査の場合にしろ，第一義統計あるいは第二義統計が問題となる」[61]と説明している．

「しかし，事実上は」次のような傾向があるとマイヤーは明言する．すなわち，第一義統計の統計観察は主に静態調査の形をとって現れ，第二義統計はとりわけ動態調査の形をとって現れる，と．すなわち，「事実上，第一義統計の主たる領域，すなわち統計自体を得ることを第一の目的とする統計観察の主たる領域は，静態調査（たとえば人口調査・職業統計・農業および商工業経営統計）の領域にあり，これとは異なり，第二義統計はとりわけ動態調査の形をとって現れる（たとえば犯罪統計・財政統計・教育統計の大部分）．なぜなら，広大な地域にわたって一回的に行われるべき静態調査にとっては，比較的短期間を限ってのみ，無数の調査員を一時的に駆り集め，所要の統計観察機関網を備えうるからである．これに反し，動大量に対して単に統計上の理由からだけで，静大量の場合のように観察機関を継続的に常置することは一般的にきわめて困難であろう．したがって動大量について絶えず観察を続けるためには，統計目的以外に法律上および行政上の必要から継続観察が行われていることが必要であり，統計上の考慮は第二次的なものであるに過ぎぬ」[62]と．このように，マイヤーは，動大量に対する継続的な統計観察は，事実上，間接統計観察でなければならないと明言していることになる．

マイヤーの動態調査論は，第二義統計の情報源である「本源的な非統計的観察」の一般的形式を解明する1つの視点を提示していることになる．すなわち「本源的な非統計的観察」の主要な形式は動態調査という形式ではないか，という問題提起である．その場合，「本源的な非統計的観察」から形成される前統計的な文書記録の主な内容は，時の経過と共に随時確認された出来事の記録の集合ということになる．第二義統計の主要な形態はこのように出来事を記録単位とした社会集団（動大量）についての悉皆大量観察ということになる．

---

61) Mayr, *a.a.O.*, S. 81, 訳書 196 頁.
62) Mayr, *a.a.O.*, S. 81, 訳書 196-197 頁.

## 2) 第二義統計は静態調査からも獲得される

しかし，すでに述べたように，ここでマイヤーは「事実上の」傾向を指摘したただけであって，論理必然的に動態調査が第二義統計の形成原理に一致すると規定したわけではない．マイヤーの叙述から例外的事例を拾い上げると次のようにまとめられる．

a. 動態調査から第一義統計が獲得される場合

1) 統計作成上の要求が，動態調査を行う観察活動に影響を与え，「本源的な非統計的観察」のあり方を変形させ，第二義統計が，半ば第一義統計的性格を帯びてくるケース．これについては，すでに前節で，戸籍吏による人口動態記録や，輸出財貨の統計記録の事例として取り上げたが，それらの諸事例はまさに動態調査であった．

2) 動的現象の調査が一定期間に限って単に一部調査的にのみ行われるケース．動態現象の「選定されたわずかな小部分」[63]についての部分調査を，マイヤーは「第一義統計的な調査」[64]と呼んでいる．マイヤーは，次のように述べている．「人間の行為については，個々の人間自体の場合と同じような悉皆集団観察は望みえないのであって，たとえ人類が希望したところで，自分たちの一切の行為を継続的に悉皆的に集団観察に付し，それから結果を導出するという能力はもっていないのである．したがってこの場合には，行為のほんの一部分を条件付きでごく狭い範囲に限って選定し，それだけを継続的に集団観察して，これを社会科学的研究に利用しうるにとどまる」と[65]．

b. 静態調査から第二義統計が獲得される場合

統計以外の他の動機からおこなわれる静態調査についてマイヤーは必ずしも多くを語っていないが，行政活動の業務目的に付随した静態調査（「同時

---

63) Mayr, a.a.O., S. 6, 訳書 14 頁.
64) Mayr, a.a.O., S. 81, 訳書 197 頁.
65) Mayr, a.a.O., S. 6, 訳書 14 頁. 第 6 章で言及した，インドの Sample Registration Survey (SRS) は，「選定されたわずかな小部分」についての動態調査である．全国から無作為に抽出された 6 千以上の小地域で，調査責任者（多くは小学校教員）が，地元の出生・死亡件数を継続的に観察し，不備の多い人口動態記録をチェックしているといわれる (Central Statistical Organisation 1999, pp. 41-42).

的に存在する社会要素の総在高について，1回あるいは定期的に繰り返して行う観察」）の事例として，行政による「有権者，ある種の納税義務者，兵役義務者等々」の確認をあげている[66]．マイヤーによると，行政活動が「社会集団とその要素を官庁的なやり方で確認する機会」は「継続的に（fortlaufend）続く」だけでなく「時々（von Zeit zu Zeit）到来する」と説明している[67]．

以上，例外的な特殊事例から明らかなことは，動態調査の論理は第二義統計の論理に解消されないし，逆に，第二義統計の論理は動態調査の論理に解消されないということである．

### 3) 動態量に関する静態調査

マイヤーは，「一般生産統計・収穫統計・賃金統計・価格統計等々」[68]を動大量（Bewegungsmasse）に関する第一義統計に含めている．だが，これは，静態調査によって獲得された動大量に関する第一義統計を，動態調査によって獲得された第一義統計と混同したものといえる[69]．

運動する存在の数量的観察は，時点的観察と時間的観察との2つの観察形式をとらなければならない．時点的な観察による観察結果が静態量であり，時間的な観察による観察結果が動態量である[70]．例えば，年間工業出荷額等々の数量は，経済行為について特定期間についてフロー概念でとらえた動態量である．

しかし，このような動態量は，統計観察機関の動態調査によって直接獲得されるわけではなく，統計観察機関の静態調査の対象個別企業（事業所）の内部記録から間接的に獲得される．私統計を重視するマイヤーの理論を徹底させる

---

66) Mayr, a.a.O., S. 217.
67) Mayr, a.a.O., S. 217. ただし，動態調査の結果がストック形式に集計された場合，そのような集計結果は静態量といえるが，静態調査によって獲得された統計とはいえない．マイヤーも指摘しているように，動態量は「時間的発展の形相を容易に捉える目的のために，選定された一定期間に対するその一定の累績を統計学の対象としてその構造を解明するためにも，ある程度，静態量に擬制され静態量と同様に研究される」（Mayr 1914, S. 50, 訳書125-126頁）．
68) Mayr, a.a.O., S. 56, 訳書139頁．
69) この論理矛盾についての詳しい考察は，木村（1998）69-90頁参照．
70) 木村，前掲書80-81頁．

ならば，これら個別企業（事業所）の内部記録から獲得された動態量は，個別企業（事業所）が自身の経済活動を動態調査することによって獲得した当該企業（事業所）についての第二義統計と考えるべきであろう．個別企業（事業所）自身の立場から見れば，彼ら自身の内部記録は，時間的に継起する個々の生産行為，取引行為，消費行為を継続的に記録した動態調査とみることができるからである．

それに対して，全国年間工業出荷額等々の形で集計された生産統計は，統計観察機関が，ある特定時点に，全ての個別企業（事業所）を直接の対象に据えて静態調査することによって得られた動態量の統計である．すなわち，統計観察機関は，個別企業（事業所）を観察単位に据えた静態調査によって，各個別企業（事業所）の内部記録から獲得された動態量を当該企業（事業所）の量的属性（量的標識）として観察し，このように観察された各個別企業（事業所）毎の動態量を全ての個別企業（事業所）について集計した結果，獲得された統計である．

前節で指摘したように，マイヤーは個別企業（事業所）を独立の観察単位と認めないから，このような観察単位の動態量に関する静態調査を動態調査と混同しているのである．これは，まさに，前節で指摘した，マイヤーの統計調査論上の方法論的個人主義がもたらす論理的混乱の1つである．

以上，マイヤーの動態調査概念によって，「本源的な非統計的観察」の理論的解明にきわめて重要な視点が提示された．しかし，第一義統計と第二義統計の区別は，静態調査と動態調査の区別と，理論的位相が微妙にズレている．第二義統計の論理と動態調査の論理とは，事実上重なる部分が多いとはいえ，完全には重ならない．第二義統計の情報源である「本源的な非統計的観察」は，動態調査という観点だけでは説明し尽くされないのである[71]．

次にみるように，行政や私的団体の動態調査は，動態調査一般には還元し切れない，ある特殊な動態調査，すなわち自己観察のための動態調査なのである．

---

71) しかし，業務統計の動態調査論は今日の社会統計学の理論的なフロンティアである．木村（前掲書104-105頁）が示唆するように，数理統計学が動態調査の理論的解明にどの程度効力を発揮し，限界があるのかという問題は，業務統計理論から統計学一般を問い直す上で1つの論点になる可能性がある．

## (3) 第二義統計と自己観察
### 1) 自己観察と他者観察

　マイヤーは，「社会要素の悉皆集団観察は，それを行う動機が統計を得ようとするものであるか否かにかかわらず，全て，自己観察であるか，あるいは他人の状態および過程の観察（他者観察）であるかそのいずれかである」[72]という注目すべき見解を提示した．しかも，マイヤーは，この自己観察（Selbstbeobachtung）と他者観察（Fremdbeobachtung）という概念を，「統計観察の本質」[73]（Wesen der statistischen Beobachtung）として提示しているのである．だが，この事実に着目する論者は今日に至るまでいない．

　他者観察とは「観察者自身には帰属しない，観察者に関係のない」[74]状態及び過程についての観察である．自然科学における観察‐被観察という関係と同様，統計観察の多くが，観察者の被観察者に対する他者観察として行われていることは，今日ではあたかも自明のことであるかのように考えられている．ところが，マイヤーが観察者の観察者自身に対する観察[75]という，今日の通念からするときわめて特異な観察様式を，統計観察の本質を表す一側面として理論的に重要視していたことは驚くべきことといわねばならない．

　自己観察の事例としてマイヤーがあげているのは次の3つの事例である．

　a）家計簿や営業簿記のような家計や企業等の相互に無関係な自己観察が組織化され，組織的に収集され，統計として利用される事例．これについて，マイヤーは「たとえばかかる仕組みによるものとして家計簿の統計があり，古くは E. Engel によって作られ，また最近は私統計の形で特に組織労働者について幾度となく作られている」[76]と例示している．

　b）集団観察者が観察行為を被観察者自身の自己観察に委ねる「自計主義」（Selbstzählung）[77]の事例．マイヤーは，この場合自己観察が「集団についての

---

72) Mayr, S. 71，訳書 176 頁．
73) Mayr, a.a.O., S. 70，訳書 175 頁．
74) Mayr, a.a.O., S. 72，訳書 178 頁．
75) 自己を対象にするとは，自己を二重化するということである（Feuerbach 1841, S. 38, 訳書 48 頁）．
76) Mayr, a.a.O., S. 71，訳書 176-177 頁．
77) Mayr, a.a.O., S. 72，訳書 178 頁．

組織的な他者観察に役立つことがある」と説明している．

c）法人が，発達した事務機構によって，その活動領域における重要な過程を，ある程度自動的に自己観察する事例．マイヤーによると「自己観察は，私法上・公法上の法人が，十分な技術によりその事務処理および収支記録を備えるに至る場合に，十分整備されることとなる．もっともこの場合，技術上の事務（たとえば行政各部門の）及び収支記録を監督するには，その領域における重要な過程をある程度自動的に記載し，その法人の立場からすれば自己観察をあらわす一個の機構の存在を必要とする」．「各種官庁の行政活動についての報告，株式会社の生産および取引に関する報告は，技術的な過程記録の例としてあげることができよう．また，収支記録の自己観察の領域からは，徹底的に組織化された自己観察としてのあらゆる種類の計算機構が現れることになる」[78]．そして「この場合，事柄の性質上，普通，悉皆集団観察の諸条件は一般に満たされているから，たとえ第一の目的が必ずしもつねに統計を目的とするものでないとしても，これらは統計目的に役立つ自己観察の主要な領域をなしている」[79]とされる．

a），b）では家計簿・営業簿記において行われている多種多様な観察が，実は，家計・事業者の自己観察であると洞察されている点がまず重要である[80]．しかし，a），b）で取り上げられている組織的な観察の事例は，単に他者観察（静態調査）の被観察者（他者）が，自己観察（内部記録等）をもとに自己の属性を観察者に表明するという事例が，再び混乱した論理の下で説明されているに過ぎない．これは前節で指摘したように，むしろ他者観察（静態調査）の特殊事例とみるべきであろう．

一方，マイヤーがここで提示している事例で際立っているのは，「統計目的に役立つ自己観察の主要な領域をなしている」と説明されている c）の事例に属する，法人（行政や株式会社）の自己観察である．第二義統計と自己観察の

---

78) Mayr, *a.a.O.*, S. 72，訳書 177 頁．
79) Mayr, *a.a.O.*, S. 72，訳書 177 頁．
80) ただし，マイヤーの自己観察という概念は，各家計の家計計算のように「個人観察（他者観察およびある程度の自己観察）」（Mayr, *a.a.O.*, S. 1，訳書 2 頁）に近い観察から，経営・行政等の社会組織の自己観察に至るまで，幅広い内容を含んでいる．だが，自己観察が単なる個人観察以上の社会観察たりうる条件については問われていない．

関係は，この c) の事例を中心に考察すべきである．

### 2) 自己観察の所産としての業務統計

集団中心視角に立脚するマイヤーから見ると自己観察より他者観察の方が「はるかに重要である」[81]．なぜなら，悉皆集団観察を直接行う（直接統計観察を行う）とは，社会集団の諸要素に対して他者観察を行うことに他ならないからである．しかし，自己観察という概念によって，われわれは，第二義統計の根本的理解に至る糸口を得る．すなわちわれわれは第二義統計の間接統計観察が前提にしている「本源的な非統計的観察」を，当該機関の「自己観察」としてあらためて理解し直すことができるのである．そして，この自己観察という概念によって，われわれは，はじめて，マイヤーが「本源的な非統計的観察」と呼んだ観察に説明を加え，それが，何を対象に，何を目的にした，いかなる観察であるか，という問いに答える重要な手掛かりを得るのである．

まず，われわれは「本源的な非統計的観察」の観察対象を考える決定的に重要な手掛かりを得る．というのは「本源的な非統計的観察」が自己観察であるとするならば，この観察の観察対象はまさに「本源的な非統計的観察」を行う観察者自身ということになるからである．すなわち，統計目的以外の根拠から「本源的な非統計的観察」を行う，当の本人・当の組織こそがこの観察の対象となるのである．先程の例によると，自己観察を行う，家計・事業者，および行政・株式会社等の法人自身が自己観察の観察対象となるのである．

自己観察とは，まず，このような家計・事業者，および行政・株式会社等の法人が自分達の活動及び状態を，継続的あるいは一回的に観察（動態調査及び静態調査）することである．前節でみたように「本源的な非統計的観察」が主に動態調査の形式をとるのは，自己観察の主要な形式が，動態調査形式だからである．その場合，動態調査とは自己の活動の継続的な記録に他ならない．時間的に継起する出来事の時系列的な流れとは，この場合，当該機関の「活動」そのものである．しかし，自己観察の形式が，全て動態調査の形式である必然性はない．自己の状態を一回的・定期的に観察する静態調査形式の自己観察も

---

81) Mayr, *a.a.O.*, S. 71, 訳書 176 頁．

あり得るということである．

　マイヤーは「本源的な非統計的観察」が，社会集団の悉皆集団観察に転用されるのではなく，そのまま自己観察として機能する局面について，行政統計を例に次のように述べている．「第二義統計がもっぱら行政に関する数量的な報告義務（Rechenschaftsablage）の見地から提示される場合，そのような統計をとくに業務統計（Geschäftsstatistik）と名付ける」[82]と．この場合，「報告義務」とは行政が自己の活動について説明する義務のことである．自己の活動について報告・説明するためには自己観察が必要である．すでにみたように，マイヤーは「本源的な非統計的観察」を統計以外の根拠から行われた観察と規定しているが，これは，厳密にいえば，社会集団の悉皆集団観察を直接の目的としない何か別の根拠から行われた観察という意味である．統計目的以外の別の目的，根拠とは，自己観察を必要とする様々な諸事情のことである．「報告義務」という根拠はその一例といえる．

　それではこのように自己観察から成立した「本源的な非統計的観察」が，「統計観察の要件」を満たし，社会集団の悉皆集団観察に適用できるのはなぜか．マイヤーは次のように説明している．「全ての行政活動は社会集団と密接不可分の関係にある」[83]．私企業の経済活動もまた取引先や顧客グループと密接不可分の関係にある[84]．たしかに，行政活動や経済活動は，抽象的に自己完結するものではなく[85]，何らかの活動対象（他者）を想定しているといえよう．たしかに，公的・私的機関の自己観察は，必ずしも他者を直接観察していなくても，自己の活動を観察するなかでその活動対象に含まれる他者を間接的に観察できる．だからマイヤーが主張するように，このような公的・私的機関の活動の内容次第で，活動対象に社会集団の諸要素が含まれ「統計観察の要件」を満たす可能性がある．統計的関心が特定の機関の「本源的な非統計的観察」のあり方をどの程度第一義統計的に変形しうるかという問題も，当該機関の自己観察の諸事情に即して議論できるのである．

---

82)　Mayr, *a.a.O.*, S. 218.
83)　Mayr, *a.a.O.*, S. 217.
84)　Mayr, *a.a.O.*, S. 250.
85)　Hegel（1921），§5-7，訳書192-197頁.

しかし，各種機関の自己観察を社会集団の悉皆集団観察に転用して第二義統計を作成するというデータ利用形態は，この観察の対象構造からいって，副次的な利用形態といわざるをえない．自己観察の本来の機能から考えると，マイヤーが行政統計を例に定義した「業務についての統計」，すなわち「業務統計」という概念の方が「第二義統計」概念よりも，自己観察の本来の機能と対象構造を表した，より一般的な概念規定といえる．そこで，本書ではマイヤーの概念区分を援用して，特定機関が自己観察を行った結果生まれた統計一般を「業務統計」と再定義し，そのような自己観察の一側面を悉皆集団観察に転用して得られた統計を「第二義統計」と再定義して区別したのである．

マイヤーは，統計調査論上の方法論的個人主義をここでも貫徹させ，「自己観察とは，組織的な悉皆的な集団観察の条件を満たす場合における個々の自然人の行為であって統計上の性質をもつものだけをいう」[86]と，あえて限定を付けている．しかし，マイヤーが「統計目的に役立つ自己観察の主要な領域」と説明している行政や株式会社による自己観察は，「その法人の立場からすれば自己観察をあらわす一個の機構の存在を必要とする」，自然人の行為を超えた法人による自己観察である．むしろ，行政や株式会社の業務統計は，組織（社会的構成体），あるいは組織構成員集団の自己観察を前提に作成される統計として理論的に再構成すべきである．そして，「本源的な非統計的観察」にはこのような組織（社会的構成体）それ自身が表現されているとみるべきではなかろうか．だが，それを認めると，集団中心視角に立つマイヤーの統計学は崩壊し，全面的に再構成しなければならなくなる．マイヤーはあえてそのような理論展開に踏み込もうとしなかったのである．

マイヤーが「統計目的に役立つ自己観察」の主要な領域として強調している前述の事例 c）における法人（行政や株式会社）とは，どのような統計作成主体であろうか．「本源的な非統計的観察」が自己観察の所産であるとするならば，それは一体どのような法人の自己観察であろうか．日常的に自分達の活動及び状態を，継続的あるいは一回的に観察（動態調査及び静態調査）することができる法人組織とはいかなる組織だろうか．特に動態調査を経常的に遂行す

---

86) Mayr, *a.a.O.*, S. 71, 訳書 176 頁．

るためには持続的で堅実な業務記録システムが必要である[87]．すなわち「その領域における重要な過程をある程度自動的に記載し，その法人自体の立場からすれば自己観察をあらわす一個の機構の存在を必要とする」[88]．個人や家族・零細企業やゆるやかに組織された市民団体などは，このような記録システムを持続的かつ堅実に維持することは難しい．それでは，近代において，自分たちの活動及び状態を，動態調査や静態調査の形式で日常的に自己観察できる組織とはどのような組織だろうか．それは，持続的かつ堅実な記録システムを持った高度に組織化された近代組織，すなわち，M. ウェーバーが官僚制的組織（bürokratische Organisation）と呼んだ組織に相当する社会組織といわざるを得ない．官僚制的組織とは，客観的に定められた計算可能な規則（berechenbare Regeln）によって作動し，上下の指揮命令系統によって非人格的に規律された公的及び私的な専門「機関」（Apparat）である．官僚制的組織の特徴の１つは，あらゆる種類の最終的な決定・処分・指令を文書で確定し，記録保存するということである[89]．マイヤーが「徹底的に組織化された自己観察としてのあらゆる種類の計算機構が現れる」[90]社会組織として取り上げている行政や株式会社とは，まさにウェーバーがいう官僚制的組織に他ならない．

　マイヤーは，第二義統計とは，間接統計観察によって作成される統計であり，間接統計観察とは「本源的な非統計的観察」の諸結果である「文書記録」から統計を抽出する行為であると理解した．だが，「本源的な非統計的観察」が何を対象としたいかなる観察であるか，という問いには明確に答えていない．「本源的な非統計的観察」は「動態調査」に限定されるものではない．しかし，それは私法上・公法上の法人による組織化された「自己観察」といえるかもしれない，マイヤーは事例をあげてそういう仮説を提示しただけである．だがそう断言はしなかった．一方で，自己観察と他者観察という概念を「統計観察の本質」としながら，他方で，「実践統計学のあらゆる部門において大きな意義

---

[87] マイヤーは「自己観察において観察結果の確保に持久性・堅実性・誠実性を欠くならば，それは満足な観察の障壁となるだろう」と述べている（Mayr, *a.a.O.*, S. 74, 訳書183頁）．
[88] Mayr, *a.a.O.*, S. 72, 訳書177頁, 傍点岡部．
[89] Weber, *a.a.O.*, S. 651, 訳書61頁．
[90] Mayr, *a.a.O.*, S. 72, 訳書177頁．

をもつ」第二義統計の「本源的な非統計的観察」が，実は，法人による組織化された「自己観察」の諸結果であることを認めてしまうと，マイヤー統計学の体系は根本的に再編を余儀なくされる．彼の集団中心視角は否定される．「本源的な非統計的観察」が「自己観察」であれば，それは直接には社会集団ではなく法人組織を対象とすることになるから，彼の集団中心視角と矛盾してくるからである．

## 4. 業務統計理論と将来の社会統計学

だが本書は，マイヤーが自己観察という概念で示唆した統計学の基本問題をすでに第1章で徹底的に議論した．それはマイヤーが示唆した第二義統計に関する問題提起によってマイヤーの第二義統計論それ自体を乗り越える試みであった．マイヤーの問題提起は以下のように定式化できる．

i) 業務統計は統計作成主体の自己観察の所産である．――それはマイヤーのひとつの仮説でしかなかった．本書第1章は，業務統計が統計作成主体の日常的組織系統の内部で生起する現象を対象とした統計であるから，それが自己観察の所産であることは論理的に自明のことであるという結論に達した．

ii) その自己観察とは，動態調査や静態調査の形式で，自分たちの活動および状態を日常的に観察することである．

iii) 自分たちの活動及び状態を日常的に観察し，かつそれを体系的に集約する体制を経常的に維持することができる統計作成主体は「官僚制的組織」を有する法人である．それゆえ，業務統計は官僚制的組織を有する法人が自分たちの活動及び状態を対象とした自己観察から作成する統計と性格規定できる．

iv) 第二義統計は，官僚制的組織による自己観察の諸結果である文書記録の一部を抽出して，社会集団の悉皆集団観察に転用した統計である．

しかし，マイヤーの自己観察概念によって業務統計の概念把握を徹底させる

と，マイヤーの理論統計学は次の点で再構成を余儀なくされる．

α）マイヤーのいう第一義統計，すなわち調査統計は，自然人を観察単位とする社会集団だけでなく法人・事業所を観察単位とした社会集団を対象とすることは現代ではごく当たり前のことである．後者の社会集団を軽視したマイヤーの理論統計学の混乱について再検討し論理を整理する必要がある．マイヤーの社会集団論自体がもともと理論的に混乱をかかえている．──この点はすでに本章第2節で検討した[91]．

β）法人とくに官僚制的組織が自己観察から作成する業務統計について，官僚制的組織（マイヤーのいう社会的構成体の特殊形態）を直接対象とした統計として理論化する必要がある．すなわち，官僚制的組織の「本源的な非統計的観察」とその諸結果である「文書記録」は，

(i) 直接的に法人の官僚制的組織それ自身，

(ii) 間接的にその業務対象としての「社会集団」

という次元の異なる2つの対象を同時に表現する．特殊な社会的構成体としての官僚制的組織が，「何らかの意味で新しいもの，それを構成する要素から独立なもの，非従属的なもの」すなわち「新構成態」と認められるならば[92]，業務統計は「社会集団」に還元できない，それと独立な(i)を対象とする独自の統計として，(ii)を対象とする第二義統計と論理的に区別する必要がある．──本書第1章の課題は，まさにこのことを理論化することであった．現代の多くの統計学者はマイヤーと同様に集団中心視角に立っているからである．

γ）そう区別することによって，理論統計学はマイヤーの一元論的な集団中心視角から脱却して，二元論に「パラダイム」シフトすることになる．なぜなら現代社会の統計原情報は結局のところ，(a)社会集団を直接他者観察する集団観察と，(b)官僚制的組織の自己観察（マイヤーのいう「本源的な非統計的観察」）の諸結果である「文書記録」というこの二大源泉に分かれるからである．われわれが統計的実践や社会科学において利用する統計は，それら個々の統計原情報をそのまま利用するか，それともそれら統計原情報を組み合わせて

---

91) マイヤーや蜷川虎三の社会集団論の混乱に関する優れた論点整理として木村（1992）参照．

92) Mayr, *a.a.O.*, S. 20, 訳書49頁．

利用するか，そのいずれかである．複雑な統計指標（次の補論でみる国民経済計算はその一例）もそれら統計原情報の組み合わせから構築される加工統計である．だが，現代社会の統計原情報のこの二大源泉は，複雑な加工統計の「部品」としてたまたま並存するだけではない．この二大源泉は，時として，相互に対置される統計原情報である．なぜなら第1章で見たように，現代社会において官僚制的組織は社会集団に対して「独立なもの，非従属的なもの」であり，時として，市民社会の社会集団と矛盾・葛藤し合う複雑きわまりない関係にあるからである．本書第3章〜第6章は，現代インドを事例に，官僚制的組織が当該社会の社会集団からいかに遊離し得るか，そして官僚制的組織の行為や官僚制的組織の行政記録を（標本調査を含む）調査統計を使ってチェックし，点検する統計的実践がいかに重要であるかを明らかにした．マイヤーも「社会的構成体が及ぼす社会諸成員への影響，またその逆に，社会諸成員からの影響によって実現される社会的構成体における諸変化」[93]を研究することが統計学の重要課題と考えていた．だから，現代社会では統計原情報の二大源泉はこのように相互に対立し比較される可能性のある二元的な情報と理解しなければならない．かくして，統計学はマイヤーのいうように社会集団を研究対象にする学問ではなく，いわば社会システム〔マイヤーはそれを「社会圏」(soziale Kreise) と呼んだ〕を研究する学問であって社会集団は社会システムの一側面にすぎない[94]．業務統計は社会集団に対して独立な，非従属的な，官僚制的組織という「社会的構成体」の組織活動の特定局面を数量的に表現する特殊な統計であるのに対して，調査統計は社会システムの集団的側面を数量的に表現する別の特殊な統計であるにすぎない．

---

93) Mayr, *a.a.O.,* S. 21-22，訳書53頁．
94) 木村（1992, 47頁）は，統計を社会集団を表現する数字と定義するのではなく，敢えて広く定義している．「統計とは，社会経済過程の特定局面を，総量的かまたは代表的に表現する数字である」．

# 補論
# 未観測経済の計測論再論

　統計制度の基盤を構成する各種行政記録の正確性は，国民経済計算等の高度に加工されたマクロ統計の正確性とも密接に関連している．国家の法律的・行政的枠組みから脱落した未観測経済に関する議論はそのことをよく示している．

## 1. はじめに

　今日，世界の統計研究者は人類的な広がりを持つある複雑な課題に本格的に取り組もうとしている．すなわち，各国の公式統計体系や行政記録体系が及ばない地下経済，隠蔽された経済，シャドーエコノミー，ブラックエコノミー，インフォーマル部門，非合法経済，未記録経済等々，これまで様々な名称と様々なアプローチで問題にされてきた，曖昧で観察困難な社会諸領域について体系的に研究しようという動きがそれである．2002年にOECDが発行した『未観測経済計測ハンドブック』(*Measuring the Non-Observed Economy: A Handbook*；以下，「ハンドブック」と略す) はそうした取り組みの成果である．このハンドブックは未観測経済の計測という構想に明確な概念規定を与え，未観測の社会諸領域を対象とした統計活動の経験を包括的かつ体系的にまとめ上げた，はじめての国際的標準文献であるため，各国の計測論議と実践の基礎になっている．このハンドブックを基礎としたその後の各国の取り組みと試験的計測は，国連欧州経済委員会発行の『国民経済計算における未観測経済』(*Non-Observed Economy in National Accounts*) (UNECE 2003, 2008a) で報告されている[1]．その後，2008年国民経済計算体系 (以下，2008SNAと略す)[2] は，このハンドブックに一定の評価を与えながら，部分的に批判を加えた．もっと

も，2008SNA は，一方で，OECD ハンドブックの未観測経済論の限界を正しく批判しながら，他方で，未観測経済論のきわめて包括的な問題設定を不当に軽視し，地下経済の計測などの重要な計測問題を無視するなど公平性を欠く批判を行っている．そこで，本章で，OECD ハンドブックの未観測経済計測論を再確認・再検討することは意義あることといえる．

未観測経済の計測は，世界を視野に統計利用を考える場合，きわめて重要な研究フロンティアといえる．広大な未観測経済を擁する多くの開発途上国や移行経済諸国では，それは避けて通れない難問である．それはまた，先進工業国にも妥当する人類普遍の課題を含んでいるため，欧米では盛んに議論されている．日本では未観測経済の計測に関してまだ本格的な議論がはじまっていない．だが，それは日本にとっても無縁な課題とはいえない[3]．本補論の目的は，こ

---

1) 国連欧州経済委員会事務局は，1991 年に国民経済計算における未観測経済活動 (hidden and informal activities) の各国の推計結果に関するサーベイ（欧州経済委員会加盟 9 カ国参加）を実施し，UNECE (1993) として出版した．その 10 年後の 2001-02 年に，国民経済計算に関する国連欧州経済委員会，Eurostat，および OECD の合同会議の求めに応じて，同事務局は，UNECE (1993) の改訂を目的に第 2 回目サーベイ（欧州経済委員会加盟 29 カ国参加）を実施した．2005-06 年には，対象範囲をさらに拡大して第 3 回目サーベイ（欧州経済委員会加盟国と非加盟国を含む 43 カ国参加）を実施した．第 3 回目サーベイは日本も対象になっているが，日本とニュージーランドは推計なしと回答した．第 2 回サーベイと第 3 回サーベイは，未観測経済の規模に関する推計値について問い合わせ，また，その推計に使用された推計方法の詳細について問い合わせている．未観測経済に関する国際セミナー・ワークショップとして，OECD/国連アジア・太平洋経済社会委員会/アジア開発銀行，Workshop on Assessing and Improving Statistical Quality: Measuring the Non-observed Economy, Bangkok, 11–14 May 2004；国連欧州経済委員会, Seminar on Measuring Non-observed Economy in National Accounts, 14–16 November 2007, Dushanbe, Tajikistan (http://www.unece.org/index.php?id=14463)；国連欧州経済委員会, Seminar on National Accounts, Non-observed Economy and Other Related Areas, 24–26 September 2008, Baku, Azerbaijan (http://www.unece.org/index.php?id=14339) などが開催されている．未観測経済に関する日本語文献としては，山口秋義 (2004)，岡部 (2009, 2012)，石川 (2010) を参照．
2) European Commission, International Monetary Fund, Organisation for Economic Co-operation and Development, United Nations and World Bank (2009).
3) 経済統計学会第 53 回全国研究大会（2009 年 9 月 5–6 日，北海学園大学）の共通セッション：「国民経済計算に関する諸問題―取り巻く情勢の変化とその展望―」における報告：岡部純一「SNA 統計の正確性と未観察経済」に対して，著名な政府統計家から「日本には未観測経済が存在しないと考えている」という発言があった．実際，未観測経済に関する国連欧州経済委員会事務局の 2005-06 年サーベイに対してヨーロッパやア

の OECD「ハンドブック」の紹介と批評を通して，未観測経済への統計的アプローチとは何を課題としいかなる統計活動であるかを明確にすることである．この曖昧模糊とした統計問題を議論するためにはまず概念と方法の厳密な共通了解が必要である．2008SNAの未観測経済計測論に対する不当な理解は，以下でみるように，そうした共通了解が未確立であることの証しである．本章は，この問題に関する共通了解を再確立させて，未観測経済の計測論から新たにみえてくる統計研究の地平について考えたい．

## 2. OECDの『未観測経済計測ハンドブック』

### (1) 背景

本書第1章第7節でみたように，国家と市民社会（とくに経済）の分裂的関係は，市民社会内部の異なる利害と関係しつつ，きわめて錯綜したシステムを形成している[4]．この分裂的なシステムは国家の法律や行政のあり方だけでなく，政府統計制度のあり方に如実に表れている．公式の標本調査・センサスや行政記録から市民社会の諸活動の一部が，社会構造上の理由によって，慢性的に未観測になるという事態はそのひとつの帰結である．たとえば，税の支払いや法律・規制の遵守を回避するために，市民社会の当事者が活動の一部を政府機関から意図的に隠蔽するという現実は，標本調査・センサスや行政記録のカバーする対象集団の範囲や報告内容に重大な影響を及ぼす．逆に，政府機関の側が徴税の重点や法律・規制の適用の重点を特定部門（たとえば大企業や政府企業）に集中させ，その他部門（たとえばインフォーマル部門や非市場的活動部門）をその圏外におく，あるいはおかざるをえないという場合も，それに伴って，政府の標本調査・センサスや行政記録の対象範囲は制限を受けること

---

メリカ合衆国は回答しているなか，日本（とニュージーランド）だけ回答していない．だが，この経済統計学会においても，国民経済計算の個々の基礎的統計データの問題点やデータ不照合についてこれまで議論され，様々な批判的研究が蓄積されている．

4) ヘーゲルの市民社会論とマルクスのヘーゲル国家論批判はこの対立・矛盾関係に関する問題提起である（Hegel 1821, §184; Marx 1843, S. 249 参照）．そこでは，市民社会は「分裂態」（die Entzweiung），あるいは「差異態」（die Differenz）としてとらえられている（Hegel 1821, S. 339-340）．

になる．

　標本調査・センサスや行政記録からこのように慢性的に脱落する未観測の社会領域については，すでに1970年代以降様々な議論がある（「ハンドブック」p. 125, 以下，頁数のみを示す）．OECDは，「地下」経済を表す 'Underground' の類義語として30近い用語（Alternate, Autonomous, Black, Cash, Clandestine, Concealed, Counter, Dual, Grey, Hidden, Invisible, Irregular, Marginal, Moonlight, Occult, Other, Parallel, Peripheral, Secondary, Shadow, Submerged, Subterranean, Twilight, Unexposed, Unofficial, Untaxed, Underwater）を挙げている（p. 141）．インフォーマル部門の研究に至ってはその数はすでに膨大な数にのぼっている[5]．国家と市民社会の分裂的関係は先進工業国を含む資本主義社会の普遍的な現象である．だが，途上国においてはとくに深刻であり，未観測の社会領域の取り扱いはすでに途上国経済の研究にとって避けて通れない根本問題のひとつとなっている（pp. 132ff 参照）．一方，冷戦体制の崩壊後の急速な構造転換に伴って，移行経済諸国では未観測の広大な社会諸領域が露呈し，その研究が喫緊の課題となった．旧東欧諸国ではEU統合の前提要件として統計の品質（クオリティ）改善が求められているが，未観測の社会諸領域は統計品質の改善を妨げる最大の要因である．EU加盟国の分担金はGDPを変換したGNI（国民総所得）を算定基準にしているから，そのデータ・クオリティが厳しく問われるのも当然のことといえる（p. 65）．

　このような背景から，OECDが中心になって，この未観測の社会諸領域への多様なアプローチが整理され，「国際的に最善の方策を特定し推奨する」（p. 3）標準的なハンドブックが2002年に刊行された．これが『未観測経済計測ハンドブック』である．章別編成は以下のとおりである．

　第1章　序論
　第2章　概念的フレームワーク
　第3章　未観測経済の観念
　第4章　国民経済計算のアセスメント
　第5章　網羅性を達成するための国民経済計算法

---

5）　Gërxhani (2004) 参照．

第 6 章　データ収集事業のアセスメントとその改善
第 7 章　実施ストラテジー
第 8 章　地下経済生産
第 9 章　非合法生産
第 10 章　インフォーマル部門生産
第 11 章　自家使用を目的とした家計における生産
第 12 章　マクロモデル法

このプロジェクトには，OECD 以外に，IMF，ILO 等の国際機関，独立国家共同体統計委員会（Interstate Statistical Committee of the Commonwealth of Independent States）が編纂に加わり，「イタリア国立統計研究所（Italian National Statistical Institute），ロシア連邦国家統計委員会（Goskomstat），オランダ統計局の積極的な支援があった」（p. 3）と伝えられている．とくにヨーロッパの統計家が主導的な役割を果たした形跡がうかがわれる．途上国の統計家がこのプロジェクトにどの程度参画したかは明らかではないが，途上国の経験も随所に取り入れられている．

(2)　OECD ハンドブックの基本的性格

この OECD ハンドブックは 1993 年国民経済計算体系（以下，93SNA と略す）に準拠しており，93SNA の追加文書とみなすことができる（p. 13）．すなわち，このハンドブックは，「国際標準とくに 93SNA に準拠して網羅的な国内総生産の推計を目指す体系的な戦略」を提示したものである（p. 3）．以下でみるように，それは国民経済計算体系が規定した生産境界内に属する経済活動を完全にカバーする網羅的な GDP を目指すものである．そこでは GDP 推計の網羅性（exhaustiveness）の阻害要因としてのみ未観測の社会諸領域が問題になっている．したがって，OECD ハンドブックでは国家と市民社会の分裂的システムのもとで未観測となっている社会諸領域のうち，もっぱら国民経済計算体系が規定する生産境界の範囲内に属する部分のみがターゲットにされていることになる．2008SNA が指摘するように，この点こそが OECD ハンドブックを性格付け，限界付ける，基本的な特徴である．

だが，国民経済計算体系それ自体が市民社会に対する膨大な数の個別統計を

体系的に組み合わせたひとつの包括的な加工統計である．したがって，国民経済計算体系に準拠する OECD ハンドブックの問題設定の仕方も，それに対応して包括的かつ体系的なものとならざるをえない．個別の標本調査・センサスや個別の行政記録に随所でみられる無数の問題点が，国民経済計算体系を中心に体系的に検討されたことによって，国家と市民社会の分裂的関係のもとで未観測となる社会領域の問題が，国際的な議論の場で，はじめて体系的に整理された意義は大きいといえる．

そのため，2008SNA は，未観測経済の概念を，SNA マニュアルではじめて取り上げた[6]．実際，2008SNA は，「国民経済計算の網羅性を左右する諸要因を記述するのに，未観測経済の概念に依拠して記述することは最も容易な方法である」と認めている．だが，以下でみるように，2008SNA は未観測経済の計測アプローチとインフォーマル部門の計測アプローチを対立的に扱い，未観測経済計測アプローチを批判的に紹介して，インフォーマル部門の計測を優先課題にしようとしている．そのため，未観測経済の多元的な問題諸領域への包括的・体系的把握が不当に却けられているのである．

## 3. 未観測経済の概念

### (1) 国民経済計算体系（SNA）の生産境界

国民経済計算体系の対象となる経済活動は生産活動である．何が生産に属し，何が除外されるかを決定するルールは「生産境界」(production boundaries) と呼ばれる．93SNA も 2008SNA も生産境界の定義においては基本的に異ならない[7]．93SNA は，「交換可能な産出をもたらす人為的にコントロールされた

---

6) SNA2008 では「国民経済計算作成との関係で，未観測経済に多くの注目が集まっている」(2008SNA, 25.12) として，第6章に「『未観測』経済」という一節が挿入されただけでなく，第25章「経済におけるインフォーマルな諸相」という独立の章が新たに設けられ，その章の「C. 未観測経済」という節で未観測経済概念が検討されている (2008SNA 6.39-6.48, 25.1-25.17, 25.28-25.35)．

7) ただし 2008SNA は，財とサービスの中間形態として「知識格納生産物 (knowledge-capturing products)」という新しい概念を導入している．知識格納生産物は，情報，助言，娯楽の提供，貯蔵，伝達および普及に関係するもので，それを通じて消費単位は知識に繰り返し接することができる．知識格納生産物を生産する産業は，一般的あるいは

活動」であればいかなる活動でも理論的には生産境界内に含める．だが，統計的に操作可能な形に概念設定するために，生産境界の範囲はさらに狭められる．すなわち，他の経済主体に提供される財・サービスの生産と，自家使用を目的とした家計による財の生産は原則としてすべて生産境界内に含められる一方，自家使用を目的とした家計による・サ・ー・ビ・スの生産は，有給の家事使用人によるサービスと持家居住者による住宅サービスを除き，すべて生産境界内から除外される．網羅的な GDP 推計値とは，以上のように規定された SNA 生産境界内の経済活動すべてをカバーする推計値のことである．

### (2) 未観測経済の定義

OECD ハンドブックによると SNA 生産境界内の活動の網羅的な計測の障害となる未観測の活動群のうち，一般的に最も未観測になりやすいのは次の5つの活動群である．すなわち，

a. 地下経済の（underground）活動群，
b. 非合法な（illegal）活動群，
c. インフォーマル部門（informal sector）の活動群，
d. 自家使用を目的とした家計における活動群
e. 基礎的統計データ収集事業の技術的欠陥（deficiencies in the basic statistical data collection programme）によって未観測となる活動群

このような活動群をこの OECD ハンドブックでは問題諸領域（problem areas）と呼ぶ．この5つの問題諸領域のどれかひとつ以上に該当するために基礎的統計データから脱落する諸活動，それこそが集合的に未観測経済（non-observed economy）を構成する諸活動と定義される活動群である（p. 12）．ここで未観測である（non-observed）とは，公式の標本調査・センサスや行政記録に基づく基礎的統計データ収集事業[8]では直接計測されないという事実を指

---

　　専門的な情報，ニュース，コンサルタント報告書，コンピュータ・プログラム，映画，音楽等を含む，最も広い意味での情報，助言，および娯楽の提供，貯蔵，通信および普及に係わる産業である」(2008SNA para 6.22)．ただし，家計が自家使用する知識格納生産物の生産は生産境界内から除外される (2008SNA para 6.27)．

[8] OECD ハンドブックは，「サーベイ」(survey) と「行政ソース」(administrative source) から基礎的統計データが収集されると想定している (p. 14)．ここで「サーベ

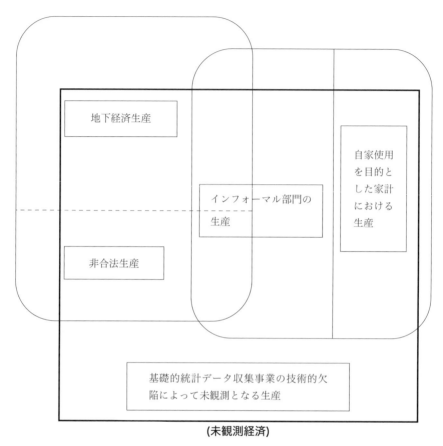

図 8-1 未観測経済と 5 つの問題諸領域の関連図

す (p. 37). のちに詳しくみるように, 未観測経済の計測 (measurement of the non-observed economy) という構想は次の 2 つの異なる課題に同時に直面することになる.

- 基礎的統計データ収集事業による直接的計測を向上させることによって, 「未観測の」(non-observed) 活動を縮小させ, それによって「未計測の」(non-measured) 活動を縮小させること, そして,

---

イ」とは標本調査だけでなくセンサスを含む用語であると説明されている (p. 106).

・国民経済計算の編成過程における間接的計測（すなわち調整値の推計）を改善させることによって，「未計測の」活動をさらに縮小させることである．

「未観測経済」という用語は，EUがGDPの網羅性を確保する事業計画との関係で使用したのがはじまりとされている（p. 37）．

### (3) 5つの問題諸領域

次に，未観測経済の5つの問題諸領域とは何か，また，各領域相互の位置関係はどうなっているのかについて検討しよう．

①地下経済生産

OECDハンドブックにおける地下経済生産（underground production）の定義は93SNAの定義をそのまま踏襲したものである．それは端的にいうと「生産的かつ合法的ではあるが，税の支払いや規制の遵守を回避するために，公共機関から意図的に隠蔽される活動」（p. 13）のことである．93SNA（para 6.34）および2008SNA（para 6.40 参照）によると「ある種の活動は，経済的な意味で生産的であり，しかも合法的であるが，以下の理由から公共機関に対して意図的に隠蔽される．すなわち，

a) 所得税，付加価値税やその他の税の支払いを回避するため，
b) 社会保険料の支払いを回避するため，
c) 最低賃金，最長労働時間，安全・衛生基準等々の法的基準の遵守を回避するため，
d) 統計調査票やその他行政フォームへの記入等の行政手続きを回避するため，意図的に隠蔽される．」（93SNA para 6.34）．

その一方で，「非合法に輸出された資本や隠匿された利子所得・キャピタルゲイン」等の貨幣的取引は，非生産的な活動としてもともと生産境界内から除外されているから，地下経済生産からも除外される（pp. 140–141）．

OECDハンドブックによると，93SNAにおける地下経済という概念は，計測されるされないにかかわらず，すべての地下経済活動を包含する概念であった．未計測であるという理由によってただちに地下経済となるわけではない．

OECD ハンドブックはこの点を厳密化するために，地下経済生産を「総体としての (total) 地下経済生産」と規定し，そのうち，基礎的統計データから脱落する地下経済生産を「未観測の (non-observed) 地下経済生産」，GDP 推計値から脱落する地下経済生産を「未計測の (non-measured) 地下経済生産」と呼んで区別している (p.140)．

地下経済生産と非合法な生産の間の区別は完全に明確であるというわけではない．93SNA (para 6.35) も「たとえば，ある種の安全・衛生基準を守らない生産は，非合法な生産ということもできる．同様に，脱税はふつうそれ自体が犯罪である」と認めている．OECD ハンドブックは，93SNA の規定に従うと，「大雑把な指針として」，地下経済活動は行政規則を遵守しない活動と関係し，非合法な活動は刑法に違反する犯罪行為と関係する (p.38)，と解釈している．だが，「国民経済計算の目的からすると，地下経済生産と非合法な生産の間に厳密な境界線を引く試みは必ずしも要求されない．なぜなら両者はともに生産境界内に入るからである」(93SNA para 6.35) と説明している[9]．

2008SNA は，OECD ハンドブックのアプローチを「『隠匿された経済』や『地下経済』と称される活動を含むすべての活動が，総活動の計測値にすべて包含されているかどうかを問うアプローチ」と紹介し，「『インフォーマル』と捉えられる経済単位の部分集合が何を意味するか定義し，それを計測するアプローチ」と区別して対照的に紹介している (2008SNA para 25.1)．前者は，EU とその周辺諸国特有のアプローチ，後者は，とりわけ途上国において重要なアプローチと示唆されている．すなわち，「EU 内部では，国民経済計算の対象範囲について加盟国間の厳密な比較可能性を保持する必要があったため，国民経済計算が『網羅的』(つまり，完全に包括的) であることを保証する一

---

9) 2008SNA も，「未観測経済と非合法的生産との境界線は必ずしも明瞭でない．例えば，安全・衛生その他の基準を遵守しない生産は，非合法であるといえる．同様に，脱税は通常それ自体犯罪である．しかしながら，SNA のために未観測経済と非合法的生産との境界線を設定する試みは必要ない．なぜなら両者はいずれもいかなる場合も生産境界内に包含されるからである．したがって，公式市場 (例えば，外国為替市場や価格統制される財の市場など) と併存する非公式市場における取引についても，そうした市場が実際に合法的であろうと非合法であろうと，生産勘定に含めなければならない」と指摘している (2008SNA paras 6.42, 6.48)．

連の新たな取り組みがなされた．また，1990年代初頭には，中央ヨーロッパおよび東ヨーロッパの諸国が，市場経済へ移行したので，以前の統計報告方法の対象範囲外の諸活動を対象に，フォーマルな活動単位内の活動であろうと，インフォーマルな事業体による活動であろうと，それらを捕捉することが急務となった」と解説されている（2008SNA para 25.28）．

②非合法な生産

　OECDハンドブックは，非合法な生産（illegal production）の定義についても93SNAをそのまま踏襲している．それは端的にいうと，法律で禁止された財とサービスを生みだす生産活動，または，生産者自身が無資格であるために非合法とされる生産活動である．93SNAは「取引（transactions）という属性――とりわけ，双方の同意のもとに行われるという属性――に適ったすべての違法行為は，合法的な行為と同様な取り扱いを受けねばならない」（93SNA para 3.54）としている．

　OECDハンドブックは，非合法な生産を次のように例示している．すなわち，非合法な財の生産・流通：禁止された薬物やポルノ商品の生産と流通等々．非合法なサービスの生産：売春（非合法とされる国のみ）等々．行為者が必要な公認を受けていない非合法な活動：無免許の医療行為，無免許のギャンブル行為，無免許のアルコール生産，密猟，違法伐採等々．そして，その他の非合法な生産として，偽造品の生産と販売，密輸，盗品売買，賄賂，マネーロンダリング等々が例示されている（p. 152）．

　ただし，93SNAは，買い手と売り手の間で相互に同意が成立しているために，生産境界内に含められる取引（たとえば，麻薬販売，盗品売買，売春等）と，そのような相互の同意がないために生産境界の外に除外される活動（例えば，恐喝，窃盗）を明確に区別している．

　2008SNAは，「未観測経済と非合法的生産には特別の考慮を要するとしても，必ずしもそれらを通常のデータ収集プロセスから除外しなければならないということではない」（2008SNA para 6.48）としている．なぜなら，「ある種の生産者が彼らの活動を公共機関に対して隠匿しようとするからといって，それらの活動が実際に国民勘定に算入されないというわけではない．多くの国々は，

これまで，通常の経済だけでなく未観測経済をも捕捉する生産推計にかなりの程度成功している．農業や建設業など幾つかの産業では，それら産業の未観測な部分を特定し計測することはできないが，各種調査やコモディティー・フロー法を使用することによって，それら産業の総産出額について満足のゆく推計値を算定できる場合がある．国によっては経済全体のかなりの部分が未観測経済であるため，未観測経済それ自体を別途特定することが必ずしも可能でないとしても，未観測経済を含む総生産の推計値の作成を試みることはとりわけ重要となる」(2008SNA para 6.41)．実際に，「例えば，密輸された財を購入する活動単位は，いかなる種類の非合法的活動にも手を染めていないし，取引相手が非合法的に活動していることすら知らないかもしれない．非合法な財・サービスの売買取引の記録は，生産と消費の包括的な尺度を得るためだけではなく，取引勘定の別のところで生じる欠損を回避するために必要である．非合法な生産によって発生した所得は全く合法的に処理されるかもしれないし，他方，非合法な財・サービスに対する支出は，全く合法的に獲得された資金から支出されるかもしれない．非合法な取引の結果を，生産勘定や所得勘定に記載せずに，金融勘定や対外勘定に記載するなどの誤記載があると，その誤記載は勘定体系内に重大な誤差をもたらすかもしれない」(2008SNA para 6.45)と説明している．だが，この説明は，非合法的活動が取引勘定からつねに脱落するわけではなく，算入されている場合もありうる，という程度の説明でしかない．2008SNA のこの説明はきわめて不十分であり不当なものといわざるをえない．実際には，そうした活動が，す・べ・て・国民勘定に算入される必然性がないからこそ「問題領域」とされているのである．たとえ間接的な推計で結果的に国民勘定に算入されたとしても，基礎的統計データ収集事業では直接的に計測されていないという事実は最後まで残るのである．この事実の確認こそが未観測経済論の主要な焦点である．

③インフォーマル部門の生産

インフォーマル部門（informal sector）は，多くの国々とりわけ開発途上国において，経済と労働市場のなかで重要な位置を占めている．OECD ハンドブックによるインフォーマル部門の定義は，1993 年第 15 回国際労働統計家会

議（International Conference of Labour Statistician, 以下，15th ICLS）の決議に依拠している[10]．15th ICLS は 1993 年 1 月に，インフォーマル部門における雇用統計に関する決議を採択し，その中でインフォーマル部門に関する定義，分類，データ収集方法に関する国際的ガイドラインをはじめて提示した．93SNA および 2008SNA のインフォーマル部門の定義もこの 15th ICLS の定義に準拠している（93SNA para 4.159 および 2008SNA para 25.36）[11]．それは，「未登録の，あるいは，一定の雇用者規模以下の，家計部門の非法人企業が行う生産活動で，何らかの市場的生産を伴う生産活動」（p. 13）である．

15th ICLS は 1993 年 1 月決議［5(1)］において，インフォーマル部門について，「広い意味では，当該従事者のために雇用と所得を創出することを第一義的な目的として，財およびサービスの生産に従事する諸活動単位から構成された部門と特徴づけられる．それら諸単位の事業は，通常，組織化の程度が低く，生産要素としての労働と資本の区分がない，あるいははっきりしない，小規模事業である．労使関係は，あるとしても，ほとんどが非正規雇用，親族関係や個人的関係あるいは交友関係を基礎にした関係であり，正式に保障された契約上の取り決めに基づくものではない」と規定している．

15th ICLS は，この一般的規定を基礎に，より操作的な統計概念を具体化するガイドラインを提示している（p. 162）．すなわち，インフォーマル部門に属する事業体は，第 1 に，必ず何らかの市場的産出をもたらす事業体でなければならず，第 2 に，雇用主事業体の場合は少なくとも次の基準 a～c のうちひとつ以上を満たさなければならない（雇用主でない個人自営業主の場合は次の基準 b のみが問題となる）（p. 40）．すなわち，

a. その事業体が，就業者数，雇用者数あるいは常用雇用者数の規模からみて，一定の規模より小さいという基準，

b. その事業体が，国の立法機関によって定められた一定の法，たとえば工

---

10) ILO（1993）参照．
11) ただし，2008SNA はインフォーマル部門だけでなく，「インフォーマル雇用（informal employment）」について取り上げている．2008SNA の「インフォーマル雇用」概念は，第 17 回国際労働統計家会議が採択した「インフォーマル雇用の統計上の定義に関するガイドライン」（*Guidelines Concerning a Statistical Definition of Informal Employment,* ILO, 2003）に沿っている（2008SNA para 25.54 以下参照）．

場法や商法,税法や社会保障法,職業団体規制法,またはそれに類するその他の条例,法律,規制のもとで,非登録 (non-registration) の状態にあるという基準,

c. その事業体の被雇用者が,雇用契約や徒弟契約がないという意味で,非登録の状態にあるという基準(この基準は,それが事業体それ自体の登録と連動している国においてのみ有用).

インフォーマル部門を考察し定義する方法としては,相互に関連しながら,しかも互いに異質な2つのアプローチがある.第1のアプローチは,事業体を対象に適用される法律的・行政的フレームワークとの関係でインフォーマル部門を規定する方法である.インフォーマル部門はこの法律的・行政的フレームワークに何らかの意味であてはまらない諸事業体からなる部門と定義される.このアプローチでは,非登録であることとインフォーマルであることとの間に,本質的な関係が想定される.第2のアプローチは,インフォーマル部門を特殊な生産形態ととらえ,事業体の組織化のあり方と活動のあり方に基づいてそれを定義する方法である.このアプローチは,雇用者規模が小規模であることとインフォーマルであることとの間に相関性をみる (pp. 164-165).非登録を基準とした第1のアプローチでインフォーマル部門を定義すると,国家間,時点間で法律的・行政的フレームワークがしばしば異なるため,定義が曖昧となり,国際比較がいっそう難しくなる.一方,雇用者規模を基準とした第2のアプローチは,他の基準と組み合わせない限り,インフォーマル部門を十分定義できない.雇用者規模の上限設定は多かれ少なかれ恣意的なものとなる.そのため 15th ICLS では,これら2つのアプローチのいずれが優れているかについて合意が成立しなかった.インフォーマル部門企業を特定する基準として,最終的に採択されたのは,この2つの定義を妥協させた,「非登録かつ/または雇用者規模」を基準とするという柔軟な定義であった[12].雇用者規模の上限設定も各国に委ねられた.各国の法律は異なるし,雇用者規模の閾値やその計測方法も異なるからである (p. 40).

だが,15th ICLS のこの「柔軟」な定義では,国際比較がむずかしくなるた

---

12) それ以外に,15th ICLS は,農業に分類される家計非法人企業をインフォーマル部門から実務上の理由から除外する選択肢を認めている (p. 168).

め，1997年に，インフォーマル部門統計に関する国連専門グループ（UN Expert Group on Informal Sector Statistics），別名「デリー・グループ」（Delhi Group）が，インフォーマル部門の最大公約数的な属性を析出し，各国の諸定義を調和させる詳細な指針を提示した[13]．

15th ICLSやデリー・グループは，インフォーマル部門を93SNAおよび2008SNAが規定する「家計非法人事業体」（household unincorporated enterprises）の部分集合として定義する．93SNAおよび2008SNAの定義した「事業体」（enterprise）という生産単位は，「ビジネス」を想定する一般的な企業概念をはるかに超えた非常に広い概念である．すなわち93SNAおよび2008SNAの「事業体」概念は，「法人企業」（corporation）（「準法人企業」〔quasi-corporation〕を含む）だけでなく，「非営利団体」（non-profit institution），「非法人事業体」（unincorporated enterprise）を含んでいる（93SNA para 5.1および2008SNA para 5.1）．「非法人事業体」とは，財・サービスを生産することができるその他企業のことであり，自家使用を目的とした財を生産する家計ですら「事業体」としてそのなかに含められたのである．非法人事業体のうち家計によって所有され運営される「事業体」が「家計非法人事業体」である．ここで「非法人」とは，それを所有する構成員から独立した別個の法的実体を構成していないことを意味している．「家計非法人事業体」は，事業体と所有者との間の所得と資本のフローを特定する財務諸表を完備していない．以上の特徴は，インフォーマル部門の特徴と合致するとみなされる．

インフォーマル部門のほとんどの活動は生産しても流通させてもまったく合法的な財・サービスを供給する．これは，インフォーマル部門の生産を非合法な生産から区別する特徴である．一方，インフォーマル部門の生産と地下経済生産の区別は曖昧である．両者は時として重なり合うことがあるからである．インフォーマル部門の活動は，税や社会保険料の支払いを回避したり，労働法やその他規制に違反することを常に指向する活動ではないが，非登録で無資格の状態にあえてとどまり，規制を回避して，生産コストを引き下げる行動を選択する可能性があるからである（p. 39）．

---

13) Central Statistical Organisation (1999).

15th ICLS の定義は，経済をフォーマル部門とインフォーマル部門という完全な二分法に従って区分するものではない．インフォーマル部門から除外されるある種の活動がフォーマル部門に属さないことを認めている．家計による財の非市場的生産，有給の家事サービス，無給の世帯員が営む家事・対人サービス，コミュニティーにおけるボランティアサービスなどがその例である（p. 162）．

2008SNA は，第 25 章「経済におけるインフォーマルな諸相」で未観測経済の 5 つの問題諸領域のうち，インフォーマル部門の分離計測を優先課題にしている．OECD ハンドブックでいう未観測経済の計測目標は，図 8-2 の実線で囲まれた円であるが，2008SNA でいうインフォーマル部門の計測目標は点線円内として図示される（2008SNA para 25.4）．2008SNA は，未観測なインフォーマル部門だけでなく，インフォーマル部門全体（図 8-2 では点線円全体）の計測を優先するよう求めている．ヨーロッパにおける未観測経済論の問題関心からすると，インフォーマル部門はその全体像ではなく国民経済計算の「網羅性」(exhaustiveness) を妨げる，未観測なインフォーマル部門しか問題にならない．だが，それはインフォーマル部門全体に対する政策的関心の高い諸国にとって不都合なことであるというわけである．「どの国にも，未観測な経済領域とインフォーマル事業体が共に存在するが，両者の規模や，イン

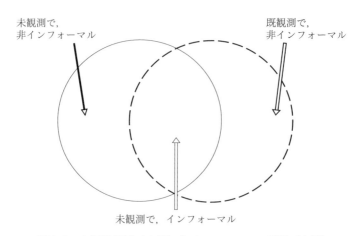

図 8-2　未観測経済（実線）とインフォーマル部門（点線）

フォーマル事業体を特定する政策への関心は国によって異なる」とされる（2008SNA para 25.8）．

④自家使用を目的とした家計における生産

　OECDハンドブックは，フォーマル部門にもインフォーマル部門にも属さない「それ以外」の活動のうち，93SNAの生産境界内に入る活動を，自家使用を目的とした家計における生産（production of households for own final use）という独立の問題領域としてとらえている．この問題領域に注目したことは，OECDハンドブックのユニークな点である．93SNAおよび2008SNAの生産境界の規定に従うと，それは自家使用を目的とした家計における財の生産，有給の家事使用人によるサービス，持家居住者による住宅サービスである．「家計非法人事業体」のうちインフォーマル部門以外の「事業体」の生産がこの問題領域に入ってくる．自家使用を目的とした家計における財の生産は，とりわけ開発途上国の第1次産業と第2次産業で高いシェアを占め，しかも，その多くが女性の副業として営まれている．

　だが，家計内の生産境界の設定の仕方は，今日に至るまでSNAの大きな論争点になっている（p. 21）．

⑤基礎的統計データ収集事業の技術的欠陥によって未観測となる生産

　OECDハンドブックは，この問題領域を「統計的な地下領域」（statistical underground）と呼び，生産単位が経済的理由で隠蔽する諸活動からなる「経済的な地下領域」（economic underground）と対比している．

　OECDハンドブックでいう「基礎的統計データ収集事業」（basic statistical data collection programmeまたはbasic data collection programme）とは，基礎的統計データを収集し集計する統計調査手順とそれを支える制度的基盤（infrastructure）をさす．調査統計家が標本調査・センサスや行政ソースから獲得した生データは，エディティング（editing）され，補定が施され（impute），集計されて「基礎的統計データ」（basic statistical dataまたはbasic data）となる．その基礎的統計データが国民経済計算領域に供給され，そこで，国民経済計算の範疇にふさわしいように変換されたあとに，「国民経済計算の編成過程」

(national accounts compilation process) へと投入される．OECDハンドブックは，基礎的統計データ収集事業の技術的欠陥によって未観測となる典型的な活動として，i)標本フレーム，とりわけ，ビジネスレジスターへの登録漏れ・未更新や分類ミスによって未観測となる活動，ii)非回答や調査票の未回収，および，それに対する不適切なエディティングによって未観測となる活動，iii)不詳回答・過小報告と不適切なエディティングによって未観測となる活動，を挙げている．

### (4) 小括

未観測経済は，前述の5つの問題諸領域の少なくともどれかひとつに該当するために基礎的統計データ（標本調査・センサスと行政記録による直接的計測結果）から脱落する活動群として定義される．

地下経済生産，非合法生産，非登録なインフォーマル部門は，いずれも何らかの意味で国家の法律的・行政的フレームワークから脱落した経済活動であり，国家と市民社会の一種の分裂・乖離がその背景にあるといえる[14]．ただし，自家使用を目的として行われる家計における生産は，国家との関係以前に，市民社会の市場的関係（流通市場）から疎外された経済活動である点で異質である．

OECDハンドブックは，以上の問題諸領域を，国民経済計算と基礎的統計システムから独立に存在する客観的な社会諸領域としてとらえている．ハンドブックの第8章から第11章では，「基礎的統計データ収集事業の技術的欠陥によって見落とされる生産」（上記，問題領域⑤）以外の4つの問題諸領域について，リサーチと政策立案に必要な専用データとしての「スタンドアロン型の統計」(p. 12) としてそれぞれ別途検討されている．4つの問題諸領域のどれも「固有の問題関心の対象となるに相応しい．GDPの計測を改善すれば縮小するという性格のものではない」(p. 139) と強調されている．

だが，その一方で，OECDハンドブックが問題にする未観測の社会諸領域は，国民経済計算の特殊な概念規定と国民経済計算が規定する特殊な生産活動領域に完全に拘束されている．そのため，SNAの生産境界外部の重要な活動

---

14) 国家と市民社会の分裂的関係の統計的記述については本書第1章と第3章参照．

の多くが問題の射程に入っていない[15]．また，自家使用を目的として行われる家計における生産のように国際的に議論の多い概念に関しては論争の帰趨によって問題領域の対象範囲が変更される可能性がある．

　OECDハンドブックにおける未観測経済計測の主な力点が，「未観測経済それ自体を特定することではなく，単に国民経済計算を包括的〔「網羅的」(exhaustive)〕にすることに置かれている」（2008SNA para 25.29）という指摘は，以下でみるように間違いではない．もっぱら，国民経済計算の網羅性を左右する諸要因を記述する目的のためだけに，上記5つの問題諸領域が検討されていたことは明らかである．だが，ハンドブックの第8章から第11章で，基礎的統計データ収集事業の技術的欠陥によって見落とされる生産以外の4つの問題諸領域それぞれについて，リサーチと政策立案に必要な専用データである「スタンドアロン型の統計」（p. 12）が別途検討されていた事実を無視することは公平とはいえない[16]．OECDハンドブックにおいても，それらの問題諸領域は，「GDPの計測を改善すれば縮小するという性格のものではない」（p. 139），あくまで客観的に実在する社会領域とみなされているのである．

## 4. 未観測経済の計測

　OECDハンドブックによると，「未観測経済を計測する」とはGDPの網羅的な推計値を算出するために「未計測な」活動を縮小させることである．「未計測な」活動を縮小させるためには，a. 基礎的統計データ（標本調査・センサスと行政記録）による直接的計測部分を拡大させ，「未観測な」活動それ自体を縮小させるか，b. 国民経済計算の編成過程を改善して間接的計測（いわゆる推計）部分を拡大させなければならない（p. 12）．ここで，「計測」（measure-

---

15) 未観測の金融的取引はその一例である．また，A. センは，ケイパビリティー（capabilities）に関するデータが，「GDPなどの推計の基礎をなすデータと比較して乏しい」と問題視している（Sen 1985, p. 46）．

16) それゆえ，2008SNAは，「それにもかかわらず，マニュアル『未観測経済の計測：ハンドブック』のなかで描かれている，未観測経済の諸相を推計する様々な技術は，インフォーマル事業体を計測する目的のためにも有益である」と付言している（2008SNA para 25.35）．

ment）という概念は直接的計測だけでなく間接的計測を含むより広い概念であり，したがって「観測」(observation)（＝直接的計測）を包含する概念である．

網羅的な GDP 推計に焦点を絞った未観測経済の計測論は，ハンドブックの第 3 章から第 7 章で展開されている．前述のように，第 8 章から第 11 章では，それぞれ 4 つの問題諸領域に関する「スタンドアロン型の統計」(p. 12) が GDP 推計とは独立に検討されているが，それは 2008SNA が理解するように，このハンドブック全体では補論的位置にあるととらえて間違いではないだろう．

## (1) 未観測経済に対する分析フレームワーク

未観測経済を計測する必要性と目的が，データ利用者との協議によって明確化すると (pp. 126-128)，次に未観測活動の性質と計測方法を探索する分析フレームワーク (analytical framework) が必要になる．分析フレームワークとは，すべての潜在的な未観測活動の識別とその適切な計測のために，未観測活動を二重計算することなく相互に排他的な諸部分に分割する網羅的で体系的なフレームワークのことである (p. 41)．各国の統計体系の性格と特殊事情に応じて，分析フレームワークの内容は異なってくる．OECD ハンドブックは，EU 統計局 (Eurostat) が，EU 加盟候補国を対象に提示した，EU 統計局表形式フレームワーク (Eurostat Tabular Framework) を好例として取り上げている (p. 128)．EU 統計局は，EU 加盟候補国の国民経済計算における未観測活動の説明に利用される概念，定義，方法の差異に対処するために，網羅性に関するパイロットプロジェクト (Pilot Project on Exhaustiveness) を 2 回実施した．第 1 回目パイロットプロジェクトは 1998-99 年に実施され，「各問題領域と国民経済計算が直面する統計問題をリンクさせる」(UNECE 2003, p. 3) 分析フレームワークが設計された．この分析フレームワークは，生産面からの GDP 推計を想定して未観測活動を T1 から T8 の 8 つの問題類型 (problem types) に分割した．すなわち，

- 統計技術上の理由で未観測となる活動
  非回答 (T1)／レジスターが未更新 (T2)／活動単位が未登録・未調査 (T3)
- 経済的理由から未観測となる活動

取引量・所得の過小報告（T4）／活動単位の意図的な未登録（T5）
- インフォーマル部門の活動（T6）
- 非合法な活動（T7）
- GDPの過小カバレッジをもたらすその他の諸事情（T8）

T1からT3は前述の「基礎的統計データ収集事業の技術的欠陥によって未観測となる生産」を3分割し，T4・T5は地下経済生産を2分割したものである．

第2回目のパイロットプロジェクトは2002–03年に実施され，「分割区分の境界をより明確にするために分類方法が改良された」（UNECE 2008a, p. 3）．新たな分析フレームワークは，N1からN7という非網羅性の7つの類型（Seven types of non-exhaustiveness）分割を提案した．T1–T8フレームワークは，非網羅性の類型を未観測経済の問題諸領域に関係づけているのに対して，N1–N7フレームワークは，国民経済計算が非網羅的となる潜在的可能性に応じて生産者を分割したと説明されている（*ibid.*）．すなわち，

- 未登録（Not registered）

    意図的に登録を行わない生産者：地下経済活動（N1）

    納税義務・社会保障上の義務を回避するために意図的に登録しない生産者．N1は，地下経済活動のすべてを含むものではなく，その一部はタイプN6と関係する．

    意図的に登録を行わない生産者：非合法活動（N2）

    登録を必要としない生産者（N3）

    市場的生産をしないため登録が求められていない生産者．典型的には自家使用を目的として行われる家計の非市場的生産がこれに該当する．

- 未調査（Not surveyed）

    未調査となる登録済み法人（N4）

    未調査となる理由は様々：ビジネスレジスターが古すぎたり更新手続きが不適当な場合；（活動別，規模別，地域別）分類データが不正確な場合；法人の規模が下限値を下回るため調査フレームから脱落する場合等々．そのことが本来調査対象となるべき法人の系統的排除につながる．

    未調査となる登録済み事業家（entrepreneur）（N5）

表 8-1　各国の未観測経済活動に対する推計調整値

| 国名 | 年 | 規模(%) | N1 | N2 | N3 | N4 | N5 | N6 | N7 |
|---|---|---|---|---|---|---|---|---|---|
| **EU 新加盟国** | | | | | | | | | |
| ブルガリア | 2001 | 10.2 | ● | ● | ● | ● | ● | ● | ● |
| チェコ共和国 | 2000 | 4.6(E), 6.6(I), 9.3(O) | ● | ● | ● | ● | ● | ● | ● |
| エストニア | 2002 | 9.6 | ● | | | | | ● | ● |
| ハンガリー | 2000 | 11.9 | ● | ● | ● | | | ● | ● |
| ラトビア | 2000 | 13.6(O), 8.28(E) | ● | ● | | | | | ● |
| リトアニア | 2002 | 18.9 | ● | | | | | | |
| ポーランド | 2002 | 15.7(O), 7.8(E) | ● | ● | | ● | | ● | |
| ルーマニア | 2002 | 17.7 | ● | | ● | | | ● | |
| **OECD-EU 加盟国** | | | | | | | | | |
| オーストリア | 2001 | 7.9 | ● | | ● | ● | ● | ● | ● |
| ベルギー | 2002 | 3.0-4.0 | ● | | ● | | | ● | ● |
| フィンランド | | 非回答 | ● | | ● | | ● | | |
| ドイツ | | 非回答 | − | − | − | − | − | − | − |
| アイルランド | 1998 | 4.0 | | | ● | ● | | ● | |
| イタリア | 2003 | 14.8(L), 16.7(U) | ● | | | ● | ● | ● | ● |
| オランダ | 1995 | 1.0 | | | | | | ● | ● |
| スペイン | 2000 | 11.2 | ● | | | | ● | ● | |
| スウェーデン | 2000 | 1.3 | | ● | | | | | |
| イギリス | | 非回答 | ● | | ● | | | ● | ● |
| **OECD-非 EU 加盟国** | | | | | | | | | |
| オーストラリア | 2000-01 | 1.3 | | | | ● | | ● | ● |
| カナダ | | 非回答 | ● | ● | ● | | | ● | ● |
| メキシコ | 2003 | 12.1 | − | ● | ● | − | − | − | − |
| ノルウェー | 1995 | 2.4(O), 1.0(E) | | | | ● | ● | ● | ● |
| アメリカ合衆国 | 1997 | 0.8 | | | | | | ● | |
| **EU 候補国** | | | | | | | | | |
| クロアチア | 2002 | 10.1 | ● | ● | | ● | | ● | ● |
| マケドニア | 2003 | 16.3 | ● | | ● | | | ● | |
| トルコ | 2004 | 1.66 | ● | | ● | | | | |
| **CIS** | | | | | | | | | |
| アルメニア | 2003 | 28.9 | ● | | ● | | | | |
| アゼルバイジャン | 2003 | 20.7 | ● | | ● | | ● | | ● |
| ベラルーシ | 2003 | 10.7 | ● | | ● | | | ● | |
| ジョージア(旧グルジア) | 2004 | 28.3 | | | | | | ● | |
| カザフスタン | 2003 | 21.6 | ● | ● | | | | ● | |
| キルギス | 2003 | 17.0 | ● | | ● | | | ● | |
| モルドバ | 2001 | 31.6 | ● | | ● | | | ● | |

| 国名 | 年 | 規模(%) | N1 | N2 | N3 | N4 | N5 | N6 | N7 |
|---|---|---|---|---|---|---|---|---|---|
| ロシア連邦 | 2003 | 24.3 | ● |  | ● |  | ● | ● | ● |
| タジキスタン | 非回答 | 25.0 | ● |  | ● |  | ● |  |  |
| トルクメニスタン | 2005 | 18.1 | ● | ● | ● |  |  |  |  |
| ウクライナ | 2003 | 17.2 | ● |  | ● |  | ● | ● | ● |
| ウズベキスタン | 非回答 | 29.0-30.0 | ● |  | ● |  | ● |  |  |
| その他 |  |  |  |  |  |  |  |  |  |
| アルバニア | 2003 | 30.8 | ● |  |  |  |  | ● |  |
| ブラジル | 2003 | 12.79 | ー | ー | ー | ー | ー | ー | ー |
| モンゴル | 非回答 | 13.0 または 30.0 | ● |  |  | ● |  |  |  |
| モンテネグロ | 2002 | 8.8 | ● | ● |  |  |  | ● | ● |
| セルビア | 2003 | 14.56 | ● |  |  |  | ● | ● | ● |

出所：UNECE (2008a).
注：O-生産アプローチ，E-支出アプローチ，I-所得アプローチ，L-下限推定，U-上限推定．ーは未観測経済の類型区分不能．
一部の国の未観測経済の類型区分は UNECE 事務局が行ったもの．モンゴルは，2 つの別の研究を基礎に 13% と 30% という 2 つの推計値を算出．

・不詳報告・虚偽報告（Misreporting）

　意図的に不詳報告・虚偽報告する生産者（N6）

　　所得税，付加価値税，その他の税，および，社会保障上の義務を回避するために，産出額を過小報告したり中間消費を誇大報告する生産者がこれに該当する．

・その他

　その他の統計的欠落（N7）

　　N7 は，N7a ―データが，不完全である（incomplete），未収集である，あるいは収集不能である場合と，N7b ―データが統計家によって誤って処理，加工，編集される場合に分けられる（以上，UNECE 2008a, p. 4）．

OECD ハンドブックは，その他に，「金融法人企業」，「非金融法人企業」，「政府」，「対家計非営利団体」，「家計」に分割したり，産業分類別，企業規模別に分割する等の可能性についても示唆している（p. 42）．

以上の分析フレームワークは国民経済計算の網羅性を確保する目的で，未観測経済を体系的に把握する枠組みであるが，地下経済やインフォーマル部門などの特定の問題領域を分離推計するための枠組みではない[17]．2008SNA がそ

のことを批判するのはもっともなことである．しかし，未観測経済を体系的・包括的にとらえる OECD ハンドブックのこの長所を軽視すべきではない．

### (2) 未観測経済に関する国民経済計算アセスメント

OECD ハンドブックは，分析フレームワークで類型区分したリストを前提に，それぞれの未観測活動の推定規模を評定し，GDP 推計値の現状を評価する国民経済計算アセスメント法を提示している (p. 51)．

①データの照合と不突合分析

OECD ハンドブックが国民経済計算の網羅性についてアセスメントを行うために最も重要視する方法は，異なるソースから得られたデータの照合（data confrontation）とデータ不突合の分析（discrepancy analysis）である (p. 51)[18]．このようなデータ照合の典型は，税務データと国民経済計算との照合や，同一の経済活動に関する供給側，使用側，発生所得側の各データ相互の照合である．OECD ハンドブックは供給側，使用側，発生所得側の各データ照合について，「同一部門内の取引であろうと異部門間の取引であろうと，ほとんどの取引には2つの経済的アクターが当事者として存在する．したがって，2つの側面から計測が可能である．つまり，取引を計測するチャンスは2度あり，そのことは，多くの情報ソースからデータが寄せ集められる国民経済計算の編成において非常に重要な意味をもつ」(p. 23) と説明している．

OECD ハンドブックは，以下のような多様な実例を挙げて，データ照合の様々な可能性を示唆している．すなわち，

- 企業調査データ–対–課税データ，支払われた賃金–対–課税賃金，付加価値税（VAT）を支払うべき財・サービスの売上高–対–徴収された付加価値税（VAT），生産–対–生産関連税

---

17) 「類型分割はそれ自体が目的ではない．それゆえ，ある特定の網羅性要因を，ある特定の N 類型に割り振るか他に割り振るかということは，それらがフレームワークのどこかでカバーされている限り，決定的な重要性をもつことではない」(UNECE 2008a, p. 4)．

18) OECD ハンドブックはそれ以外に感度分析（sensitivity analysis）によるアセスメントについても言及している (p. 54)．

補論　未観測経済の計測論再論　　　329

- 企業調査による財の生産に関するデータ–対–企業調査による財の購買に関するデータ，財・サービスの供給–対–財・サービスの使用
- 支出調査データ–対–小売業調査データ，家計支出–対–小売取引
- 支出調査データ–対–所得・課税データ，家計支出–対–可処分所得
- 企業調査データ–対–労働力調査データ，労働の使用–対–労働の供給，売上額・付加価値・中間消費等–対–労働の使用

ハンドブックは「異なるソースから得られたデータの照合は，国民経済計算の編成作業に必要不可欠な部分である．このデータ照合は各データに残された誤差や欠落を特定するためにも有用である．理想を言うなら，データの照合は，国民経済計算の作成に先立って統計をチェックし，品質を向上させるために行われるべきである」と提言している (p. 51，傍点岡部)．たとえば，本来徴収されるべき理論的な付加価値税総額を計算すれば，実際に徴収された付加価値税総額をそれと照合できる．国民経済計算から計算された所得は，所得税申告から計算された所得と照合可能とされる．所得ベースの国民所得推計値と支出ベースの国民所得推計値を照合してその不突合を分析することができる．所得ベースの推計値には，税金対策のために隠蔽された所得が含まれないのに，支出ベースの推計値にはそれが含まれる．

　データ不突合の分析はマクロレベルだけでなくミクロレベルでも可能である．たとえば，税務ファイルやその他行政記録から検索した個々人および個々の企業についてのデータを，標本調査・センサスから得られたデータと照合することができるとされる．

　OECD ハンドブックが最も有望視しているのは，労働力の使用者（雇用者）側から計測した賃金や雇用を，労働力の供給者（被雇用者）側から計測した賃金や雇用と照合する労働投入法 (labour input method) である．両者の不突合を検討することによって，企業調査データから脱落した諸活動の規模と分布を評価できる．労働投入法は，イタリア国立統計研究所が 1980 年代に開発した方法であるが，非常に有効であるため，欧州委員会によって，GDP 推計値の網羅性評価のための分析装置のひとつに指定されている．その概略は以下のようになる．

　a．GDP 推計を裏づける企業・事業所データをもとに，生産への労働投入を

推計する．
b．労働力調査等の世帯調査データをもとに，同じ生産への労働投入を推計する．
c．企業・事業所データによる労働投入推計値と世帯調査データによる労働投入推計値を，共通の単位，たとえば，労働時間単位やフルタイム換算単位（full-time equivalent units）に換算し，相互に比較可能にする．
d．2組の推計値を照合する．あらゆる不突合を分析して異なるデータソースの正確性を考察する．

2008SNAは，OECDハンドブックを次のように批判している．「このハンドブックの技法から明らかなように，そこでは未観測経済を特別に計測することは，それ自体としては重要なことではない．関心の焦点は，総活動の計測値をいかに完全にすべきか，すなわち，それをいかに『網羅的』にすべきかという点にある」（2008SNA para 25.2）と．ここで「このハンドブックの技法」とは，同一の経済活動を複数の側面から複数のデータソースによってとらえて，その不突合を調整することから国民経済計算の網羅性を確保する技法のことである．OECDハンドブックは，既存データ・推計値を，供給・使用表（supply and use tables）にあてはめると顕在化する不整合を利用して，そのデータ不突合の原因を分析し，「欠損項目を補定し，推計不十分な項目に調整を加えることができる」（pp. 90, 93）と説明している[19]．2008SNAは，とくにこの箇所（後述）を例に挙げて批判している．「供給・使用表のバランス調整が網羅性確保の手段として使用される事例は，未観測経済がなぜ分離計測できないか，その理由をよく説明している」（2008SNA para 25.34）と指摘している．

2008SNAは，「これまで，完全にバランスさせられた供給・使用表は，重要な活動を脱落させる可能性が少ないといわれてきた．何らかの脱落が生じる可能性はあるが，供給・使用表がバランスするなら，勘定のもう一方の側に厳密に同一の脱落が現れるはずである，と．だが，そういうことはそう容易に起こりうることではない．供給・使用表のバランス調整作業は，実際に，ある程度は未観測活動を推計するかもしれない．だが，そのすべてを捕捉するには十分で

---

19) ハンドブックは，このような照合作業を「バランシング」（balancing）と呼んでいる（p. 93）

補論　未観測経済の計測論再論　　331

はないだろう」(2008SNA para 25.33，傍点岡部)．

　2008SNA が，OECD ハンドブックの計測技法として，供給・使用表を利用したバランス調整しか取り上げないのは，あまりにも客観性に欠く批判といえる．だが，2008SNA の批判を広く解釈すると，供給・使用体系内のデータ照合だけでなく，同一の経済活動を複数の側面から対比する，上述の各種のデータ照合すべてに当てはまる批判と理解することが可能である．たしかに，供給側データと使用側データの不一致・不突合から未観測経済の一部分（図 8-3 の斜線部）が欠損部分として顕在化したとしても，未観測経済の全体は（同図の灰色部のように）もっと規模が大きいかもしれない．なぜなら，供給側データと使用側データをいくら照合しても双方のデータに共通の欠損部分があれば，不一致・不突合としては顕在化しないからである[20]．

　したがって，2008SNA の批判の意味をより根本的，一般的に理解するならば，それは，OECD ハンドブックが未観測経済に関する国民経済計算アセスメント法のひとつとして提示しているデータ照合とデータ不突合分析が，未観測活動の全体を把握するのには不十分であり，その一部しか把握できない可能性がある，とその欠陥を衝いていると理解することができる．図 8-3 で例示するなら，未観測経済の全体（同図の灰色部）はもっと規模が大きいのに，データ照合から顕在化するのは未観測経済の単に一部（同図の斜線部）だけかもしれないという問題である．

　この問題に関してハンドブックは明示的には言及しておらず，説明はたしか

---

20) だが，2008SNA の第 25 章 C.「未観測経済」におけるこの批判は，2008SNA 第 6 章の批判と矛盾する．第 6 章は，第 1 に非合法な取引の多くはすでに合法的な取引として処理されて通常の国民経済計算に算入されているだけでなく（2008SNA para 6.41），第 2 に非合法な取引が欠損値として脱落すると勘定体系内に重大な不整合が生じ調整の対象となる（2008SNA para 6.45）と説明している．そこから，前述のように「未観測経済と非合法的生産には特別の考慮を要するとしても，必ずしもそれらを通常のデータ収集プロセスから除外しなければならないということではない」(2008SNA para 6.48) という結論が出てくるのである．第 6 章で勘定体系内での不整合の調整を積極的に評価し，第 25 章 C では，供給・使用表のバランス調整は，未観測活動のすべてを捕捉するには不十分であると批判しているのである（2008SNA para 25.33）．2008SNA は，一方で，未観測経済のある計測技法を肯定的に評価しながら未観測経済の計測不要論を説き，他方でその技法を否定的に評価しながらその計測の不備を批判するという，矛盾した文書になっている．

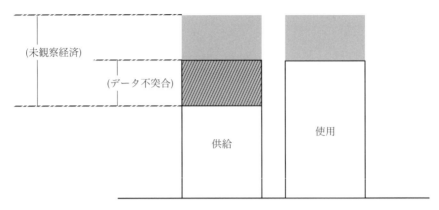

図 8-3　未観察経済とデータ不突合

に十分とはいえない．その限りで 2008SNA の批判は正鵠を得ている．だが，事実上，ハンドブックはデータの照合と不突合分析を，未観測経済計測の決定的かつ最終的な方法とは位置づけていなかった．そのことの理解は，OECD ハンドブックの価値を評価する上で決定的に重要な点である．データ照合とデータ不突合分析は，まず，第 1 に，国民経済計算の網羅性アセスメントの主要な方法のひとつとして提示されている．国民経済計算の網羅性アセスメントそれ自体は，国民経済計算の欠損（未観測経済）を埋める調整値（adjustments）の推計とは役割が異なる，別次元のより基礎的な要請に基づいているのである．データ照合とデータ不突合分析は，分析フレームワークに沿って国民経済計算の網羅性を体系的・包括的にアセスメントし，未観測経済の存在の徴候とその所在を探索するための方法である．不突合データは，いわば問題提起的な統計指標であって，たとえそこに未観測経済の一部しか反映されていなくても，問題提起的な指標としてはさしあたりそれで十分なのである．それにもかかわらず，探索的で問題提起的なデータは，未観測経済に関する包括的議論を開始するために不可欠である．第 2 に，OECD ハンドブックが国民経済計算アセスメントの技法として提示しているのはデータ照合とデータの不突合分析だけでなく，次に述べる補完調査や基礎的統計データの総合的品質チェックなど広範な技法に及んでいる．OECD ハンドブックの技法としてデータの照合と不突合分析だけ取り上げて批判するのはきわめて一面的な批判といわざるをえない．

第3に，後述するように，未観測経済の間接的計測（推計）よりも直接的計測の改善こそがより重要な基本問題であるというのが OECD ハンドブックの基本スタンスである．たしかに，ハンドブックは，国民経済計算の網羅性アセスメント法であるデータ照合と不突合分析のなかには，国民経済計算の欠損（未観測経済）を埋める調整値の間接的計測（推計）に利用できるものが多数存在すると指摘している（p. 51）．供給・使用表を利用したバランス調整はその典型である．したがって，ハンドブックは，未観測活動の全体を反映せずにその一部しか反映しない可能性があるデータ不突合を国民経済計算の欠損（未観測経済）を埋める調整値の間接的計測に利用することを認めていることになる．だが，それゆえにこそ，ハンドブックは間接的計測（推計）による GDP 推計の改善は比較的迅速かつ安価に実行できる短期的な措置に過ぎないとして，中・長期的に基礎的統計データ収集事業の改善を検討するよう提言しているのである（pp. 128-129）．むしろ，ハンドブックが，間接的計測が直接的計測の限界に無限に対処できると期待すべきでないというスタンスをとる1つの理論的根拠はここに求められる．

このように，「このハンドブックの技法」として 2008SNA が批判している技法は，OECD ハンドブックが提言している計測ストラテジーのある一部を構成する技法に過ぎない．それは国民経済計算アセスメントのための探索的で問題提起的な指標を作成するための技法であり，国民経済計算の欠損（未観測経済）を埋める調整値の作成技法としては当座の措置にしか過ぎなかったのである．「このハンドブックの技法」を 2008SNA のように理解すると，OECD ハンドブックが，後述するように，未観測経済の直接的計測の向上，つまり「基礎的統計データ収集事業の改善こそが根本問題」と主張した理由がまったく理解できなくなる．後述するように，国民経済計算作成者（national accountants）と調査統計家（survey statisticians）の連携による国民経済計算の根本的変革こそがこのハンドブックの眼目だったのである（pp. 15, 129-130）．

②特殊目的の補完調査

国民経済計算の網羅性についてアセスメントを行う，もうひとつの手段は補完調査（supplementary, special purpose survey）の実施である．これは基礎的統

計データ収集事業と別途に実施されるという意味で特殊目的の調査である．補完調査の実施主体は統計局であっても他の機関であっても構わない（p. 59）．OECDハンドブックは次のような補完調査を例示している．

- 地下経済生産から供給される財・サービスへの支出調査（p. 60）
- 地下経済生産への労働投入調査（p. 60）
- インフォーマル部門に関する企業標本調査

    広大なインフォーマル部門を擁する国々では，インフォーマル部門を対象とした十分なビジネスレジスター（business register）が存在しないので，ビジネスレジスターを標本リストにした「リストベースの標本調査」（list based survey）を実施するわけにはいかない（p. 133）．そこで，インフォーマル部門調査には，地理的な調査地区を標本抽出し，その調査地区内の企業リストを作成してそこから調査企業を標本抽出する，「エリアベースの標本調査」（area based survey）を採用せざるをえない．ただし，インフォーマル部門企業の立地場所は訪問調査では容易に識別できない場合がある．すなわち所有者の家屋内で営まれる活動（仕立て，食品加工等），立地場所不定の活動（建設業，輸送，行商等）は識別困難である（p. 171）．

- インフォーマル部門に関する世帯‐企業複合標本調査

    世帯‐企業複合標本調査（mixed-household enterprise survey）は，次のような2段階調査である．すなわち，第1段階で，エリアベースの世帯標本調査により標本世帯を抽出し，当該世帯のインタビューにおいて，世帯員のなかに誰か自営業者がいないか確認する．第2段階では，第1段階で確認された自営業者をターゲットにデータ収集される（pp. 134, 172）．

- 生活時間調査

    家計部門の未観測の生産，すなわち「インフォーマル部門の生産」と「自家使用を目的として行われる家計における生産」を特定する補完調査．

- 質的調査

    大企業経営者や個人企業主へのインタビュー，意識調査，アンケート等

の質的調査(qualitative survey)(p. 61).
・税務監査データ
　税務監査(tax audit)のサンプルは,通常,確率的な抽出サンプルではないが,情報不足を補うために利用されることがある(pp. 61, 144).
・その他
　違法な活動を推計するために,警察の摘発データや犯罪調査,医療機関の麻薬中毒者データ,大学・研究機関・慈善団体の売春データ等々が利用されることがある(pp. 156-157).

### (3) 直接的計測と間接的計測

　未観測経済の計測にとって,直接的計測の向上,つまり「基礎的統計データ収集事業の改善こそが根本問題」というのが OECD ハンドブックの提言する基本的な計測ストラテジー(measurement strategy)である.前述したように,間接的計測が直接的計測の限界に無限に対処できると期待すべきではないというのがハンドブックの基本的なスタンスである(p. 14).たしかに,前述したように,間接的計測は未観測経済の一部しかカバーしていない可能性がある.だが,基礎的統計データ収集事業の欠陥を修正するには相当の追加的資源と時間を要するのもたしかである.しかも,基礎的統計データ収集事業をいくら改善しても解決できない慢性的な過小カバレッジや不詳回答・過小報告も存在する.その一方で,間接的計測法による GDP 推計の改善策は,比較的迅速かつ安価に実行できる(p. 15).そこで,OECD ハンドブックは,未観測経済の計測ストラテジーを短期的なものと長期的なものに分けるよう提言している.すなわち,短期的には国民経済計算の編成過程の変更を中心としたストラテジーを,そして,中・長期的には基礎的統計データ収集事業の改善を中心としたストラテジーを提言しているのである(pp. 128-129).そのために国民経済計算作成者と中央・地方統計部局の調査統計家のより強い連携が求められる(pp. 15, 129-130).

①間接的計測法の導入
　OECD ハンドブックが未観測経済の短期的な計測ストラテジーとして想定

する間接的計測法（indirect methods）とは（p. 128），国民経済計算を編成するために，基礎的統計データが不十分な活動についての調整値を，その活動の他の側面に関係する既存データから間接的に引き出す方法のことである．前述のアセスメントで使用された広範な既存データのなかから未観測活動に関連する諸指標（indicators）が選び出される．OECDハンドブックが例示する間接的計測法には以下のような方法がある[21]．

- 供給ベース法（supply based methods）
  財・サービスを生産するのに使用される諸投入（原材料，労働，土地，固定資本ストック等々）の供給に関するデータを指標に，その投入を使用する活動の総生産を推計する方法．たとえば，ロシア連邦は農業事業体の生産する穀物生産を，ヘクタール当たり種子使用量から推計する．
- 供給ベース法の特殊ケースとしての労働投入法（前述）
- 需要ベース法（demand based methods）
  特定の財・サービスの使用に関する指標からその生産を推計する方法．
- 所得ベース法（income based methods）
  行政ソースの所得データを指標に生産を推計する方法．
- コモディティー・フロー法
- 供給・使用表における供給–使用間のバランスを利用した推計法
  OECDハンドブックは，供給・使用表を「経済全体に拡大適用した包括的かつ体系的なコモディティー・フロー法」（p. 90）ととらえている．

②直接的計測の改善

すでに述べたように，国民経済計算は数々の基礎的統計データ収集事業による直接的な計測結果を体系的に組み合わせた加工統計である．OECDハンドブックが想定する中・長期的な計測ストラテジーは，基礎的統計データ収集事業それ自体の欠陥を直接修正し，GDPの網羅性を高めるということである．

もともとGDPの網羅性は，国民経済計算のデータ・クオリティ（data quality）に関わる重要な特性のひとつである．これはIMF，EU統計局，国連統計委員

---

[21] OECDハンドブックは短期的な計測ストラテジーとして補定（imputation）技術の利用についても言及している（p. 128）．

会などのイニシャチブで近年広がりをみせている統計品質論が対象とする広範な文脈のなかに位置づけることができる．近年の統計品質論は，統計データのクオリティ，統計の生産から公表までの過程のクオリティ，その過程を支える統計制度のクオリティを全面的に問う議論だからである[22]．そこで OECD ハンドブックは，未観測経済の計測を目的とした基礎的統計データ収集事業の向上を，統計品質論の全体的文脈の中に位置づけるよう提言している（p. 61）．

ハンドブックは，IMF のデータ品質評価の枠組み（Data Quality Assessment Framework）をはじめとする近年の統計品質論から，未観測経済の計測に直接・間接的に関係する部分を抜き出して，「アセスメント・テンプレート」（assessment template）としてまとめている（p. 97）．近年の統計品質論はすでに周知の議論なのでここでは深く立ち入らず[23]，OECD ハンドブックのアセスメント・テンプレートが提起する主要な検討事項のみ強調しておこう．

まず，基礎的統計データ収集事業の向上は，既存事業の品質改善と追加事業による事業拡張に分けられる．そのうち，追加事業による事業拡張については既に「特別目的の補完調査」として一部前述したとおりである．

既存の基礎的統計データ収集事業の品質改善に関して，近年の統計品質論は，標本調査・センサスや行政記録に基づく一連の直接的計測プロセスだけでなく，それを支える制度的基盤や統計利用者のニーズを問題にしている．すなわち統計制度全体が問題になる．したがって，アセスメント・テンプレートも，直接的計測に対する利用者のニーズと諸費用の関係，統計機関の権限と義務を規定する優れた統計法規，直接的計測プロセスの革新を可能にする統計組織とその組織文化等々を検討事項として強調している．そこで特徴的な点は，調査統計家と国民経済計算作成者との間の問題の共有や，行政目的で収集されたデータへの統計局のアクセス権等が問われている点である．

アセスメント・テンプレートは，国民経済計算に必要な主要な基礎的統計データ収集事業として，世帯を単位としたデータ収集事業と企業・事業所を単位としたデータ収集事業を想定し，それらデータ収集事業のために行政ソースのデータと標本調査・センサスからのデータを適切に統合するよう求めている．

---

22) 水野谷（2006）116 頁．
23) 前掲書 116-128 頁．

未観測経済発生の最大の要因と想定されているのは，標本調査の調査フレーム（survey frame）の対象集団の範囲と捕捉情報に限界があることである（p. 109）．企業・事業所単位の調査フレームとして最も有望視されているのは統計目的のビジネスレジスターである．アセスメント・テンプレートは，ビジネスレジスターの立ち上げと更新のために行政目的のビジネスレジスターを検討するよう要請している．一方，ビジネスレジスターによる捕捉が難しい小規模企業を対象にしたデータ収集事業や，世帯を単位としたデータ収集事業のためには，エリアベース標本調査が検討事項とされている．

アセスメント・テンプレートではまた，非回答や不詳回答・過小報告に起因する未観測経済の発生を減らす目的で，調査協力を促し被調査者負担を軽減する調査デザイン，個体情報の保護，行政ソースの統計的利用を検討事項に挙げている．非回答や不詳回答・過小報告に対する適切なエディティングを検討事項に挙げていることも特徴的である．

だが，アセスメント・テンプレートは，とりわけ地下経済活動と非合法活動において，基礎的統計データ収集事業をいくら改善しても完全には解決できない意図的な不詳回答・過小報告や慢性的な過小カバレッジの問題が，最後まで残されると指摘している．すなわち，未観測経済の5つの問題諸領域のなかで地下経済活動と非合法活動だけは直接的計測のみによる完全な網羅性確保は究極的に困難な領域であり，間接的計測による補完が最後まで必要とされる問題領域ということになる．

### （4）マクロモデル法への批判

「統計的推計に望まれるのはつねに経験的データである」というのがOECDハンドブックの基本的なスタンスである（p. 192）．ハンドブックは，諸々の仮定に基づくモデルに頼るよりも，まずは利用できるすべての基礎的統計データを利用し尽くすよう要請している．未観測経済に関係する変数を使ってマクロ経済全体をモデル化した「マクロモデル」は，「正確とはいいがたい，あまりにも粗雑なものである」と批判している（p. 14）．ハンドブック第12章（最終章）では幾つかのマクロモデル法（monetary methods, global indicator methods, latent variable methods）が取り上げられ，その有効性が次々と批判さ

ただ，OECD ハンドブックが推奨する間接的計測法のなかにモデルを使用する推計法が含まれることも確かである．ハンドブックは，データの欠落によりモデルの使用が避けられない場合は，モデルの適用対象を可能な限り具体化した特殊部門に限定するよう勧告している．「たとえば，消費電力量を使って経済活動を推計するモデルは，経済全体の成長をモデル化するには不適当であるが，データの欠落した特定産業のうち，消費電力が産出動向を反映する産業にのみ限って利用するのであれば応用の余地はある」としている（p. 192）．

国民経済計算の編成過程にはきわめて多様なデータソースから豊富なデータが集まるため，ハンドブックは，「それらのデータを組み合わせるとGDPとその部門勘定について，マクロモデル法がこれまで算出したよりはるかに正確な推計値を算出できる」と主張する．ハンドブックは，「国民経済計算の編成に使用される諸手続きの説明に透明性が欠如していることこそ，アウトサイダーを駆り立てて，マクロモデルに訴えて国民経済計算の信頼を損ねる推計値の算出に向かわせる最大の原因である」（p. 192）と結論づけている．

### (5) 移行経済諸国および広大な家計部門生産を擁する諸国における特殊な計測問題

OECD ハンドブックは，未観測経済の計測ストラテジーを各国に応用するにあたって，移行経済諸国と広大な家計部門生産を擁する途上国を含む諸国について特別の注釈を加えている．

①移行経済諸国の場合

OECD ハンドブックは，「移行経済諸国の統計家はセンサスと行政データソースの利用に非常に精通している」と指摘し，行政データソースの活用は今後も継続すべきであって，統計局は税務記録やその他行政データソースにアクセスする法的権限を確保すべきである，と要請している．しかし，「企業数の著しい増加という観点から，伝統的なデータソースだけでは不十分であり，それを標本調査で補完または代用しなければならない」（p. 132）と指摘している．

②広大な家計部門生産を擁する諸国の場合

　OECDハンドブックは，近年，インフォーマル部門を世帯‐企業複合標本調査によって調査する国，および，労働投入法によって間接的に推計する国が増加していると指摘している（p. 134）．また，自家使用を目的として行われる家計における財の生産，とりわけ女性によるその生産を，生活時間調査でとらえる国も増加していると指摘している．

### (6) 小括

　以上のように，分析フレームワークによって体系的に分割された未観測経済の諸部分についてデータ照合や補完調査によってアセスメントを行い，把握された実態に基づいて計測ストラテジーを立案し，短期的には間接的計測法の適用・拡充によって，中・長期的には直接的計測の改善によって，未計測な活動を縮小させ，網羅的で高品質の国民経済計算の推計を目指すこと，これがOECDハンドブックの基本的な計測ストラテジーである．

　注目すべき点は，OECDハンドブックの計測ストラテジーが，国家と市民社会の分裂的システムのもとで未観測となった社会諸領域についてアセスメントするために，事実上，その分裂的様相を積極的に活用するストラテジーになっている点である．というのは，未観測経済の現実に迫るためにOECDハンドブックが最も多用する方法は，同一の経済活動を複数の側面から複数のデータソースによってとらえ，その不突合・矛盾を分析することだからである．経済活動の一部があるデータソースには記録されないのに，同じ経済活動についての別のデータソースにはそれが記録されるという矛盾が積極的に活用されているのである．同一の経済活動に関する企業データと行政データ（税務記録等）の不突合は究極的には国家と市民社会の分裂した利害が前提になっているといえる．同一の経済活動（取引）に関する供給面・使用面・発生所得面からのデータの相互不突合は，市民社会内部の利害関係の相違に基づく分裂的様相が前提となっているといえる．OECDハンドブックが推奨する労働投入法は，まさに労働の使用者側と供給者側の利害分裂的関係が情報の差異となって現象することに着目した方法といえる．

　エリアベースの標本調査などの補完調査はそうした分裂的諸相をさらにくっ

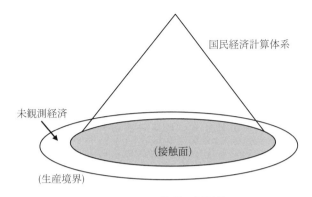

図 8-4　GDP 推計の網羅性

きりと浮き立たせる役割を果たすものと期待されている．

OECD ハンドブックが指摘するように「国民経済計算の編成は異なる多くの統計ソースから得られたデータの体系的な照合を必要とし，国民経済計算作成者はその中心にいる」．「国民経済計算編成の際のデータ照合の通常のプロセスは，基礎的統計データの欠陥と不整合に光をあてることになる」（p. 129）．したがって，国家と市民社会および市民社会内部の分裂の体系は，国民経済計算体系の情報集約の過程で実はすでに要約されていることになる．近年の未観測経済の計測問題は，その分裂をいっそう際立たせているのである．

ハンドブックは，このような基礎的統計データの矛盾の意味を最も熟知すると期待される調査統計家の役割を重視する．彼らこそが標本調査・センサスや行政記録から基礎的統計データを作成し，国民経済計算作成者にそれを供給するまさに現場の当事者であり，データの長所と短所を熟知し，自分たちの従事する統計領域における未観測活動についてよく理解していると期待できるからである（p. 129）．国民経済計算作成者と調査統計家との間のこれまで以上の強い連携が求められるゆえんがそこにある．

## 5.　結論

この補論では，OECD の『未観測経済計測ハンドブック』の検討を通して，国家と市民社会の分裂的関係によって未観測となる社会諸領域を研究する糸口

を摑むことができた．OECDハンドブックは未観測経済に関する概念の精緻化を試み，これまでの統計活動と今後のストラテジーを体系的かつ包括的にまとめ上げた，はじめての国際的な標準文書といえる．このハンドブックによって，未観測経済の統計的研究という重要な研究フロンティアに光があてられた意義はきわめて大きい．ヨーロッパ主導でまとめられたこのハンドブックを，今後，途上国やアジアの視点，そして日本の視点から再検討することが必要となろう[24]．生産面からのGDP推計を相対的に重視するこのハンドブックの構想を，支出面からの推計法の視点から再検討することも必要であろう．

　この補論では，OECDハンドブックが，国民経済計算の網羅性確保という視点から未観測経済を問題にする，ひとつの研究パラダイムであることが明らかとなった．それゆえ，OECDハンドブックは，未観測経済計測論としての性格と国民経済計算論としての性格を共に兼ね備えている．したがって，このハンドブックを評価するためには，このハンドブックの未観測経済計測論としての性格と国民経済計算論としての性格を分けて評価した方がよいだろう．

　まず，OECDハンドブックを未観測経済計測論としてみた場合，どのような評価が可能であろうか．

　このハンドブックは，未観測経済の問題諸領域（地下経済生産，非合法生産，インフォーマル部門生産，自家使用を目的とした家計における生産）を，国民経済計算と基礎的統計システムから独立に存在する客観的な社会領域としてとらえていることはたしかである．だが，それを国民経済計算の特殊な概念規定と国民経済計算が規定する特殊な生産境界を基準に研究するに止まっていることは，このハンドブックの決定的な限界といわざるをえない．このハンドブックが，未観測経済を，GDPの推計問題以前にGDP推計とは独立に存在する問題諸領域として認識していること，そして，それら問題諸領域に関する，各国のリサーチと政策立案に必要な専用データである「スタンドアロン型の統計」（p. 12）を，第8章から第11章にかけて詳しく検討していることは高く評価できる．だが，OECDハンドブックにおける未観測経済計測の主な力点が，「未観測経済それ自体を特定することではなく，単に国民経済計算を包括的

---

24) 日本語文献における未観測経済に関する数少ない先行研究として山口（2004）参照．

(「網羅的」(exhaustive))にすることに置かれている」(2008SNA para 25.29)という2008SNAの批判はまちがっていない．もっぱら，国民経済計算の網羅性を左右する諸要因を記述する目的のためだけに，5つの問題諸領域が検討されていたことは明らかである．

とはいえ，2008SNAの未観測経済論批判は，やや混乱しており国際的な標準マニュアルとして議論に堪える論理形式をとっていない．なぜなら，OECDハンドブックの未観測経済計測の主眼が国民経済計算の網羅性の追求にあり，未観測経済それ自体の特定を目的とする計測論ではないとしても，だからといって未観測経済の5つの問題諸領域のうちのただ1つの問題領域であるインフォーマル部門生産のみが計測の優先課題になる論理的必然性はまったく不明なのである．インフォーマル部門の計測自体は，もちろん大変重要な課題であり，53SNA以来，SNAマニュアルのなかで不当に軽視されてきたこの計測問題が，2008SNAではじめて独立の章として設定された意義はきわめて大きい．途上国を含む広大な世界人口がインフォーマル部門生産に従事していることもたしかである．だが，その反面，OECDハンドブックが，国民経済計算の網羅性確保という課題に拘束されつつも，未観測経済というきわめて包括的な問題設定を世界に向けて発信した意義が不当に否定されている．2008SNAは，「どの国にも，経済の未観測な領域とインフォーマル事業体が共に存在するが，両者の規模や，インフォーマル事業体を特定する政策的関心は国によって異なることは留意すべきである」(2008SNA para 25.8)と注釈しているが，もしそうであるならば，インフォーマル部門の分離計測だけでなく，地下経済生産，非合法経済，自家使用を目的とした家計における生産という他の3つの問題諸領域の分離計測の可能性についても，公平，客観的に論じる必要があろう．その上で各国の政策的関心に基づいて特定の問題領域の分離計測を論じるべきであった．それは国際的標準マニュアルに求められる最低限の論理形式といえる．それが2008SNAにはない．2008SNAでは，未観測経済計測論という，このきわめて包括的な問題設定に対して，インフォーマル部門の分離計測という問題設定が何の論理的必然性もなく独善的に対置されているだけである．未観測経済という包括的問題設定が後退したことによって，最も犠牲になったのは，5つの問題諸領域のひとつである地下経済生産の計測問題である．OECDハン

ドブックは，地下経済生産の計測問題を大々的に取り上げ，本格的に検討しているのに，2008SNA マニュアルからは，それがすっかり抜け落ちている[25]。地下経済生産という概念は 93SNA で明記された概念であるのに，2008SNA ではなぜかそれが無視される結果となった．ヨーロッパでの試験的計測によると未観測経済の過半は地下経済に起因するという試算もある[26]．2008SNA では，未観測経済計測論が EU とその周辺諸国特有のアプローチであり，インフォーマル部門の分離計測が開発途上諸国の重要なアプローチであると示唆され，対立的に扱われている．だが，途上国にとっては OECD ハンドブックが注意を喚起する「自家使用を目的とした家計における生産」も無視できない問題領域であるはずである．2008SNA 第 25 章「経済におけるインフォーマルな諸相」ではこの問題領域も傍らに追いやられている．このように，未観測経済論批判に関する限り，2008SNA は国際的標準マニュアルとしては各国の議論に堪える論理が定まっておらず失敗作といってよいだろう．

それでは，OECD ハンドブックは国民経済計算論としていかに評価すべきだろうか．

国民経済計算の網羅性を追求するために未観測経済を問題にするよりも，インフォーマル部門の分離計測の方が優先課題であるとする 2008SNA 第 25 章の批判は，国民経済計算マニュアル内での議論としては，実は，きわめて奇妙な論の展開ということになる．国民経済計算の網羅性確保は国民経済計算マニュアルが扱うのに最もふさわしい基本問題であるはずだからである．国民経済計算の網羅性を左右する諸要因を未観測経済の概念に依拠して再検討するという OECD ハンドブックの問題設定は，これまでの国民経済計算論に次のような甚大なインパクトをもたらす可能性がある．そのことについて 2008SNA は，まったく無視し続けており，正当に評価できていない．すなわち，第 1 に，

---

25) 地下経済生産は，非合法的生産に関する 2008SNA 第 6 章での議論に付随してわずかに触れられているに過ぎない（2008SNA paras 6.40-6.42 参照）．
26) 国連欧州経済委員会統計部の Dimova（2007）の試算によると，9 つの EU 新加盟国の 2000 年時点の未観測経済のうち，意図的に登録を行わない生産者：地下経済活動（N1）に起因するものが未観測経済の 15.5%，生産者の意図的な不詳報告・虚偽報告（N6）に起因するものが 48.6%，西バルカン諸国の 2003 年時点の同数値はそれぞれ 16.8%，59.7% と推計されている．

OECDハンドブックは，国民経済計算体系の整合性と自己同一性を拙速に追求するよりも，何よりも国民経済計算体系に内在する分裂的な関係を直視するよう求めていることになる．同一の経済活動を複数の側面から対比する，各種のデータ照合は，未観測経済の存在の徴候とその所在を探索（国民経済計算アセスメント）するために不可欠だからである．とりわけ地下経済生産と非合法生産の研究のためには不可欠である．国民経済計算体系の整合性を追求する国民経済計算論にとって，この問題設定は大きなインパクトをもたらす．国民経済計算の編成過程は，多様なデータソースから集まる基礎的統計データが集中し体系的に照合される，経済情報の特殊な集中ポイントであるわけだが，未観測経済の問題諸領域を研究するために，そこに集中するデータの不突合が非常に重要な役割を演ずることが明らかにされた意義はきわめて大きい．第2に，未観測経済の問題諸領域が国民経済計算の編成過程内部の問題に止まらず，基礎的統計データ収集事業が直面する課題でもあるため，OECDハンドブックは未観測経済の計測に取り組むために，国民経済計算作成者と調査統計家との間の断絶を克服し，緊密な連携を再構築するよう求めている．これまで同様の断絶は，統計研究者の世界にもみられる．「一次統計」（基礎的統計データ）の批判的研究と，「二次統計」（加工統計）である国民経済計算の応用研究との間にはある種の断絶があり，十分議論が交わされているとはいいがたい状況にある．未観測経済計測論のインパクトはそのような広がりを持っている．これは，ハンドブックも指摘しているように，国民経済計算の編成過程の実際が不透明であることに起因する断絶といえよう．日本では，2007年新統計法が国民経済計算の作成基準を公示するよう明確に謳ったことにより，このことを議論する条件が以前より整いつつある．

　未観測経済の統計的研究のためには，大雑把で鈍感な傾向性の把握ではなく，分裂的様相を呈する情報体系の本質的な差異と矛盾を見据えた鋭い洞察が求められる．

　行政記録および標本調査・センサスを基盤とする基礎的統計制度（「基礎的統計データ収集事業」）が，国民経済計算の規定する生産境界内の経済活動を網羅的（exhaustive）に把握できない場合，そこに未観測経済が発生する．この問題が未観測経済論の焦点である．したがって，統計制度の基盤を構成する

行政記録の正確性，網羅性に限界があれば，それは未観測経済発生の一要因となる．OECDハンドブックが未観測経済発生の最大要因とみなしているのは，企業・事業所単位の標本調査の標本フレームの範囲と（層化に必要な）単位属性情報の正確性に限界があるという事実である．それゆえハンドブックは，行政目的のビジネスレジスターを構築するよう各国に提言している．一方，第3章でみたように，インド統計評議会が主任工場監督官（CIF）工場リストの劣化を危惧しているのは，国民経済計算製造業部門のデータを供給する工業年次調査（ASI）がCIF工場リストを標本フレームに利用しているからである．同評議会もまたビジネスレジスターをあらためて構築するよう提言している．それゆえインド統計評議会は，OECDハンドブックとこの点に関する限り問題を共有していることになる．

# 終章
# 結論

　本書は，インドの統計改革を研究することによって，行政記録と統計制度の新たな理論について検証を行った．その理論とは統計制度における行政記録の役割に関する新しい考え方に基づくものである．行政記録をベースとした統計制度というと，今日，世界の多くの統計家は，ヨーロッパで盛んに議論されているレジスターベースの統計制度を思い浮かべるにちがいない．本書も第2章で，ヨーロッパ，とりわけヨーロッパ統計家会議・国連欧州経済委員会で議論されているレジスターベースの統計制度に関する議論と経験の蓄積について検討した．本書は彼らのレジスターベース統計制度論を，電算化した行政記録を情報基盤として発達した第二義統計制度に関する研究と理解して，それを高く評価した．実際，レジスターベース統計制度論はきわめて豊富な統計的実践に基づく膨大な経験の蓄積である．それにもかかわらず，ヨーロッパ統計家会議・国連欧州経済委員会におけるレジスターベース統計制度論は，今のところ，行政記録の統計的利用を一面的にしか議論していない．行政記録というデータ固有の論理構造を分析すると，行政記録は，調査統計の代用統計を作成するという目的以外に，別の統計目的に利用できることが明確になる．すなわち，本書で明らかになったように，通常，行政機関の行政記録は，

　(i) 直接的に行政組織それ自身,
　(ii) 間接的に行政対象としての社会,

という，一見重複するが次元の異なる，二重の対象を同時に表現する，両義的な情報である．行政記録の統計的利用は，この行政記録特有の対象規定を踏まえて議論せざるを得ない．一面で，行政記録は「(i)行政組織それ自身」を対象とした自己観察の所産であるから，そこから行政評価・政策評価の統計を生

産することもできる．実際，行政学や経営学などの組織科学の分野では，業務記録，業務統計が組織のパーフォーマンスを表現する情報であるという理解はきわめて一般的である．だが，当然ながら行政組織の業務は組織内で抽象的に自己完結するものではない．それは社会を対象とし社会と密接不可分である．それゆえ，他面で，行政記録から「(ⅱ)行政対象としての社会」すなわち行政対象集団（行政対象である市民社会の個人，住宅，企業・事業所等を単位として構成された社会集団）に関する記録を抽出して市民社会に関する第二義統計を構成することもできる．だが，レジスターベースの統計制度を研究する，ヨーロッパ，とりわけヨーロッパ統計家会議・国連欧州経済委員会の統計家は，二重の対象を同時に記録するこの両義的な行政記録情報から，後者，すなわち「(ⅱ)行政対象としての社会」に関する情報を抽出する第二義統計（レジスターベース統計）を生産することしか視野に入っていない．したがって，ヨーロッパにおけるレジスターベースの統計制度論は，行政記録の統計的利用を部分的，一面的に議論しているにすぎない．それは，統計制度における行政記録の役割を全面的に議論するものではない．

　また，ヨーロッパにおけるこの議論を，行政記録をベースとした第二義統計制度（レジスターベースの統計制度）に関する議論として限定的に理解してその範囲内で積極的意義を認めようとしても，その議論はなお初歩的な段階に止まっており，大きな不足をかかえていることに気付かずにはいられない．なぜなら，ヨーロッパ統計家会議・国連欧州経済委員会における諸議論を観察するとわかるように，そこでは，行政記録を生産する行政機関の官僚制的組織の実態に踏み込んで内部データを評価する厳密な実証的議論がほとんどオープンにされていない．そこでは，個別行政機関の行政行為の実態に遡及した当該行政記録の資料批判プロセスがオープンになっていない．第二義統計（レジスターベース統計）の真実性，クオリティは，第二義統計の統計原情報である当該行政記録の性格を理解し吟味しなければ評価できない．そして，行政記録に関する研究は，それを生産する当該行政機関の官僚制的組織の内実に立ち入った実証的研究なしには実行不可能である．本書で理論的に明らかになったように，行政組織の行政記録は「自己言及的な」情報だからである．それは，第1に，直接的に当該組織自身を対象とし，第2に，その真実性が当該組織の体質や組

織環境に著しく制約されるという，二重の意味で自己言及的な情報だからである．ヨーロッパ統計家会議の 2002 年作業部会は「データ利用者にデータの限界をよく理解してもらい，データ収集とデータ更新の実際について明瞭な説明を与えるために，それぞれの行政記録データセット毎に，品質レポートとメタデータの包括的リストを提供し，また，欠落データの編集処理の効果についても情報提供することが是非とも必要である」[1]と合意した．ところが，その後，そのような内容の優れたメタデータが実際にそれら統計局から積極的に公開されることはまれである．Thomsen and Holmøy (1998) は，「行政レジスターの品質問題は 1 つの行政レジスターを他の行政レジスターや統計情報と照合してはじめて発見されることが多い．そのような照合は主として統計目的で行われるため，ノルウェー統計局は行政記録の全システムのクオリティに関して情報を収集し蓄積するという特殊な立場におかれている」と述べているが，そのような照合結果の概要がノルウェーの行政機関の官僚制的組織の内実に踏み込んで「行政記録の全システムのクオリティ」として研究され，オープンに議論されたわけではない．国連欧州経済委員会のハンドブック『政府統計のための行政的なデータソースと第 2 次的なデータソースの利用』（2011 年）も，行政データの利用に伴う予算削減や被調査者負担の軽減については繰り返し強調しているのに，その反面，行政組織の官僚制的組織の内実に踏み込んだメタデータの作成とそれに付随する諸困難については一切ふれていない．このようにヨーロッパではこの肝心な問題について論理的空白が平然と罷り通る異様な事態が続いている．

　もちろん，この肝心な問題が深刻に議論されない理由は，一面で，当該諸国，つまり北欧諸国の行政組織のクオリティに対する住民の信頼とその背後にある民主主義の長い歴史と無関係ではない[2]．それら諸国の行政記録と優れた民主主義文化の独特のバックグラウンドについては比較統計制度研究が求められるところである．

　だが本書は，統計制度における行政記録の役割を全面的に検討するために，日本でしばしば紹介されているこのヨーロッパでの議論ではなく，あえて日本

---

1) Conference of European Statisticians (2003).
2) UNECE (2007a).

や欧米であまり知られていないインドの議論を検証事例として取り上げた．21世紀初頭に始まったインドの統計改革における行政記録と統計制度に関する議論は，国際的にほとんど知られていないが，実は，ヨーロッパの議論と大きく異なり，行政記録の統計的利用の価値を全面的に問う内容であった．

　独立後インドの統計制度は全国規模の標本調査をコアに発達したため，統計制度の基盤を構成する行政記録システムの整備について，議論がこれまで疎かにされていた．ところが，本書第3章でみたように，政府統計データのクオリティを問う国際的議論に促されて，今世紀初頭にインド統計評議会（2001）は，インドの政府統計体系全体にわたり個別統計のデータ収集の実態を検討した．その結果，行政記録，行政統計（政府業務統計）の劣化による統計制度の基盤劣化がインドの統計制度が直面する最大の問題であると内部告発する事態に至った．行政記録，行政統計（政府業務統計）の劣化のために，インドの各種第二義統計をはじめ，国民経済計算の推計データ，各種標本調査フレームなどが危機的状態にあることが明らかになったからである．それゆえ，インドの指導的統計家は，自国の統計制度の基盤を支える行政記録のクオリティを批判的に検討するために，各行政機関の官僚制的組織の実際の姿とその内部データを実証的に検証し，国民的な議論を展開しなければならない状況に否応なく追い込まれている．これは北欧諸国の状況と大きく異なる事態といえる．

　もともと，インドの統計制度においては，行政組織の全国レベルの行政統計（政府業務統計）を外部からチェックするために，幾つかの行政分野でそれとパラレルに対比できる全国規模の標本調査がすでに以前から設定されていた．第3章でみたように，インドでは多目的調査である全国標本調査がすでに確立しているし，民事登録システム（CRS）の出生・死亡登録が，標本登録システム（SRS）とパラレルに対比されていたり，主任工場監督官（CIF）の工場リストが経済センサス追跡企業調査（FuS）の標本推計値と一部対比されていたり，村落徴税官の観察行為（'*girdawari*'）も標本抽出地区に関する作物統計改善（ICS）事業調査によって業務監視されているなど，インドには標本調査が行政記録，行政統計（政府業務統計）とパラレルに設定されている例が少なくない．したがって独立後インドには，行政記録システムのクオリティを批判的に検討するための素地がすでにあったといえる．そのためインド統計評議会は，「同

一主題に関する複数データの著しい差異を検討する専門委員会」(The Expert Committee to examine wide variations in data sets on the same subjects) の検討に基づいて，標本調査やセンサスを行政統計と（類似の統計対象の重複を前提に）パラレルに対比し，行政記録，行政統計の精度を批判的に検証することができた[3]．レジスターベースの統計制度を検討するためにヨーロッパの統計家がそのような実証的な分析結果を国民的にオープンに議論する例は多くない．

　以上の結果，同評議会は，インドの行政統計制度の劣化はインドの行政制度それ自体の劣化からくる直接的帰結 (corollary) であるという注目すべき結論に到達した．同評議会のこの結論が特筆に値するのは，行政記録，行政統計（政府業務統計）が行政組織の自己言及的な情報であるという本書第1章及び第7章における理論的発見を，同評議会は別の言い方で宣言したことになるからである．

　同評議会はそこからさらに進んで，行政統計制度を「政府の諸法制，諸規則，諸規制を実施に移す政府各種部門の支援を主目的に発達した行政情報システムである」[4]と理解し，統計機関が，各行政機関の統計ニーズに応じながら，同時にその政策過程を統計的に監査する機能を兼務するという新たな構想，すなわち，「政府や地方公共団体が提供するサービスの範囲を統計的に監査する」統計的監査制度 (statistical audit) の構想を課題に掲げたほどである[5]．同評議会は結果的にこの構想を断念し，「そのかわりに，統計クオリティと統計形成プロセスをコントロールあるいは認証する，より限定された問題を検討することとなった」(傍点岡部)[6]．だがこのことは，自国の行政制度それ自体の脆弱化に悩むインドの指導的統計家達が，行政記録から集団観察のための代用統計（第二義統計）を生産するという統計的利用だけでなく，そこからさらに一歩踏み出して，「(i)行政組織それ自身」を対象とした行政評価・政策評価のための統計を生産する別次元の統計的利用に視野を広げようと模索していたことを意味する．ヨーロッパのレジスターベース統計制度論は，行政評価・政策評価

---

3) NSC (2001), para 5.2.18.
4) NSC (2001), para 14.3.3.
5) NSC (2001), para 14.9.2.
6) *Ibid.*

のための統計的利用を意識的に追求する統合的な統計改革を検討課題にするものではない．

　本書はまた第4章〜第6章において，地方分権化の途上にあるインドにおける末端地方自治体の統計制度の原初的な形成プロセスに立ち会い，地方行政制度とその行政記録の発生場面をフィールド調査した．インド統計評議会の提言で2003年に発足した，「地域開発基礎統計に関する政府専門委員会」（BSLLD専門委員会）は，潜在的可能性を秘めた行政記録，行政統計が，村落内に，未整理のまま埋もれていることを発見した．そこで，BSLLD専門委員会は，村落パンチャヤトを拠点に地方統計制度を構築するアプローチを提言した．すなわち「村落パンチャヤトが村レベルのデータを編纂・保持すべきである」という注目すべき提言を行った．実際，筆者はフィールド調査で，村落内に未整理のまま眠る統計的データの多くが，村落パンチャヤトと村落の政府関係出先機関の行政活動の副産物であることを再確認した．村落パンチャヤトは「村落パンチャヤト・レジスター」と総称される行政記録を保持し，総合児童発達サービス（ICDS）センターなどの域内政府関係出先機関も有望な行政記録を保持していた．行政記録とセンサス（全数調査）の両性格を兼ね備えたBPL（貧困ライン以下世帯）センサスのようなデータソースも複数存在していた．

　本書第4章は，村落パンチャヤトのデータニーズを詳細に検討した結果，今日の村落パンチャヤトで最も重要なデータニーズは民主的な地方自治の統治基盤に関わる基礎的データ（第4章の「データニーズⅠ」に関わるデータ）であることを明らかにした．しかも，それら基礎的データは，「パンチャヤトそれ自身」に関するデータ（パンチャヤトの行政評価・政策評価のために必要なデータ——第1章で言及した行政学でいうところの「成績評価情報」）と「パンチャヤトの統治対象」に関するデータ（パンチャヤト域内の村落社会に関するデータ——行政学でいうところの「注意喚起情報」）という対象規定が論理的に異なる2つのデータ群に厳密に分けて議論しなければ，論理的に筋道立った研究ができないことを示した．なぜなら，村落パンチャヤトが使用可能な行政記録は，

　ⅰ）直接的にパンチャヤトそれ自身，
　ⅱ）間接的にパンチャヤトの統治対象としての村落社会，

という，一見重複するが次元の異なる，二重の対象を同時に表現する，両義的な情報だからである．例えば，村会冒頭で村長が報告する当期村内出生件数に対して，もし仮に村民から誤りが指摘されれば，その数字は村落社会の人口動態データとして価値が低いことが判明するだろう．だが，同じ村会で村の登録行政のあり方が果たしてこれでよいのかあらためて議論がはじまったとすれば，今度はその数字が村の登録行政のパフォーマンスを正確にあらわす数字として，すなわち行政評価指標として一転して価値ある数字となる．その数字（登録行政の行政記録から作成された業務統計）はii)を対象としたデータとしては不十分で価値が低いが，それゆえにこそi)を対象としたデータとしては十分であり価値が高い．これは一種のパラドクスである．だから，行政記録をi)を対象としたデータとして利用するのか，ii)を対象としたデータとして利用するのか，厳密に区別しなければ行政記録を筋道立てて理解し，使いこなすことは困難である．こうした素朴なパラドクスの理解がこれまでの統計学には決定的に欠けていたのである．

「パンチャヤトそれ自身」に関するデータはパンチャヤトの自己点検と住民への説明責任を果たすためのデータであるが，そのうち最も重要なデータは，パンチャヤトの諸機能に関するデータ——パンチャヤトは，何をどの程度遂行しているのか，その業務遂行（パフォーマンス）を把握するためのデータ——であった．そのため第4章は，パンチャヤトの担当業務（アクティビティ・マッピング）とそのために必要なデータについて詳細に分析する必要があった．

基礎自治体である村落パンチャヤトの担当業務を調査して明らかになったことは，パンチャヤトの重要業務のひとつが，公共政策の対象者を特定・選定しその優先順位を決めることだということである．それゆえ，村落パンチャヤトは業務を遂行するために集計前のリスト形式の個票的情報を必要としている．それらリストは行政サービスを受ける住民の権利に関わる情報である．末端レベルの地方自治の発達に必要な行政データは，行政記録の集計値だけでなく，むしろ行政記録の集計前の個票的情報であった．2002年BPLセンサスに対してWarwat Khanderao村落やRaina村落で勃発した批判騒動は（本書第4章第3節-(4)-1)参照），政府がトップダウン式に作成した行政記録の個票的情報

（この場合 BPL 世帯リスト）のクオリティに対する住民の不満からはじまった．これは村落住民にとって村落行政記録のクオリティが実際に重大な関心事となり得ることを示すものであった．村落パンチャヤトは BPL 世帯リストを使って貧困対策事業を実施することが多いから，BPL 世帯リストへの住民の不満は，パンチャヤト活動（「パンチャヤトそれ自身」）に対する不満でもある．それゆえ両村落のパンチャヤトは住民から批判を受けて自ら問題解決行動を起こさざるを得なくなったのである．末端の地方自治体の行政記録は，個票的情報をめぐる自治体と住民とのこうした緊張関係のなかで発達せざるを得ない．

地方自治体は，単に住民の共同業務を遂行しているにすぎない．自治体の行政記録はその業務遂行に必要な情報にすぎない．村落パンチャヤトは直接民主制を建前とするからなおさらそうである．だが，組織と住民，すなわち自治体組織と村落社会はしばしば上記のような矛盾・葛藤を経験する．自治体の行政記録はしばしばその矛盾・葛藤を反映し，問題をはらんだ内容となる．本書第 5 章，第 6 章は，自治体住民のリスト情報や出生記録をミクロレベルで検証することによって，それら行政記録に同様の矛盾・葛藤が反映していることを明らかにした．ヨーロッパにおいても，末端地方自治体の行政記録の個票的情報の状態を検証し，ヨーロッパ住民の地方自治の歴史について比較統計制度研究が必要であろう．

本書第 4 章の考察から，インド村落における行政記録の個票レベル情報の精緻化が進めば，各種センサスを村落行政記録システムと適切にリンクさせた村落統計制度を構築することが不可能ではないことが明らかとなった．ただ，村落行政記録システムをコアとしたパンチャヤト統計制度の発達は，これまた，村落行政諸制度の発達の直接的帰結（corollary）である．村落パンチャヤト統計制度の発達は，地方分権の進展と地方自治の発展の動因ではなく，その結果といえる．第 4 章は，データニーズの研究を基礎にパンチャヤト統計制度を研究したため，特にその点を際立たせる結果となった．実際，Warwat Khanderao 村落の事例研究が示しているように，マハラシュトラ州政府は村落パンチャヤトにわずかしか機能権限を移譲しないため，村落行政記録システムを向上させる行政活動の動因がそれだけ弱いことが判明した．

村落パンチャヤトは，行政記録を，「パンチャヤトそれ自身」に関する行政

評価・政策評価情報として利用する場合も,「パンチャヤトの統治対象としての村落社会」に関する情報として利用する場合も,それを外部から客観的にチェックし相対化する別の情報を必要としている.小地域の末端地方自治体では全国標本調査の推計値を利用するわけにはゆかない.そこで,村落内の各行政記録を外部から客観的にチェックするために,村落パンチャヤトは,(1)センサス(全数調査),(2)外部の別の行政機関の行政記録,(3)地域住民の「周知の知見」(common knowledge)を参照せざるを得ない.

　インドの地方自治体は公式の住民基本リストをそもそも保有していないから,国勢調査の実施は避けられない.国勢調査の集計の遅延は地域社会においてもきわめて深刻な問題になっている.だが,国勢調査は自治体の選挙定員や予算配分の基数を提供する重要データであり,それに代替する優れた行政記録はまだ登場していない.国勢調査以外の農業センサスや経済センサス等の地方自治体レベル集計値はほとんど公開されておらず,たとえ公開されたとしてもそのクオリティに問題がある.第4章でみたように,村落パンチャヤトには農業センサスや経済センサスに匹敵する情報量の行政記録がないため,インドの村落はこの統計領域において大きな情報空白をかかえている.したがってインドはヨーロッパのようにセンサスを行政記録情報で代替できるかどうかが問題になっているのではなく,農業センサスや経済センサス等に関する限り,それらが地方自治体レベルの統計を供給するまでに整備されていないことが問題なのである.むしろ,センサスが劣化した行政記録をベースに実施されたため失敗した例もある.インドの国土の大半を占めるライヤートワリ地域では,農業経営体(operational holdings)を単位とした農業センサスが地税事務所(村落徴税官)の村落土地記録の再集計という操作によって実施されているが,行政記録(村落土地記録)をベースにしたこの「レジスターベースの」農業センサスは土地記録の問題点をそのまま反映した歪んだセンサスになっている.すなわち,それらの地域では村落土地記録を再集計したレジスターベースの農業センサスが,その集計操作ゆえにむしろ土地所有と農村生産関係の問題点を隠蔽する効果を果たしている.なぜなら,第4章でみたように,地主は自分の土地を他人に貸しても,土地記録には実際の借地人氏名を記載しないことが多いから,村落土地記録から農業経営体(実際の耕作者)の正確な記録を引き出すことは

事実上不可能なことである．それにもかかわらず，農業センサスは歪んだ土地記録をそのまま再集計し，土地の貸借関係の実態を隠蔽した統計を生産しているのである．その結果，本来なら農業センサスは土地記録行政の外部で実施され，村落土地記録のあり方を外部から客観的にチェックし相対化する機能を果たすべきであるのに，それが不可能となっている．行政記録（村落土地記録）をベースとしたインドのレジスターベースの農業センサスは，地税徴税官の官僚制的組織を外部から客観的にチェックすることをかえって不可能にし，たとえ，彼らが地主層と結びついて地域社会で権力を振るい，地域の民主主義に有害な影響をもたらすことがあってもそれを野放しにするだけである．農業センサスを村落土地記録の再集計で済ませることによって，センサス実施予算が大幅に節約され，被調査者負担が著しく軽減されるが，このセンサスが使い物にならないことで地域農業政策や農地改革に及ぼす損害ははかり知れない．

　村落パンチャヤトの行政記録を外部の別の行政機関の行政記録で補完することは今日のパンチャヤト制度の置かれた現状から考えて不可欠の要請である．だが，それはパンチャヤトが保有する行政記録を外部の別の行政機関の行政記録で客観的にチェックするためというより，むしろパンチャヤトにない情報を外部機関から補うために必要とされているのが現状である．村落パンチャヤトは，担当業務の遂行に際して，多くの場合，域内政府出先機関と二重権力の状態にある．そのため，自分たちにない情報を，それらの機関とデータ共有することで少しでも情報不足を補足しなければならないのである．BSLLD 専門委員会もそれら機関とのデータ共有を推奨している．実際，西ベンガル州の Raina 村落パンチャヤトが主催していた「第 4 土曜日ミーティング」は，ICDS 監督官，農村保健師兼助産師（ANM），医療・保健監督官，自助グループ，パンチャヤト職員による政策調整とデータ共有の場であった．

　だが，潜在的可能性という観点からいえば，村落内の行政記録を村落内の別の行政機関の行政記録を使って相互チェックすることは，現状でも不可能なことではない．本書第 5 章は，ICDS 村落調査レジスター，BPL センサスデータベース，選挙人名簿等のデータベース間のミクロレベルの相互チェックによって，村落内に実在する住民リストを外部の別の行政機関の行政記録と比較し検証することが可能であることを示した．本書第 6 章は，村落パンチャヤトが保

有する民事登録システム（CRS）出生登録を別の行政機関であるICDSセンターの子供レジスターとミクロレベルでチェックすることによって，村落内に居住する子供の出生記録を客観的にチェックすることが可能であることを示した．北欧のレジスターベースの統計制度においても，別々の行政記録を電子媒体上でミクロレベルにマッチングすることによって，各々の行政記録を相互チェックすることが可能である．同じことがインドの村落内でも潜在的には可能である．ただ，そのようなデータマッチングによって判明するのは，単に各行政記録のクオリティだけでなく，その行政記録を生産する「行政組織それ自身」の現実の姿である．各行政記録は当該行政組織の自己言及的な情報だからである．

第4章は，二重権力状態にある村落パンチャヤト組織と域内政府出先機関の官僚制的組織が，同一業務を遂行するなかで，相互の行政記録をデータ共有すれば，組織体として互いに相手を観察し合う，興味深い関係に立つことを明らかにした．住民や村会の常任委員会は，このデータ共有によって，政府関係出先機関が域内で一体何をやっているのか，どういう問題をかかえているのか理解し，政策調整にイニシャチブを発揮する可能性がある．このような関係は，例えば，経営参加型の職員組合が組織の経営陣と二重権力状態で対峙する場合など，他の様々な別の類似ケースに応用できるかもしれない．

以上から，統計制度における行政記録の役割について，次のことが明らかになった．

第1に，行政記録は，行政評価・政策評価のための統計と集団観察のための代用統計（第二義統計）という，対象規定と統計目的が異なる2種類の統計の共通の情報源である．したがって，現代の統計制度は，電算化した行政記録から，行政評価・政策評価の統計的指標体系を導出するという統計利用と，集団観察に代替する第二義統計（レジスターベース統計）を導出するという統計利用という，次元の異なる2つの統計利用の可能性を両面的に検討すべき段階に来ている．とりわけ前者の統計利用は，調査統計をベースとした旧来の統計制度の統計目的を超えた新しい統計目的を含んでいる．この2つの統計利用の可能性をどう具体化し，それをどのように統合すべきかが現代の統計制度のひとつの課題といえる．ヨーロッパにおけるレジスターベース統計制度論は，行政

記録の統計的利用として後者しか視野に入っていない．インド統計評議会は，統計機関が，各種行政機関の統計ニーズに応じながら，同時にその政策過程を統計的に監視する機能を兼ね備えた統計的監査制度を構想したが挫折した．実際に，統計機関がこのような監査機能を兼務できるか否かは今後の議論に委ねなければならない．だが，Harala and Reinikainen（1996）によると，行政諸機関から統計局への情報提供の前提条件として，「市民に行政活動を監視する権利を保障するためにそうした情報はできるだけ公開すべきというのが，フィンランドとスカンジナビア諸国の民主主義の基本的な考え方」である．

第2に，政府統計制度は，各行政記録，各業務統計を当該行政機関の官僚制的組織の日常的組織系統の外部から相対化し客観的にチェックする潜在能力を保持し続けなければならない．それは，行政評価・政策評価の統計的指標体系を導出する場合だけでなく，集団観察に代替する第二義統計（レジスターベース統計）を導出する場合にもいえることである．なぜなら，行政記録は，当該行政組織の日常的組織系統の内部で生起する現象を対象とする自己言及的な情報であるから，同じ行政記録を用いて当該行政組織を外部から相対化することは論理的に不可能だからである．調査統計は行政組織の日常的組織系統の外部で生起する現象をも対象にすることができるから，これまで行政記録，業務統計を外部から客観的にチェックする潜在的能力を有していた．それゆえ調査統計をレジスターベース統計で置き換えるという問題設定は，官僚制的組織を外部からチェックする調査統計の機能を不当に軽視する危険をはらんでいる．これまで同一の統計対象に対して複数の統計が重複すると，それは統計制度の非効率，不整合と受け取られることが多かった．たしかに，統計予算や被調査者負担は最小限にする必要がある．だが，上述のように，インドのライヤートワリ地域における，歪んだ村落土地記録をベースに作成されたレジスターベースの農業センサスのように，短期的に統計予算が節約され，被調査者負担が軽減されても，そもそも結果数値が使い物にならなくなり，地税徴税官の官僚制的組織を外部からチェックできなくなるばかりか，地域農業政策や農地改革の実施にかえって甚大な情報損失をもたらす場合もある．レジスターベースの統計制度においても，異なる行政記録同士のマッチングによって，各行政記録相互のチェックが可能となるが，そのチェックが実際にどこまで可能でどこに限界

があるのか議論を尽くす必要がある．一方，インドの統計制度では，伝統的に，幾つかのごく主要な行政記録，業務統計に限って行政組織外部からパラレルに対比する標本調査が巧みに設定されている．行政組織の官僚制的組織を組織外部から標本調査によってチェックするという思想は，事実上，インドでは以前からあったとみるべきである．

だが，統計機関（あるいは統計局）は，行政諸機関から行政記録の提供を受けるだけでなく，行政諸機関の官僚制的組織をチェックする潜在能力を強化するために，行政府のすべての個別行政機関の官僚制的組織から独立した機関として，立法府あるいは国民から特別の権限を付託される必要がある．広範な市民が，官僚制的組織に流されることなく統計制度における行政記録の役割についてしっかりと筋道立てて批判的に検討できないのなら，民主主義の将来は危ういものとなるだろう．

行政記録と統計制度は国や体制によって大きく異なるから，インド一国の統計制度に限定した本書の射程には当然限界がある．他の国についても研究が必要である．ただ，この問題を検討するために，もっぱらヨーロッパ，とりわけヨーロッパ統計家会議・国連欧州経済委員会の指導的政府統計家のレジスターベース統計制度論だけ研究しても，本書でみたようにその内容には限界がある．日本の行政記録情報に関しても今後様々な研究が可能である．

本書で展開した業務記録，業務統計の理論をさらに一般化するためには，民間機関の民間業務記録・民間業務統計の研究も必要である．これは本書の理論研究の先に残された，まったく別の新たな研究課題である．本書は業務記録，業務統計の一般理論を論じるときも（例えば第1章参照），資料上の制約から，行政記録と政府業務統計の研究にテーマを限定した．今日，筆者を含むほとんどすべての組織従業者は，職場組織でごく日常的に業務記録に囲まれて生活している．そうしたなかから，将来，企業業務記録，企業業務統計の研究という資本主義社会体制の根幹に関わる研究が組織内部から提起されることを期待したい．本書はそのような巨大な課題を残した，あくまで中間的な研究総括にすぎない．それにもかかわらず，本書が官僚制的組織の業務記録，業務統計研究のこの新領域を考えるためのひとつの礎石となれば幸いである．

# 参考文献

伊藤伸介 (2017), 「公的統計における行政記録データの利活用について—デンマーク, オランダとイギリスの現状」『経済学論纂』(中央大学) 第58巻第1号.
伊藤陽一 (1999), 「『統計の品質』をめぐって—翻訳と論文」『統計研究参考資料』(法政大学日本統計研究所) No. 61.
石川健 (2010), 「Non-Observed Economy 計測の国際的展開と CIS の動向」『島根大学法文学部紀要』54(1・2).
上杉正一郎 (1960a), 「資本主義国における第二義統計の諸形態」『統計学』(経済統計研究会) 第8号, [『経済学と統計』青木書店 (改訂新版) 1974年, 所収]).
上杉正一郎 (1960b), 「第二義統計としての経済統計について」『東京経済大学会誌』29・30号.
梅田次郎, 小野達也, 中泉拓也 (2004), 『行政評価と統計』日本統計協会.
内海庫一郎 (1963), 「統計対象論に関する一覚書」『統計学』第11号.
内海庫一郎 (1975), 『社会統計学の基本問題』北大図書刊行会.
大橋隆憲・野村良樹 (1963), 『統計学総論』上, 有信社.
大屋祐雪 (1960), 「社会経済体制と統計」『熊本商大論集』第12号.
大屋祐雪 (1995), 『統計情報論』九州大学出版会.
岡部純一 (1992), 「北海道職安業務統計の抽象性—データ不突合の積極的利用に基づく一考察」『経済学研究』(北海道大学) 第41巻第4号.
岡部純一 (1993), 「職安業務統計システムによる地域研究の可能性」『アルテス・リベラレス』(岩手大学) 第53号.
岡部純一 (1996), 「統計調査論」経済統計学会編『社会科学としての統計学』第3集, 産業統計研究社.
岡部純一 (2001), 「インドにおける出生・死亡登録のカバレッジは何を意味するか」『統計学』(経済統計学会) 第81号.
岡部純一 (2002), 「カルカッタ・メトロポリスの世帯調査に関する予備的考察」,『アルテス・リベラレス』(岩手大学人文社会科学部紀要), 70号.
岡部純一 (2003a), 「インド統計制度の現状と課題：2001年国家統計評議会報告から (上)」『統計研究参考資料』(法政大学日本統計研究所) 80号.
岡部純一 (2003b), 「インドの官僚制度と行政統計」『統計学』第85号.
岡部純一 (2006), 「政府業務記録と統計利用」経済統計学会編『社会科学としての統計学』第4集, 産業統計研究社.
岡部純一 (2009), 「未観測経済の計測論序説」杉森滉一, 木村和範, 金子治平, 上藤一郎編『社会の変化と統計情報』北海道大学出版会.

岡部純一 (2012), 「2008SNA における Non-Observed Economy」 *CESSA Working Paper* (Center for Economic and Social Studies in Asia, Department of Economics, Yokohama National University), *CESSA WP 2012-01*, pp. 1-60, 2012.
岡部純一 (2018), 「行政記録と統計制度——ヨーロッパとインドの統計改革に関する比較分析」『エコノミア』第68巻第2号.
各府省統計主管部局長等会議 (2003), 『統計行政の新たな展開方向』.
木村太郎 (1992), 『改訂統計・統計方法・統計学』産業統計研究社.
木村太郎 (1998), 『統計学あれこれ』産業統計研究社.
工藤弘安 (1989), 「レジスター・ベースの統計制度」『研究所報』(法政大学日本統計研究所) No. 16.
工藤弘安 (1990), 「統計調査における情報提供(II)」『経済研究』(成城大学) 第108巻.
工藤弘安 (1991), 「商品分類に関する国際標準分類の系譜」上野格編『経済と文化』新評論.
工藤弘安 (1995), 「統計調査における情報提供(III)」『経済研究』(成城大学) 第128巻.
坂田大輔 (2012), 「インド統計学の実践性」『統計学』(経済統計学会) 第85号.
関口智編 (2016), 『地方財政・公会計制度の国際比較』日本経済評論社.
田口富久治 (1981), 『行政学要論』有斐閣.
統計改革推進会議 (2017), 『統計改革推進会議 最終取りまとめ』.
内閣府経済社会統計整備推進委員会 (2005), 『政府統計の構造改革に向けて』.
西尾勝 (1993), 『行政学』有斐閣.
西尾勝 (1990), 『行政学の基礎概念』東京大学出版会.
蜷川虎三 (1932), 『統計利用に於ける基本問題』岩波書店 [現代語版1988年].
蜷川虎三 (1934), 『統計学概論』岩波書店.
日本政府 (2009), 『公的統計の整備に関する基本的な計画』
    (http://www.soumu.go.jp/toukei_toukatsu/index/seido/12.htm).
日本政府 (2014), 『公的統計の整備に関する基本的な計画』
    (http://www.soumu.go.jp/toukei_toukatsu/index/seido/12.htm).
日本政府 (2018), 『公的統計の整備に関する基本的な計画』
    (http://www.soumu.go.jp/toukei_toukatsu/index/seido/12.htm).
古川俊一 (2000), 「政策評価の概念・類型・課題(上)(下)」『自治研究』76巻2, 4号.
丸山博 (1958), 「人口動態統計調査史考」『統計学』第6号.
水野谷武志 (2006), 「統計制度改革の国際的動向と統計品質論」『社会科学としての統計学 第4集』経済統計学会.
三菱総合研究所 (2016), 『公的統計における行政記録情報の活用に関する調査研究』.
森博美 (1992), 「業務統計の作成論理とその構造」『経済志林』(法政大学経済学会) 59-4.
森博美 (2004), 「イギリスにおけるビジネス・レジスターについて」『統計研究参考資料』(法政大学日本統計研究所) No. 86.
森博美 (2013), 「行政記録情報の情報形態と表式調査」『ディスカッション・ペーパー』(法政大学日本統計研究所) No. 1.

山口秋義（2003），『ロシア国家統計制度の成立』梓出版社．
山口秋義（2004），「ロシアのノンオブザーブドエコノミーの推計に関する一考察」『紀要』（九州国際大学社会文化研究所）55 号．
吉田忠編（1995），『現代統計学を学ぶ人のために』世界思想社．

Bakshi, A. (2011), "Weakening Panchayats in West Bengal," *Review of Agrarian Studies*, vol. 1, no. 2.
Bakshi, A. and Okabe, J. (2008), "Panchayat Level Data Bases: A West Bengal Case Study," *CITS Working Paper 2011-14*, Center for International Trade Studies, Faculty of Economics, Yokohama National University, Yokohama, available at http://www.econ.ynu.ac.jp/cits/publications/paper.html, viewed on 1 August 2016.
Bartunek, J.M. and Louis, M.R. (1996), *Insider/Outsider Team Research*, SAGE.
Bender, Stefan Ruth Brand and Johann Bacher (2010), Re-identifying register data by survey data: An empirical study. *Statistical Journal of the UNECE*, Vol. 18, Issue 4.
Central Statistics Office (2010), *Manual on Vital Statistics*, Government of India.
Central Statistics Office (2011), *Cross-Sectional Synthesis Report on Pilot Scheme of Basic Statistics for Local (Village) Level Development: Based on Results of the Pilot Scheme on BSLLD Executed in Selected States and UTs*, Ministry of Statistics and Programme Implementation, Government of India, New Delhi.
Central Statistics Office (2014), *Report on Basic Statistics for Local Level Development (BSLLD) Pilot Study in Rural Areas*, Ministry of Statistics and Programme Implementation, Government of India, New Delhi.
Central Statistical Organisation (1999), *Expert Group on Informal Sector Statistics (Delhi Group) Report of the Third Meeting*, Govemment of lndia.
Central Statistical Organisation (2006), *Report of High Level Expert Committee on Basic Statistics for Local Level Development*, Social Statistics Division of Ministry of Statistics and Programme Implementation, Government of India, New Delhi.
Central Statistical Organisation (2008), *Economic Census 2005: All India Report*, Ministry of Statistics and Programme Implementation, Government of India.
Centre for Budget and Governance Accountability (2011), *Transparency in State Budgets in India: Maharashtra*.
Chander, Avinash (2008), *Report on District Planning: Status and Way Forward*, Socio-Economic Research Division of Planning Commission, available at http://planningcommission.nic.in/reports/sereport/ser/ser_distplan.pdf, viewed on 1 July 2018.
Chandrasekar C., and Deming, W.E. (1949), "On a method of estimating birth and death rates and the extent of registration", *Journal of the American Statistical Association*, vol. 44, no. 245.
Chaudhuri, Siladitya, and Gupta, Nivedita (2009), "Levels of Living and Poverty Patterns: A District-Wise Analysis for India," *Economic and Political Weekly*, vol. 44, no. 9.
Committee on Plan Projects, Government of India (1959), *Report of the Team for the*

*Study of Community Projects and National Extension Service*（Chairman: Balwantrai Mehta），New Delhi.
Comptroller and Auditor General（2008），*Audit Report (Local Bodies) for the Year Ended March 2008*, Comptroller and Auditor General of India.
Comptroller and Auditor General and Ministry of Panchayati Raj（2009），*Model Accounting System for Panchayats (Formats, Guidelines and List of Codes)*, Government of India, available at http://www.panchayat.gov.in/model-accounting-system1, viewed on 1 July 2018.
Conference of European Statisticians（CES）（2003），*Report of the December 2002 Joint UNECE-Eurostat Work Session on Registers and Administrative Records for Social and Demographic Statistics*.
Crook, Richard C. and Manor, James（1998），*Democracy and decentralisation in South Asia and West Africa: participation, accountability and performance*, Cambridge, Cambridge University Press.
Department of Statistics（1998），*Indian Statistical System*.
Dimova, Tihomira（2007），*Eurostat tabular approach*, UNECE Seminar on Measuring the NOE Dushanbe, Tajikistan, 14–16 November 2007.
Directorate of Economics and Statistics, Government of Maharashtra（2012），*Basic Statistics for Local Level Development: Report on Pilot Scheme (Akola District in Maharashtra)*, Government of Maharashtra.
DISNIC Programme Division（2005），*DISNIC-PLAN Project: Phase-II (Information Technology for Micro-Level Planning) A Project Sponsored by the Planning Commission*, National Informatics Centre, Department of Information Technology Ministry of Communications and Information Technology, Government of India, New Delhi.
Eleventh Finance Commission（2000），*Report of the Eleventh Finance Commission*, New Delhi.
Elvers, E., and Rosén, B.（1997），"Quality Concept for Official Statistics," *Encyclopedia of Statistical Sciences*, John Wiley & Sons, New York.
European Commission, International Monetary Fund, Organisation for Economic Co-operation and Development, United Nations and World Bank（2009），*System of National Accounts 2008*, available at http://unstats.un.org/unsd/nationalaccount/sna2008.asp, viewed on 1 July 2018（2008SNAと略）．
Eurostat（2005），*Eurostat's Tabular Approach to Exhaustiveness: Guidelines*. Fifth Meeting of the GNI Committee on 5–6 July 2005, Luxembourg.
Eurostat（2012），Essential SNA: Building the basics（2012 edition），Eurostat.
Examiner of Local Accounts, West Bengal（2009），*The Report of the Examiner of Local Accounts on Panchayati Raj Institutions for the Year Ending 31 March 2009*, Government of West Bengal.
Feuerbach, L.（1841），*Das Wesen des Christentums*, Passerino. 船山信一訳『キリスト教

の本質』岩波書店，1965 年．
Flaskämper, P. (1949), *Allgemeine Statistik. Grundrisse der Statistik*, Teil I., 2. Aufl., Hamburg, Richard Meiner. 大橋隆憲・足利末男共訳『一般統計学』農林統計協会，1953 年．
Gërxhani, Klarita (2004), The informal sector in developed and less developed countries: A literature survey, *Public Choice*, vol. 120.
Ghosh J.K., Maiti P., Rao T.J. and Sinha B.K. (1999), Evolution of Statistics in India, *International Statistical Review*, vol. 67, no. 1.
Government of Maharashtra (2008), *Annual Budget Report on Gram Panchayats in Maharashtra 2007-08*.
Government of Maharashtra (2012), *Annual Budget Report on Gram Panchayats in Maharashtra 2011-12*.
Griffin, Tom (1999), "The census in Europe," *Statistical Journal of the UNECE*, Vol. 16, Issue 2/3.
Harala, Riitta and Anna-Leena Reinikainen (1996), Confidentiality in the use of administrative data sources. *Statistical Journal of the UNECE*, Vol. 13, Issue 4.
Hegel, G.W.F. (1821), Grundlinien der Philosophie des Rechts, *Werke*, Bd. 7, Suhrkamp Verlag. 岩崎武雄編『ヘーゲル』中央公論社，1967 年．
Himanshu (2008), "What Are These New Poverty Estimates and What Do They Imply?", *Economic and Political Weekly*, vol. 43, no. 43.
Himanshu (2010), "Poverty's definitional woes," *Live Mint*, 27 May.
Hoffmann, Eivind (1995), "We Must Use Administrative Data for Official Statistics — But How Should We Use Them? " *Statistical Journal of the UNECE*, Vol. 12, Issue 1.
Hungarian Central Statistical Office (1999), The role of population registers in censuses, *Working Paper* No. 30, Joint UNECE — Eurostat Work Session on Registers and Administrative Records for Social and Demographic Statistics.
ILO (1993), Resolution concerning statistics of employment in the informal sector, adopted by the Fifteenth International Conference of Labour Statisticians (January 1993). available at http://www.ilo.org/global/statistics-and-databases/standards-and-guidelines/resolutions-adopted-by-international-conferences-of-labour-statisticians/WCMS_087484/lang-en/index.htm, viewed on 1 July 2018.
International Institute for Population Sciences (2007), *National Family Health Survey (NFHS-3) 2005-2006*, vol. I, available at http://www.rchiips.org/nfhs/nfhs3_national_report.shtml, viewed on 1 July 2018.
International Institute for Population Sciences (2010), *District Level Household and Facility Survey 2007-08*, Mumbai, available at http://www.rchiips.org/pdf/INDIA_REPORT_DLHS-3.pdf, viewed on 1 July 2018.
Isaac, Thomas T.M. and Franke, Richard W. (2000), *Local Democracy and Development: People's Campaign for Decentralized Planning in Kerala*, LeftWord Books, New Delhi.
Jain, Sachin Kumar (2004), "Identification of the Poor: Flaws in Government Surveys,"

*Economic and Political Weekly*, vol. 39, no. 46-47.
Japan International Cooperation Agency (2008), *Draft Final Report: The Study on the Improvement of Internal Revenue Allotment (IRA) System in the Republic of the Philippines*, KRI International Corp.
Judson, Dean H. (2002), Merging Administrative Records Databases in the Absence of a Register, *Working Paper* No. 5, Joint UNECE — Eurostat Work Session on Registers and Administrative Records for Social and Demographic Statistics.
Kashyap, Anirban (1989), *Panchayati Raj: Views of Founding Fathers and Recommendations of Different Committees*, Lancers Books, New Delhi.
Kerala Administrative Reforms Commission (1958), *Report of the Administrative Reforms Committee* (Chairman: E.M.S. Namboodiripad), Trivandrum.
Kumar, Girish (2006), *Local Democracy in India: Interpreting Decentralization*, Sage Publications, New Delhi.
Leggieri, Charlene (1999), Uses of Administrative Records in United States Census 2000, *Working Paper* No. 5, Joint UNECE — Eurostat Work Session on Registers and Administrative Records for Social and Demographic Statistics.
Leow, Bee-Geok and Eng-Chuan Koh (2001), Combining Survey and Administrative Data for Singapore's Census of Population 2000, *Bulletin of the International Statistical Institute*, 53rd Session Proceedings Tome LIX Three Books Book1.
Marx, Karl (1843), Kritik des Hegelschen Staatsrechts (§§ 261-313), *Marx-Engels-Werke (MEW)*, Bd. 1.
Marx, K. (1867), Das Kapital, Bd. 1, *MEW*., Bd. 23.
Mathew, George and Institute of Social Sciences (2000), *Status of Panchayati Raj in the States and Union Territories of India*, Concept Publishing Company, New Delhi
Mayr, Georg von (1914), *Statistik und Gesellschaftslehre*. Bd. Ⅰ (Theoretische Statistik), 2 Aufl., Paul Siebeck, Tübingen. Bd. 1 の I-V Abschnitt については，大橋隆憲訳『統計学の本質と方法』小島書店，1943年.
Ministry of Agriculture (2006a), *Agricultural Census 2005-06: Manual of Schedules and Instructions for Data Collection (Land Record States)*, Government of India, available at http://agcensus.nic.in/report/ac_lr_200506.pdf, viewed on 1 July 2018.
Ministry of Agriculture (2006b), *Agricultural Census 2005-06: Manual of Schedules and Instructions for Data Collection (Non-Land Record States)*, Government of India, available at http://agcensus.nic.in/report/ac_nlr_200506.pdf, viewed on 1 July 2018.
Ministry of Agriculture and Irrigation, Department of Rural Development, Government of India (1978), *Report of the Committee on Panchayati Raj Institutions* (Chairman: Asoka Mehta), New Delhi.
Ministry of Panchayati Raj (2011), *Roadmap for the Panchayati Raj (2011-16): An All India Perspective*, Government of India.
Ministry of Rural Development (2009), *Report of the Expert Group to Advise the Ministry of Rural Development on the Methodology for Conducting the Below Poverty Line*

(BPL) *Census for the 11th Five Year Plan*, Government of India.

Ministry of Rural Development (2011), *Instruction Manual for Enumerators: Socio-Economic and Caste Census 2011 — Rural*, Government of India.

Ministry of Statistics and Programme Implementation (1999), *Report of Expert Committee to Review the Functioning of National Sample Survey Organisation*.

Morgenstern, O. (1963), *On the Accuracy of Economic Observations*, 2nd ed., Princeton Univ. Press. 浜崎敬治・山下邦男・是永純弘共訳『経済観測の科学』法政大学出版局、1968 年.

Mukherjee, Amitava (ed.) (1994), *Decentralisation: Panchayats in the Nineties*, Vikas Publishing House, New Delhi.

Myrskylä, Pekka (1999), "New statistics made possible by the use of registers," *Statistical Journal* of the UNECE, Vol. 16 Issue 2/3.

Nagaraj K. (2008), *A Note on Methods of Village Study*, paper presented in Studying Village Economies in India: A Colloquiumin Chalsa.

National Statistical Commission (NSC) (2001), *Report of the National Statistical Commission*, New Delhi, available at http://www.mospi.gov.in/report-dr-rangarajan-commission, viewed on 1 July 2018. 第 1 章〜第 9 章の摘訳は、岡部純一「インド統計制度の現状と課題(上)—2001 年国家統計評議会報告から」『統計研究参考資料』法政大学日本統計研究所、No. 80, 2003 年 available at https://www.hosei.ac.jp/toukei/shuppan/g_sanshi80.pdf, viewed on 1 July 2018.

OECD (2002), *Measuring the Non-Observed Economy: A Handbook*, Organisation for Economic Co-operation and Development, Paris.

OECD/UNESCAP/ADB (2004), Workshop on Assessing and Improving Statistical Quality: Measuring the Non-observed Economy, Bangkok, 11-14 May 2004.

Office for National Statistics (2017), *ONS Census Transformation Programme: Annual assessment of ONS's progress towards an Administrative Data Census post-2021*.

Office of the Registrar General, India (1998), *Handbook of Civil Registration*, fourth ed.

Office of the Registrar General, India (2009), *Annual Report on Vital Statistics of India based on CRS-2009*, available at http://www.censusindia.gov.in/2011-Common/Annual_Report.html, viewed on 1 July 2018.

Office of the Registrar General, India (2011), *Annual Report on Vital Statistics of India based on CRS-2011*, available at http://www.censusindia.gov.in/2011-Common/Annual_Report.html, viewed on 1 July 2018.

Okabe, Jun-ichi (2003), "Wide Variations in Statistical Data Sets on the Same Subjects: reconsidering the Report of the Indian National Statistical Commission," *Occasional Paper*, Japan Statistics Research Institute: Hosei University, no. 9, available at https://www.hosei.ac.jp/toukei/shuppan/oc09.html, viewed on 1 July 2018.

Okabe, Jun-ichi and Surjit, V. (2012), "Village-Level Birth Records: A Case Study," *Review of Agrarian Studies*, vol. 2, no. 1, available at http://www.ras.org.in/village_level_birth_records, viewed on 1 July 2018.

Okabe, Jun-ichi and Bakshi, Aparajita (2016), *A New Statistical Domain in India: An Enquiry into Village Panchayat Databases*, Tulika Books, New Delhi.

Oommen, M. A. (ed.) (2008), *Fiscal Decentralisation to Local Governments in India*, Cambridge Scholars Publishing, Newcastle.

Panchayats and Rural Development Department (2006), *Annual Administrative Report 2005–06*, Government of West Bengal, Kolkata.

Panchayats and Rural Development Department (2007), *Annual Administrative Report 2006–2007*, West Bengal, Kolkata, available at http://www.wbprd.gov.in/HtmlPage/Reports.aspx, viewed on 1 July 2018.

Panchayats and Rural Development Department (2008a), *Annual Administrative Reports 2007–2008*, Government of West Bengal, Kolkata.

Panchayats and Rural Development Department (2008b), *Self-Evaluation Schedule for Gram Panchayats (2007–08)*, Government of West Bengal, Kolkata.

Panchayats and Rural Development Department (2009a), *Annual Administrative Report 2008–09*, Government of West Bengal, Kolkata.

Panchayats and Rural Development Department, (2009b), *Roadmap for the Panchayats in West Bengal: A Vision Document*, Government of West Bengal, Kolkata, available at http://www.wbprd.gov.in/HtmlPage/Reports.aspx, viewed on 1 July 2018.

PARI (2007), Survey data, Project on Agrarian Relations in India, Foundation for Agrarian Studies, Bengaluru.

Planning Commission (1952), *First Five Year Plan 1951–1956*, New Delhi.

Planning Commission (2007), *Maharashtra State Development Report*, Academic Foundation.

Planning Commission (2008a), *Eleventh Five Year Plan 2007–2012*, Volume I, Government of India, New Delhi.

Planning Commission (2008b), *Manual for Integrated District Planning*, Government of India, New Delhi, available at http://planningcommission.gov.in/reports/genrep/mlp_idpe.pdf, viewed on 1 July 2018.

Poulsen, Marius Ejby (1999), "Maintaining the quality of the registers used in the Danish Census," *Statistical Journal of the UNECE*, Vol. 16 Issue 2/3.

Priest, Gordon (1996), "Challenges and opportunities in administrative records," *Statistical Journal of the UNECE*, Vol. 13 Issue 4.

Rai, Manoj, Nambiar, Malini, Paul, Sohini, Singh, Sangeeta U., and Sahni, Satinder S. (eds) (2001), *The State of Panchayats: A Participatory Perspective*, Samskriti, New Delhi.

Raina Gram Panchayat (2008), *Protibedon*, Raina, West Bengal.

Ramachandran V. K., Usami Y. and Sarkar B. (2010), "Lessons from BPL Censuses", *The Hindu*, April 20, 2010.

Rao, M. Govinda, and Rao, U. A. Vasanth (2008), "Expanding the Resource Base of Panchayats: Augmenting Own Revenues," *Economic and Political Weekly*, vol. 43, no. 4.

Rao, T.J. (2010), "Official Statistics in India: The Past and the Present," *Journal of Official Statistics*, vol. 26, no. 2.

Rath, N. (2002), "Decentralised Statistical System: Report of National Statistical Commission," *Economic and Political Weekly*, February 23, 2002.

Registrar General, India (1998), *Handbook of Civil Registration*, fourth edition.

Sasaki, Yu (2005), "Decentralisation or Retreat of the State?: Comparison of House Tax Collection in Village Panchayats in Madhya Pradesh and Tamil Nadu," *Journal of the Japanese Association for South Asian Studies*, vol. 17.

Second Administrative Reforms Commission (2007), *Sixth Report on Local Governance: An Inspiring Journey into the Future*, New Delhi, available at http://arc.gov.in/6-1.pdf, viewed on 1 August 2016.

Sen, Amartya (1985), *Commodities and Capabilities*, North-Holland.

Simon, H. A., Kozmetsky G., Guetzkow, H. and Tyndall, G. (1954), *Centralization vs. Decentralization in Organizing the Controller's Department: A research study and report*, Controllership Foundation. 該当部分は、Simon, HA., Kozmetsky G., Guetzkow, H. and Tyndall, G. "Management Uses of Figures," R.T. Golembiewski, ed., *Public Budgeting and Finance*, Peacock, 1968 に収録。

Simon, H.A. and Ridley, C.E. (1938), *Measuring Municipal Activities*, 本田弘訳 (1999)『行政評価の基準』北樹出版。

Sridhar, V. (2013), "The Data Challenge at the Gram Panchayat Level," *The Hindu*, 8 November, available at http://www.thehindu.com/business/Economy/the-data-challenge-at-the-gram-panchayat-level/article5329852.ece, viewed on 1 July 2018.

State Planning Board, Government of Kerala (1996), *Adhikaram Janangalkku* (in Malayalam) (Power to the People), Ninth Five Year Plan, Handbook for Trainers, Thiruvananthapuram.

Sundaram, K. (2003), "On Identification of Households Below Poverty Line in BPL Census 2002: Some Comments on the Proposed Methodology," *Economic and Political Weekly*, vol. 38, no. 9.

Szenzenstein, Johann (2005), "The New Concept and Method of the Next German Census,"『研究所報』(法政大学日本統計研究所) No. 33.

Third State Finance Commission of West Bengal (2008), *Report of the Third State Finance Commission, West Bengal*.

Thirteenth Finance Commission (2009), *Report of the Thirteenth Finance Commission*, New Delhi.

Thomsen, Ib and Ann Marit Kleive Holmøy (1998), Combining Data from Surveys and Administrative Record Systems: The Norwegian Experience. *International Statistical Review*, vol. 66, no. 2.

Thygesen, Lars (1995), "The Register-Based System of Demographic and Social Statistics in Denmark: An Overview," *Statistical Journal of the UNECE*, Vol. 12, Issue 1, United Nations Economic Commission for Europe.

Twelfth Finance Commission (2004), *Report of the Twelfth Finance Commission*, New Delhi.
UNECE [United Nations Economic Commission for Europe] (1993), *Inventory of National Practices in Estimating Hidden and Informal Activities for National Accounts*, United Nations, Geneva.
UNECE (2003), *Non-Observed Economy in National Accounts: Survey of National Practices*, United Nations, Geneva.
UNECE (2007a), *Register-based Statistics in the Nordic Countries*, United Nations, Geneva.
UNECE (2007b), Seminar on measuring non-observed economy in National Accounts, 14-16 November 2007, Dushanbe, Tajikistan, available at http://www.unece.org/index.php?id=14463, viewed on 1 July 2018.
UNECE (2008a), *Non-Observed Economy in National Accounts: Survey of Country Practices*, United Nations, Geneva.
UNECE (2008b), Seminar on National Accounts, non-observed economy and other related areas, 24-26 September 2008, Baku, Azerbaijan, available at http://www.unece.org/index.php?id=14339, viewed on 1 July 2018.
UNECE (2011), *Using Administrative and Secondary Sources for Official Statistics-A Handbook of Principles and Practices*, United Nations, New York and Geneva.
UNECE (2015), *Conference of European Statisticians Recommendations for the 2020 Censuses of Population and Housing*, United Nations, New York and Geneva.
UNICEF (2005), *The 'Right' to Start to Life*, United Nations Children's Fund, New York, available at http://www.unicef.org/publications/index_25248.html, viewed on 1 July 2018.
UNICEF (2009), *Progress for Children*.
UNICEF and Government of India (2001), *Multiple Indicator Survey-2000: India Summary Report*.
UNICEF, Innocenti Research Centre (2002), "Birth Registration : Right from the Start", *Innocenti Digest*, No. 9, UNICEF.
United Nations (1949), *Demographic Yearbook 1948*.
United Nations (1950), *Demographic Yearbook 1949-50*.
United Nations (1979), *Demographic Yearbook Special Issue : Historical supplement*.
United Nations (2001), *1993 SNA on the web*, available at http://unstats.un.org/unsd/nationalaccount/docs/1993sna.pdf, viewed on 1 July 2018.
United Nations (2010), *Demographic Yearbook 2008*.
United Nations, Statistics Division (2001), *Principles and Recommendations for a Vital Statistics System, Revision 2*, United Nations.
United Nations, Statistics Division (2011), *Final Report of the Expert Group Meeting*, United Nations Expert Group Meeting on International Standards for Civil Registration and Vital Statistics Systems, 27-30 June 2011, New York.

United Nations, Statistics Division (2014), *Principles and Recommendations for a Vital Statistics System, Revision 3*, United Nations.

United Nations, Statistics Division (2017), *Principles and Recommendations for Population and Housing Censuses, Revision 3*, United Nations.

United Nations, Statistical Office (1985), *Handbook of Vital Statistics System and Methods. Volume II : Review of National Practices*.

Unnikrishnan, P. V. (2012), "Strategic Management of Information Communication Technologies in the Third-World Context," PhD thesis submitted to University of Kerala, Department of Future Studies.

Usami, Yoshifumi, Sarkar, Biplab, and Ramachandran, V.K. (2010), "Are the Results of BPL Census 2002 Reliable?," presented at International Conference on Environment, Agriculture and Socio-economic Change in Rural India, Kyungpook National University, Daegu, South Korea, 29-30 March.

Weber, Max (1921-1922), *Wirtschaft und Gesellschaft*, Paul Siebeck, Tübingen, S. 603-1612, 650-678. 世良晃志郎訳『支配の社会学Ⅰ』創文社，1960年，3-142頁．

Žižek, F. (1923), *Grundriss der Statistik*, 2. Aufl., Verlag von Duncker & Humblot.

# 巻末資料

資料 1. 地域開発基礎統計（BSLLD）に関する村落調査票（Village Schedule）[1]

## Village schedule

### Block 0 : Descriptive identification of the village

| Sl. No. | Item | Name | Code As per Census-2011 | | | |
|---|---|---|---|---|---|---|
| 0.1 | State/UT | | | | | |
| 0.2 | District | | | | | |
| 0.3 | Tehsil/ Sub Division | | | | | |
| 0.4 | Block | | | | | |
| 0.5 | Panchayat | | | | | |
| 0.6 | Village | | | | | |
| 0.7 | Reference Year | | 2 | 0 | | |

### Block 1 : Particulars of data recording

| Sl. No. | Item | Panchayat Secretary/ Other designated Primary Worker | Block Statistical Officer | District Statistical Officer |
|---|---|---|---|---|
| (1) | (2) | (3) | (4) | (5) |
| 1.1 | Name (block letters) | | | |
| 1.2 | Sex (M/F) | | | |

---

1) Central Statistics Office (2014), pp. 157ff.

| 1.3 | Date(s) of | DD | MM | YY | DD | MM | YY | DD | MM |
|---|---|---|---|---|---|---|---|---|---|
| | (i) Recording/Inspection | | | | | | | | |
| | (ii) Receipt | ■ | ■ | ■ | | | | | |
| | (iii) Scrutiny | ■ | ■ | ■ | | | | | |
| | (iv) Despatch | | | | | | | ■ | ■ |
| 1.4 | Signature | | | | | | | | |

## Block 2 : Availability of some basic facilities

| Sl. No | item | Item Code | Source Code |
|---|---|---|---|
| (1) | (2) | (3) | (4) |
| 2.1 | Household electricity connection *at least for one household in the village* (Yes-1, No-2) | | |
| 2.2 | Use of Renewable source of Energy *by at least for one household in the village* (Yes-1, No-2) | | |
| 2.3 | At least one Cable connection within the village (Yes-1, No-2) | | |
| 2.4 | Major source of drinking water *for the village* (tap-1, tube well/hand pump-2, well-3, reserved tank for drinking water-4, any other source-9) | | |
| 2.5 | Drainage system passes through the village (Yes-1, No-2) | | |
| 2.6 | Benefit is being received from Government controlled irrigation system by at least one villager (Yes-1, No-2) | | |
| 2.7 | Whether any type of cooperative society including cooperative credit society is in function within the village (Yes-1, No-2) | | |
| 2.8 | Whether any self help group is in function within the village (Yes-1, No-2) | | |
| 2.9 | Any adult education course is in operation within the village (Yes-1, No-2) | | |
| 2.10 | If there is any credit society other than cooperative credit society (Yes-1, No-2) | | |
| 2.11 | Whether there is any commercial bank or agricultural bank (Yes-1, No-2) | | |
| 2.12 | Whether there is pucca street (Yes-1, No-2) | | |
| 2.13 | Frequency (per day) of State Transport/ Private buses to nearest city (*No facility-1, Less than 5-2, At least 5-3*) | | |
| 2.14 | Whether there is any crèche facility (Yes-1, No-2) | | |
| 2.15 | Whether there is street light (Yes-1, No-2) | | |

## Block 3 : Village Infrastructure

| Sl. No | Facilities | Last Year | | Source Code |
|---|---|---|---|---|
| (1) | (2) | (3) | | (4) |
| 3.1 | No. of factories set up within vicinity (5 kms radius) of the village | | | |
| 3.2 | No. of new bridges constructed within vicinity (5 kms radius) of the village | | | |
| 3.3 | No. of business establishment with large turnover (more than one crore annually) set up within vicinity (5 kms radius) of the village | | | |
| 3.4 | Orchard with area 1.0 Hectare and more planted within vicinity (5 km radius) of the village (Yes-1, No-2) | | | |
| 3.5 | Forest area declared within vicinity (5 kms radius) of the village (Yes-1, No-2) | | | |
| 3.6 | Percentage of households having access to safe drinking water | | | |
| 3.7 | Percentage of houses according to structure | | | |
| | (a) Katchcha | | | |
| | (b) Semi Pucca | | | |
| | (c) Pucca | | | |
| 3.8 | Percentage of houses with latrine | Sanitary | others | |
| | (a) Individual | | | |
| | (b) Shared | | | |

Block 4 : Distance from the nearest facility (distance in km to the nearest integer may be given. If the facility is available within the village, '00' may be given. Distance more than 99 kms may also be given as 99).

| Sl. No | Facilities | Distance in KM (in two digit) | If distance is '00' then number | Source Code |
|---|---|---|---|---|
| (1) | (2) | (3) | (4) | (5) |
| 4.1 | Panchayat HQS | | X | |
| 4.2 | Tehsil HQS | | X | |
| 4.3 | Bus stop | | | |
| 4.4 | Metalled road | | | |
| 4.5 | All weather road | | | |
| 4.6* | Pre-primary school (without separate toilet for girls) | | | |

| 4.7* | Primary school (without separate toilet for girls) | | | |
|---|---|---|---|---|
| 4.8* | Middle School (without separate toilet for girls) | | | |
| 4.9* | Secondary School (without separate toilet for girls) | | | |
| 4.10* | Higher secondary school (without separate toilet for girls) | | | |
| 4.11* | Pre-primary school (with separate toilet for girls) | | | |
| 4.12* | Primary school (with separate toilet for girls) | | | |
| 4.13* | Middle School (with separate toilet for girls) | | | |
| 4.14* | Secondary School (with separate toilet for girls) | | | |
| 4.15* | Higher secondary school (with separate toilet for girls) | | | |
| 4.16 | College with degree course | | | |
| 4.17 | College with master degree course/ university | | | |
| 4.18 | Industrial training Institute.(ITI) | | | |
| 4.19 | Non formal education centre (NFEC) | | | |
| 4.20 | Veterinary Sub-centre/dispensary | | | |
| 4.21 | Sub-Centre (Health) | | | |
| 4.22 | Public Health Centre (PHC) | | | |
| 4.23 | Community health centre | | | |
| 4.24 | Government hospital | | | |
| 4.25 | Allopathic Medicine shop | | | |
| 4.26 | Public Health Centre (PHC) | | | |
| 4.27 | Ayurvedic Medicine shop | | | |
| 4.28 | Other Medicine shop | | | |
| 4.29 | Post office | | | |
| 4.30 | Bank | | | |
| 4.31 | Fair price shop | | | |
| 4.32 | Weekly market | | | |
| 4.33 | Fertilizer/pesticide shop | | | |
| 4.34 | Internet (physical) facility | | | |
| 4.35 | PCO | | | |
| 4.36 | Special school for blind | | | |
| 4.37 | Special school for mentally retarded | | | |
| 4.38 | Vocational training school/centre | | | |

| 4.39 | Institution / organisation for rehabilitation of disabled persons | | | |
|------|---|---|---|---|
| 4.40 | Railway station | | × | |
| 4.41 | Airport | | × | |
| 4.42 | District HQS | | × | |
| 4.43 | State Capital | | × | |
| 4.44 | Police station/Beat Office/Outpost | | × | |
| 4.45 | Anganwari-noon meal centre | | | |
| 4.46 | Cooperative Society | | | |
| 4.47 | Community centre | | | |
| 4.48 | Recreational area (Club, Park, Garden) | | | |
| 4.49 | Public library | | | |

* Only Government and semi government should be reported

**Block 5 : Demographic information (All figures are in number) Item 5.1 to 5.5 as on 1st April of the reference year**

| Sl. No | Data item | Population in different Age Groups | | | | | | | Source Code |
|---|---|---|---|---|---|---|---|---|---|
| (1) | (2) | (3) | (4) | (5) | (6) | (7) | (8) | (9) | (10) |
| 5.1 | Population | 0-4 years | 5-14 years | 15-17 years | 18-49 years | 50-59 years | 60 years & above | Total | |
| 5.2 | Female | | | | | | | | |
| | Male | | | | | | | | |
| | Households | | | | | | | | |

| (1) | (2) | (3) | (4) | (5) | (6) | (7) | (8) |
|---|---|---|---|---|---|---|---|
| 5.3 | Total number of households | SC | ST | OBC | General | Total | |
| 5.4 | Total No. of Households headed by women | | | | | | |
| 5.5 | No. of households living below poverty line | | | | | | |

Item 5.6 to 5.13 during the reference year.

| Sl. No. | Births | | | | | | | Girls | Boys | Source Code |
|---|---|---|---|---|---|---|---|---|---|---|
| (1) | (2) | | | | | | | (3) | (4) | (5) |
| 5.6 | Live Birth | | | | | | | | | |
| 5.7 | Still Birth | | | | | | | | | |
| 5.8 | Deaths (below age 1 year) | | | | | | | | | |
| | Other Deaths (after completion of first birth day) | 1-4 years | 5-14 years | 15-49 years | 50-59 years | 60 years & above | Total | | | |
| (1) | (2) | (3) | (4) | (5) | (6) | (7) | (8) | | | |
| 5.9 | Female | | | | | | | | | |
| 5.10 | Male | | | | | | | | | |
| 5.11 | No. of Deaths of Women (Age groups : 15-49 years) at the time of Child Birth | | | | | | | | | |
| 5.12 | No. of pregnant women | | | | | | | | | |
| 5.13 | Number of MTP cases | | | | | | | | | |

*Note*: SC = Scheduled Caste, ST = Scheduled Tribe, OBC = Other Backward Classes.

## Block 6 : Morbidity, Disability and Family Planning

| Sl. No. | Name three (3) common diseases in the village in descending order of prevalence | | | | Source Code |
|---|---|---|---|---|---|
| (1) | (2) | (3) | (4) | (5) | (6) |
| 6.1 | Chronic | | | | |
| 6.2 | Seasonal | | | | |

| | | Number of disabled persons by type of disability | | | | | | |
|---|---|---|---|---|---|---|---|---|
| | | Female | | | Male | | | |
| (1) | (2) | (3) | (4) | (5) | (6) | (7) | (8) | (9) |
| | Type of disability | 0-59 Years | 60 years and above | Total | 0-59 Years | 60 years and above | Total | Source Code |
| 6.3 | Visual | | | | | | | |
| 6.4 | Hearing | | | | | | | |
| 6.5 | Speech | | | | | | | |
| 6.6 | Locomotor | | | | | | | |

| 6.7 | Mental illness | | | | | | |
|---|---|---|---|---|---|---|---|
| | Number of Married persons | | | | | | |
| | | Less than 15 years | 15–17 years | 18–20 years | 21 years and above | Source Code | |
| (1) | (2) | (3) | (4) | (5) | (6) | (7) | |
| 6.8 | Female | | | | | | |
| 6.9 | Male | | | | | | |
| 6.10 | Percentage of couples using any type of family planning method | | | | | | |

## Block 7 : Health manpower

| | | Number of health officials | | | | | | | | |
|---|---|---|---|---|---|---|---|---|---|---|
| | | Government facilities | | | | Non-Government facilities | | | | |
| | Type of systems | Female | | Male | | Female | | Male | | Source Code |
| | | Doctor | Trained Nurse/ Compounder etc | Doctor | Trained Nurse/ Compounder etc | Doctor | Trained Nurse/ Compounder etc | Doctor | Trained Nurse/ Compounder etc | |
| (1) | (2) | (3) | (4) | (5) | (6) | (7) | (8) | (9) | (10) | (11) |
| 7.1 | Allopathic | | | | | | | | | |
| 7.2 | Ayurvedic | | | | | | | | | |
| 7.3 | Unani | | | | | | | | | |
| 7.4 | Siddha | | | | | | | | | |
| 7.5 | Homeopathic | | | | | | | | | |
| 7.6 | Other / Naturopathy | | | | | | | | | |

## Block 8 : Education :

| | Literate Population (aged 7 years & above) in | SC | ST | OBC | GENERAL | Total | Source Code |
|---|---|---|---|---|---|---|---|
| (1) | (2) | (3) | (4) | (5) | (6) | (7) | (8) |
| 8.1 | Female | | | | | | |

| (1) | (2) | | | | | | (3) | (4) | (5) |
|---|---|---|---|---|---|---|---|---|---|
| 8.2 | Male | | | | | | | | |
| | Literate Population (aged 15-24 years) in numbers | SC | ST | OBC | GENERAL | Total | | | |
| 8.3 | Female | | | | | | | | |
| 8.4 | Male | | | | | | | | |
| | A: Primary Classes (I-V) | | | | | | Female | Male | Source Code |
| 8.5 | Number of students enrolled | | | | | | | | |
| 8.6 | Number of students attending schools | | | | | | | | |
| 8.7 | Number of new entrants/fresh entry | | | | | | | | |
| 8.8 | Number of students discontinued the studies | | | | | | | | |
| 8.9 | Reasons for discontinuation of studies | | | | | | | | |
| | B. Middle classes (VI-VIII) | | | | | | | | |
| 8.10 | Number of students enrolled | | | | | | | | |
| 8.11 | Number of students attending schools | | | | | | | | |
| 8.12 | Number of new entrants/fresh entry | | | | | | | | |
| 8.13 | Number of students discontinued the studies | | | | | | | | |
| 8.14 | Reasons for discontinuation of studies | | | | | | | | |
| | C. High School (IX-X) | | | | | | | | |
| 8.15 | Number of students attending schools | | | | | | | | |
| 8.16 | Number of new entrants/fresh entry | | | | | | | | |
| 8.17 | Number of students discontinued the studies | | | | | | | | |
| 8.18 | Reasons for discontinuation of studies | | | | | | | | |
| | D. Senior Secondary School (XI-XII) | | | | | | | | |
| 8.19 | Number of students enrolled | | | | | | | | |
| 8.20 | Number of students attending schools | | | | | | | | |
| 8.21 | Number of new entrants/fresh entry | | | | | | | | |
| 8.22 | Number of students discontinued the studies | | | | | | | | |
| 8.23 | Reasons for discontinuation of studies | | | | | | | | |
| 8.24 | Number of children aged 6-14 years, never enrolled in school | | | | | | | | |

Reasons for discontinuation of studies (i)-Economic-1 (ii)-Non-economic-2
(For items 8.5 to 8.21, the reference date may be taken as 30th September of the year)
*Note*: SC = Scheduled Caste, ST = Scheduled Tribe, OBC = Other Backward Classes.

## Block 9 : Land Utilisation

| Sl. No. | Items | Area In Hectare (up to 2 decimal) | Source Code |
|---|---|---|---|
| (1) | (2) | (3) | (4) |
| 9.1 | Geographical Area of the revenue village | | |
| 9.2 | Reporting Area for land utilisation | | |
| 9.3 | Area under forest | | |
| 9.4 | Barren and unculturable land | | |
| 9.5 | Area under non-agricultural uses | | |
| 9.6 | Area not available for cultivation (9.4 + 9.5) | | |
| 9.7 | Land under miscellaneous trees | | |
| 9.8 | Permanent pasture and other grazing land | | |
| 9.9 | Cultivable Waste Land | | |
| 9.10 | Current Fallow | | |
| 9.11 | Fallow lands other than current fallows | | |
| 9.12 | Net Area sown | | |
| 9.13 | Area sown more than once | | |
| 9.14 | Total cropped area (gross area) | | |
| 9.15 | Land under still water | | |
| 9.16 | Social forestry | | |
| 9.17 | Marshy land | | |
| | Area Irrigated by source (in Hectare) | | |
| 9.18 | Government canals | | |
| 9.19 | Wells /Tubewells | | |
| 9.20 | Tanks | | |
| 9.21 | Micro irrigation | | |
| 9.22 | Other source | | |
| 9.23 | Total irrigated land (9.18 to 9.22) | | |
| 9.24<br>9.25<br>9.26<br>9.27 | Number of operational holdings by size and classes<br>Marginal·········(below 1 hectare)<br>Small ············(1-4 hectare)<br>Medium ·········(4-10 hectare)<br>Large ············(10 hectare and above) | | |

|  | Natural Resources | | |
|---|---|---|---|
| 9.28 | River Length (Km.) | | |
| 9.29 | Area of water bodies (other than river) (Hect.) | | |
| 9.30 | Mines (Number) | | |

## Block 10 : Live stock and poultry

| Sl. No. | Livestock/ poultry | Number | Source Code |
|---|---|---|---|
| (1) | (2) | (3) | (4) |
| 10.1 | Cattle (including Ox, Bullock, Yak, Mithun, etc) | | |
| 10.2 | Buffaloes | | |
| 10.3 | Sheep | | |
| 10.4 | Goats | | |
| 10.5 | Horses, Ponies, Mules, Donkeys, Camels etc | | |
| 10.6 | Pigs | | |
| 10.7 | Hens and Ducks | | |
| 10.8 | Any other livestock and poultry | | |

## Block 11 : Number of storage and marketing outlets

| Sl. No. | Marketing Outlets | Number | Source Code |
|---|---|---|---|
| (1) | (2) | (3) | (4) |
| 11.1 | Fair Price shops | | |
| 11.2 | Mandis / Regular market | | |
| 11.3 | Cold storages | | |
| 11.4 | Godown / warehousing facility | | |
| 15.5 | Others shops. | | |

## Block 12 : Employment status (employment-unemployment) of the villagers (only for six years and above) (In number)

| Sl. No. | Sectors | Male | Female | Total | Source Code |
|---|---|---|---|---|---|
| (1) | (2) | (3) | (4) | (5) | (6) |
| 12.1 | Self employed in Agriculture sector | | | | |
| 12.2 | Self employed in Non-Agriculture sector | | | | |

| | | | | | |
|---|---|---|---|---|---|
| 12.3 | Employed as Regular wage / Salaried Employee (i) In Agriculture sector | | | | |
| 12.4 | (ii) Non-Agriculture sector | | | | |
| 12.5 | Rural labourer | | | | |
| 12.6 | Unemployed | | | | |
| 12.7 | Unemployed between age 15-24 | | | | |
| 12.8 | Not in the labour force | | | | |

**Block 13 : Migration (As per the last month of the reference period)**

| | | Out-migration | | | |
|---|---|---|---|---|---|
| | | 0-14 years | 15 years & above | Total | Source Code |
| (1) | (2) | (3) | (4) | (5) | (6) |
| 13.1 | Female | | | | |
| 13.2 | Male | | | | |
| | | In-migration | | | |
| 13.3 | Female | | | | |
| 13.4 | Male | | | | |

**Block 14 : Other social indicators: (As per the last month of the reference period)**

| Sl. No. | Other selected social indicators | Number | | Source Code |
|---|---|---|---|---|
| | Item | Female | Male | |
| (1) | (2) | (3) | (4) | (5) |
| 14.1 | Street children | | | |
| 14.2 | Beggars | | | |
| 14.3 | Juvenile Delinquent | | | |
| 14.4 | Drug addict | | | |
| 14.5 | Child worker (Aged 14 years and less) | | | |
| 14.6 | Incidence of violence against women (only cognizable reported cases) | | | |

Block 15 : Industries and business (number of small scale enterprises and workers therein)
(As on 31st March of the reference year)

| Sl. No. | Enterprises | Only Self Employed Enterprises (Own Account Enterprises) | | | Other Enterprises (with at least one paid worker) | | | | | Source Code |
|---|---|---|---|---|---|---|---|---|---|---|
| | | No. of Units | No. of Self-Employed Workers | | No. of Units | No. of Self-Employed Workers | | No. of Paid Workers | | |
| | | | Female | Male | | Female | Male | Female | Male | |
| (1) | (2) | (3) | (4) | (5) | (6) | (7) | (8) | (9) | (10) | (11) |
| 15.1 | Black smith shop | | | | | | | | | |
| 15.2 | Shops selling agricultural equipments | | | | | | | | | |
| 15.3 | Agricultural seed shop | | | | | | | | | |
| 15.4 | Manufacturing of fishing nets | | | | | | | | | |
| 15.5 | Processing of fish | | | | | | | | | |
| 15.6 | Mining and Quarrying | | | | | | | | | |
| 15.7 | Well/tube-well making | | | | | | | | | |
| 15.8 | Flour mills | | | | | | | | | |
| 15.9 | Saw mills | | | | | | | | | |
| 15.10 | Sugar cane crushing | | | | | | | | | |
| 15.11 | Weaving mills | | | | | | | | | |
| 15.12 | Grocery shop | | | | | | | | | |
| 15.13 | Tailoring | | | | | | | | | |
| 15.14 | Car/Scooter /Cycle repair shop | | | | | | | | | |
| 15.15 | Tea stall | | | | | | | | | |
| 15.16 | Sweet shop | | | | | | | | | |
| 15.17 | Pan/bidi/cigarette shop | | | | | | | | | |

| | | | | | | | | | |
|---|---|---|---|---|---|---|---|---|---|
| 15.18 | Meat Shop | | | | | | | | |
| 15.19 | Slaughter House | | | | | | | | |
| 15.20 | Tyre Repair Shop | | | | | | | | |
| 15.21 | Gold Smith/ jewellery shop | | | | | | | | |
| 15.22 | Shoe repair shop | | | | | | | | |
| 15.23 | Brick/kiln making | | | | | | | | |
| 15.24 | Food processing (other than fishing) | | | | | | | | |
| | Dispensary and medicine shop | | | | | | | | |
| 15.25 | (a) Allopathic | | | | | | | | |
| 15.26 | (b) Homeopathic | | | | | | | | |
| 15.27 | (c) Ayurvedic | | | | | | | | |
| 15.28 | Carpentry | | | | | | | | |
| 15.29 | Restaurants (other than tea stall) | | | | | | | | |
| 15.30 | Masonry/Helpers | | | | | | | | |
| 15.31 | Rickshaw-pullers | | | | | | | | |
| 15.32 | Auto/Taxi drivers | | | | | | | | |
| 15.33 | Tutorial Home/centre | | | | | | | | |
| 15.34 | STD booth | | | | | | | | |
| 15.35 | Fish Shop | | | | | | | | |
| 15.36 | Poultry farming and selling | | | | | | | | |
| 15.37 | Fruits and /or Vegetables Shops/ vendors | | | | | | | | |
| 15.38 | Stationary Shops | | | | | | | | |
| 15.39 | Beauty Parlour | | | | | | | | |
| 15.40 | Massage Parlour | | | | | | | | |
| 15.41 | Milk Processing | | | | | | | | |
| 15.42 | Electronic & Electric Equipment Shop | | | | | | | | |
| 15.43 | Hardware shop | | | | | | | | |

| | | | | | | | | | |
|---|---|---|---|---|---|---|---|---|---|
| 15.44 | Cell phone shop | | | | | | | | |
| 15.45 | Internet Café | | | | | | | | |
| 15.46 | Any other enterprise not listed above | | | | | | | | |

Block-16 : Information on Fatality due to Disasters

| (1) | (2) | Number of deaths ||||||| (9) | (10) |
|---|---|---|---|---|---|---|---|---|---|
| | | (3) | (4) | (5) | (6) | (7) | (8) | | |
| Sl. No. | Name of the disaster | Female ||| Male ||| Total | Source Code |
| | | 0-14 years | 15 years & above | Sub-Total-1 | 0-14 years | 15 years & above | Sub-Total-2 | | |
| 1 | | | | | | | | | |
| 2 | | | | | | | | | |
| 3 | | | | | | | | | |
| 4 | | | | | | | | | |
| 5 | | | | | | | | | |

Source Codes:
Source Codes:
1. Panchayat-01
2. Anganwari worker-02
3. Health worker (ANM/FHW/MHW/ etc.)-03
4. Patwari (Land Records)-04
5. Village Headman-05
6. Local School-06
7. Local Doctor-07
8. PHC/ Sub-Centre/Hospital-08
9. Knowledgeable Person/Others (Female-09, Male-10)

## 資料 2．Warwat Khanderao 村落パンチャヤトが保持する村落パンチャヤト・レジスターの項目

Item no. 1  Budget
Item no. 2  Re-planning
Item no. 3  Bill for deposited items
Item no. 4  Bill for expenditure
Item no. 5  Cash-book
Item no. 6  Classification register
Item no. 7  General Receipt Book
Item no. 8  House tax
Item no. 9  Tax demand-collection and Balance register
Item no. 10  Tax Collection Receipt Book
Item no. 11  Other Demand Register
Item no. 12-14  Related to Octroi（not exists）
Item no. 15  Certificate
Item no. 16  Employee Salary Register
Item no. 17  Stamp Register
Item no. 18  Stock Register
Item no. 19  Dead Stock Register
Item no. 20  Advances and Deposit Register
Item no. 21  Cash-book for Minor Amount
Item no. 22  Attendance sheet/register
Item no. 23  Work Estimation/Entry Book
Item no. 24  Salary and Service Register
Item no. 25  Permanent Asset Register
Item no. 26　Details of Road under village panchayat jurisdiction
Item no. 27  Land and Barren Space Register

出所：インタビューとパンチャヤト書記官の所持する業務マニュアルから特定．

## 資料 3．Raina 村落パンチャヤトが保持する村落パンチャヤト・レジスターの項目

A. パンチャヤト規則：West Bengal Panchayat（Gram Panchayat Administration）Rules 2004 とその 2006 年改正規則が規定する諸様式

Form 1  Notice of ordinary meeting of village panchayat
Form 1A  Notice of emergent meeting of village panchayat
Form 1B  Notice for requisitioned meeting of the village panchayat by the elected village head
Form 1C  Notice for requisitioned meeting of the village panchayat by the requisitionist members
Form 2  Attendance register and minute book for panchayat meetings
Form 3  Notice for adjourned meeting of the village panchayat
Form 3A  Report on the work of the panchayat for the year
Form 4  Form of application for permission to erect structure or building or to make an addition or alteration to an existing structure or building in a panchayat area

Form 5 Form for appointment
Form 5A Form for Self-Declaration on House Property
Form 6 Register for market value of land and building in village panchayat
Form 7 Registration Certificate for vehicles and/or other equipments
Form 8 Register for registration of vehicle and/or other equipments
Form 9 Assessment List
 Part-I List of persons liable to pay tax on land and building within the panchayat area
 Part-II List of persons liable to pay registration/renewal fee for running a trade (wholesale or retail) within the panchayat area
 Part-III List of persons liable to pay fees for registration of vehicles (not registered under Motor Vehicles Act) within the panchayat area
 Part-IV List of institutions/organisations/persons liable to pay water/lighting/conservancy rate in the panchayat area
 Part-V List of enterprises/persons liable to pay registration fees for providing supply of water from deep-tubewell/shallow-tubewell fitted with motor-driven Pump sets in the panchayat area
 Part-VI List of private enterprises/persons liable to pay fees for displaying of any poster/advertisement/Banner/hoarding in any private or public place within the panchayat area
 Part-VII List of markets/hats from where fees may be collected on sale of village produces
 Part-VIII List of Roads/Ferry/Bridges or other assets or resources from where tolls/fees may be collected
 Part-IX List of remunerative assets under the control of the village panchayat
Form 10 Draft Assessment List
Form 11 (Trade Registration Certificate)

B. パンチャヤト規則：West Bengal *Panchayat* (*Gram Panchayat* Accounts, Audit and Budget) Rules, 2007 が規定する諸様式

Form 1 Cash Book for the village panchayat
Form 1A Subsidiary Cash Book for (each) Programme
Form 2 Cheque/Draft Receipt Register
Form 3 Cheque Book Register
Form 4 Receipts for Tax, Rates and Fees as assessed by the village panchayat
Form 5 Miscellaneous Receipt
Form 6 Stock Register of Receipt Books
Form 7 Register for Arrear and Current Demand and Collection of taxes
Form 8 Durable Stock Register
Form 9 Register of Assets Leased Out
Form 10 Acquittance Register for Honorarium of elected village head/deputy *pradhan*/Director (*Sanchalak*)
Form 11 Acquittance Register for Pay/Allowances of employees
Form 12 Bill for Government Grant on account of salary of the employees
Form 13 Utilisation Certificate for Grant-in-aid from the State Government

Form 14　Register for Advance against Project/Scheme
Form 15　Appropriation Register
Form 16　Programme Register
Form 17　Scheme Register
Form 18　Muster Roll for Payment of Wages to the Workers
Form 19　Acknowledgement for receipt of adjustment voucher.
Form 20　Register of Immovable Properties
Form 21　General Ledger
Form 22　Register for Receipt of Letters
Form 23　Register for Issue of Letters
Form 24　Stores Account Register
Form 25　Register of Stationery Articles
Form 26　Monthly Statement of Fund Position
Form 27　Part-I Half-yearly/Annual Statement of Receipts and Payments
Form 27　Part-II Consolidated Statement of Receipts and Payments of the village panchayat (including all village development committees)
Form 28　Form of Certificate
Form 29　Cash Book for the village development committee
Form 30　Half-Yearly/Annual Statement of Receipts and Payments of the village development committee (*Gram Unnayan Samiti*)
Form 31　Cheque Book Register of the village development committee
Form 32　Project-cum-Scheme register of the village development committee
Form 33　Miscellaneous Receipt of the village development committee
Form 34　Budget of village assembly (*gram sansad*) of the village panchayat
Form 35　Budget estimate of subcommittee (*upa-samiti*) of the village panchayat
Form 36　Budget estimate of the village panchayat
Form 37　Notice
Form 38　Supplementary and revised budget estimate for the year of the village panchayat

## 資料4．2011年インド国勢調査 (Census of India 2011) 調査票の調査事項

Houselisting and Housing Census Schedule, Census of India 2011

　　　Location Particulars
　　　　State/Union Territory
　　　　District
　　　　Tahsil/taluk/panchayat samiti/Dev. Block/circle/mandal
　　　　Town/village
　　　　Ward Code no. (only for Town)
　　　　House listing Block no.
1. Line number
2. Building number (Municipal or local authority or Census number)
3. Census house number
　　Predominant material of floor, wall and roof of the Census house
　　　4. Floor

5. Wall
6. Roof
7. Ascertain use of Census house
8. Condition of this census house
9. Household number
   Total number of persons normally residing in this household
10. Persons
11. Males
13. Females
14. Name of the head of the household
15. Sex
16. If Scheduled Caste or Scheduled Tribe or Other
17. Ownership status of this house
18. Number of dwelling rooms exclusively in possession of this household
19. Number of married couple(s) living in this household
20. Main source of drinking water
21. Availability of drinking water source
22. Main source of lighting
22. Latrine within the premises
23. Type of latrine facility
24. Waste water outlet connected to
25. Bathing facility available within the premises
26. Availability of kitchen
27. Fuel used for cooking
28. Radio/Transistor
29. Television
30. Computer/Laptop
31. Telephone/Mobile phone
32. Bicycle
33. Scooter/ Motor Cycle/ Moped
34. Car/ Jeep/ Van
35. Availing banking services

Household Schedule, Census of India 2011
1. Name of the person
2. Relationship to head
3. Sex
4. Date of birth and Age
5. Current marital status
6. Age at marriage
7. Religion
8. Scheduled Caste (SC)/ Scheduled Tribe (ST)
9. Disability
10. Mother tongue

11. Other languages known
12. Literacy status
13. Status of attendance in educational institution
14. Highest educational level attained
15. Worked any time during last year
16. Category of economic activity
17. Occupation
18. Nature of industry, trade or service
19. Class of worker

For marginal worker or non worker
    20. Non-economic activity
    21. Seeking or available for work

For other worker
    23. Travel to place of work (a) One-way distance (b) Mode of travel to place of work
    24. Birth place
    25. Place of last residence
    26. Reason for migration
    27. Duration of stay in this village/town since migration

For currently married, widowed, divorced or separated woman
    27. Children surviving
    28. Children ever born

For currently married woman
    29. Number of children born alive during last one year

## 資料5. パンチャヤト自己評価票 (Self-Evaluation Schedule) の項目一覧

(西ベンガル州)

Introduction (*village panchayat at a glance*)

A. Institutional Functioning and Good Governance
 1. Peoples' participation in GP's activities
   (a) Last Gram Sansad meeting (November/December 2007)
   (b) Functioning of Gram Unnayan Samiti and transfer of Fund to them
 2. Participation of the members in the functioning of GP
   (a) How many Upa-Samitis have submitted their Budget in 2008-09 financial year?
   (b) How many Upa-Samitis have submitted their budget of 2008-09 within 15 September, 2007?
   (c) How many meetings of the GP General Body and Upa-Samitis took place during 2007-08 financial year?
   (d) Issues regarding the General Body meeting of GP
   (e) What was the average attendance in the meetings of GP General Body and Upa-Samitis during 2007-08 financial year?
 3. Services delivered by GP
 4. GP Building and Office Management
 5. GP Information Management and Disposing System
   (a) Register related
   (b) Are the following lists available at the GP office for public viewing?

(c) Regarding right to information
 6. Transparency in GP's work
 7. Education
 8. Public Health
   (a) Health Services
   (b) Drinking Water & Sanitation
   (c) Women & Child development
 9. Pro-poor Activities
10. Development of Economic and Social Infrastructure
11. Housing
12. Disaster Preparedness
13. Social Security
B. Mobilisation of Revenue and Utilisation of Resources
14. Issues regarding Bye-Law of GP
15. Issues regarding GP Plan & Budget
16. Own Source Revenue
17. Financial Management
18. Audit
19. Fund Utilisation
20. Provision for sending Utilisation Certificates and Report Returns
   (a) Utilisation Certificates
   (b) Report Returns
21. Natural Resource Utilisation

出所：Panchayats and Rural Development Department (2008b).

## あとがき

　本書は，行政記録と統計制度の理論についての筆者の研究成果をまとめ，問題提起したものである．電算化された行政データベースに半ば重点を移した第二義統計主体の統計制度を追求する国がヨーロッパに続々と登場する今日，統計学は行政制度の官僚制的組織と直接向き合う必要に迫られている．日本も岐路に立たされている．それに対して，本書は政府統計制度における行政記録の役割に関するヨーロッパ中心の議論が一面的で限界があるということを，行政記録の劣化問題に真摯に取り組むインドの統計制度改革の最前線を研究することによって明らかにした．いわばヨーロッパ中心の議論を相対化させるものである．

　本書は当初，インドの研究者との国際共同研究の成果である英文旧著 Jun-ichi Okabe and Aparajita Bakshi, *A New Statistical Domain in India: An Enquiry into Village Panchayat Databases*, Tulika Books, 2016 を日本の研究者，統計家向けに日本語で成果公開することを目的に構想した．すなわち，本書は当初，国際共同研究の成果の逆輸入として構想した．この英文旧著はインド側の共同研究パートナーがインドの出版社からインド国内読者向けに公刊したもので，インド国内ではすでに一定の普及をみている（書評：D. Narayana, "Panchayat Database: A Pioneering Effort," *Review of Agrarian Studies*, Vol. 6, No. 2. インド一般紙記事：V. Sridhar, "The Data Challenge at the Gram Panchayat Level," *The Hindu*, 2013 年 11 月 8 日など）．日本国内でも一部専門家には直接配布し読んでいただいた．だが，日本の出版界にはあまり出回っていないというのが現状である．本書第 3 章〜第 6 章はまさにその英文旧著の内容がベースになっている．この研究が可能となったのは，インドの非政府学術団体 Foundation for Agrarian Studies（FAS）との国際共同研究があったからである．旧著の編集者である V.K. Ramachandran 氏をはじめ，共著者の Aparajita Bakshi 氏，そして，Niladri Sekhar Dhar 氏や V. Surjit 氏をはじめと

する FAS の若手共同研究者，そして何より Warwat Khanderao 村と Raina 村の村民のみなさんと村の職員のみなさんには大変お世話になった．また，英文旧著の完成のために FAS がバンガロールで開催した「村落パンチャヤトの統計データベースに関する全インドセミナー」（2013 年 11 月 7 日）に参加して下さった多数のインド人研究者，とりわけ Abhijit Sen 氏（元 BSLLD 専門委員会議長），Pronab Sen 氏（元 National Statistical Commission 議長）をはじめ，T.J. Rao 氏，T.M. Thomas Isaac 氏，Venkatesh Athreya 氏，T. Jayaraman 氏，K.N. Harilal 氏，R. Ramakumar 氏から大変有益なコメントをいただいた．深く感謝申し上げたい．

　しかしながら，本書の内容の細部を詰めるうちに，筆者の当初の構想は大きくかわった．本書は，英文旧著に不足していた理論的バックグラウンドに関わる議論を大幅に組み込み，旧著の内容を追加・補強してゆくうちに，次第に理論的バックグラウンドの研究自体（本書第 1 章〜第 2 章，第 7 章，補論）を主要なモチーフとする内容に修正し，当初の構想を大きく変更しなければならなくなった．インドの読者を想定して旧著の完成に没頭していた頃にはあまり自覚していなかった問題が，本書の準備過程で日本におけるこの研究の理論的・実践的意義を自問するなかで次第により大きなモチーフとして膨んできたからである．その問題とは，行政記録と統計制度の理論というべきものが日本や欧米の統計学界には確立しておらず，大きな理論的空白になっているという問題である．英文旧著の内容はむしろその理論問題を裏付ける巨大な分析事例という位置付けにかわっていった．

　本書はすでにみたように，行政記録と統計制度に関わる世界の統計理論と統計的実践が，行政記録というデータの——一般に考えられているよりはるかに難解な——固有の論理構造の理解をめぐって混迷していると現状認識している．行政記録データの論理構造とは本書で再三言及したように，一見すると単純な規定である．すなわち，行政記録が，

　（ⅰ）直接的に行政組織それ自身，
　（ⅱ）間接的に行政対象としての市民社会（社会集団），

という次元の異なる二重の対象を同時に表現する両義的なデータである，というただそれだけの単純な性格規定である．これまでセンサスや標本調査（の母

集団)は直接的に市民社会(社会集団)を対象にすると考えられてきたから,行政記録のこの対象規定はきわめて特徴的である.だが,日本や欧米の統計学界では当該問題のこの単純な論理構造について共通了解が欠けていたのである.そのため,行政記録の統計的利用に関する様々な議論において肝心な問題に驚くべき論理的空白がまかり通っているというのが本書の現状認識である.本書でみたように,行政記録と統計制度に関するインドの統計家とヨーロッパの統計家の関心とアプローチが大きく異なるのも,彼らが行政記録データのこの論理構造のどこをどういうふうに問題にしているかという関心の違いから説明するしかない.だが,行政記録のデータ構造のこの一見単純な理論的規定が意味するところは思いもかけず奥深く難解であった.本書第1章はそのことを示唆するものである.この単純な理論問題について考えれば考えるほど,次から次へと将来の統計的研究の新たな課題が開きかけたパンドラの箱のように湧き出してくることを本書から感じ取っていただけたなら幸いである.それこそが本書で表現しようとしたことである.本書はインド一国の統計改革の最前線という巨大事例を分析することによってそのことを具体的に示したつもりである.日本についてもさらに具体的でもっと豊かな研究が可能かもしれない.例えば,「行政記録情報等の統計作成への活用に係る実態調査」(総務省政策統括官)は,今後課題となる行政記録情報の全体像を次第に浮かび上がらせている.パンドラの箱はまだ開きかけただけである.ヨーロッパ統計家会議・国連欧州経済委員会のレジスターベース統計制度論においては開きかけたパンドラの箱がブラックボックス化することが危惧される.これまで社会科学が十分成し得なかった,国家と市民社会の分裂的システムに関する「計量国家学」が何をもたらすか,それも未知の理論領域であり,課題は尽きない.本書が直面した行政記録と統計制度に関する理論的・実践的格闘が,日本や世界の次の時代の統計的研究に何らかの参考になれば幸いである.

最後に,日本経済評論社の清達二氏には出版事情に不案内な筆者に忍耐強く接していただき,この理論書を出版に導いていただいた.お礼申し上げたい.

本書の出版は,科学研究費助成事業(科学研究費補助金)(研究成果公開促進費)「学術図書」(課題番号 18HP5154)の助成を受けた.また本研究の一部

は JSPS 科研費 JP15K03393, JP24530228, JP21530197 の助成を受けた.

岡 部 純 一

# 初出一覧

　各章の初出は，下記のとおりである．ただし，この一書をまとめるにあたって大幅に修正した．

序論
　　書き下ろし
第1章
　　「官僚制的組織と業務統計の基礎概念」杉森・木村編『統計と社会経済分析Ⅱ　統計学の思想と方法』北大図書出版会，2000年，87-118頁を大幅改訂．
第2章
　　「政府業務記録と統計利用」『統計学』第90号，2006年，90-102頁．「行政記録と統計制度——ヨーロッパとインドの統計改革に関する比較分析」『エコノミア』第68巻第2号，2018年，23-77頁．
第3章
　　「インドの官僚制度と行政統計」『統計学』第85号，2003年，1-18頁．「行政記録と統計制度——ヨーロッパとインドの統計改革に関する比較分析」『エコノミア』第68巻第2号，23-77頁，2018年．
第4章および第5章
　　Jun-ichi Okabe, A Note on New Statistical Domain in Rural India (1)-(5) An Enquiry into Gram Panchayat-Level Databases, *CESSA Working Paper* (Center for Economic and Social Studies in Asia, Department of Economics, Yokohama National University), CESSA WP2015-02, pp. 1-58; CESSA WP2015-03, pp.1-64; CESSA WP2015-04, pp. 1-54; CESSA WP2015-05, pp. 1-66; CESSA WP2015-06, pp. 1-44, April 2015.
　　〈http://www.econ.ynu.ac.jp/cessa/publication/workingpaper.html〉
　　Jun-ichi Okabe and Aparajita Bakshi, *A New Statistical Domain in India: An Enquiry into Village Panchayat Databases*, Agrarian Studies 4, Tulika Books, 2016.
第6章
　　「途上国の村落自治体から見た出生登録の実像：インドにおける村落住民リスト

とのマッチングに基づく検証」『統計学』第101号，2011年，1-16頁.

第7章

「G.v. マイヤーの第二義統計理論の再構成：「自己観察」概念の現代的展開」『経済学研究』（北海道大学経済学部）第51巻第1号，2001年，127-146頁.

補論

「2008SNA における Non-Observed Economy」, CESSA Working Paper (Center for Economic and Social Studies in Asia, Department of Economics, Yokohama National University), *CESSA WP2012-01*, 2012, pp. 1-60 及び「未観測経済の計測論序説」木村和範・金子治平他編『現代社会と統計1 社会の変化と統計情報』（北海道大学図書刊行会），2009年，27-51頁.

終章

書き下ろし

# 索引

## [数字・欧文]

2005 年インド情報公開法（Right to Information Act, 2005）　124, 260
2008 SNA　350, 310, 320, 331, 343
Bidyanidhi 村　121-122
Bombay Village Panchayats Act, 1958　133-134, 151
BPL センサス（貧困線以下世帯センサス: Below Poverty Line Census）　163, 167, 175-180, 203-204, 231-232, 240-242
BSLLD 専門委員会（地域開発基礎統計に関する政府専門委員会）　120-121, 125, 152, 160, 185-186, 267, 352
BSLLD 村落調査票　120, 125, 157-161, 185-188, 208-209, 372-385
FAS データベース　122, 178-179, 230, 232-234, 237, 242, 250, 260, 263, 269
Foundation for Agrarian Studies（FAS）　122, 178, 230, 250
GDP 推計の網羅性（exhaustiveness）　309-311, 314, 320, 323, 330, 341, 342-343
ICDS（Integrated Child Development Services：総合児童発達サービス）　121, 150-151, 168-170, 246, 352
　　――活動の統合化　170
　　――子供レジスター　169, 170, 268-270, 272
　　――センター　121, 137, 141, 150-151, 168-170, 231, 238, 246, 259, 352
　　――村落調査レジスター　169, 170, 231-232, 237, 239, 244-245, 246
ICDS ワーカー　168, 238, 246, 268
Maharashtra Zilla Parishad and Panchayat Samiti Act, 1961　133
OECD ハンドブック，未観測経済計測ハンドブック　305, 308, 309-310, 322, 330-333, 340, 341
Raina 村落　121-122, 138-139, 141
Rural Household Survey（RHS）　175
Warwat Khanderao 村落　121-122, 138-141, 260

## [あ行]

アウトカム　48
アウトプット指標　30, 48
アクティビティ・マッピング　133, 134-137, 141-142, 215-228
域内事業センサス（scheme census）　148, 157, 161
一次医療センター　171
インド統計評議会　5, 70, 83-84, 87-91, 96, 111, 114, 120, 125
　　――最終レポート　90, 115
インフォーマル部門（informal sector）　100, 104, 308, 310, 311, 316-320, 334, 343-349
ウェーバー，M.（Weber, Max）　24, 25, 37, 55, 300

## [か行]

加工統計　2, 303, 310, 345
学校レジスター　170, 195, 203
カバレッジ　13, 50, 62, 96, 97, 104, 144-146, 249, 250, 251-252, 255, 263, 267, 335
　　――誤差（coverage error）　255, 258, 263
間接的計測法（indirect methods）　335-336
間接統計観察　285-287
官僚制的組織　1, 24-26, 40, 47, 55, 73, 76-78, 82, 84, 111, 300, 301-303, 348-350, 358-359
　　――の逆管理　54, 55, 57
　　――の計測　42-43, 49, 51, 58
機関（Apparat）　25
基礎的統計データ収集事業　311, 321, 325, 333,

336-338, 345
供給・使用表（supply and use tables） 330, 333, 336
行政学 29, 47-48, 51, 52-53, 348
行政機関が行う政策の評価に関する法律 30, 74
行政記録（administrative records） 2, 13, 16, 29, 31-32, 40-41, 47, 52-53, 59, 60, 62-63, 75-83, 92-93, 104, 108, 123-124, 149, 162-163, 176, 193, 200, 201, 212-214, 229, 272, 305, 347-357
　　——情報等の統計作成への活用に係る実態調査 72, 73, 74, 395
　　——を作成する目的で実施された全数調査 163, 176, 211
行政対象集団 35, 76, 79, 95, 97, 348
行政統計 2, 88-89, 91, 92-93, 96, 104-105, 106-108, 124, 277
行政能率 52
行政評価 30, 50-53, 74, 75-76, 95, 211, 353, 357-358
　　広義の—— 53, 95
業績評価 30, 53
業務対象集団 34, 35, 37, 38, 50
業務統計 2-3, 4, 9-10, 13-14, 15-42, 59-58, 67-68, 91, 92, 111-113, 162, 272, 273-274, 276, 277, 285, 298-301
　　——の形態分類 15-16, 275
業務についての統計 18, 29, 31, 32, 37, 41-42, 52
クラインの壺 13-14, 27, 53
グリフィン，トム（Griffin, Tom） 64-65, 67, 68, 69, 83
郡開発官（Block Development Officer） 133, 152, 188, 190, 206
郡徴税官（tehsildar） 135-137, 139, 152-153, 174, 193, 200
経済センサス 109, 184, 204-205, 210, 355
　　——追跡企業調査 99, 100, 107, 350
計量国家学 43, 53, 395
県計画委員会 160
県徴税官（District Collector） 135, 139, 152
県センサスハンドブック（District Census Handbook） 181, 188-189
憲法第11附則 131-132
工業年次調査（Annual Survey of Industries: ASI） 99-100
公的統計の整備に関する基本的な計画 1, 72
広報小冊子 'protibedon' 148-149, 190-191, 197, 205, 207
国勢調査 60, 64, 66-67, 69, 181-182, 388-389
国民経済計算 95, 106, 305, 309-310, 321, 323, 329, 336, 341, 344-345
　　——作成者と調査統計家 333, 335, 337, 341, 345
　　——のアセスメント 328, 333
　　——の編成過程（national accounts compilation process） 313, 321, 323, 335, 339, 345
国民人口レジスター（National Population Register: NRS） 108, 245, 259
国連欧州経済委員会 60-62, 67-68, 69, 75, 76, 78, 80, 81, 92, 111, 305, 347-349
国連統計部 250-251, 255, 258, 272
国家と市民社会 43, 45, 46, 47, 51, 52, 53, 56, 95, 106, 113, 307-308, 309-310, 322, 340, 341, 395
　　——の分裂的システム 43, 47, 51, 53, 106, 113, 307-308, 309-310, 322, 340, 395
固定資産税・家屋税 155, 165, 199, 207-208, 230
雇用保険業務統計 23, 38, 43-45, 50, 75

[さ行]

財政統計 31, 103
財務委員会 148, 154, 156, 157, 205, 208
　　中央政府—— 148, 154
　　州政府—— 154, 156, 157, 208
サイモン，H.A. 29, 47
ザミンダーリ（zamindari）地域 122, 172, 183
自己観察（Selbstbeobachtung） 26, 28, 75, 78, 274, 295-296, 297-301, 347
事実上の（de facto） 27, 38, 45, 81, 134, 135
自己言及性，自己言及的（self-reflexive） 10, 27, 34, 37, 42, 53, 78, 81-82, 93, 112, 348-349, 351
自主財源（own-source revenue） 155, 165, 197-198, 205-206, 207-208
自助グループ（self-help group） 140, 141, 153,

索引　401

165, 191, 197, 199, 356
実査の過程　22
社会経済とカーストに関する 2011 年センサス (Socio-Economic and Caste Census 2011: SECC 2011)　175, 177, 240
社会圏 (soziale Kreise)　24, 279, 280, 303
社会集団　10, 12, 15, 16-17, 21, 49, 53-54, 58, 62, 76, 78-79, 95, 97, 278-281, 286, 291, 301-303
社会統計学　4, 10, 14, 16, 274, 276, 278, 281, 282-283, 289
「社会唯名論」と「社会実在論」　11, 21
周知の知見 (common knowledge)　163-164, 187, 192, 194, 197, 198, 204, 209, 355
集団観察の 4 要素　36
集団中心視角　281, 289, 297, 299, 301, 302
住民基本リスト　229, 233, 240, 243, 244-245
出生・死亡登録　10, 96-97, 104, 107, 143-146, 165-166, 200, 244, 252-254, 260, 262, 269
──法, 1969 (Registration of Births and Deaths Act, 1969: 'RBD Act, 1969')　96, 252, 260, 262
主任工場監督官 (Chief Inspector of Factories)　99-100, 106-107, 113, 346, 350
常住地 (place of usual residence)　常住地主義　144, 166, 169, 200, 250, 254, 262, 266, 268, 269-270, 271-272
情報公開　55-58, 124, 191
情報の秘匿　57, 166, 182
職安業務統計　11, 19, 21, 33, 43-47
新構成態　279, 282, 302
真実性　35-42, 73-74, 78-79, 97, 111, 348
信頼性　1, 35, 36, 39-40, 62
『政府統計のための行政的なデータソースと第 2 次的なデータソースの利用』　62, 81, 82, 349
正確性　1, 35, 37, 40, 63, 106, 143, 153, 204, 238, 243, 259-260, 305, 346
政策評価　30, 50-53, 74, 75-76, 95, 211, 353, 357-358
　広義の──　53, 95
生産境界　309, 310-311, 313, 315, 321, 322-323, 342
成績評価情報　29, 47-48, 52, 352
静態調査 ('Zählung')　89, 290, 290-291, 292-293, 294, 297-298
静態的な統計調査　23
静大量 (Bestandsmasse)　289-290
政府関係出先機関　121, 123, 146, 148, 149-153, 161, 163, 168, 193, 200, 211, 212, 352, 357
世帯 - 企業複合標本調査 (mixed-household enterprise survey)　184-185, 334, 340
接触面　10, 45, 49, 144
選挙人名簿　129, 164, 168, 191-192, 230-231, 244, 259, 356
全国標本調査 (National Sample Survey: NSS)　4, 89, 120, 256, 350
組織された部門 (organised sector), 非組織部門 (unorganised sector)　98, 99
村会 (gram sabha)　129, 151, 154, 165, 193, 196, 205, 353
村長　124, 130, 135, 139, 165, 192, 231, 237, 260-261, 262, 269, 270, 353
村落上級補佐官 (executive assistant 〔in Raina〕)　133, 138
村落徴税官 (patwari 〔in Warwat Khanderao〕)　52, 101, 106, 107, 109, 113, 135, 139, 151-152, 168, 172-174, 183, 200, 202, 206, 209-210, 350, 355
村落パンチャヤト書記官 (gram sevak 〔in Warwat Khanderao〕)　134, 135, 138, 150, 164, 165-166, 167, 170, 182, 185, 229, 260, 265, 270
村落パンチャヤト・レジスター　164, 164-165, 191, 192, 196, 197, 198, 204, 352, 386-388
村落要覧 (village directory)　157, 188-189, 198, 199, 204

[た行]

第一義統計　33, 276, 277-278, 281, 285, 287, 291, 292, 294, 302
第 15 回国際労働統計家会議 (International Conference of Labour Statistician: 15th ICLS)　316-320
第二義統計　1, 4, 16, 31-32, 33, 34, 37-42, 51, 58, 67, 75, 76, 78-79, 84, 95, 97, 106, 111, 274, 276, 277-278, 285, 293, 347
第 2 次行政改革委員会 (Second Administrative Reforms Commission)　132-133

第4土曜日ミーティング　153, 170, 171, 191, 195, 203, 243, 269, 356
第73次憲法改正法　115, 117-119, 123, 126-127, 131, 132, 154, 211, 266
他者観察（Fremdbeobachtung）　295, 297, 300, 302
地域雇用保障政府事業（Mahatma Gandhi National Rural Employment Guarantee Scheme: MGNREGS）　139, 140-141, 166, 196-197, 206
地下経済生産　104, 305, 313-315, 319, 325, 334, 338, 343-344, 345
地方分権　3, 5, 115, 119, 121, 132, 155, 181-182, 193, 200, 203, 211, 212, 249, 266-267, 272, 352, 354
チャンドラシェカール, C. とデミング, W.E.　259
注意喚起情報　47-48, 352
調査環境　60, 72
調査統計　2, 7, 9, 13, 15, 17, 18, 21, 23, 24, 25, 33, 34, 36, 42-43, 47-50, 53, 59, 60, 67, 77, 162, 276, 302, 357, 358
直接的帰結（corollary）　7, 81, 92-93, 112, 114, 124, 146, 213, 351, 354
データ・クオリティ, データ品質　41, 62-63, 90, 95, 108, 111, 123, 154, 243, 268, 308, 336, 337
データ品質評価の枠組み（Data Quality Assessment Framework）　88, 337
データニーズ　115, 119, 123, 125-128, 128, 130, 133, 142, 146, 147, 154, 157-158, 146, 182, 211, 352, 354
データの照合（data confrontation）　81, 256, 257, 328-329, 331-333, 341, 345
データ不突合の分析（discrepancy analysis）　328, 329, 330-333
デリー・グループ　319
同一主題に関する複数データの著しい差異を検討する専門委員会（The Expert Committee to examine wide variations in data sets on the same subjects）　107, 350-351
統計改革, 統計制度改革　1, 2, 5, 8, 68, 71, 83, 88-89, 90, 347, 350, 352, 357-359
統計学　12, 14, 16, 17-19, 25-26, 42, 47, 51, 53, 57, 58, 59, 60, 67, 87, 273, 281, 303, 353
統計観察の要件　285-286, 288, 298
統計原情報　2, 7, 16, 41, 78-79, 302-303, 348
統計制度　3, 5, 40-41, 60, 88-89, 357-359
統計対象　17-18, 21, 28, 33, 34, 113
統計データベース（statistical databases）　124
統計的監査制度（statistical audit）　93-95, 351, 358
統計法　64, 71, 182, 345
統計目的　17, 28-29, 29-33, 75-76, 247
統計レジスター（statistical register）　32, 39-40, 60
動態調査（'Verzeichnung'）　289-290, 290-291, 292, 294, 297
動態的統計調査　289-290
動量（Bewegungsmasse）　289-290
土地記録　52-53, 101-102, 109-110, 112, 113, 151-152, 171-174, 183, 194, 200-201, 202, 209-210, 355-356

[な行]

西尾勝　29, 48
ニュー・パブリック・マネジメント（NPM）　30
農業センサス　109-110, 173, 182-184, 201-202, 213-214, 355-356
農村保健師兼助産師（ANM）　153, 171, 185, 203

[は行]

配給　132, 137, 176, 196-197
発生地（place of occurrence）発生地主義　254, 266, 267, 269, 271, 272
パンチャヤト（*panchayat*）　117-119, 120-121, 121-122, 129-130, 138-142, 144-145, 205-208
――会計データ　154-155, 205-208,
――自己評価票（Self-Evaluation Schedule）　126, 130, 190, 192
――統治制度（*panchayati raj institutions*）

索引　403

117, 131, 156, 166, 174, 200, 266
── 会計監査官（Panchayat Accounts and Audit Officer）　155, 206
非合法生産　315-316
標本調査　1, 2, 15, 32, 71, 89, 106, 107, 112, 255, 256-257, 334, 338, 339-340, 350
標本登録システム（Sample Registration System: SRS）　97, 107, 252, 256-257, 350
標本フレーム　5, 32, 99-100, 106, 322, 338, 346
貧困ライン以下世帯（BPL世帯）　132-133, 167, 175-180, 196, 204, 231-232, 241-242
複合センサスアプローチ（combined census approach）　67
付帯条件なし資金（untied fund）　155, 156, 205-206
文書記録　163, 187, 209, 286-287, 300, 302
分析フレームワーク（analytical framework）　324-328
貿易統計　27, 103, 113
法人　279, 281-282, 284, 296, 299-301, 302, 319, 325
法律上の（de jure）　81, 135
本源的な非統計的観察（ursprüngliche nichtstatistische Beobachtung）　286, 287, 288-289, 294, 297-298, 300-301, 302

[ま行]

マイヤー，G.v.　4, 10, 16, 59-60, 274-275, 276, 278-281, 285, 295

マクロモデル法　338-339
マッチング　60, 66, 233-235, 240, 256, 257-258, 259, 260, 268, 357
マッチ率　235, 239
マハラノビス，P.C.　4, 87, 120
未観測経済　305, 306, 311-313, 323-324
ミクロレベルの照合分析（'Micro discrepancy analysis'）　233, 258, 329
民間業務統計　13, 16, 42-43, 56, 359
民事登録システム（CRS）　96, 104, 106, 107, 113, 143, 165, 253
メタデータ　2, 42, 80, 161, 349
問題提起的統計指標　54, 332, 333

[や行]

ユニセフ　168, 249, 251, 255
── 方式　255, 262, 265
ヨーロッパ統計家会議（Conference of European Statisticians）　61, 67-68, 75, 76, 78, 81, 92, 111, 347-349

[ら行]

ライヤートワリ（raiyatwari）地域　101, 106, 109, 121-122, 139, 171, 183, 213-214, 355
レジスターベースの統計制度　33, 34-35, 40, 42, 47, 50, 51, 61, 63, 64, 76-79, 83, 111-112, 347-349
労働投入法（labour input method）　329-330, 340

## 著者紹介
### 岡部 純一 (おか べ じゅん いち)

横浜国立大学大学院国際社会科学研究院／経済学部教授．1959年生まれ．北海道大学大学院経済学研究科博士後期課程単位取得退学．岩手大学人文社会科学部教授等を経て現職．博士（経済学）．主な著作に，Jun-ichi Okabe and Aparajita Bakshi, *A New Statistical Domain in India: An Enquiry into Village Panchayat Databases*, Tulika Books, pp. 1-382, February 2016（2017年経済統計学会賞受賞），「官僚制的組織と業務統計の基礎概念」杉森・木村編『統計学の思想と方法』北大図書出版会，2000年，ほか．

---

### 行政記録と統計制度の理論
#### インド統計改革の最前線から

2018年9月28日　第1刷発行

定価（本体6800円＋税）

| | | |
|---|---|---|
| 著　者 | 岡　部　純　一 | |
| 発行者 | 柿　﨑　　　均 | |
| 発行所 | 株式会社 日本経済評論社 | |

〒101-0062　東京都千代田区神田駿河台1-7-7
電話 03-5577-7286　FAX 03-5577-2803
振替 00130-3-157198

装丁・渡辺美知子　　　　　藤原印刷・高地製本

落丁本・乱丁本はお取替えいたします　　　Printed in Japan
Ⓒ OKABE Jun'ichi 2018
ISBN978-4-8188-2506-2 C3033

・本書の複製権・譲渡権・公衆送信権（送信可能化権を含む）は㈱日本経済評論社が保有します．

・ JCOPY 〈㈳出版者著作権管理機構　委託出版物〉
本書の無断複写は著作権法上での例外を除き禁じられています．複写される場合は，そのつど事前に，㈳出版者著作権管理機構（電話 03-3513-6969，FAX 03-3513-6979，e-mail: info@jcopy.or.jp）の許諾を得てください．

中村政則の歴史学　　　　　　　　浅井・大門・吉川・永江・森編著　本体 3700 円

知識労働と余暇活動　　　　　　　　　　　　　　　山田良治　本体 2600 円

日本の百貨店史　　　　　　　　　　　　谷内正往・加藤諭著　本体 4600 円

オルテス国民経済学　　　　　　G. オルテス／藤井盛夫訳　本体 7500 円

金融化資本主義—生産なき利潤と金融による搾取—
　　　　　　　　　　　　　　　C. ラパヴィツァス／斉藤美彦訳　本体 7800 円

日本経済の構造と変遷　　　　　　武田晴人・石井晋・池元有一編著　本体 6800 円

地方版エリアマネジメント　　　　　　　　　　　　上野美咲　本体 2500 円

協同組合のコモン・センス—歴史と理念とアイデンティティ—
　　　　　　　　　　　　　　　　　　　　　　　　中川雄一郎　本体 2800 円

ドイツ歴史学派の研究　　　　　　　　　　　　　　田村信一　本体 4800 円

学歴と格差の経営史—新しい歴史像を求めて—
　　　　　　　　　　　　　　　　　　　　　　　若林幸男編著　本体 7300 円

日本経済評論社